한국가면극, 창조적 복원을 향하여

봉산가면극 오청본

한국가면극, 창조적 복원을 향하여

봉산가면극 오청본

조만호 지음

보고사

머리말

　우리 가면극을 인류학적인 산물로 보면서, 오청본의 '봉산가면극'의 복원을 위하여 이미 『봉산가면극 임석재본』에서 밝힌 바대로 '창조적 복원(creative restoration)'의 개념을 다음과 같이 잠정적으로 설정하고 출발한다.

　　'창조적 복원(creative restoration)'이란, 내적 혹은 외적 요인으로 인하여 영성한 채로 전승되어 그 실상이 일부 불가시적인 상태로 보존된 텍스트를, 다각적인 연구 성과와 예술적 상상을 바탕으로 가시적인 텍스트로 구축하는 일련의 연구 과정이다. 여기서 '내적 혹은 외적 요인'이란 전승과정에서 전승물의 실현 현장과 전승집단의 환경변화에 따른 요인이며, 채록 혹은 전수 과정에서 발생하는 오기, 탈자 등도 이에 속한다. '불가시적인 상태'란 실연된 공연물의 실상이 관중에게 왜곡되어 전달되는 상태다. '다각적인 연구 성과'란 민속학 내지는 문화인류학적 연구 성과를 비롯한 다양한 인문사회학적 연구 성과를 뜻한다. '예술적 상상'이란 전승물을 공연물로서 인식하고 그것을 예술적 안목을 가지고 실상을 창조적으로 추정하는 것이다.

　여기 '봉산가면극 오청본'은 소위 채록본으로서, 1936년 8월 31일(음력 7월 15일)에 오청이 채록한 것을 구자균이 필사한 '假面舞踊 鳳山탈脚本'(서울대학교 도서관 소장)을 바탕으로 하였다. 원자료 비정은, 서연호의 『황해도 탈놀이』(열화당)의 도움을 받았다. 또한 서연호가, 조선총독부가 1937년 2월에 발행한 「朝鮮」 261號에 오청이 수록한 것이 원본에 가장 가깝다고 추정한 「鳳山탈춤 吳晴採錄原本의 硏究」(고려대학교 민족문화연구원, 2002)의 도움도 받았다.

　오청본의 특징은 각 장면마다 해설을 달아 놓았다는 점이다. 이 각 장면마다의 해설이 가면극 주제를 설정하는 데에 결정적인 역할을 담당하여왔다. 그러나 파계승의 문제와 양반 조롱과 처첩간의 문제는 가면극의 연극적 장치가 될지언정 주제가 될 수는 없다. 일례로 처첩간의 문제를 다룬 것으로 논의되어온 '미얄춤' 장면은 '삼각관계'를 주조로 하고 있으면 여러 민속극에서 풍요제의적 성격을 띤 공연물에 '삼각관계'가 흔히 나타난다는 점을 깊이 인식해야 한다. 봉산가면극을 두고 무라야마 지준이 '이 탈을 공연할 때는 횃불을 밝혀 조명으로 썼기 때문에 이 횃불의 신비성에 의하여도 다소 그 가면과 의상이 신비화되어 그 움직임이 환상적인 것이 되었으리라.'라고 하여 공연미학적 가치를 제시하였다. 또 무라야마는 노장춤을 두고 '젊음의 되찾음인가. 아니면 생의 부활인가. 청춘의 시작인가.'라고 공연 소감을 말하였다. 이렇게 공연미학적 가치를 제시하였음에도 우리의 가면극 연구계에서는 사회학적 시각에서 더 이상 진전을 보이지 못하고 있다. 인류학적 논의를 전개하면서도 사회학적 시각의 굴레를 벗어나지 못하고 있는 것이다.

체제는 '현대어 표기'와 '[원자료]'로 편성하였다. '현대어 표기'에서 노래나 노래조로 실현되는 대목은 행간 배치를 달리하였고, 일부는 원자료를 그대로 살렸다. 무대지시문에 해당하는 기사도 행간 배치를 달리하였다. '[보정]'에는, 오자 탈자를 바로 잡았고, 문맥 해석상의 문제나 과제 그리고 참고 자료를 제시하여 앞으로 우리 가면극 해명의 단서를 제공하도록 하였다.

1974년으로 기억한다. 학우들 몇몇과 양주 유양리에서 양주 가면극 전수자들과 탁주와 노가리와 오이꽁다리를 놓고 양주가면극 춤사위를 배웠다. 햇빛 밝은 날에는 툇마루에서 탈을 손보고 계셨던 유경성 선생님과 이런저런 이야기도 나누었다. 전수자 집에는 민족극에 관심을 두고 있었던 연구자들이 가끔 유숙하곤 하였다. 이런 일이 있은 후 가면극에 관심을 갖게 되었다. 어느 날엔가 임하 최진원 선생께서 봉산가면극 대사에 등장하는 '윤동짓달 스무 초하루'의 의미를 가지고 논의를 전개하여 보라고 하셨다. 난해하기까지 한 가면극의 대사 탐구는 이렇게 시작되었다.

보고사 사장님과 직원 여러분께 감사드립니다.

2015. 8.

햇빛 밝은 날에 안서동에서

저자

차례

1. 오청 채록본의 '개설'

◇ 오청 개설 1

假面舞踊 鳳山탈脚本[1]

假面劇 鳳山탈脚本[2]

가면무용 봉산탈 각본

가면극 봉산탈 각본

吳晴

오청[5]

(이脚本은 昭和十一年八月三十一日卽陰七月十五日 黃海道鳳山郡沙里院景岩山[3]下에서 沙里院邑主催로써臨時擧行時에 鳳山탈關係李東碧[4], 金景錫, 李潤華, 韓相健, 羅雲仙, 林德濬, 金泰赫等諸氏口述을速記한것이다.)

(이 각본은 소화11년 8월 31일 즉 음7월 15일 황해도 봉산군 사리원 경암산 하에서 사리원읍 주최로써 임시 거행 시에 봉산탈 관계 이동벽, 김경석, 이윤화, 한상건, 나운선, 임덕준, 김태혁 등 제씨 구술을 속기한 것[6]이다.)

---

1 [보정] 脚本(각본) ; 여기서는 '희곡'이라는 용어와 분명하게 변별하면서 사용하였는지는 분명하지 않다. 연극이나 영화를 만들기 위하여 쓴 글이다. 배우의 동작이나 대사, 무대 장치 따위가 구체적으로 적혀 있다. 극본이라고도 한다. '각본', '대본' 등은 연기자 중심의 텍스트라면, '희곡'은 장르적 용어라고 봄이 옳다.

2 [보정] 假面舞踊 鳳山탈脚本 / 假面劇 鳳山탈脚本 ; 겉표지 표제는 '假面舞踊'이라 하였고 내지 표제에는 '假面劇'이라 하였다. '가면극'과 '무용극'상의 장르적 인식 태도를 읽을 수 있다. 결국 봉산가면극은, 가면극적 성향과 무용극적 성향을 공유하는 장르라고 보았다는 점이 주요하다.

3 [보정] 景岩山(경암산) ; 봉산군 사리원의 명승지의 하나다. 경암루가 있다. 경암루 뒤편을 탈막[개복청(改服廳)]으로 쓰기도 하였다는 점으로 보아 경암루 앞에서 가면극이 이루어졌다는 점을 확인할 수 있다. 사리원의 가설 무대는 경암루(景岩樓) 앞 광장에 28개의 구획을 가진 반원형의 다락을 매고 그 안마당에 멍석을 깔아 탈판 - 연희장, 가면극 공연 공간 - 을 마련하였다. 이 28개의 다락 중 탈판 오른편 제3의 구획이 탈막으로 쓰였다. 이 반원형 2층 관람석 다락의 사용권이 공연비용을 대는 상인들에게 맡겨졌다. 이 놀이에 사용되는 비용은 따

로 입장료를 받지 않고 근래에는 읍민 중 유지와 상인 들이 염출하였었다. 탈판 둘레에 2층 다락을 만들어 이 특별관람석 사용권을 위에서도 말한 것처럼 상인들에게 주어 그들이 단골손님을 초대하거나 음식을 사 먹는 사람에 한해서 자리를 주게도 하였다. 다락석(席)에 초대되지 않은 사람들은 탈판 둘레에 있는 자리에서 무료로 관람하였다. 전에는 하사(下史)들이 주로 놀았기에 군민들에게서 비용을 거두어들이고 의상을 무당에게서 징발하여 단오절에 앞서 약 1개월 동안 읍내에서 떨어진 절에 가서 합숙하여 놀이 준비를 하였다고 한다. 탈판은 낮에는 단오놀이의 씨름과 여자들의 그네뛰기에 사용되었고 야간에 장작불을 피워 놓고 밤새도록 탈놀이를 하였다. 사리원으로 옮겨 오기 전에 봉산가면극을 놀았던 봉산구읍의 경수대(競秀臺)는 앞산 밑 강변의 평평한 터로 석벽 밑에 겨우 무릎에 닿을 높이의 돌축대를 쌓은 것뿐이며 그 나지막한 축대 위에서 사방에 횃불을 밝히고 놀았다.

한편 동선면 조양리에는 봉산객사(鳳山客舍)와 아사(衙舍)가 있다. 봉산객사는 동선관(洞仙館)이라 불렸다. 아사는 지군사 최극태가 창건했는데, 처음에는 근민당(近民堂)이라 지었으나 얼마 뒤에 조양각(朝陽閣)으로 고쳤다. 문루는 문소루(聞韶樓), 아사의 동헌은 대봉헌(待鳳軒)이라 하였다. 아사 주변에는 향청(鄕廳)·작청(作廳)·전적청(田籍廳)·군무청(軍務廳)·집사청(執事廳) 등 많은 건물이 있었다. 이 건물들은 1917년 일반에게 공매되었는데, 이 때 이덕기(李德基) 등 지방 유지들이 아사의 문루를 사서 사리원 경암산 기슭에 경암루(景巖樓)를 지었다.

4 李東碧(이동벽) ; 이동벽은 1936년 8월 31일 사리원 경암산 아래 마당에서 백중절 공연을 베풀었고 당시 경성 방송을 통해 전국에 생중계된 공연에서 감독역을 맡았다. 당시 사리원 기생조합장이자 금광을 하여 유력한 지방인사로 다리를 약간 저는 관계로 춤은 별로 추지 않았다. 그는 모가비 노릇을 하였기에 수하의 기생들이 상좌, 사당, 소무, 원숭이 등 탈을 썼다.

5 [보정] 서연호, 「식민지시대 오청의 민속조사 및 민속선양 활동」, 『어문논집』 60집, 민족어문학회, 2009 참조.
　　　　　오청은 일제의 밀정혐의로 체포되어 반민특위 공판에서 2회 심리까지 받았다. 재판이 진행되던 중에 6·25전쟁이 일어나 재판이 중단되고 말았다. 그에 관한 기록은 더 이상 찾을 수 없다. 그의 글은 불과 몇 편을 제외하고 전문성이 뒤진다. 그는 대학에서 법학을 수학한 폭넓은 상식의 소유자로서 조선총독부의 촉탁을 역임하기에는 적당한 인재였다. 식민지치하의 조선인으로서는 감히 생각하기 어려운 수준의 월급을 받았다. 또한 그가 획득한 사회적 지위는 동일한 시기에 몇 가지가 겹칠 정도로 번잡하게 살았다. 단언하기는 어렵지만, 아마도 그의 이런 행로와 활동양상이 앞서 지적한 '경기도 고등계형사과장의 고급밀정 역할'과 연계된 것이 아닌가 하는 의심을 갖게 한다. 그야말로 식민지시대 친일노선에 영합한 지식인의 한 부류를 표상한다. 오청의 약력은 다음과 같다. 식민지시대의 기록을 읽다보면 오청의 글이나 관련 자료가 적지 않게 눈에 뜨인다. 필자로서는 그가 일찍이 가면극의 채록본이나 민속조사기록을 남긴 사실에 특히 주목해왔다. 과연 그는 어떤 인물이었을까. 이 소론은 오청이 남긴 민속조사와 민속선양 활동을 종합적으로 살펴보는 데 목적이 있다. 그에 관한 기록을 확인해 가던 중에 예상 밖의 기록을 접하게 되었음을 먼저 밝혀두기로 한다. 경향신문 1949년 5월 6일에는 '반민특위에서는 지난 2일 하오 7시반 시내 신당동 27에 거주하는 반민피의자 오청을 체포 수감하였다. 현재 고계 중학교 교장으로 있는 피의자 오청은 과거 일제하 경기도 고등과장의 충실한 밀정이었다 한다'는 기사가 보인다. 또한 8월 17일에는 '16일 반민공판은 오전 11시에 열렸고, 오후 2시에도 역시 일제 경찰이었던 오청의 2회 심리가 있었다'는 기사가 전한다. 이상의 기사에 의하면, 그는 광복 후 반민족행위처벌법 에 의해 설치된 반민족특별조사위로부터 식민지시대 경기도 고등계형사과장의 고급밀정 역할을 했다는 혐의를 받고, 1949년 5월 6일에 자택에서 체포되어 8월 17일 제2차 심리를 받았다. 당시 그는 고계중학교 교장이었다. 고계학원에 관한 기사는 그가 체포되기 훨씬 이전에 발견된다. 경성일보 1940년 3월 23일에 '더러워진 학원, 이사장과 이사가 대립, 고계학원, 마침내 소송사태'라는 제하의 기사가 바로 그것이다. 당시 보성중학교를 경영하고 있던 재단법인 고계학원의 간부들 사이에 재정문제로 갈등이 붉거졌다. 고계학원은 1934년 11월에 심한 재정난에 처한 보성중학교를 위해 조선불교중앙교무원의 양해를 얻어, 방응모를 재단이사장, 서춘, 소완규, 오청 등을 이사로 선임하였다. 그러나 수년이 지난 후 이사장측[원고]과 이사측[피고]이 다시 재정집행문제로 법정 대립하게 되었고, 당시 오청이 피고측 대표를 맡게 되었다. 이렇게 오청

<table>
<tr><td>目 次</td><td>목 차</td></tr>
</table>

은 일찍부터 고계학원문제에 깊이 참여해온 것이고, 이런 연고로 광복 이후에는 고계중학교의 교장이 된 것으로 보인다.

오청의 본명은 오종섭이었다. 1927년부터 오청이라는 성명을 전용하였다. 아호는 창애였지만 아호로 발표된 글은 보이지 않는다. 1898년 5월 서울 팔판동 117번지에서 출생하였다. 1918년에 와세다 대학 법과를 졸업하고 귀국하여 1919년 9에 매일신보사 봉천지국지국장이 되었다. 1919년 11월 동아식산주식회사의 창립에 관여하였다. 1920년 5월에는 신민일보 창간[신민공사 전무취체역]에 관여하였다. 신민공사는 1921년 5월부터 잡지 신반도를 신민공론 으로 개명하는 한편, 금전대차, 채권 취급, 유가증권 매매 등의 업무를 시작하였다. 그는 1921년 11월에 신민공사의 전무취체역을 사임하고, 1922년 7월에 신민공론사의 사장이 되었다. 오청은 1924년까지 합자회사 1924 대흥사 사장, 조선토지주식회사 고문, 조선경제회 이사, 만주철도 촉탁 등을 역임하였다. 1925년에 총독부철도국 국우회 촉탁을 역임하였다. 이러한 그의 활동이 계기가 되어 1926년부터 총독부 촉탁 겸 잡지 조선 편찬사무에 종사하게 되었다. 총독부 자료에 의하면, 1927년에 오청은 문서과의 촉탁[월수당 50원], 이후 1928년, 1929년에 종교과의 촉탁[월수당 1백 원]으로 근무하였다. 당시 편집과에는 민속연구가 이능화가 근무하고 있었다. 1930년부터 1936년까지 오청은 임시국세조사과의 촉탁[월수당 50원] 겸 문서과의 촉탁[월수당 75원]으로 민속연구가 무라야마 지준[연수당 3천원]과 함께 근무하였다. 그가 받은 급료를 보면 다음과 같다.

     1931년, 1932년 임시국세조사과(월수당 53원) 겸 문서과(월수당 72원)

     1933년 임시국세조사과(월수당 58원) 겸 문서과(월수당 72원)

     1934년 임시국세조사과(월수당 63원) 겸 문서과(월수당 77원)

     1935년, 1936년 임시국세조사과(월수당 30원) 겸 문서과(월수당 110원)

     1937년 국세조사과의 촉탁(월수당 30원) 겸 문서과의 촉탁(월수당 135원)

촉탁으로 근무하는 도중 오청은 몇 차례 경성 제2방송에 출연하여 <강화>를 방송하였다. 1938년에 관한 기록은 보이지 않는다. 그는 1939년 1월에 조선실업구락부의 회원이 되었는데, 회원명단에는 교육가로 소개되었다. 1939년 6월 오청은 주식회사 조선문화사의 감사가 되었다.

6 [보정] 구술을 속기한 것 ; 공연 현장에서 채록한 것이 아니라 '구술(口述)'을 속기(速記)로 채록한 것임을 알 수

❖ 오청본 개설 2

概說

鳳山탈[8]은 옛적붙어黃海道鳳山邑內에서端午[9]일밤노리로써 行하여오든것으로서 實로그由緒가매우오래고鄕土情緒가豊富한大規模의假面劇이다. 京義線鐵道가開通됨에딸아서 鳳山郡廳[10]이沙里院[11]으로移轉된後 舊邑[12]은나날이疲弊하야 一寒村[13]으로되고말엇슴으로[14] 由緒깁흔이假面劇도 이제는沙里院에서行하게되엿다. 이는그地方에잇서서 一般的으로非常히愛好되는最高의娛樂이다. 現今에도 이 탈노리를行할때에는 隣近各地로붙어男女老少의別업시 數萬의群衆이모여들어서 大雜踏[15]의盛況을이루게된다. 鳳山附近의各邑에도 이와類似한탈노리가잇스나 沙里院의그것처럼規模的이고宏壯한것이안이다.

개설

봉산탈은 옛적부터 황해도 봉산읍내에서 단오일 밤놀이[16]로서 행하여 오던 것으로써 실로 그 유서가 매우 오래고 향토정서가 풍부한 대규모의 가면극[17]이다. 경의선철도가 개통됨에 따라서 봉산 군청이 사리원으로 이전된 후 구읍은 나날이 피폐하여 일 한촌으로 되고 말았음으로 유서 깊은 이 가면극도 이제는 사리원에서 행하게 되었다.[18] 이는 그 지방에 있어서 일반적으로 비상히 애호되는 최고의 오락이다. 현금에도 이 탈놀이를 행할 때에는 인근 각지로부터 남녀노소의 별 없이 수만의 군중이 모여들어서 대잡답의 성황을 이루게 된다.[19] 봉산 부근의 각 읍에도 이와 유사한 탈놀이가 있으나, 사리원의 그것처럼 규모적이고 굉장한 것이 아니다.[20]

있다. 때문에 이 자료는 공연 상황에 대하여는 구체적으로 채록되지 못하였을 것으로 볼 수 있다. 따라서 공연 상황을 추적하는 일이 긴요하다.

7 [보정] 第七場 ; 봉산가면극 전체를 일곱 단위로 나누고 있음을 알 수 있다. 이것이 절대적이라고는 할 수 없다. 이에 대하여는 채록 자료에 따라 다를 뿐만 아니라 '열두 마당'을 주장하는 경우부터 다양한 견해가 있다.

8 [보정] 鳳山(봉산)탈 ; 지역 명칭에 '탈'이 결합된 것으로, 봉산 지역의 가면극이라는 뜻으로 쓰는 관습적 용어다. '봉산 지역의 가면극에서 사용되는 탈'이라는 뜻으로도 사용한다.

9 端午(단오) ; 음력 5월 5일로, 명절의 하나다. 수릿날[戍衣日・水瀨日]・중오절(重午節)・천중절(天中節)・단양(端陽)이라고도 한다. 단오의 '단(端)'자는 처음 곧 첫 번째를 뜻하고, '오(午)'자는 오(五), 곧 다섯의 뜻으로 통하므로 단오는 '초닷새[初五日]'라는 뜻으로 풀이 한다. 일 년 중에서 가장 양기(陽氣)가 왕성한 날이라 해서 큰 명절로 여겨왔다.

10 鳳山郡廳(봉산군청) ; 황해도의 중앙에서 약간 북부에 위치한 군의 관청이다. 봉산군은 동쪽으로 서흥군, 남동

쪽으로 평산군, 남서쪽으로 재령군, 북쪽으로 황주군과 접해 있으며, 북서쪽으로는 재령강을 건너 안악군과 마주하고 있다. 군청 소재지는 사리원읍 동리이다. 주요 하천으로는 서북에서 북류하는 재령강과, 여기에 합류하는 지류인 서흥강(瑞興江)·은파천(銀波川)·마동천(馬洞川) 등이 있으며, 이들 유역에 기름진 평야가 전개된다. 주요 평야로는 봉산평야와 남물릿벌[일명 나무리벌] 등이 있다. 1413년에 현재의 지명인 봉산군으로 고쳐졌다. 삼국시대 이후 관아는 계속 휴류산성 안에 있었으나, 1523년에 전염병이 돌아 백운산 아래에 있는 지금의 봉산읍으로 옮기게 되었다.

11 沙里院(사리원) ; 원(院) 이름이다. 역원제(驛院制)에 의하여 의주로상에 위치하였다. 행정구획상 황해도 봉산군 사리원읍에 속한다. 도로 대부분이 행정중심지를 경유하였던 의주로에는 역이 행정중심지 부근에 위치하며 원에 비하여 그 역할이 강하였다. 따라서 의주로상의 원취락이 교통의 요지로까지 발달한 경우는 드물었으나 도로에 인접하여 위치하였던 사리원은 신작로의 건설과 함께 교통의 요지로 발전하였다. 서울에서 신의주로 향하는 경의선 철도와 국도가 지나며 황해선(黃海線)·장연선(長淵線) 등의 철도 기점인 사리원은 주변 지역으로 통하는 도로가 발달되어 있어 황해도 북부지방의 교통 중심지이다. 『신증동국여지승람』 참조. 사리원은 사리(沙里) 또는 사원방(沙院坊)이라는 명칭에서 비롯된 것이다. 조선 초엽 자비령을 넘어 북쪽으로 가던 길이 막히고 대신 동선령(洞仙嶺)을 넘게 되는데, 고개를 넘는 사람들이 이 곳 사리에서 많이 숙박하게 되자 사리원이 설치된 것이다.

12 舊邑(구읍) ; 옛읍으로, 여기서는 봉산읍을 말한다.

13 寒村(한촌) ; 가난하고 쓸쓸한 마을을 뜻한다.

14 京義線(경의선) ; 서울과 신의주 사이를 잇는 철도다. 경부선과 더불어 남북을 종단하는 간선 철도로 1906년 4월에 개통되었다.

15 雜踏(잡답) ; 사람들이 많이 몰려 북적북적하고 복잡함을 뜻한다.

16 [보정] 단오일 밤놀이 ; 봉산가면극은 최근에는 단오에 주로 연행되었던 듯하다. 이 자료의 아래에 '이 탈놀이는 옛적부터 년 1회 단오일 밤에 행하기로 되어 있는데 군수부임 시 우(又)는 중국사신 통과 시 등 관청에 경사가 있을 때에는 특별 흥행으로써 행하였던 것이다.'와 같은 기사도 보이지만 연행된 시기는 다양하게 나타나나 일반적으로 가면극은 정월 보름 행사의 하나였다. 또한 자료 아래에 '장작불을 피우고 황혼에 시작하여 그 익조해 뜰 때까지 하룻밤 동안 연출하던 것'과 같은 기사에도 나타나듯이 가면극이 '밤노리'였다는 점은 공연미학적인 면에서 염두에 두어야 한다.

17 [보정] 향토정서가 풍부한 대규모의 가면극 ; '향토정서가 풍부'하다는 것은 봉산 지역의 문화적 색채를 띠고 있다는 말이다. 다만 중앙 문화에 대하여 지방문화적 성격이라는 뜻도 담긴 듯하다. '대규모의 가면극'이라 하였음은 지역적 행사를 넘어섰다는 말이다. 즉 당시대로 볼 때에 국가적으로 관심을 두는 행사였다고 볼 수 있다. 제목에서 '무용'이라는 용어를 사용하였는데, 여기서는 '가면극'이라는 용어를 사용하고 있다. 결국 '봉산탈'은 무용과 가면극이라는 두 요소가 결합된 것이라는 인식 태도를 엿볼 수 있다.

18 '봉산'에서 연행되던 것이 '사리원'으로 그 연행 장소가 옮겨졌다는 증언이다. 철도의 개통으로 말미암아 교역의 중심지가 봉산에서 사리원으로 이동되었다. 즉 봉산가면극은 교역의 중심지에서 주로 연행되었다는 사실을 말해준다. 이 점은 가면극연행공간을 연구하는 데에 있어서 관심을 가져야 할 자료이다. 또한 봉산탈무의 공연 규모를 증언하고 있다. 그리고 봉산 이외의 지역에서도 가면극이 있다는 사실을 말하고 있다.

19 [보정] 현금에도 이 탈놀이를 행할 때에는 인근 각지로부터 남녀노소의 별 없이 수만의 군중이 모여들어서 대잡답의 성황을 이루게 된다. ; 공연 당시에 관객의 참여 상황을 알 수 있게 하는 진술이다. 봉산군 사람들만이 아니라 인근 지역에서도 관객이 몰렸다는 점으로 보아 이 공연의 규모와 관심도를 측정할 수 있다.

20 [보정] 봉산 부근의 각 읍에도 이와 유사한 탈놀이가 있으나, 사리원의 그것처럼 규모적이고 굉장한 것이 아니다. ; 봉산가면극은 해서가면극의 하나라고 한다. 봉산을 중심으로 하여 황주(黃州)와 서쪽 평야 지대인 안악(安岳), 재령(載寧), 신천(信川), 장연(長淵), 송화(松禾), 은율(殷栗) 등지의 가면극과, 동남쪽 평야 지대로는 기린

◇ 오청본 개설 3

이탈노리의 由來에 對하야 그 地方에 傳하여오는바에 依하면

「高麗朝末葉때 어느절(萬福寺라고한다)에 萬石[22]이라는늙은 道僧이잇섯는대 그는 世上사람으로붙어 生佛[23]이라는말을듯고 또만흔 尊敬을받고잇섯다. 그의 知己[24]中에 醉發이라고하는 放蕩한 處士[25]한사람이 잇서 여여러 가지 術策으로서 그 道僧[26] 墮落식히랴고하얏스나 그 道僧의마음은좀처럼 動하지안엇섯다. 그래서 醉發은 最後의一單[27]으로서 怪物의 美女[28]를식혀그의마음을 움지겨보기로하엿던바 果然 生佛이라는 말을듯든 道僧도 그 美女의 魔手에걸니여 마츰내 破戒[29]되고말엇다. 이 道僧의 醜態가 綻露되자 그 當時 破戒僧侶에 對한 世人의 憎惡와 反感이 매우 激化되엇슴으로 어느[30] 有志의士[31]가 佛教의 前途를 憂慮하야 僧侶의破戒와 一般民風[32]의 頹廢[33]됨을 豫防하

이 탈노리[21]의 유래에 대하여 그 지방에 전하여 오는 바에 의하면

「고려조 말엽 때[35] 어느 절(만복사라고한다)에 만석[36]이라는 늙은 도승이 있었는데[37] 그는 세상 사람으로부터 생불이라는 말을 듣고 또 많은 존경을 받고 있었다. 그의 지기 중에 취발이라고 하는 방탕한 처사한 사람이 있어 여러 가지의 술책으로써 그 도승 타락시키려고 하였으나 그 도승의 마음은 좀처럼 동하지 않았다. 그래서 취발은 최후의 일단으로써 괴물의 미녀를 식혀 그의 마음을 움직여 보기로 하였던 바 과연 생불이라는 말을 듣던 도승도 그 미녀의 마수에 걸리어 마침내 파계되고 말았다. 이 도승의 추태가 탄로되자 그 당시 파계 승려에 대한 세인의 증오와 반감이 매우 격화되었음으로 어느 유지의 사가 불교의 전도를 우려하여 승려의 파계와 일반민풍의 퇴폐됨을 예방하려고 이

(麒麟), 신원(新院), 서흥(瑞興), 평산(平山), 신막(新幕) 등지의 가면극과, 해안 지대로는 해주(海州), 강령(康翎), 옹진(甕津), 송림(松林), 추화(秋花), 금산(金山), 연백(延白) 등지의 가면극으로 크게 세 지역으로 구분된다. 5일장이 서면 거의 모든 장터에서 1년에 한 번씩 공연되었다고 한다. 이들 중에서 봉산가면극이 대표격이었다고 한다. 이 지역에서는 경연대회를 열 정도로 번성했었다고 한다. 연희경연은 5월 6, 7, 8일에 해주감영에 나가서 놀았고, 우승하면 감사로부터 상을 받았다고 한다.

21 [보정] 탈노리 ; 여기서는 봉산탈춤, 봉산가면극, 봉산무용 등을 지칭한다. 보통 '탈춤', '탈놀이', '가면극'이라는 용어가 혼용된다. 이들 용어가 갖는 강점과 약점을 살펴보면 다음과 같다. 첫째, '탈춤'이라는 용어는 탈과 춤이 어우러진 공연이라는 뜻을 담고 있어 관습적으로 무난하게 사용되고 있지만 무용적 성향을 띠고 있어 극장르라고 인식하기에는 거리가 있다는 단점을 안고 있다. 둘째, '탈놀이'라는 용어는, '놀이의 신성성'을 강조한 『유희적 인간』에서 언급한 호이징아의 입장을 수용한다면 민속극이라는 면과 어울리는 용어다. 다만 '소꿉놀이'와 같이 '놀이'가 일상적인 놀이에도 붙어 기능을 발휘한다는 면에서 보면 장르 명칭으로서 적절성이 부족하다. 셋째, '가면극'은 서구적인 가면극과 변별이 되지 않는다는 단점을 안고 있지만 우리 문화의 세계화라는 관점에서 적절하다. 여기서는 '가면극'이라는 용어를 채택하였다.

라고 이탈노리를 案出³⁴한것이다.」　　　　　　탈놀이를 안출한 것이다.」³⁸

---

22 [보정] 萬石(만석) ; 조수삼(趙秀三)의 『추재집(秋齋集)』 7권에 다음과 같은 기사가 보인다.

　　　[참고] 탁반두의 이름은 문환이다. 나례국의 편수[邊首]다. 젊어서부터 황진이 춤과 만석중 노래와 우스갯
　　짓을 잘 하여 반중의 자제 가운데에 그를 능가하는 자가 없었다. 늙어서 사신을 영접한 노고를 인정받
　　아 가선대부의 품계를 하사 받았다. 卓班頭 班頭名日文煥。儺禮局邊首也。少工於眞妓之舞。<u>萬石僧
　　之歌笑</u>。斑中子弟毋能及之者。老以延勅勞賜嘉善階。

　　　　황진이는 궁보(弓步)하며 아미를 드리우고　眞娘弓步斂蛾眉。
　　　　만석은 비틀비틀 장삼춤을 춘다. 萬石槎槎舞衲綱。
　　　　황번작(黃旛綽)과 경신마(敬新磨)를 빼닮은 자 누구냐. 旛綽新磨何似者。
　　　　반두인 탁동지를 최고로 꼽는다. 班頭先數卓同知。 납치

　　　* 弓步 ; 한 발은 앞으로 굽히고 다른 한 발은 뒤로 곧게 뻗은 자세
　　　* 황번작(黃旛綽) ; 황번작(黃旛綽)이라고도 쓴다. 중국 양주(凉州 ; 지금의 무위) 사람으로서 30세에 당나
　　　라 궁중 악사(樂師)로 들어갔는데, 뛰어난 유머 감각과 말재주로 현종(玄宗)에게 여러 가지 풍간(諷諫)
　　　을 하여 신임을 얻었다고 한다. 안녹산(安祿山)과 사사명(史思明)의 반란이 일어났을 때 반란군에게 사
　　　로잡혀 안녹산을 위해 공연을 하기도 했으나, 반란이 평정된 뒤에 현종은 그의 죄를 묻지 않고 석방시켜
　　　주었다. 일설에는 만년에 강남 지역을 떠돌다가 죽어서 곤산(崑山)에 묻혔다고도 한다.
　　　* 경신마(敬新磨) ; 오대五(代) 시기 후당(後唐)의 장종(莊宗, 923~925 재위)이 아끼던 배우로서 뛰어난
　　　말솜씨로 유명했다고 한다.

23 生佛(생불) ; 살아 있는 부처라는 뜻으로, 덕행이 높은 승려를 이르는 말이다. 중생과 부처를 아울러 이르는 말
　　이기도 하다.

24 知己(지기) ; 지기지우(知己之友)의 줄임말이다. 자기의 속마음을 참되게 알아주는 친구라는 뜻이다.

25 處士(처사) ; 예전에, 벼슬을 하지 아니하고 초야에 묻혀 살던 선비를 말한다.

26 道僧(도승) ; 불도를 닦아 깨달은 승려를 말한다.

27 [보정] 一罜(일단) ; '一段'이 옳다. 한 단계를 말한다. '最後의 一罜'은 '마지막 수단'이라는 뜻이다.

28 [보정] 怪物(괴물)의 美女(미녀) ; '노승무' 참조

29 [보정] 破戒(파계) ; 계(戒)를 받은 사람이 그 계율을 어기고 지키지 아니함을 말한다. '계(戒)'는 죄악을 저지르지
　　못하게 하는 규정을 말한다. 불교에서는 죄를 금하고 제약하는 것인데, 율장(律藏)에서 설한 것으로, 소극적으
　　로는 그른 일을 막고 나쁜 일을 멈추게 하는 힘이 되고, 적극적으로는 모든 선을 일으키는 근본이 된다.

30 [보정] '어는'은 '어느'의 방언이다.

31 [보정] 有志(유지) ; 마을이나 지역에서 명망 있고 영향력을 가진 사람을 말한다. 어떤 일에 뜻이 있거나 관심이
　　있는 사람을 말하기도 한다. 여기서는 전자의 뜻이다. '유지(有志)의 사(士)'는 '뜻 있는 선비'라는 뜻이다.

32 民風(민풍) ; 민간 생활과 결부된 신앙, 습관, 풍속, 전설, 기술, 전승 문화 따위를 통틀어 이르는 말이다.

33 頹廢(퇴폐) ; 쇠퇴하여 결딴이 남을 뜻한다. 도덕이나 풍속, 문화 따위가 어지러워짐을 말한다. 여기서는 후자의
　　뜻이다.

34 案出(안출) ; 생각해 낸다는 뜻이다.

35 [보정] 高麗朝末葉(고려조말엽)때 ; 현재 실제의 고려조 말엽으로 볼 수 있는 또다른 사료적 근거는 없다. 통삼기
　　에 창건되었다고 알려진 '만복사'와 연계하자니 필요한 서술로 판단된다. 다만 연행자들이 역사가 오래 되었
　　고 인식하고 있다는 점은 추정할 수 있다.

36 [보정] 참고로 '만석중놀이'를 소개하면 다음과 같다.

　　　개성지방에서 연희되던 무언인형극이다. 음력 4월 8일에 행해졌던 놀이로 망석(忘釋)중놀이 · 망석(亡釋)

고한다. 이는純然한傳說로써 아즉이에
關한文獻이보이지안음으로 무어라고斷
言하기어렵다. 그러나이탈노리自體의內
容으로붙어살펴보면 京城附近에서行하
든山臺假面劇과 同一한系統의것이아닌
가하는생각이된다. 그러고미얄의臺詞에
依하야미루어보면 山臺劇보다後에생긴
것같다. 오즉興味잇는점은獅子舞一幕이
더잇는것으로서 獅子舞幕의臺詞로미루
어보면 조선에잇는獅子舞는 印度로붙어
中國을것처朝鮮으로들어온것임을엿볼수
잇다.

고 한다. 이는 순연한 전설로써 아직 이
에 관한 문헌이 보이지 않음으로 무어라
고 단언하기 어렵다. 그러나 이 탈놀이
자체의 내용으로부터 살펴보면 경성 부
근에서 행하던 산대가면극[39]과 동일한 계
통의 것이 아닌가 하는 생각이 된다. 그
리고 미얄의 대사에 의하여 미루어 보면
산대극보다 후에 생긴 것 같다.[40] 오직 흥
미 있는 점은 사자무 1막이 더 있는 것으
로서 사자무 막의 대사로 미루어 보면 조
선에 있는 사자무는 인도로부터 중국을
거처 조선으로 들어온 것[41]임을 엿볼 수
있다.[42]

중놀이·만석승무(曼碩僧舞)·만석(萬石)중놀이라고도 한다. 이 놀이는 황진이(黃眞伊)의 미색과 교태에 미혹되어 파계했다는 지족선사(知足禪師)를 조롱하기 위하여 연희했다는 속전이 있으며, 일설에는 지족선사가 불공비용을 만석이나 받아먹고 그 탐심을 욕하기 위해 연희했다고도 한다. 주로 개성지방을 중심으로 행해지는데, 개성사람들에게는 초파일이 특별히 중요시되어 이날부터 겨울옷을 봄옷으로 갈아입고, 일손을 놓고 특별한 음식을 풍성히 장만하여 즐겁게 지낸다. 절에서는 물론 가정집에서도 등을 달고 마을 광장의 공중에 줄을 여러 개 치고 줄에다 많은 등을 단다. 이러한 많은 등 가운데 만석중이라는 인형과 사슴·노루·용·잉어 등도 달아서 만석중놀이를 연희한다. 이 놀이에는 대사도 없고, 일정한 순서와 절차도 없다. 다만 절에서는 정해진 연희자가 고정되어 있어 꽹과리·북·장구 등의 타악기 반주에 따라 연희함으로써 불공드리려고 온 사람들의 취흥을 돋우어준다. 여염집에서는 고정된 연희자가 없고, 마을 주민이면 누구나 심심풀이로 인형과 기타 여러 가지 동물을 조정하며 즐긴다. 이 놀이에는 인형·노루·사슴·잉어·용 등이 각각 하나씩 도구로 쓰이며, 공중에 높이 쳐놓은 줄에 매어 다는데, 잉어·등·용·만석중·사슴·노루의 차례로 배열한다.

만석중이라는 인형은 3, 4세 아이만한 크기인데 머리는 바가지로 되어 있고 몸체와 팔·다리는 나무로 만들어졌다. 머리에는 눈·코·입을 그렸는데 산대의 가면처럼 험상스런 모습이 아니고 꼭두각시놀이의 인형과 같이 거의 사실적 얼굴이다. 사지는 관절부분을 움직이게 하고, 발끝과 손끝에는 가는 줄을 단다. 그 끈은 만석중인형의 가슴부분에 뚫린 구멍을 통해서 배후로 나가게 되어 있으며, 배후에서 끈을 조정하면 팔은 가슴을 딱딱 치고 발은 이마를 치게 된다. 만석중은 옷을 입히지 않고 몸 전체를 색칠도 하지 않는다.

만석중은 놀이판의 중앙에 고정시켜 이리저리 움직이지 않게 한다. 노루와 사슴은 두꺼운 종이를 오려서 갈색 칠을 하고 사슴에는 흰 점을 찍어놓는다. 사슴과 노루는 상당한 거리에 떨어져 있으나 줄을 당겼다 놓았다 하면, 노루와 사슴은 맞붙어서 싸웠다가 헤어지는 것 같다. 용과 잉어는 종이로 그 실형을 나타나게 만들어 만석중인형의 왼쪽에 매달아 공중에서 부유(浮遊)하게 한다. 용과 잉어 사이는 상당한 거리를 두고, 그 사이에 등 하나를 매어 달아 줄을 잡아당겼다 놓았다 함에 따라 등은 용 쪽으로 갔다 잉어 쪽으로 갔다 하게끔 해놓는다. 이때 등은 여의주(如意珠)라고 하는데, 용과 잉어는 서로 여의주를 차지하려고 다투는 모습을 보여주는 것이다.

홍석모(洪錫謨)의 『동국세시기』 '4월 8일'조에는 매·개·호랑이·사슴·노루·꿩·토끼 등을 매달았다고 하였는데, 만석중에 대해서는 아무런 언급이 없으므로 이것이 개성지방의 만석중놀이에 대한 기술의 일부인지는 알수 없다.

유득공(柳得恭)의 『경도잡지 京都雜志』 '성기(聲伎)'조에는 만석승무(曼碩僧舞)라는 기록이 있다. 그러나 이또한 개성의 만석중놀이에 대해서 아무런 언급을 하지 않았으므로, 이것이 만석중을 가리키는지의 여부는 알수 없다. 그는 만석중 춤을 산대놀이의 일부같이 기술했는데, 오늘날 산대놀이에는 만석중이나 망석중 춤은 없고 그러한 흔적도 찾아볼 수 없다. 따라서 유득공이 만석중놀이를 보았거나 전언으로 들었거나 한 공연물을 잡희(雜戱)로 여기고 산대놀이 속에다 넣은 것이 아닌가 한다.

37 [보정] 萬福寺(만복사) ; 만복사에 대하여 『신증동국여지승람』 권15와 권39에 기사가 있다.

왕자산(王字山) 고을 동북쪽 12리에 있으며, 진산(鎭山)이다. 고려 태조가 군사를 이곳에 머물러 두었을 때에 윤계방(尹繼芳)이 이곳을 다섯 용이 구슬을 다투는 형세라고 아뢰어 보루를 쌓고 군사를 조련하며, 왕자성(王字城)이란 이름을 하사하였다. 왕자는 바로 그 산의 모양이다. 화산(華山) 풍세현(豊歲縣)에 있으며, 고을에서 43리의 거리이다. 유려왕산(留麗王山) 고을 동쪽 11리 목천현(木川縣)의 경계에 있다. 수조산(水潮山) 고을 동남쪽 2리에 있다. 쌍령고개[雙嶺峴] 고을 남쪽 40리이며, 공주(公州)와의 경계에 있다. 차현(車峴) 고을 남쪽 45리에 있다. 자세한 것은 공주 조에 있다. 대천(大川) 풍세현(豊歲縣) 북쪽에 있으며, 고을과의 거리는 9리이다. [중략] 광덕사(廣德寺)·개천사(開天寺)·만복사(萬福寺)·대학사(大鶴寺) 모두 화산(華山)에 있다. 유려왕사(留麗王寺) 고려 태조가 유숙하였으므로 이 이름이 되었다. 성불사(成佛寺)·마점사(馬占寺) 모두 왕자산에 있다. 고려 태조의 말이 머물렀기 때문에 이름을 마점이라 하였다. ─『신증동국여지승람』 권15 천안군

만복사(萬福寺)는 기린산(麒麟山) 동쪽에 5층의 불전(佛典)이 있고 서쪽에 2층의 불전이 있는데 그 안에는 길이 35자의 동불(銅佛)이 있다. 고려 문종(文宗) 때 창건한 것이다. ─『신증동국여지승람』 권39 남원도호부

어느 것인지 또한 실재인지 미상하다. 현재 만복사지(萬福寺址)는 전북 남원시 왕정동(王亭洞)에 있는 절터가 있다. 사적 제349호다. 지정면적 4만 86m 기린산(麒麟山)을 북쪽에 두고 남쪽은 넓은 평야를 앞에 둔 동산에 있다. ≪용성지(龍城誌)≫에 따르면 삼국 통일 시대 후기에 도선(道詵)이 창건하였다고 기록되었으나, 현존하는 유구는 고려 문종 이후의 것이며, 1979~85년 전북대학박물관 조사팀이 발굴 조사하였다. 가람의 배치는 1탑 3금당식(金堂式)으로, 본탑을 중심으로 북 동 서에 각각 금당이 있고 그 북쪽과 남쪽에 강당 중문이 있다. 서쪽 금당터가 북 동 금당터보다 규모가 크다. 만복사지5층석탑(보물 30)과 만복사지석불입상(石佛立像:보물 43), 만복사지석좌(石座:보물 31), 만복사지당간지주(보물 32), 석인형(石人形) 등이 보존되어 있다.

38 [보정] 이 탈노리의 유래에 대하여 그 지방에 전하여 오는 바에 의하면 「고려조 말엽 때~이 탈놀이를 안출한 것이다 ; 가면극은 대체로 전해오는 설화가 있게 마련이다. 관련 설화는 그 가면극의 기원을 말해주기도 하고, 전승 지역의 사회적[제의적] 기능을 담고 있다고 봄이 일반적이다. 설화에 담긴 근저를 밝힐 필요가 있는 부면이다. '밤마리[율지(栗旨)] 오광대 전설'을 살펴보면 다음과 같다.

옛날 옛적 어느 해 대홍수가 났을 때 큰나무 궤짝 하나가 초계군 밤마리에 떠 내려왔다. 마을 사람들이 건져서 열어보니 그 속에는 여러 가지 가면이 가득하게 들어 있고 그것과 함께 "영노전 초권"이라고 하는 책이 한 권 들어 있었다. 그 당시 이 마을에는 여러 가지 전염병과 재앙이 그치지 않으므로 좋다는 방법을 다해 방법도 별무신통으로 아무런 효과가 없었다. 그럴 때 마침 어떤 사람이 궤짝에 있는 탈을 쓰고 그 책대로 놀이를 해 보면 어떻겠느냐고 제의를 했다. 마을사람들은 밑져봐야 본전이니깐 그렇게 해 보았더니 이상하게도 재앙이 없어졌다고 한다. 그런 뒤로 이 마을 사람들은 해마다 탈을 쓰고 연희를 한 것이 밤마리 오광대의 시초라고 한다.

또 다른 전설은

지금으로부터 120년 전 초계에 '말뚝이'라는 마부가 살고 있었다. 그의 성은 박가로 원래는 양반이었으나 어쩌다가 하인노릇을 하며 살았다. 초계지역은 양반들의 세력이 강해 상민인 하인들을 천대하거나 무시하기 일쑤였다. 이에 화가 난 말뚝이는 양반들의 실정을 환히 알아 양반들의 추태를 촌민 10여명을 모아 놓고 폭

로하는 연희를 했다. 말로 양반들을 조롱할 때 맨 얼굴로 하면 양반들로부터 경을 칠 것이 뻔하므로 탈을 쓰고 연희를 하였다고 한다. 이것이 소위 밤마리 오광대놀이의 시초라고 한다.

두 전설이 전연 다른 이야기지만 공통적인 것은 초계군 율지리가 오광대 탈놀이의 발상지라는 점이다 초계군 밤마리 오광대 탈놀이의 발상지이지만 더 이상 계승 발전시키지 못하고 오히려 초계 밤마리에서 전파된 의령, 신반, 진주, 산청, 마산, 동래, 고성, 통영 김해 오광대가 더 발전하게 된다. 원인은 낙동강 수운의 최대 항구 밤마리 국제 무역항이 육운의 발달로 자연 쇠퇴의 길을 걸었기 때문이다. 오광대의 발상지인 덕곡 밤마리는 조선시대에 낙동강수상교통의 중심으로 낙동강유역의 최대 항구 도시였으며 서북부경남의 경제중심지였다. 인근 고령, 창녕, 초계, 현풍에서부터 멀기는 거창지역에 까지 소금, 해산물 등, 생활필수품의 공급은 물론 내륙의 농산물 – 쌀, 보리, 목화 등 – 판매시장으로 막강한 영향력을 발휘하고 있었다. 푸줏간만 7개나 될 정도로 호황을 누린 항구도시였다.

이로써 본다면 밤마리 가면극을 '농촌탈춤'으로 규정한 입장은 재론의 여지가 있다. 그리고 밤마리에서 고성이나 통영으로 전해지면서 도시탈춤 혹은 떠돌이탈춤으로 변모하여 갔다는 조동일의 입장도 역시 수정되어야 한다.

39 [보정] 山臺假面劇(산대가면극) ; 산대도감극(山臺都監劇)을 말한다. 여기서는 경기지방의 산대놀이인 양주별산대놀이, 송파산대놀이, 퇴계원산대놀이 등을 지칭한 것이다. '산대도감놀이'·'산디도감'·'산지도감'·'산두놀이'·'산디놀이'·'산지놀이'·'산대놀이'·'산두나례도감'·'나례도감' 등의 별칭이 있었고, '딱딱이패'라고도 한다.

조선조 후기의 유득공(柳得恭)의 『경도잡지(京都雜志)』 '聲伎(성기)'조에 다음과 같은 기사가 있다.

연극은 산희(山戲)와 야희(野戲) 양부(兩部)로 나뉘어 나례도감(儺禮都監)에 속해 있다. 산희는 시렁을 매어 장막을 친 무대에서 사자, 범, 만석중의 춤을 춘다. 야희는 당녀(唐女)와 소매(小梅)로 분장하고 춤을 춘다. 만석은 고려 중 이름이고 당녀는 고려 때 예성강(禮成江)가에 살던 중국 창녀다. 소매는 옛날 미녀의 이름이다. 演劇有山戲野戲兩部屬於儺禮都監 山戲結棚下帳作獅虎曼碩僧舞 野戲扮唐女小梅舞 曼碩高麗 僧名 唐女高麗時禮成江上有中國倡女來居者 小梅亦古之美女名

'사호만석승무(獅虎曼碩僧舞)'와 '당녀소매무(唐女小梅舞)'는 각각 사월 초파일 석가탄일에 놀던 무언인형극(無言人形劇) '만석중놀이'와 산대놀이에 있는 당녀(唐女)와 소무(小巫) 탈과 관련이 있음을 시사하고 있다.

40 [보정] 그리고 미얄의 대사에 의하여 미루어 보면 산대극보다 후에 생긴 것 같다. ; 미얄무의 어느 대목을 두고 이른 것인지 알 수 없다.

41 [보정] 오직 흥미 있는 점은 사자무 1막이 더 있는 것으로서 사자무 막의 대사로 미루어 보면 조선에 있는 사자무는 인도로부터 중국을 거쳐 조선으로 들어온 것임을 엿볼 수 있다. ; 여기서 '사자무 막의 대사'는 다음 사설을 두고 이른 것이다.

묵승갑. 「이것 참 야단낫구나 하하 그러면 이제야 알겟다. 당나라 때 오계국이 물어서 온 백성이 떠들 때에 국왕의 초빙으로 너의 신통한 조화 다 부려서 단비를 나려주고 오계국의 은총 입어 궁중에 한거하야 가진 영화 다 보다가 궁중 후원 유리정에 국왕을 생매하고 삼년 동안이나 국왕으로 변장하야 부귀영화 누리다가 서천서역국으로 불경을 구하려가든 당삼장이 보림사에 유숙할 제 생매된 오계국왕의 현몽으로 삼장법사의 수제자로 두솔천에 행패하든 문수보살 손행자에게 본색이 탄로되야 구사일생 다라나서 문수보살의 구호받어 근근히 생명을 보존케 되야 문수보살이 타고 단이든 사자냐.」

사자. (머리를 끄덕끄덕하여 긍정한다)

이 장면은 '서유기'의 한 대목을 원용한 것이다. 따라서 이러한 진술은 재고해야 할 사항이다. 즉 사자춤 장면을 인도로부터 왔다고 생각하는 연행자들의 시점을 읽어낼 필요가 있다.

42 [보정] 이 증언의 의미는 무엇인가. 자료 아래에서 '이는 순연한 전설로써 아직 이에 관한 문헌이 보이지 않음으로 무어라고 단언하기 어렵다.'라고 한 점으로 보아도 이를 토대로 봉산가면극의 기저를 이해하기는 어렵다고 판단된다. 민풍을 교화하기 위한 목적으로 공연되었다는 점은 확인할 수 있다. 그러나 '민풍교화'가 궁극적 목적이

◇ 오청본 개설 4

이탈노리는 옛적붙어年一回端午[43]日밤
에行하기로되여잇는데 郡守赴任時又는
中國使臣通過時等 官廳에慶事가잇슬때
에는 特別興行[44]으로써行하엿든것이다.
그費用은元來各坊[45](面[46])에分配하야 一
般郡民으로붙어徵收하든것인대 現今은
沙里院市內에잇는商人其他一般有志의
寄附로써充用하기로되여잇다. 그러고탈
은紙탈인대每年새로만들어서使用後는
불에태워버리기로되여잇다. 本是木탈이
든것을 距今[47]約二百年前에 鳳山吏屬[48]
中安草木이란사람이 全南어는섬으로流
配[49]갓다가도라와서紙탈로改革하엿다하
며 安草木은탈을改革하얏쓸뿐더러 이탈
노리操縱者[50]로서有名하엿든사람이므로
그靈을慰勞하는意味에서 이탈노리를할
때에 序幕으로써出演者全員이모여서함
께華麗한舞踊을하는일도잇다고한다.

이 탈놀이는 옛적부터 년 1회 단오일 밤
에 행하기로 되어 있는데 군수부임 시 우
(又)는 중국사신 통과 시 등 관청에 경사가
있을 때에는 특별 흥행으로써 행하였던 것
이다.[51] 그 비용은 원래 각방(면)에 분배하
여 일반 군민으로부터 징수하던 것인데 현
금은 사리원 시내에 있는 상인 기타 일반
유지의 기부로써 충용하기로 되어 있다.[52]
그리고 탈은 지탈인데 매년 새로 만들어서
사용 후는 불에 태워버리기로 되어 있다.
본시 목탈이든 것을 거금 약 이백 년 전에
봉산 이속 중 안초목[53]이란 사람이 전남 어
느 섬으로 유배 갔다[54]가 돌아와서 지탈로
개혁하였다[55] 하며 안초목은 탈을 개혁하
였을 뿐더러 이 탈놀이 조종자로서 유명하
였던 사람이므로 그 영을 위로하는 의미에
서 이 탈놀이를 할 때에 서막으로서 출연
자 전원이 모여서 함께 화려한 무용을 하
는 일도 있다[56]고 한다.

될 수 없으니, 자료 곳곳에서도 이를 토대로 한 기사가 보이기에 유의하면서 연극학적으로 면밀하게 고찰하는
일이 요청된다. 아울러 '산대가면극'과의 계통성과 '사자무'를 후대에 인도로부터 유입되어 추가된 것으로 보고
있다. '사자무'의 유입 문제는 최치원의 '향악잡영(鄕樂雜詠)'의 '산예(狻猊)'와 연계하여 별도로 검토할 과제다.
43 端午(단오) ; 우리나라 명절의 하나다. 음력 5월 5일로, 단오떡을 해 먹고 여자는 창포물에 머리를 감고 그네를
뛰며 남자는 씨름을 한다. 단양(端陽)·단오일(端午日)·단옷날·수리·수릿날·약날·중오 등으로도 불린다.
44 [보정] 興行(흥행) ; 여기서는 '공연'이라는 뜻으로 사용되었다.
45 坊(방) ; '坊'은 조선 시대에, 황해도와 평안도에서 면(面)을 이르던 말이다.
46 面(면) ; 군(郡)에 속한 지방 행정 구역 단위의 하나다. 몇 개의 이(里)로 구성된다.
47 距今(거금) ; 지금을 기준으로 지나간 어느 때까지 거슬러 올라가서 라는 뜻이다.

48 吏屬(이속) ; 고려·조선 시대에, 각 관아에 둔 벼슬아치 밑에서 일을 보던 구실아치를 말한다.

49 流配(유배) ; 오형(五刑) – 태형(笞刑), 장형(杖刑), 도형(徒刑), 유형(流刑), 사형(死刑) – 가운데 죄인을 귀양 보내던 일이다. 그 죄의 가볍고 무거움에 따라 원근(遠近)의 등급이 있었다.

50 [보정] 操縱者(조종자) ; 인형이나 꼭두각시 따위를 뒤에서 다루어 움직이게 하는 사람을 말한다. 뒤에서 마음대로 남을 움직이는 사람을 말한다. 기계나 기구 따위를 움직이도록 다루는 사람을 말한다. 여기서는 봉산가면극 공연 단체의 활동을 주도하는 사람이라는 뜻이다.

51 [보정] 이 탈놀이는 옛적부터 년 1회 단오일 밤에 행하기로 되어 있는데 군수부임 시 우(又)는 중국사신 통과 시 등 관청에 경사가 있을 때에는 특별 흥행으로써 행하였던 것이다. ; 봉산가면극이 단오 때에 주기적으로 반복되어 공연되었음을 말하고 있다. 민속극의 공통된 특징은 주기적 반복에 있다. 그러던 것이 필요에 따라 부정기적으로 특별한 때에 공연되기도 하였다. 고을 원님의 생신 때에도 공연되기도 하였다.

52 [보정] 그 비용은 원래 각방(면)에 분배하여 일반 군민으로부터 징수하던 것인데 현금은 사리원 시내에 있는 상인 기타 일반 유지의 기부로써 충용하기로 되어 있다. ; 공연에 드는 비용을 상하를 막론하고 공동체 구성원이 함께 지원하였다는 말이다. 이는 봉산가면극 공연이 봉산지역을 축제적 성격을 가지고 있었다는 방증이기도 하다.

53 [보정] 安草木(안초목) ; 안씨 성을 가진 연희자로서 첫목[初目]에 능했던 사람이기에 이렇게 불렸던 듯하다. 즉 '初目'과 '草木'은 동일 대상에 대한 다른 표기로 추정된다.

54 [보정] 거금 약 이백 년 전에 봉산 이속 중 안초목이란 사람이 전남 어느 섬으로 유배 갔다가 ; 지금으로부터 이백 년 전은, 그 역사가 오래 되었다는 점은 확인 할 수 있을 뿐이며 구체적인 사실은 불명확하다.

55 [보정] 탈은 지탈인데 매년 새로 만들어서 사용 후는 불에 태워버리기로 되어 있다. 본시 목탈이든 것을 거금 약 이백 년 전에 봉산 이속 중 안초목이란 사람이 전남 어느 섬으로 유배 갔다가 돌아와서 지탈로 개혁하였다 ; 탈은 종이로 매년 만들어서 사용하고 공연이 끝난 다음에는 불에 태웠다는 것이다. 탈은 지역에 따라 나무로 만든 목탈과, 종이로 만든 지탈이 있었다. 목탈을 사용하는 공연은 하회별신굿탈놀이가 대표적이다. 봉산을 비롯하여 일부 지역에서는 종이로 만들어서 사용하다가 공연이 잦아지면서 탈을 불태우지 아니하고 보존하면서 사용하게 된 듯하다.

　다만 탈을 불태웠다는 문제는 소지(燒紙) 행사와 연계하여 고찰할 필요가 있다. 소지(燒紙) 행사는, 한지를 일정한 크기로 잘라서 이를 불로 살라 세속적 장소를 신성한 장소로 정화하거나 기원자의 소원을 비는 종교적 행위를 지칭한다. 마을신앙 형태로 소지가 행해지는 것과 개인적 소원을 구현하는 것 둘로 나누어 말할 수 있다. 마을에서 일일이 개별적인 마을 구성원에 대한 이름을 열거하면서 하늘에 소지를 올리는 동소지(洞燒紙) 또는 열명지(列名紙)라는 형태가 있으며, 가족 단위의 기원을 목적으로 올리는 소지가 있다. 그러나 특정한 장소를 신성한 장소로 정화하는 소지도 있다. 기원을 목적으로 하는 소지와 일정한 관련이 있는 것은 이 때문이다. 소지는 기원을 목적으로 하든 정화를 목적으로 하든 종이와 일정한 관련이 있다. 문서로 무엇을 계약하고 이를 통해 정화하거나 신과의 기원을 하는 전통이 이러한 소지의 내력을 형성했을 개연성이 있다. 즉 가면극 공연을 마무리하면서 소지행사를 하는 가운데에 탈도 모두를 불태우는 것이 아니라 대표적인 몇 가지의 탈을 불태웠을 것으로 추정한다. 그리고 역사적으로는 조선 후기에 경제난으로 인하여 종이 소비를 줄이자는 뜻에서 채붕을 억제했다는 사실을 감안한다면 원래는 불태우던 것이 후에 보존하여 다시 쓰거나 목탈로 전환되었을 가능성도 있다. 또한 원래에는 목탈을 사용하였는데 여러 가지 사정으로 봉산의 경우처럼 종이탈로 전환되었을 수도 있다. 외적 요인으로는 망실이나 분실이다. 내적 요인으로는 등장인물의 수 혹은 배우의 수가 증가함에 따라 탈을 더 필요로 했을 것으로 추정된다. 즉 중복하여 쓰던 탈을 별도로 탈을 제작하였을 것이며, 이를 두고 '안초목이란 사람이 지탈로 개혁하였.'라고 증언한 것으로 판단된다. 오광대나 야류 계통의 관련 설화를 보면 탈의 수가 원래 5개 정도로 한정되었다는 점을 확인할 수 있다.

56 [보정] 탈놀이 조종자로서 유명하였던 사람이므로 그 영을 위로하는 의미에서 이 탈놀이를 할 때에 서막으로서 출연자 전원이 모여서 함께 화려한 무용을 하는 일도 있다고 한다. ; 탈놀이 조정자였다는 것은 모가비 자리에

◇ 오청본 개설 5

鳳山탈은 元來로鳳山吏屬[57]들이 子子孫孫世襲的으로 出演하여오든것으로서 그중醉發, 老僧, 草目等의役割은 吏屬中에도가장重要한人物이하고 上佐[58], 小巫等은通引[59]等의年少者로써充當식혓는대 現今이탈노리를主宰하고인는李東碧氏와같은이는 그의二十代先朝적부터 거의世襲的으로初目의役割을擔當하야왔다고한다. 그들은每年端午前一個月間 卽四月五日붙어五月四日까지舊邑에서 約十里되는곳에잇는白雲庵이란절에가서 假面其他諸器具의製作及舞踊의練習을하여가지고 端午날밤舊邑競秀臺앞廣場에서 장작불을피우고 黃昏에始作하야그翌朝[60]해뜰때까지 하로밤동안演出하든것이다. 場所는沙里院으로變更되엿스나 아직도그後裔中年老한이들이主宰하야 每年端午에行하고잇다. 그러나이탈노리가 앞으로永久히維持될지 이는疑問이된다.

봉산탈은 원래로 봉산 이속들이 자자손손 세습적으로 출연하여 오던 것[61]으로서 그중 취발, 노승, 초목 등의 역할은 이속 중에도 가장 중요한 인물이 하고[62] 상좌, 소무 등은 통인 등의 연소자로써 충당[63]시켰는데 현금 이 탈놀이를 주재하고 있는 이동벽씨와 같은 이는 그의 이십대 선조적부터 거의 세습적으로 초목의 역할을 담당하여 왔다[64]고 한다. 그들은 매년 단오 전 1개월 간 즉 4월 5일부터 5월 4일까지 구읍에서 약 십리 되는 곳에 있는 백운암이란 절에 가서 가면 기타 제기구의 제작 급 무용의 연습을 하여 가지고[65] 단오날 밤 구읍 경수대 앞 광장에서 장작불을 피우고 황혼에 시작하여 그 익조 해 뜰 때까지 하루밤 동안 연출하던 것[66]이다. 장소는 사리원으로 변경되었으나 아직도 그 후예 중 연로한 이들이 주재하여 매년 단오에 행하고 있다. 그러나 이 탈놀이가 앞으로 영구히 유지될지 이는 의문이 된다.[67]

있었다는 것으로 지금으로 볼 때에 연기자와 연출자와 기획자 역할 등을 겸하여 담당하였다고 볼 수 있다. 안 초목의 영을 위로하는 뜻에서 출연자 전원이 화려한 춤으로 서막을 대신할 정도로 그 업적이 뛰어났던 것이다. 난장판의 변형이 아닌가 한다. 가면극은 해가 지고 나서부터 자정이 될 무렵까지 난장 벌림을 치른 후에 연행되었다는 기록이 있다.

57 吏屬(이속) ; 고려와 조선 시대에 품관(品官) 이외의 하급 관리직을 말한다.

58 [보정] 上佐(상좌) ; 도를 닦는 행자(行者)를 이른다. 또는 스승의 대를 이을 여러 승려 가운데에서 가장 높은 사람을 말한다. 여기서는 '상좌탈'을 지칭한 것이다.

59 通引(통인) ; 고려 시대에, 중추원에 속한 구실아치를 이른다. 조선 시대에는, 경기·영동 지역에서 수령(守令)

◇ 오청본 개설 6

나는 이탈노리의實況을求景⁶⁸하려고 今年端午에沙里院으로갓더니 엇던事情으로因하야今年은中止하얏다함으로 이 탈노리를主宰하고잇는李東碧氏와 鳳山

나는 이 탈놀이의 실황을 구경하려고 금년 단오에 사리원으로 갔더니 어떤 사정으로 인하야 금년은 중지하였다 함⁸¹으로 이 탈놀이를 주재하고 있는 이동벽씨

의 잔심부름을 하던 구실아치를 일렀다.

60 翌朝(익조) ; 다음날 아침을 말한다.

61 [보정] 봉산탈은 원래로 봉산 이속들이 자자손손 세습적으로 출연하여 오던 것 ; 봉산가면극 공연의 주요 담당층을 추정케 하는 기사다. '이속층(吏屬層)'에 의하여 주도 되었다는 사실은 여러 연구에서 드러나고 있다. 여기서 이속층의 사회적 위상을 점검함으로써 가면극의 기능적 위상도 함께 도출될 수 있다. 이속직은 고려의 집권과정에서 관인층의 세습적인 재생산과 지방 세력의 흡수 등 새로운 사회체제를 구축해야 하는 시대적 요구에 결부되어 생성된 것으로 볼 수 있다. 즉, 고려 관인지배체제의 형성과 유지에 있어서 이속직 또한 세습하는 신분계층으로 일정한 직역(職役)을 부담함으로써 그 통치체제의 일익을 담당했다고 할 수 있다. 따라서 이속은 양반과 서민의 중간에 위치하였던 것이고, 이렇게 본다면 봉산가면극은 양반층과 서민층을 모두 대변하는 선에서 공연되었다고 할 것이다.

62 [보정] 그중 취발, 노승, 초목 등의 역할은 이속 중에도 가장 중요한 인물이 하고 ; 극중에서 취발탈, 노승탈, 초목탈 등의 위상이 비중이 크다는 사실을 말해주는 기사다. 그만큼 연기자의 연륜과 기량을 필요로 했다는 말이기도 하다.

63 [보정] 상좌, 소무 등은 통인 등의 연소자로써 충당 ; 상좌탈과 소무탈 등은 연소한 연기자가 담당하였다는 사실을 말해주는 기사다. 아울러 이속층은 세습되었기 때문에 이 연소자가 연륜이 쌓이면 취발탈, 노승탈, 초목탈 등을 맡게 된다고 추정할 수 있다.

64 [보정] 현금 이 탈놀이를 주재하고 있는 이동벽씨와 같은 이는 그의 이십대 선조 적부터 거의 세습적으로 초목의 역할을 담당하여 왔다 ; 세습적으로 전승되어 왔던 것이라면 가면극의 춤사위가 단기간에 걸쳐 완성되는 것이 아니라는 점을 확인할 수 있는 기사다.

65 [보정] 그들은 매년 단오 전 1개월 간 즉 4월 5일부터 5월 4일까지 구읍에서 약 십리 되는 곳에 있는 백운암이란 절에 가서 가면 기타 제기구의 제작 급 무용의 연습을 하여 가지고 ; 실제의 공연 제작은 1개월 간에 걸쳐 이루어지며, 연습 공간은 '백운암'이라는 절이었다. 절에서 제작을 준비하였다는 사실은 노승무의 성격을 재론할 여지가 있다는 점을 시사한다.

66 [보정] 단오날 밤 구읍 경수대 앞 광장에서 장작불을 피우고 황혼에 시작하여 그 익조 해 뜰 때까지 하루밤 동안 연출하던 것 ; 이 기사를 통하여 장작불로 조명하는 '상향식 조명'이었다는 사실을 알 수 있다. 가면극 미학을 고찰하는 중요한 단서가 된다. 장작불로 조명하면 조도(照度)의 변화가 다양하며, 가면에 상향식 조명을 사용할 경우 '그로테스크 미'가 실현된다. 그리고 공연시간은 황혼에 시작하여 다음날 해 뜰 때까지 공연되었다는 사실이다. 다른 자료를 보면 초저녁에는 난장 벌림을 하고 자정 무렵부터 가면극이 시작되었다고 한다. 공연시간이 길었다면, 열거와 반복이 지배적인 대사는 한없기 길어지기도 하고, 춤도 지금 실현되는 공연보다 훨씬 길었을 것으로 추정된다.

67 [보정] 그러나 이 탈놀이가 앞으로 영구히 유지될지 이는 의문이 된다. ; 어떤 요인을 들어 이같이 기사하였는지는 알 수 없다.

郡當局者를만나 由緖깁혼이러한鄕土藝術은어따까지든지維持하여야한다는必要를力說하엿던바 마츰내李東碧氏의만혼努力으로써 本年[69]八月三十日卽陰七月十五日의百種날[70] 沙里院邑主催下에臨時擧行하기로되엿섯다. 이날의實況은 朝鮮總督府文書課[71]에서活動寫眞[72]으로撮影하고 京城中央放送局[73]에서는全國中繼放送을하얏다. 이때京城滯留中이든 瑞典國立博物館[74]員 배르그만씨도參觀하야 熱心으로撮影하얏슴으로 그의映畵에依하야由緖깁혼이탈노리가 멀니歐洲에까지紹介되엿다. 그리고 特히斯界에造詣깁은村山智順[75], 宋錫夏[76], 任晳宰[77]等諸氏[78]도만혼關心을가지고 이날의實況을일부러參觀하얏슴으로 此等[79]諸氏의硏究에期待할바가不少할것이다. (昭和[80]十一年十月十九日)

와 봉산군 당국자를 만나 유서 깊은 이러한 향토예술은 어디까지든지 유지하여야 한다는 필요를 역설하였던 바 마침내 이동벽씨의 많은 노력으로써 본년 8월 30일 즉 음 7월 15일의 백종날 사리원읍 주최하에 임시 거행하기로 되었었다. 이날의 실황은 조선총독부 문서과에서 활동사진으로 촬영하고 경성중앙방송국에서는 전국중계방송을 하였다. 이때 경성 체류 중이던 서전 국립박물관원 배르그만[82]씨도 참관하여 열심으로 촬영하였음으로 그의 영화에 의하여 유서 깊은 이 탈놀이가 멀리 구주에까지 소개되었다. 그리고 특히 사계에 조예 깊은 촌산지순, 송석하, 임석재 등 제씨도 많은 관심을 가지고 이날의 실황을 일부러 참관하였음으로 차등 제씨의 연구에 기대할 바가 불소할 것[83]이다. (소화 11년 10월 19일)[84][85]

---

68 [보정] 求景(구경) ; 흥미나 관심을 가지고 봄, 혹은 흥미나 관심을 일으키게 하는 대상을 말한다. '求景'은 음을 한자로 표기한 것이다.

69 本年(본년) ; 올해를 뜻한다.

70 百種(백종)날 ; '백중날'을 달리 이르는 말이다. 이 무렵에 과실과 소채(蔬菜)가 많이 나와 옛날에는 백 가지 곡식의 씨앗을 갖추어 놓았다 하여 유래된 명칭이다.

71 朝鮮總督府文書課(조선총독부문서과) ; 조선총독부(朝鮮總督府)의 문서과. '조선총독부(朝鮮總督府)'는 일제가 1910년부터 1945년까지 우리나라를 지배하기 위하여 설치하였던 최고 행정 관청으로 식민지 통치의 중추 기관으로 입법, 사법, 행정 및 군대 통수권을 집행하는 권한을 행사하였다.

72 活動寫眞(활동사진) ; '영화(映畵)'의 옛 용어다. 움직이는 사진이라는 뜻으로, 무성(無聲) 영화와 같은 초기 영화를 오늘날의 영화에 상대하여 이르는 말로도 쓰인다.

73 京城中央放送局(경성중앙방송국) ; 1926년 11월 조선총독부에 의해 서울특별시 중구 정동에 설립되었던 한국 최초의 방송국을 말한다. 1935년 7월에 경성중앙방송국으로 개칭하였다.

74 瑞典(서전) ; 스웨덴의 한자식 표기이다.

◇ 오청본 개설 7

配役(配役의 姓名은 昭和十一年八月 三十一日臨時興行時出演者들이다.)

배역(배역의 성명은 소화 십일년 팔월 삼십일일 임시 흥행시 출연자들이다.)

監督 ──────── 李東碧

감독 ──────── 이동벽

出演者

출연자

老僧 ──────── 金景錫

노승 ──────── 김경석

醉發(老僧의 知己인 處士) ── 李潤華

취발(노승의 지기인 처사) ── 이윤화

上佐(老僧의弟子) ──────── 金明花

상좌(노승의제자) ──────── 김명화

---

75 村山智順(촌산지순) ; 일본의 민속학자이자 종교학자다. 저서 『조선의 풍수』와 『조선의 귀신』 등은 우리나라 민간 신앙 전반에 걸쳐 알 수 있는 자료다.

76 宋錫夏(송석하) ; 민속학자로 8·15광복 후 서울대학교 문리과대학 교수를 역임하고, 국립민속박물관을 설립했다. 저서에 『한국민속고(韓國民俗考)』가 있다.

77 任晳宰(임석재) ; 민속학자다. 민속학 연구에 뜻을 두고 최남선, 손진태 등과 조선민속학회를 조직하여 전국의 설화, 민요, 무가, 민속극 등을 수집하였다. 『한국구전설화전집』, 『한국구연민요』를 펴냈다. 현장 위주의 문화 연구를 정착시킨 실천적 개척자라는 평가를 받는다.

78 諸氏(제씨) ; 주로 여러 사람의 성명을 열거한 다음이나 직업과 관련된 명사 다음에 쓰여서 여러 사람을 높여 이르는 말이다.

79 此等(차등) ; 이것들, 또는 이들이라는 뜻이다.

80 昭和(소화) ; '쇼와'를 우리 한자음으로 읽은 이름이다. '쇼와'는 일본 히로히토(裕仁) 천황 시대의 연호다.

81 [보정] 어떤 사정으로 인하야 금년은 중지하였다 함 ; 어떠한 사정으로 중지하였는지는 알 수 없다.

82 [보정] 배르그만 ; 스웨덴의 조류학자다. 1932년 9월 1일 조류연구 차 한국에 왔다가 황해도 사리원에서 공연중인 봉산가면극을 촬영해 보관해왔다. 필름은 순서가 바뀌고 일부 장면이 빠져 있는 상태라고 한다. 이 필름에 의하면 현재 공연과는 탈, 연기, 의상 등에 많은 차이가 있고, 탈의 표정은 굵직한 선으로 표현되어 있다고 한다. [동아일보 1969년 10월 29일 기사 참조] 팔먹의 의상은 저고리(더거리)가 까만색이고 반소매이며 모습이 질속한 것에 비해 현재의 의상은 지나치게 화려하다 한다. 당시의 탈은 크기도 매우 크고 코밑에 구멍을 뚫어 밖을 내다볼 수 되어있었다. 노승무에서 소무(小巫)가 가면을 쓰지 않고 전립에 쾌자를 걸치고 있으며 소무가 둘이 등장한다. [경향신문 1979년 4월 20일 기사 참조]

83 [보정] 그리고 특히 사계에 조예 깊은 촌산지순, 송석하, 임석재 등 제씨도 많은 관심을 가지고 이날의 실황을 일부러 참관하였음으로 차등 제씨의 연구에 기대할 바가 불소할 것 ; 촌산지순, 송석하, 임석재 등이 현장조사에 임하였다는 증언이다. 이러한 이유로 송석하본과 임석재본이 탄생하게 된다. 송석하는 '『文章』(2호 통권 6·7, 1940)'에 채록 자료를 실었다. 임석재는 '『국어국문학 18』(국어국문학회, 1956)'에 채록 자료를 실었다. 촌산지순은 현장 기록과 소감을 '『朝鮮』(261號, 朝鮮總督府, 1937)'에 소개하였고, 이를 서연호가 번역하여 '『黃海道 탈놀이』(열화당, 1988)'에 실었다.

84 [보정] (소화 11년 10월 19일) ; 이 개설을 작성한 1936년 10월 19일을 말한다.

85 이 자료는 「假面舞踊 鳳山탈 脚本」(日文) 『朝鮮』 第261號 1937年 에 먼저 수록되었다.

同	金蘭心	동	김난심
同	鄭月仙	동	정월선
同	鄭雲仙	동	정운선
墨僧(老僧의弟子)	初目-李潤華	묵승(노승의제자)	초목-이윤화
同	二目-林德濬	동	이목-임덕준
同	三目-金守正	동	삼목-김수정
同	四目-韓相健	동	사목-한상건
同	五目-金振玉[86]	동	오목-김진옥
同	六目-金泰赫	동	육목-김태혁
同	七目-梁錫鉉	동	칠목-양석현
同	八目-羅雲仙	동	팔목-나운선
거사	林德濬	거사	임덕준
同	金泰赫	동	김태혁
同	金守正	동	김수정
同	金振玉	동	김진옥
同	羅雲仙	동	나운선
同	韓相健	동	한상건
同	(鰥夫[87])梁錫鉉	동	(환부)양석현
社黨	宋蓮紅	사당	송연홍
小巫	金彩仙	소무	김채선
同	丁映山紅	동	정영산홍
鞋商	韓相健	혜상	한상건
猿公	金錦仙	원공	김금선
兩班	金景錫	량반	김경석
同 (그의 次第)	羅雲仙	동(그의 차제)	나운선
同 (그의 末弟)	韓相健	동(그의 말제)	한상건
말뚝이	李潤華	말뚝이	이윤화

獅子 ········· 前-李潤華　後-金振玉[88]　　　사자 ··············· 전-이윤화 후-김진옥

미얄 ····························· 李潤華　　　　미얄 ························· 이윤화

미얄夫 ························· 林德濬　　　　미얄부 ······················ 임덕준

龍山麻浦덜머리집 ··········· 韓相健　　　용산마포덜머리집 ················ 상건

南江老人 ··················· 金景錫　　　　남강노인 ···················· 김경석

樂工 ························· 金春學　　　　악공 ························· 김춘학

同 ··························· 金成珍　　　　동 ··························· 김성진

同 ··························· 方永換　　　　동 ··························· 방영환

同 ··························· 延德鵬　　　　동 ··························· 연덕붕

同 ··························· 金明根　　　　동 ··························· 김명근

---

86 [보정] 이두현본에서는 '金振玉'을 '金辰玉'이라 하였다.

87 [보정] 鰥夫(환부) ; 홀애비거사 역을 말한다.

88 [보정] 獅子----前-李潤華 後-金振玉 ; 김진옥(金辰玉) 1894에 탄생하여 1969년까지 살았다.
　　황해도 봉산구읍에서 태어나 서당에서 수학하고, 7세 때부터 애기탈을 놀았고, 이윤화(李潤華 : 취발이·첫목의 명연희자)와 박천만(朴千萬 : 목중·마부역)에게서 가면극을 배웠다. 첫목과 노장춤을 잘 추었는데, 키가 훤칠해서 첫목과 노장춤은 잘 어울리는 명무(名舞)였다. 직업은 이발사였고, 1920년대에 모든 행정기관이 사리원으로 옮겨가자 그곳에서 가면극을 추었다. 광복 후 월남하여 서울에서 살았고, 1958년에는 직접 가면을 만들고, 봉산출신자들을 모아 가면극을 가르쳐서, 건국10주년기념 전국민속예술경연대회에 참가하여 광복 후 처음으로 일반에게 <봉산가면극>을 선보였다. 1946년 이북에서 내려와 서울에서 봉산군민과 서울 사람에게 봉산가면극을 가르쳐 1958년 민속예술경연대회에서 1등을 수상하였다. 1960년 출범한 국악예술학교(國樂藝術學校)의 교장인 박헌봉, 실기교사인 지영희·이병우·성금련·김윤덕·이영희·신쾌동·홍원기·김월하·한범수·김동식·한일섭·한영숙·남운용·김성대·이근성·윤영춘, 판소리 교사인 김연수·정권진·박초월·김소희·박녹주·정광수, 농악 교사인 전사섭·황일백·정오동·전사종, 민요와 선소리 교사인 이창배·김순태·이소향, 그리고 학과 교사인 조동일·심우성·이보형·황병기·김희조·김동진과 함께 3년간 봉산가면극을 지도하였다. 그 뒤에도 전국민속예술경연대회에서 연기상과 공로상 등을 받았다. 1967년에 <봉산가면극>이 중요무형문화재 제17호로 지정될 때 첫목중과 노장역의 예능보유자로 지정되었다. 두 딸도 <봉산가면극>을 추었다. 월남 후 젊은 세대들에게 가면극을 가르쳐, 오늘날 <봉산가면극>이 보급되게 한 공로자이다.

2. '제일장'의 복원

第一場[1]

이場面은 惡魔가修道를妨害하는序
幕[2]으로서 醉發이라고하는放蕩한處士[3]
한사람이 生佛과갓흔老僧의마음을움지
기게하랴고 그의上佐四名[4]을쐬여내서
老僧이金剛經을읽고잇는法堂압헤서 가
장華麗한춤을추히는 것이다.

四上佐登場. 上佐 四人은 모다힌長
衫[5]을입고 紅袈裟[6]를억게에걸고 꼬고깔
썻다. 八墨僧中한사람에게업히어 打令
曲[7]의伴奏에맛추어춤을추면서 한사람식
登場한다. 먹중(墨僧)은上佐를업고춤을
추며다름질하야들어와서 場內를한박귀
도라다니며춤을추다가 上佐를내려노코
退場한다. 먹중은이러케上佐四名을 한
사람식登場시킨다.

제일장

이 장면은 악마가 수도를 방해하는 서
막으로서 취발이라고 하는 방탕한 처사
한 사람이 생불과 같은 노승의 마음을 움
직이게 하려고 그의 상좌 사명을 쐬여내
서 노승이 금강경을 읽고 있는 법당 앞에
서 가장 화려한 춤을 추이는 것이다.[8]

사상좌 등장. 상좌 사인은 모두 흰 장
삼을 입고 홍가사를 어깨에 걸고 고깔을
썼다.

사팔묵승 중 한 사람에게 업히어 타령
곡의 반주에 맞추어 춤을 추면서 한 사람
씩 등장한다.

사먹중(묵승)은 상좌를 업고[9] 춤을 추
며 달음질하여 들어와서 장내를 한 바퀴
돌아다니며 춤을 추다가 상좌를 내려놓
고 퇴장한다.

사먹중은 이렇게 상좌 사 명을 한 사람
씩 등장시킨다.[10]

1 [보정] 場(장) ; 장면을 분할하는 데에 있어서는 채록 자료에 따라 '場', '科場', '科程', '마당', '과장', '과정' 등으로 나타난다. 그리고 '景'도 나타난다. 이들을 'act', 'scene' 등과 변별점을 찾는 일도 하나의 과제다. 봉산가면극 임석재본에서 '全場'이라고 한 점으로 보아 연행 현장에서는 별도의 구분 없이 연행되었던 듯하다. 그러던 것이 채록 과정에서 편의상 분절[분할]된 것이다. 이 분절의 문제는 가면극의 각 장면을 별개의 것으로 볼 것인가 아니면 옴니버스식으로 볼 것인가 아니면 일관된 하나의 공연물로 볼 것인가 하는 등의 문제와 결부되어 있다.

2 [보정] 序幕(서막) ; 연극에서 처음 여는 막을 뜻한다. 인물과 사건 따위를 예비적으로 보여 준다. 혹은 일의 시작이나 발단이라는 뜻이다. 여기서는 후자의 뜻으로 쓰였다.

3 處士(처사) ; 예전에, 벼슬을 하지 아니하고 초야에 묻혀 살던 선비를 말한다. 조선 중기인 16세기 붕당정치(朋黨政治)로 인해 중앙관직으로 출사를 단념하고 고향에서 사림(士林)을 형성하며 지방에 은둔하게 된 선비들이 형성되었다. 이들 선비들은 다양한 용어로 불리게 되었는데 처사뿐만 아니라 은사(殷士), 유일(遺逸), 은일(隱逸), 일사(逸士), 일민(逸民) 등으로 불렸다. 이중 처사라는 용어가 가장 많이 사용되었으며 지방의 은거하는 선비를 상징하는 호칭이 되었다.

4 上佐(상좌) ; 스승의 대를 이을 여러 승려 가운데에서 가장 높은 사람을 말한다. 송파산대놀이나 양주산대놀이와 같은 경기지방의 가면극과 봉산가면극·강령가면극·은율가면극과 같은 황해도 해서지방의 가면극에서만 나타난다. 일반적으로 초반의 상좌춤에서 등장하며, 상좌가 가면극을 시작한다는 것을 관객에게 알리는 불교적 의식무용이다. 한편 실재 춤의 내용은 사방신과 중앙신에 합장 재배하는 등 다섯 번 절을 하고 잡귀를 몰아내어 가면극 현장을 정화하는 의미가 강하다고 한다.

5 長衫(장삼) ; 승려의 웃옷이다. 검은 베로 길이가 길고 소매가 넓게 만든다. 장삼은 원래 불교의 발상지인 인도에서는 착용하지 않았던 것인데, 불교가 중국으로 전하여지면서 기후와 의습(衣習)에 따르는 영향으로 편삼(褊衫)을 가사와 함께 착용하였던바, 이 편삼이 뒤에 장삼으로 우리나라에 전래되었다. 편삼은 편철(偏袒)이라고도 하며, 중국 북위(北魏) 때 혜광(慧光)이 승지지(僧祇支)에 편수(偏袖)를 붙이고 옷섶을 단 윗옷으로 중국의 선가(禪家)에서 사용하여 온 것이다. 윗옷인 편삼과 아래옷인 군자(裙子 : 下裙, 內衣로 승려의 허리에 둘러입는 짧고 검은 옷)를 위아래로 합쳐 꿰맨 옷이 직철(直裰)이고, 이것이 우리나라에서는 장삼인 것이다. 장삼의 의형은 도포와 철릭과 흡사하며, 소매가 매우 넓고 허리에는 여분을 풍부하게 두어 큼직한 맞주름을 잡는 것이 특징이다. 현재에는 두루마기와 같은 무를 네 개씩 넣는 경우도 있다. 빛깔은 대체로 회색과 갈색 계통이며, 의차(衣次)는 면직 또는 모직이었으나 근래에는 편의상 합성섬유직물을 사용하고 있다. 옛날 고승이 착용하던 장삼은 사명대사(四溟大師)의 유물에서 그 실례를 볼 수 있다. 장삼의 총길이는 144cm이고, 소매길이는 143cm, 소매통은 85cm이며, 허리는 절단하여 주름이 잡혀 있다. 옷 빛깔과 의차는 백색면직물이다. 현재의 장삼은 깃머리가 직선이고 허리선을 절단하여 큰 주름을 잡은 경우가 있다. 또 깃머리가 네모가 되고 허리를 절단하지 않은 대신 끈을 달아 묶고 겨드랑이 밑에 무를 네 폭으로 넣었으며 겉섶과 안섶이 각각 두 폭씩 장길이로 이어진 경우도 있다. 허리에 주름을 잡을 경우의 장삼은 앞뒤 각각 네 개씩 8개의 큰 주름이 있다 하여 이를 팔폭장삼이라고도 한다. 장삼의 소매통은 앞뒤 6폭으로 이어졌는데 회장 중심의 곱쳐진 선이 경계가 되어 앞 네 폭, 뒤 네 폭 합하여 8폭이 된다.

6 紅袈裟(홍가사) ; 장삼 위에 걸치는 외옷자락을 말한다. 붉은 천을 조각보 모양으로 모으는데 두 줄로 이어 호은 속은 모두 통하게 짓는다. 가사(袈裟)는 대체로 붉은 색이다.

7 打令曲(타령곡) ; 원래는 그냥 '타령(打令)'이라 한다. 영산회상(靈山會相)의 여덟째 곡의 이름이다. 또한 서도지방 민요의 하나를 말하기도 한다. 흥타령, 잦은 아리 또는 감내기라는 딴 이름이 있다.

8 [보정] 임석재본에는 이 기사가 없다. 1939년도에 봉산의 동일한 현장조사였는데도 임석재본에 없다는 점은 오청이 채록하는 과정에서 삽입된 것으로 생각된다. 따라서 이 기사에 의존하여 이 장면의 주제를 파악하는 일은 한계가 있다. 기존의 논의에서 '악마', '방탕한 처사', '생불(生佛)인 노승' 등과 같은 기사로 인하여 가면극의 주제를 악마와 생불간의 대립으로 이해하려는 자세는 잘못이다. 전개상으로 보면 취발의 승리로 귀결되는데 그렇

四上佐. 처음―列로서서 긴― 靈像曲
의伴奏에맞추어上佐춤을추기始作하야
두사람식東西로갈나서서   서로서로엇박
구어가며 긴― 靈像曲[11]의全章이다끗나
도록華麗하게춤을춘다.

　　上佐舞가거의끗날지음에 첫목(初目[12]
― 처음入場하는먹중)[13]이다름질하야登
場하자四上佐모다退場한다.

　　樂의伴奏는打令曲으로轉換한다.

사상좌. 처음 일렬로 서서 긴― 영상곡
의 반주에 맞추어 상좌춤을 추기 시작하
야 두 사람씩 동서로 갈라서서 서로서로
엇바꾸어 가며 긴― 영상곡의 전장이 다
끝나도록 화려하게 춤을 춘다.[14]

　　상좌무가 거의 끝날 지음에 첫목(초목
― 처음 입장하는 먹중)이 달음질하여 등
장하자 사상좌 모두 퇴장한다.[15]

　　사악의 반주는 타령곡으로 전환한다.

다면 악마의 승리로 결정된다. 즉 대립의 문제와 악마에 대한 이해를 '선악(善惡)의 대립'으로 보아서는 안 된
다. 악마는 노승을 패퇴(敗退)시키기 위한 악마가 아니라 고양(高揚)시키기 위한 악마로 봄이 타당하다.

9 [보정] 먹중(墨僧)은上佐를업고 ; 현재 실제의 연행에서 네 상좌가 업혀 나오는 경우는 잘 보이지 않는다. 업고
나온다는 뜻은 그 상징적 의미가 따로이 있음을 의미한다.

10 [보정] 임석재본에서의 등장 절차는 다음과 같다. '登場의 節次는 다음과 같다. 卽, 먹중 하나가 上佐 하나를 업
고 달음질로 入場하여가지고 打令曲에 맞추어 춤추며 場內를 한 바퀴 돌고 나서 上佐를 適當한 곳에 내려놓
고 退場한다. 그런 뒤 다른 먹중이 다른 上佐를 업고 달음질하여 入場하여 場內를 돌다가 첫번 上佐 섰던 옆에
다 내려놓고 退場한다. 第三·第四의 上佐도 이와 같은 方式으로 登場.' 임석재본에 따르면 네 먹중이 각각 상
좌를 등장시킨다는 것이다.

11 [보정] 靈像曲(영상곡) ; '영산회상(靈山會相)'을 말한다. 영산회상은 석가여래가 설법하던 영산회의 불보살을 노
래한 악곡이다. 영산회(靈山會)는 석존(釋尊)이 영취산(靈鷲山)에서 주로 '법화경(法華經)'을 설법하던 때의 모
임을 이르고, 이때 석존의 연세가 일흔 하나였다고 한다. 임석재본에서 '靈山會相曲'이라 채록되었다.

12 [보정] 初目(초목) ; '目'은 채록자 경우에 따라 '목', '木'이라 채록되기도 하였다. 고려 때 예빈시(禮賓寺)를 '孔目
(공목)'이라 하였다. '공목'은 회계와 공문서를 관장하는 관명이다. 당나라에서는 집현전에 공목을 두었고, 송나
라에서는 내외관서나, 각 왕부에 공목을 두었다. 원나라에서는 도공목관을 도목이라 개칭하고 여러 사(司)에 두
었는데 명나라에서는 오직 한림원에만 공목을 두었다. 이러한 차원에서 '目'의 뜻을 이해하여야 한다.

13 [보정] 첫목(初目 ― 처음入場하는먹중) ; 등장인물 기호의 연원을 짐작하게 하는 기사다.

14 [보정] 처음 일렬로 서서 긴― 영상곡의 반주에 맞추어 상좌춤을 추기 시작하야 두 사람씩 동서로 갈라서서 서로
서로 엇바꾸어 가며 긴― 영상곡의 전장이 다 끝나도록 화려하게 춤을 춘다. ; 이 대목은 사상좌가 사방을 돌면
서 추는 춤으로, 사방신께 축원을 드리고 악귀를 쫓아내는 의식무를 보여준다. 사방춤과 관련시켜야 한다. '화려
하게 춤을 춘다'는 점으로 보아 춤 자체가 매우 화려하였음을 직접 증언하고 있다. 이는 춤의 성격을 말해주며,
'화려하였다'함은 축제적 양상을 띠고 있음을 방증한다.

15 [보정] 상좌무가 거의 끝날 지음에 첫목(초목 ― 처음 입장하는 먹중)이 달음질하여 등장하자 사상좌 모두 퇴장
한다 ; 이 대목이 임석재본에는 다음과 같다. '打令曲으로 轉하면 먹중Ⅰ(첫목)이 登場한다. 上佐들은 八먹중
이 登場하는 동안 그 서 있는 자리에서 손춤 춘다.' 임석재본에 따르면 사상좌는 퇴장하지 아니한다. 즉 다음
장면이 진행되는 동안 사상좌는 퇴장하지 아니하는 것이 된다.

3. '제이장 팔묵승무'의 복원

第二場 八墨僧舞[1]

이場面은 僧侶들의破戒過程을表現하는것으로서 醉發이가그절에잇는먹중八名을墮落식혀 老僧의마음을움지겨보는것이다. 八墨僧은 모다靑又는[2]紅色의恍惚[3]한긴저고리를입고 울퉁불퉁하고奇怪한假面을쓰고 한사람식登場하야 打令曲의伴奏에맛추어 場內로뛰여도라다니면서 奇怪하고도快活한춤을추며 여러 가지 放蕩한노래를부른다.

제이장 팔묵승무

이 장면은 승려들의 파계 과정을 표현하는 것으로서 취발이가 그 절에 있는 먹중 팔 명을 타락시켜 노승의 마음을 움직여 보는 것이다.[4] 팔묵승은 모두 청(靑)우(又)는 홍색의 황홀한 긴 저고리를 입고 울퉁불퉁하고 기괴한 가면을 쓰고 한 사람씩 등장하여[5] 타령곡의 반주에 맞추어 장내로 뛰어 돌아다니면서 기괴하고도 쾌활한 춤을 추며 여러 가지 방탕한 노래[6]를 부른다.[7]

---

1 [보정] 八墨僧(팔묵승) : '墨僧(묵승)'은 자료에 따라 먹중, 목중[目僧], 목[目 혹은 木] 등으로도 채록되었다. 오청본에서도 一目, 二目, 三目 등과 같이 채록되었다. 八目, 八木, 八墨으로 인식된 것이다. 그리고 여기에 '승(僧)'이 결합되면서 '팔묵승', '팔묵중' 등으로 등장인물 기호가 변이된 것이다. 이는 인물이 여덟이라는 점에 초점을 두고 해명되어야 한다. 팔목은 팔선(八仙)의 차원에서 해명되어야 한다. 팔선(八仙) 혹은 팔성(八聖)은 극동아시아에 널리 퍼져 있는 사상이요 관념이다. 그리고 가면극이 공연되던 시기에 '승僧'에 대한 의미가 어떻게 쓰였는가를 밝혀서 그 정체를 해명하여야 한다. '僧'을 반드시 불교와 관련시켜 해명할 필요는 없다. '승(僧)'은 떠돌이 지식층을 지칭하기도 하였다. '墨' 과 '먹'은 '검다'는 뜻으로 붙여졌다고 하는데 근거가 희박하다. 1936년 공연을 촬영한 배르그만의 필름대로라면 검은색 더거리를 입었기에 그렇게 불렀을 가능성이 있다.

2 [보정] 靑又(청우)는 ; '청색 또는'이다

3 [보정] 恍惚(황홀) ; 여기서는 홍색과 홍색 천으로 제작한 의상이 화려하다는 뜻으로 쓰였다.

4 [보정] 이 장면은 승려들의 파계 과정을 표현하는 것으로서 취발이가 그 절에 있는 먹중 팔 명을 타락시켜 노승

첫목 (붉은빗갈의웃옷을입고 허리에는
　　靑葉의柳枝를꼽고 큰방울한아를
　　차고 다름질하야登場한다.)[8]

첫목 (붉은 빛깔의 웃옷[9]을 입고 허리에
　　는 청엽의 유지[10]를 꼽고 큰 방울 하
　　나[11]를 차고 달음질하여 등장한다.)

의 마음을 움직여 보는 것이다. ; 이 기사는 무엇을 근거로 하였는지 알 수 없다. 임석재본에는 이 기사가 없다. 이에 대하여는 두 가지 추정이 가능하다. 하나는 채록자 개인의 인상에 의한 것이고, 다른 하나는 당시 연기자들의 증언을 바탕으로 한 것이다. 후자로 본다면 구술자가 연출법을 말한 것으로 추측된다. '타락시키고 마음을 움직이었다' 함은 춤사위의 성격을 말해준다. 취발이와 연계함은 '제4장 노승무'와 같은 맥락에서 이해하여야 한다는 점을 말해준다.

　　다만 첫목과 취발은 동일 등장인물에 대한 다른 등장인물기호일 가능성을 제기한다. 앞으로의 연구 과제다.

5 [보정] 팔목승은 모두 청(靑) 우(又)는 홍색의 황홀한 긴 저고리를 입고 울퉁불퉁하고 기괴한 가면을 쓰고 한 사람씩 등장하여 : 팔목의 의상과 탈의 형상이다. 탈춤 등장인물의 의상이 본격적으로 제시된 바는 흔치 않다. 오청은 '청(靑) 우(又)는 홍색의 황홀한 긴 저고리'라고 채록하였는데, 앞에서 언급한 배르그만이 촬영한 필름에 의하면 현재 공연과는 탈, 연기, 의상 등에 많은 차이가 있고, 탈의 표정은 굵직한 선으로 표현되어 있다고 한다. [동아일보 1969년 10월 29일 기사 참조] 그리고 여덟 먹의 의상은 저고리[더거리]가 까만색이고 반소매이며 모습이 질속하다. 당시의 탈은 크기도 매우 크고 코밑에 구멍을 뚫어 밖을 내다볼 수 되어있었다고 한다. [경향신문 1979년 4월 20일 기사 참조] 이 같은 차이가 어떠한 연유인지는 알 길이 없다.

　　'울퉁불퉁하고 기괴한 가면'을 착용하였다 함은 여덟 목탈의 형상을 말하고 있다. 이는 가면극의 인물을 규정하는 데에 있어서 중요한 단서가 된다. 가면극이기에 무엇보다도 춤을 비롯하여 탈과 그 대사를 통하여 인물을 밝혀내야 할 것이다. 등장인물 기호만 가지고 인물을 규정하는 것은 일부 성격만을 찾은 것일 뿐 온전히 파악하였다고 보기에는 한계가 있다. 즉 '기괴한 가면'과 '승려'를 같은 인물로 보는 태도는 우리 가면극을 연극으로 보지 못하게 되는 한계가 있다.

6 [보정] 여러 가지 방탕한 노래 ; 첫목은 대사가 없고, 이목부터 팔목까지 대사가 있다. 이 대사들을 살펴본 다음 '방탕한 노래'의 의미를 규명할 일이다.

7 [보정] 한 사람씩 등장하여 타령곡의 반주에 맞추어 장내로 뛰어 돌아다니면서 기괴하고도 쾌활한 춤을 추며 여러 가지 방탕한 노래를 부른다. ; 정병호는, 이 팔목춤은 도무(跳舞)나 한삼을 휘두르는 동작이 많고 장쾌하고 정도 있는 사위에 강렬한 굴곡의 탈과 함께 어우러져 무사(武士)의 검무(劍舞)와 유사하며 주로 오색의 옷과 붉은색 및 황금색의 가면은 사악한 귀신을 쫓아내는 구나적(驅儺的) 성격을 띤다고 한다.

8 [보정] 첫목춤의 춤장단은 느린타령에서 잦은타령으로 바뀐다. 춤은 등장하자마자 드러누워 좌우로 뒤틀며 다리를 들어 꼬면서 엎어지고 뒤집어지는 등 몸부림치기도 하고 엉덩이를 들썩들썩 좌우로 돌리는 몸부림의 춤을 춘다고 한다. 춤사위는 '등장', '허리틀기', '다리제끼기', '너울질', '다리들어올리기', '근경', '고개잡이', '외사위', '겹사위', '양사위' 등이 있다. (정병호, 『한국의 전통춤』, 집문당, 1999)

　　제4장 '노승무(老僧舞)'에서 취발이가 등장하는 장면을 보면 '이때 취발은 울퉁불퉁한 탈을 쓰고 허리에 靑葉(청엽)의 柳枝(유지)를 꽂고 큰 방울을 차고 술 취한 것처럼 비틀거리며 들어오다가 타령곡의 반주에 맞추어 춤을 추며 달음질하여 등장한다.'라 하였다. 임석재본에서도 '푸른 버들가지를 허리에 꼽고 술 취한 것처럼 비틀거리고 등장한다.'고 기사되었다. 이로 보아 제2장 팔목승무(八黙僧舞)에 첫목탈과 취발이탈은 동일한 맥락에서 해명될 필요가 있다. 이러한 입장에서 볼 때에 제2장부터 제4장까지는 여덟 행위자 즉 팔목을 중심으로 전개되는 장면이라고 볼 수 있다. 아울러 제5장 사자춤 장면도 포함될 수 있다.

9 [보정] 붉은 빛깔의 웃옷 ; 구체적으로 어떤 의상인지는 현재 분명치 않다.

10 [보정] 청엽(靑葉)의 유지(柳枝) ; 푸른 버드나무가지를 말한다. 버드나무는 전국 각처에서 자라며 특히 냇가에서 흔히 자라고 만주와 일본에 분포한다. 썩은 버드나무의 원줄기는 캄캄할 때 빛이 난다. 시골사람들은 이것을

(머리를앞흐로푹— 수구리고
술醉한사람모양으로비틀거리
며 저고리의두소매로 얼굴을가
리우고 打令曲의伴奏에마추
어춤을추면서 場內로빙빙도
라다니다가땅에넘어저서 넘어
진그대로누어서 얼굴을가리운
그대로 팔과몸과다리를움지기
며 打令曲의伴奏에맛추어춤
을춘다. [이는嚴肅한老僧의앞
헤서恐縮¹²함을늣긴까닭이다.]
한참동안그대로춤을추면서이
러나랴고하다가 업더지기를三
次나거듭한다. 네番만에겨우
이러나서 매우快活한춤을추기
始作하야 조곰도꺼림업시한참
추고잇슬때에 둘재목이다름질
하야 登場한다.)

(머리를 앞으로 푹— 수그리고
술 취한 사람 모양으로 비틀거
리며 저고리의 두 소매로 얼굴
을 가리고 타령곡의 반주에 맞
추어 춤을 추면서 장내로 빙빙
돌아다니다가 땅에 넘어져서
넘어진 그대로 누어서 얼굴을
가린 그대로 팔과 몸과 다리를
움직이며 타령곡의 반주에 맞
추어 춤을 춘다. [이는 엄숙한
노승의 앞에서 공축함을 느낀
까닭이다.]
한참 동안 그대로 춤을 추면서
일어나려고 하다가 엎어지기
를 삼차나 거듭한다.¹³ 네 번
만에 겨우 일어나서 매우 쾌활
한 춤을 추기 시작하여 조금도
거리낌 없이 한참 추고 있을
때에 둘째목이 달음질하여 등
장한다.)¹⁴

도깨비불이라고 하며 무서워하고 있다. 따라서 산골에서 도깨비가 나온다고 알려진 곳은 습지에서 버드나무가
무성한 숲일 때가 많다. 물가 어디서나 잘 자라는 나무로, 생명력을 상징하고 칼처럼 생긴 잎은 장수나 무기를
나타낸다. 학질을 앓고 있을 때 환자의 나이 수만큼 버들잎을 따서 봉투에 넣고 겉봉에 유생원댁입납(柳生員宅
入納)이라 써서 큰 길에 버리면 쉽게 낫는다고 믿었다. 먼 길을 떠나는 낭군에게도 버들가지를 꺾어주어 보냈
는데, 이는 나그네 길의 안녕과, 건강을 기원하는 뜻이 담겨 있다고 한다. 불교에서 서른 셋 관세음보살이 신봉
되었는데 그 첫째인 양류관세음보살(楊柳觀世音菩薩)을 비롯하여 덕왕(德王), 청경(靑頸), 쇄수(灑水) 관세음
보살이 버드나무와 관계가 있다고 한다. 관세음보살 진언에 '몸에 있는 질병을 없애려거든 버드나무 가지를 든
관세음보살에게 진언을 왼다.'라 한 점으로 보아 그 종교적 심성을 알 수 있다. 민속극인 봉산가면극에서 첫목
의 소품인 '푸른 버드나무가지'도 이러한 '생명력의 상징'이라는 차원에서 포용할 필요가 있다. 취발이탈의 경우
도 마찬가지다. 취발이도 푸른 버드나무 가지를 꼽고 등장한다.

　　　　(唱이끗나자 六角[15]은打令曲　　　　　　(창이 끝나자 육각은 타령곡을
　　　　을伴奏하고 둘재목은이에마　　　　　　　반주하고 둘째목은 이에 맞추
　　　　추어한참춤을추다가다시)　　　　　　　　어 한참 춤을 추다가 다시)

---

11 [보정] 큰 방울 하나 ; 소도구다. 이 방울이 가지고 있는 연극적 의미나 상징성은 또다른 연구 과제다. 이를 무당
　　과 연계시킴은 경계해야 할 것이다. 방울은 모든 종교에서 사용하는 도구다.

12 恐縮(공축) ; 두려워서 몸을 움츠림을 뜻한다.

13 [보정] 한참 동안 그대로 춤을 추면서 일어나려고 하다가 엎어지기를 삼차나 거듭한다. ; 삼전삼복(三顚三伏)한
　　다고 한다. 제4장 '노장무'에서 소무와 노장이 상봉하는 장면에서 노장의 춤에 관하여 아래와 같이 상당히 긴
　　채록 자료가 있는데 이를 주제적으로 이해하기 보다는 연출법-무법(舞法)-으로 이해해야 옳다. 최근 자료에 따
　　른 첫목의 무법은 다음과 같다. 춤사위 중심으로 된 기사를 확인할 수 있다.
　　　　　'한삼이 달린 붉은 원동에 색동소매 더거리를 입고 큰 방울을 무릎에 달고 버드나무 생가지를 허리 뒤쪽
　　　　에 꽂고 한삼으로 얼굴을 가린 채 달음질하여 등장하다 쓰러진다. 느린 타령곡에 맞추어 발끝부터 움직이는
　　　　동작을 시작한다. 겨우 전신이 움직이며 좌우로 삼전 삼복 하고 네 번 만에 간신히 일어나 무릎을 꿇고 좌우
　　　　를 살핀다. 이제 겨우 일어나 또 좌우를 살펴보며 근경으로 돌면서 주위를 살핀다. 이제 이리저리 살펴보고
　　　　다니다가 비로소 얼굴을 가린 소매를 떼고 괴한 붉은 가면을 관중에게 처음 보인다. 악사의 타령곡이 자진
　　　　타령으로 바뀌면 도약하면서 회전하며 만사위로 휘저으면서 매우 쾌활한 춤을 추면서 탈판을 휘돈다.'

14 [보정] 정병호는 '첫목춤의 춤장단은 느린타령에서 잦은타령으로 바뀐다. 춤은 등장하자마자 드러누워 좌우로 뒤
　　틀며 다리를 들어 꼬면서 엎어지고 뒤집어지는 등 몸부림치기도 하고 엉덩이를 들썩들썩 좌우로 돌리는 몸부
　　림의 춤을 춘다고 한다. 춤사위는 '등장', '허리틀기', '다리제끼기', '너울질', '다리들어올리기', '근경', '고개잡이',
　　'외사위', '겹사위', '양사위' 등이 있다.'라고 하였다. 첫목춤에 대하여 김일출의 『조선민속탈놀이 연구』(민속원,
　　2009)에서는 다음과 같이 설명하고 있다.
　　　　　<팔목춤>은 우리나라 고래의 민속 행사와 민속 무용이 결합되어서 독특하게 발전된 탈춤으로서 그것은
　　　　특히 봉산(재령·순천 포함)탈놀이에서 가장 전형적으로 나타나고 있다. 첫목은 상좌춤(산대놀이에서는 상좌
　　　　가 천지 사방을 향하여 합장 배례를 행하는 종교적 의식의 동작을 보이는 반면에 봉산 탈놀이에서는 볼 수
　　　　없다.)이 끝나기 전에 탈판에 나와서 눕는다. 상좌들이 들어가면 첫목은 재비의 타령에 맞추어 발끝부터 움
　　　　직이는 동작을 시작한다. 겨우 전신이 움직이면 좌우로 서너 바퀴씩 굴러 본다. 간신히 일어서다가 쓰러지나
　　　　끝내 일어서서는 두 팔로 얼굴을 가린 채로 오른편을 살피고 왼편을 살핀다. 두 팔이 움직인다. 턱 앞에 모은
　　　　양 소매를 머리 위에서 <만사위>로 내저으면서 전신을 격렬하게 부르르 떤다. 재비의 주악(타령)은 한층 더
　　　　빨라진다. 한편 다리를 쳐드는가 하면 한편 소매를 <외사위>로 휘저으면서 경쾌한 동작의 흥거운 춤이 시작
　　　　된다. 즐겨 날뛰면서 탈판을 휘돈다. 첫목의 이와 같은 <u>기괴한 춤은 사자(死者)의 부활과 부활의 환희를 표현</u>
　　　　<u>한 것이라고도 한다</u>(재령 탈놀이 박형식 담). <목춤>은 자연과 인간 사회에 관한 지식이 아직도 불충분하였
　　　　던 옛날 사람들이 <u>자기의 생활에 재해(災害)와 불행을 가져온다고 믿어온 <역귀>를 구축하는 유쾌감 또 이</u>
　　　　<u>것을 물리치고 난 후의 승리감·행복감을 표현</u>하고 있다. 그것은 경쾌하고 활발하고 신명나는 연기를 통하여
　　　　다채롭고 또 개성적인 동작으로 표현된다. 그것은 특히 <목춤>의 클라이막스를 이르는 <목뚱춤>에서 또 그
　　　　연장인 <법고 춤>에서 특히 활발하고 유쾌하고 신명난 광환(狂歡)의 경지에 이른다. <u>씩씩하고 힘찬 8목들의</u>
　　　　<u>군무에는 또 그해의 액운을 물리치고 일년간의 연사(年事)가 풍성하기를 비는 백성들의 기원</u>이 담겨 있다.
　　　　목춤은 옛날 사람들이 <역귀>와의 쟁투를 표현한 점에서 특히 쾌활하고 낙천적인 동작들로서 승리의 즐거움
　　　　을 표현한 점에서 충분한 서민성을 가지고 있다.

15 六角(육각) ; 북, 장구, 해금, 피리, 태평소 둘로 이루어진 악기 편성을 말한다.

「쉬—.」(樂과 舞는굿친다.)

「奉祭祀然後에接賓客하고 修人
事然後에待天命이라고하얏스니
修人事한마듸들어가오[16].」

二目[17]. (다름질하야들어와서 첫목의面을
한번탁— 처서退場식히고 打令曲
伴奏에마추어 場內를한박구도라다
니며 快活하게춤을추다가 樂工의
앞으로와서 左右를도라보면서)

「쉬—.」(樂의伴奏와 舞는굿친다.)

「쉬—.」[18]

(악과 무는 그친다.)

「봉제사 연후에 접빈객하고
수인사 연후에 대천명이라고 하
였으니
수인사 한 마디 들어가오.」

이목. (달음질하여 들어와서 첫목의 면을
한번 탁— 처서 퇴장 시키고[19] 타령
곡 반주에 맞추어 장내를 한 바퀴
돌아다니며 쾌활하게 춤을 추다가
악공의 앞[20]으로 와서 좌우를 돌아
보면서)

「쉬—.」

(악의 반주와 무는 그친다.)

---

16 [보정] 봉제사 연후에 접빈객하고 수인사 연후에 대천명이라고 하였으니 수인사 한 마디 들어가오 ; 조상 제사를 잘 받들어 모신 후에 귀한 손님을 대접하고, 사람의 도리를 다한 후에 하늘의 명을 기다린다 하였으니 수인사 한 마디 들어가오. 불림으로 활용되었다. '수인사 연후에 대천명'은 '盡人事 待天命'과 같은 뜻으로 사람이 할 일을 다 하고 천명을 기다린다는 말이다. 우리 고전작품의 하나인 '계녀가(誡女歌)'에는 화자가 내일 신행(新行) 가는 딸에게 사구고(事舅姑)·사군자(事君子)·목친척(睦親戚)·봉제사(奉祭祀)·접빈객(接賓客) 등 한 집안의 며느리로서 지켜야 할 일들에 대해 읊고 있다.

17 [보정] 정병호는, 이목의 춤장단은 잦은타령이다. 춤은 불림으로 시작하여 '독수리 날개치는사위', '쭈그려앉아서 어르는 사위', '어깨춤', '고개잡이', 도무로서의 '외사위', '겹사위', '양사위' 등이 있다고 한다.

18 쉬— ; 춤을 그치면서 음악을 멈추라는 뜻이다. 그러면서 다음 대사를 시작하겠다는 뜻을 담은 대사다. '—'는 장음으로 실현한다는 뜻이다. 한편 관중에게는 집중하여 들어 달라는 뜻도 있다.

19 [보정] 달음질하여 들어와서 첫목의 면을 한번 탁— 쳐서 퇴장 시키고 ; 면상을 치는 것으로 되어 있으나 현재는 뒤에서 치는 것으로 연행되고 있다. 이에 대하여는 '큐(cue)'와 같이 등퇴장을 지시하는 것으로 파악되고 있다. 그러나 이는 연행 현장에서 관찰된 것에 지나지 않는다. 성현(成俔)의 『용재총화(傭齋叢話)』의 다음 기사를 주목할 필요가 있다.

　　구나(驅儺)의 일은 관상감(觀象監)이 주관한다. 제석(除夕)의 전야에 창덕궁과 창경궁의 대궐 뜰에서 한다. 그 제도는 악공 한 사람이 창수(唱帥)가 되어서 붉은 옷을 탈을 쓴다. 방상씨(方相氏)로 분장한 네 사람은 황금빛 네 눈을 하고 곰 가죽을 쓰고 창을 잡았으며 딱따기를 친다. 지군(指軍) 다섯 사람은 붉은 옷을 입고 탈을 쓰고 그림 그린 전립(戰笠)을 쓴다. 판관(判官) 다섯 사람은 푸른 옷에 탈을 쓰고 그림 전립을 쓴다. 조왕신(竈王神) 네 사람은 푸른 도포에 복두를 쓰고, 나무 홀(笏)을 들며 탈을 쓴다. 소매(小梅) 두어 사람은 여자의 저고리를 입고 탈을 쓴다. 저고리 치마는 다 붉은 빛과 푸른빛으로 기다란 간당(竿幢)을 잡는다.

(唱)「山中에無曆日하야[21] 철가는줄몰낫더니

　꽃피여春節이요 葉돋아夏節이라

　梧桐落葉[22]秋節이요

　저건너蒼松綠竹[23]에　白雪이펄펄 휘날니니 이아니冬節인가.

　나도本是誤入匠이[24]로　山間에뭇첫더니

　風流소리[25]반겨듯고　念佛에뜻이 업서

　이런風流亭[26]차저왓든.」

(창)「산중에 무력일하여 철가는 줄 몰랐더니

　꽃 피어 춘절이요, 엽 돋아 하절이라.

　오동낙엽추절이요.

　저 건너 창송녹죽에 백설이 펄펄 휘날리니

　이 아니 동절인가.[27]

　나도 본시 오입쟁이로 산간에 묻혔더니

　풍류소리 반겨듣고 염불에 뜻이 없어

　이런 풍류정 찾아왔든[28].」

　십이신(十二神)은 각기 자기의 탈을 쓴다. 가령 자신(子神)은 쥐 형상의 탈을 쓰고, 축신(丑神)은 소 형상의 탈을 쓴다. 또 악공 십여 명이 복숭아가지로 만든 비[桃列(도열) : 부정풀이할 때에 쓰는 복숭아 가지로 만든 비 — 필자]를 잡고 따라 간다. 아동 수십명을 골라서 붉은 옷, 붉은 건을 착용하고 탈을 쓰고 진자[侲子(진자) : 어린 아이, 옛날에 역귀(疫鬼)의 구축(驅逐)을 맡은 아이 — 필자]가 되게 한다.

　딱딱 치는 행위는 소위 양반춤에서도 나타난다. 이두현이 사직골 탈춤패를 '딱딱이패'라고 한 점도 이를 규명하는 데에 긴요한 자료가 된다.

20 악공 앞 ; 임석재본에서는 '적당適當한 곳'이라 하였다. 당시 공연현장을 그린 이두현본의 도면을 참고하여 보면 악공을 등지고 관중을 정면과 좌우에 두고 서는 곳이 된다. 이두현본의 도면에 따르면 관중편에서 볼 때에 왼편에 개복청이 있으니 결국 이목은 무대의 왼편에서 등장하여 왼편으로 퇴장하게 된다. 여기에서는 관중편에서 방향을 제시하도록 한다.

21 [보정] 山中(산중)에無曆日(무력일)하야 ; 산속에 책력이 없다는 뜻으로 세월 가는 줄을 모른다는 말이다. 당나라 태상음자(太上陰者)의 '답인(答人)', '소나무 아래에 와서는, 돌베개를 높이 베고 있네. 산속이라 책력이 없어 추위는 다했으나 해가 간 줄 모른다네. 偶來松樹下 高枕石頭眠 山中無曆日 寒盡不知年'을 원용한 것이다. 이와 같이 한시구를 원용하는 사례는 특히 조선후기 우리 연행문화 - 대표적으로 탈춤, 판소리, 가사, 시조, 사설시조, 잡가 - 에서 흔히 나타난다. 이와 같은 양상은 연구과제다.

　　　[참고] 사설시조(辭說時調) - 山中에 無曆日하야 절 가는 줄 몰낫드니 / 꼿 피면 春節 입 피면 하절이요 黃菊 丹楓 秋節이라 / 저근너 층암 절벽상 蒼松 綠竹의 白雲이 분분 휘날니니 冬節인가. [출전] 雜誌 (平洲本)

22 梧桐落葉(오동낙엽) ; 오동나무는 낙엽지다 라는 뜻이다.

23 [보정] 蒼松綠竹(창송녹죽) ; 푸른 소나무와 푸른 대나무를 말한다. '창송취죽(蒼松翠竹)'이라고도 한다.

24 [보정] 誤入匠(오입장)이 ; 여기서는 '풍류남아'라는 뜻으로 쓰였다. '오입'은 아내가 아닌 여자와 상관하는 일이다. 외도(外道), 외입(外入)이라고도 한다.

(打令曲의伴奏에마추어춤을
추면서…… 唱)「心不老心不
老白首寒山에心不老²⁹.」
(둘재목이한참快活하게춤을
출때에 셋재목이登場한다.)
三目³⁰. (셋재목이다름질하야들어와서
둘재목의面을한번탁처서退場식히
고 打令曲의伴奏에맞추어 場內를
한박구돌어다니며 快活하게춤을
추다가 樂工의압흐로와서左右를
도라보면서)
「쉬―.」
(樂의伴奏와舞는긋친다.)

(타령곡의 반주에 맞추어 추면
서…… 창³¹
「심불로 심불로 백수한산에 심불로」
³²
(둘째목이 한참 쾌활하게 춤을
출 때에 셋째목이 등장한다.)
삼목. (셋째목이 달음질하여 들어와서 둘
째목의 면을 한번 탁 쳐서 퇴장 시
키고 타령곡의 반주에 맞추어 장내
를 한 바퀴 돌아다니며 쾌활하게 춤
을 추다가 악공의 앞으로 와서 좌우
를 돌아보면서)
「쉬―.」
(악의 반주와 무는 그친다.)

---

25 [보정] 風流(풍류)소리 ; 여기서는 가면극 현장에서 울려 퍼지는 소리를 두고 이른 말이다. '풍류'는 멋스럽고 풍
치가 있는 일이나, 또는 그렇게 노는 일이다. 또는 대풍류, 줄풍류 따위의 관악 합주나 소편성의 관현악을 일상
적으로 이르는 말이다.
26 風流亭(풍류정) ; 풍류를 즐기는 정자라는 뜻이다. '풍류(風流)'는 멋스럽고 풍치가 있는 일, 또는 그렇게 노는
일을 말한다. 대풍류, 줄풍류 따위의 관악 합주나 소편성의 관현악을 이르는 말이기도 하다. 풍류놀이(風流--)'
는 시도 짓고 노래도 하고 술도 마시고 춤도 추고 하는 놀이를 말한다. '풍류장(風流場)'은 풍류를 즐기려고 남
녀가 모이는 장소를 말한다.
27 [보정] 산중에 무력일하여 ~ 이 아니 동절인가. ; 유유자적(悠悠自適)하고 은일자적(隱逸自適)하는 삶을 노래하
는 내용이다.
　당나라 태상은자(太上隱者)의 '답인(答人)', '소나무 아래에 와서 돌베개 하고 잠들었네. 산속이라 책력이
없어 겨울은 갔지만 해 바뀐 줄 모르네. 偶來松樹下 高枕石頭眠 山中無曆日 寒盡不知年'을 원용한 것이다.
이와 같이 한시구를 원용하는 사례는 특히 조선후기 우리 연행문화 - 대표적으로 탈춤, 판소리, 가사, 시조,
사설시조, 잡가 - 에서 흔히 나타난다.
　[참고] 山中(산중)에 無曆日(무력일)하야 절 가는 줄 몰낫드니 / 꽃 피면 春節(춘절) 입 피면 하절이요 黃
菊(황국) 丹楓(단풍) 秋節(추절)이라 / 저근너 층암 절벽상 蒼松綠竹(창송녹죽)의 白雲(백운)이 분분
휘날이니 冬節(동절)인가. -『雜誌』(平洲本)
28 [보정] 나도 본시 오입쟁이로 ~ 이런 풍류정 찾아왔든. ; 나도 본래는 풍류를 즐기는 오입쟁이로 산속에 묻혀
살았는데 풍류 소리를 반갑게 듣고는 염불에 뜻이 없어 이런 풍류정에 찾아왔다네. 여기서 '이런 풍류정 찾아왔
든'은 불림으로 활용되었다.
29 [보정] 心不老心不老白首寒山(심불로심불로백수한산)에心不老(심불로) ; 한자어 불림이다. '마음은 늙지 않았다

(唱)「이곳을當到하야 四面을도라보니 淡泊淸正네글자 分明히붓처잇고[33]. 東便을바라보니 萬古聖君[34] 周文王[35]이 太公望[36] 차즈랴고 渭水陽[37]가는景을 歷歷히그려잇고 南便을바라보니 春秋적[38]秦穆公[39]이 健叔[40]을차즈랴고 農明村가는 景을 歷歷히그려잇고. 西便을바라보니 戰國적[41]吳子胥[42]가 孫武子[43]차즈랴고 那夫山[44]가는景을 歷歷히그려잇고. 北便을바라보니 楚漢[45]이擾亂[46]할제 天下壯士[47]項籍[48]이가 范亞夫[49]차즈랴고 祈高山[50]가는景을 歷歷히그려잇고. 中央을살펴보니 여러동무들이 風流를잡히고[51]흐낙이[52]노니 나도한번 놀고가려든.」

(창)「이곳을 당도하여 사면을 돌아보니 담박청정[53] 네 글자 분명히 붙여 있고.

동편을 바라보니 만고성군 주문왕이

태공망 찾으려고 위수양 가는 경을 역력히 그려있고[54]

남편을 바라보니 춘추적 진목공이 건숙을 찾으려고 농명촌 가는 경을 역력히 그려있고.[55]

서편을 바라보니 전국적 오자서가 손무자 찾으려고 나부산 가는 경을 역력히 그려있고.[56]

북편을 바라보니 초한이 요란할 제 천하장사 항적이가 범아부 찾으려고

기고산 가는 경을 역력히 그려있고.[57][58]

중앙을 살펴보니 여러 동무들이 풍류를 잡히고[59] 흐낙이[60] 노니

나도 한번 놀고 가려든[61][62].」

마음은 늙지 않았다 한산과 같이 머리는 희었으나 마음은 늙지 않았다.'라는 뜻이다. 당나라 왕발(王勃)의 '등왕각서(滕王閣序)'의 '내가 믿는 바로는 군자는 가난을 편안하게 여기고 달인은 자신의 운명을 안다. 늙을수록 더욱 강해져야 하나니 어찌 노인의 마음을 알 것이며, 가난할수록 더욱 굳건해져야 하나니 청운의 뜻을 저버리지 않을 것이다. 所賴 君子安貧 達人知命 老當益壯 寧知白首之心 窮且益堅 不墜靑雲之志'를 연상케 하는 구절이다. 몸은 늙었을망정 마음은 청운지지(靑雲之志)를 버리지 않는다는 뜻이다. 이를 원용한 것이다. 이 같은 양상은 가사 작품에서도 나타나는데 '금강도사도덕가'에서는 '白首寒山心不老라 靑春압장 이世界에 마음조차 늙글소냐'라고 읊었다. 임석재본에서는 '心不老 心不老 自首 寒山에'라고 채록되었다.

30 [보정] 정병호는, 삼목의 춤은 불림으로 시작하여 '개구리뛰기', '두 팔 벌려 어깨춤으로 어르면서 회전하기', '물결

3. '제이장 팔목승무'의 복원 **39**

사위', '고개잡이', 도무로서의 '외사위', '겹사위', '양사위' 등이 있다고 한다.

31 [보정] 창 ; 아래 대사를 노래로 실현하였다는 것이다. 즉, 불림으로 실현한다.

불림에 대한 자료들을 정리해 보면 다음과 같다. 오청 채록 봉산가면극에는 불림에 해당하는 대사를 '(…唱)'이라 하였다. 김일출은 이보다 분명하게 'ㅇ불림'이라 하고 '≪ ≫' 안에 넣었다. 이두현 채록 봉산가면극에는 '제이과장 제이경 법고놀이'나 '제사과장 제삼경 취발이춤'에서 '불림으로'라 하고 '< >' 안에 넣었다. 김일출은 대사와 불림을 구별하지 않고 '≪ ≫' 안에 넣었으나, 이두현채록 봉산가면극에서는 '불림으로'라고 한 경우도 있고, 한편으로는 불림은 '< >'으로 구별한 것으로 보아, '(불림으로)'으로 라고 단서를 달지 않았더라도 '< >' 안에 넣은 사설은 불림으로 보아도 무방할 것이다. 이두현 채록 양주별산대놀이에서도 '불림으로'라고 채록되었다. 허영호 구술 채록 송파산대놀이에는 '(불림)', '(불림을 하고 타령조로----)', '(불림을 하고 춤으로----)', '…불림을 하고 다같이 춘다…)' 등과 같이 채록되었다. 이두현 채록 가산오광대에서는 '불림조로'라고 하였다. 이에 상응하는 자리에 '창'이라 채록된 것, '노랫조로'라고 채록된 것, '후렴', '후렴 후에 음악과 춤으로 한참 놀다가' 등으로 채록되었다. '歌'라고 채록된 경우도 있다. 따라서 불림이라 채록된 것을 기초로 하여 그에 상응하는 자리에 채록된 것들을 일단은 불림으로 볼 것이다.

32 [보정] 심불로 심불로 백수한산에 심불로 ; 불림이다. 팔목장면은, 등장하는 소리 → 찬(讚)을 담은 대사 → 등장한 이유 → 불림 → 춤 → 수인사 → 불림 → 춤 순으로 실현된다. 불림이 한번만 실현되는 경우도 있다.

33 [보정] 淡泊淸正(담박청정)네글자 分明(분명)허웃처있고 ; '담박청정'이라는 네 글자 분명히 붙어 있고. 이 대사는 가면극이 공연되는 현장을 '담박청정' 즉 담박하고 맑고 바른 삶을 지향한다는 의미를 가진 공간으로 전이시키는 기능을 발휘한다. 淡泊淸正(담박청정) ; 원래는 '澹泊寧靜(담박영정)'이다. 여기서는 '담박청정'이라고 채록된 것이다. '담박하며 맑고 바르다'는 뜻으로 풀이 될 수 있다. 제갈량이 '계자서(誡子書)'에서 '군자의 행실이란 고요한 마음으로 몸을 닦고, 검소함으로써 덕을 기르는 것이다. 마음에 욕심이 없어 담박하지 않으면 뜻을 밝힐 수 없고, 마음이 안정되어 있지 않으면 원대한 이상을 이룰 수 없다. 夫君子之行 靜以修身 儉以養德 非澹泊無以明志 非寧靜無以致遠'라고 하였다. 이러한 뜻을 압축하여 사자성어(四字成語)를 만든 것이다. 전통적으로 이 사자성어를 현판으로 만들어 붙였다. 임석재본에는 澹泊寧靜 '諸葛武侯書 非詹伯無以明志 非寧靜無以致遠'라고 주를 달았다.

34 萬古聖君(만고성군) ; 만고에 어질고 덕이 뛰어난 임금을 말한다..

35 周文王(주문왕) ; 기원전 12세기경, 중국 주(周)나라를 창건한 왕이다. 은나라에서 크게 덕을 베풀고 강국으로서 이름을 떨친 계(季)의 업을 계승하여, 점차 인근 적국들을 격파하였다. 위수(渭水)를 따라 동진하여 지금의 서안(西安) 남서부 풍읍(豐邑), 즉 호경(鎬京)에 도읍을 정하였다. 은나라의 주왕(紂王)이 산동반도(山東半島)의 동이(東夷)민족 정벌에 여념이 없는 틈을 타, 인근 제후의 지지를 받아 세력을 길러 황하강(黃河江)을 따라 동으로 내려가, 화북(華北) 평원으로 진출하였다. 그 도하점(渡河點) 맹진(孟津)을 제압하고, 은나라를 공격할 태세를 정비하였다. 만년에는 현상(賢相) 여상(呂尙: 太公望)의 도움을 받아 덕치(德治)에 힘썼다. 뒤에 은나라로부터 서방 제후의 패자(覇者)로서 서백의 칭호를 사용하도록 허락받았다. 은나라와는 화평주의적 태도를 취하였으며, 우(虞)·예(芮) 등 두 나라의 분쟁을 중재하여 제후들의 신뢰를 얻어 천하 제후의 절반 이상이 그를 따랐다. 죽은 뒤 무왕이 은나라를 쓰러뜨리고 주나라를 창건하였으며, 그에게 문왕이라는 시호를 추존하였다. 뒤에 유가(儒家)로부터 이상적인 성천자(聖天子)로서 숭앙을 받았으며, 문왕과 무왕의 덕을 기리는 시가 『시경(詩經)』에 수록되어 있다.

36 太公望(태공망) ; 주나라 초기의 현신(賢臣) 여상(呂尙)이다. 여상은 주나라 동해(東海) 사람으로 본성은 강씨(姜氏)다. 그의 선조가 여(呂)에 봉해졌으므로 여상(呂尙)으로 칭해졌다. 자는 자아(子牙)다. 나이 칠순에 위수(渭水)에 낚시를 드리우며 때를 기다린 지 10여 년 만에 주나라 문왕(文王)을 만나 초빙된 다음, 문왕(文王)의 스승이 되었으며, 문왕은 그가 조부인 태공(太公)이 항시 바라던 사람이라는 뜻에서 '태공망(太公望)'이라고 했다. 병법의 이론에도 밝아서 문왕(文王)이 죽은 뒤에 무왕(武王)을 도와 목야(牧野)의 전투에서 은(殷)나라 주

(打令曲의伴奏에마추어한참
춤을추다가다시)

「쉬ㅡ.」(樂과舞는긋친다.)

「奉祭祀然後에接賓客하고 修人
事然後에待天命이라하엿스니 修
人事한마듸들어가오.」

(打令曲의伴奏에맛추어추면
서……唱)「이 杜鵑[63] 저 杜鵑
萬疊靑山[64]에…….」

(셋재목이한참快活하게춤을
출때에 넷재목이登場한다.)

四目. (넷재목이다름질하야들어와서 셋
재목의面을한번탁처서退場식히
고 打令曲의伴奏에마추어 場內
를한박구 돌아다니며 춤을추다
가 樂工의압흐로와서左右를돌
아보면서)

(타령곡의 반주에 맞추어 한참
춤을 추다가 다시)

「쉬ㅡ.」

(악과 무는 그친다.)

「봉제사 연후에 접빈객하고
수인사 연후에 대천명이라 하였으니
수인사 한 마디 들어가오.」

(타령곡의 반주에 맞추어 추면
서 …… 창)

「이 두견 저 두견 만첩청산에……[65].」

(셋째목이 한참 쾌활하게 춤을
출 때에 넷째목이 등장한다.)

사목. (넷째목이 달음질하여 들어와서 셋
째목의 면을 한번 탁 쳐서 퇴장 시
키고 타령곡의 반주에 맞추어 장내
를 한 바쿠 돌아다니며 춤을 추다가
악공의 앞으로 와서 좌우를 돌아보
면서)[66]

(紂)왕의 군대를 물리치고 주(周)나라를 세우는데 큰 공을 세웠고, 후에는 제(齊) 땅을 영지로 받아 제(齊)나라의 시조(始祖)가 되었다.

37 渭水陽(위수양) ; 강 이름이다. 중국 감소성(甘肅省) 위원현(渭源縣)의 서북 조서산(鳥鼠山)에서 발원하여 섬서성(陝西省)을 거쳐 낙수(洛水)와 합쳐 황하(黃河)로 흐른다. 강태공(姜太公)이 이곳에서 은거하며 낚시를 하며 세월을 보내다 주나라 문왕(文王)을 만난 곳으로 유명하다.

38 春秋(춘추)적 ; 춘추시대를 말한다. 주(周)의 동천(東遷) 이후부터 진(秦) 시황제(始皇帝)의 통일까지의 기원전 770년부터 221년까지로 공자(孔子)가 사서인 춘추(春秋)에서 이 시대의 역사적 사건들을 서술한 데서 붙여진 이름이다. 이 시대는 지방분권적인 봉건제도가 해체되고, 진(秦), 한(漢)의 중앙집권적인 군현제가 실시되어가는 과도적인 시기로 존왕양이(尊王洋夷)의 정신을 숭상하며 지방 분권적인 모습을 보였으나, 전국시대에 들어와서 존왕양이의 정신이 쇠퇴하고 오로지 약육강식의 논리만 살아남음으로써 7개의 강국 진(秦)·초(楚)·연(燕)·제(齊)·한(韓)·위(魏)·조(趙)의 전국칠웅(戰國七雄)만이 남아 중앙집권적 국가의 모습을 보여주었으며, 춘추시대의 군주가 후(候)라고 칭했던 반면, 전국시대의 군주는 왕(王)이라 칭하는 등 지방분권에서 중앙집권으로 변모해가는 모습이 나타나고 있다.

39 秦穆公(진목공) ; 진(秦)나라의 14대 군주로 본명은 임호(任好)다. 진나라의 진흥의 터전을 마련한 영명한 군주로, 공자·백리해·건숙·서걸술(西乞術)·건병(蹇丙, 건숙의 아들)·공손지·요여 등의 현신, 책사들의 보필을 받아 서융(西戎) 지역의 많은 부락들을 정벌해 진나라의 영토와 영민(領民)을 대폭 증가시킴으로써 진을 무시하지 못할 서방 강국으로 융성시켰다.

40 健叔(건숙) ; '蹇叔'이라고도 한다. 제나라 출신의 현인이다. 세상이 몰라주는 백리해(百里奚)의 비범함을 첫눈에 간파하고 그를 오랫동안 거두어 주었다. 백리해가 주인을 찾아 나설 때마다 신중할 것을 거듭 충고했고 드디어 진목공(秦穆公)에게 발탁되자 그의 추천으로 역시 진목공을 섬기게 되었다. 뛰어난 지략과 경륜으로 백리해와 함께 진목공이 서융(西戎)의 패주(覇主)가 되도록 하는 데 결정적 역할을 한 사람이다.

41 戰國(전국)적 ; 전국시대 중국 역사에서, 춘추 시대 다음의 기원전 403년부터 진나라가 중국을 통일한 기원전 221년까지 약 200년간의 과도기를 말한다. 여러 제후국이 패권을 다투었던 동란기로 '전국 칠웅'이라는 일곱 개의 제후국이 세력을 다투었으며, 제자백가와 같이 학문의 중흥기를 이루었고, 토지의 사유제와 함께 농사 기술의 발달 따위로 화폐가 유통되기도 하였다.

42 伍子胥(오자서) ; 중국 춘추시대 오나라의 대부(大夫)다. 이름은 원(員), 자서(子胥)는 그의 자다. 초나라 평왕(平王)이 소인(小人)의 참소(讒訴)를 듣고 오자서의 아버지와 형을 죄 없이 죽이자, 오나라로 망명하여 오나라의 장수가 되어 초나라를 쳤다. 그러나 이미 평왕(平王)이 죽은 다음이었는지라, 그 묘를 파내어 시체를 매질하여 아버지와 형의 복수를 하였고, 후에 오나라로 하여금 패권을 잡게 하였다. 그 뒤 오나라 왕인 부차(夫差)가 서시(西施)의 미색에 빠져 정사를 게을리 하고 오히려 간하던 오자서에게 칼을 주어 자살하게 하였다. 오자서는 자살하면서 자기의 눈을 오나라 성의 동문에 걸어서 자기의 말을 듣지 않고 자기를 죽이니 오나라가 멸망하는 것을 보게 하라는 유언을 남겼는데, 이후 역대의 시인들은 오나라 성 아래를 흐르는 상강(湘江)의 거친 물결을 오자서의 통분한 마음으로 비유하고 있다.

43 孫武子(손무자) ; 중국 춘추시대 제(齊)나라 출신으로 오나라의 합려(闔廬)를 따랐던 병법가다. 본명은 손무(孫武)로, 손자(孫子)라고도 부른다. 오(吳)나라의 왕 합려(闔閭)를 섬겨 절제·규율 있는 육군을 조직하게 하였다고 하며, 초(楚)·제(齊)·진(晋) 등의 나라를 굴복시켜 합려로 하여금 패자(覇者)가 되게 하였다고 한다. 하오나라 궁중의 미녀 180명을 데리고 군사 훈련을 시키는 과정에서 합려(闔廬)가 가장 총애하던 두 명의 미인을 참수였던 '일벌백계(一罰百戒)'의 고사와, 장수가 군문(軍門)에 있을 때에는 임금의 명을 받들지 않을 수도 있다고 말한 고사가 있다. 합려(闔廬)는 그를 등용하여 초(楚)나라의 도읍을 점령하였고, 제(齊)나라와 진(晉)나라를 위협함으로써 춘추오패(春秋五覇) 중의 하나가 되었다. 그가 저술하였다는 병서(兵書) '손자병법(孫子兵法)'은 단순한 국지적인 전투의 작전서가 아니라 국가경영의 요지(要旨), 승패의 기미(機微), 인사의 성패(成敗) 등에 이르는 내용을 다룬 책이며, 그는 '싸우지 아니하고도 남의 군사를 굴복시키는 것은 착한 자의 으뜸'이라 가르치고 있다. 손무는 나부산(羅浮山) 은거지에서 병서 13편의 초고를 완성하였다. 손무는 은거시에 알게 된 친구 오자서(伍子胥)의 도움으로 오나라에 출사하게 된다.

44 那夫山(나부산) ; 나부산(羅浮山)으로 광동성(廣東省) 혜주부 부라(惠州府傅羅)에 있는 산이다.

45 楚漢(초한) ; 중국 초나라와 한나라를 말한다.

46 [보정] 擾亂(요란) ; 여기서는 전쟁에 휘말렸다는 뜻으로 쓰였다.

47 天下壯士(천하장사) ; 세상에 비길 데 없는 힘센 장사를 말한다. 항우가 한나라 군사들이 부르는 초나라 민요를 들으며 착잡한 마음을 달래려고 지은 칠언절구인 '해하가(垓下歌)'에서 '힘은 산을 뽑도다. 기상은 세상을 덮고 시세가 불리함이여 추마는 가지 않는구나. 추마가 가지 않음이여, 우미인이여, 우미인이여, 그대를 어쩌면 좋은가. 力拔山兮氣蓋世 時不利兮騅不逝 騅不逝兮可奈何 虞兮虞兮奈苦何'라고 읊었다.

48 項籍(항적) ; 중국 진말(秦末)의 범인(梵人)이다. 초나라의 장수 항우(項羽)를 말한다. 이름은 적(籍)이다. 숙부 양(梁)과 함께 기병(起兵)하여 진군(秦軍)을 쳐서 함양(咸陽)을 불사르고 진왕(秦王) 자영(子嬰)을 죽이고 자립하여 서초(西楚)의 패왕(覇王)이 되었다. 패공(沛公) 유방과 천하를 다투었으나 해하(垓下)의 싸움에서 패하

고 오강(烏江)에 투신자살하였다.

49 范亞夫(범아부) ; 항우(項羽)의 책사였던 범증(范增)을 말한다. 항우를 도와 패왕(覇王)이 되게 하였다. 기이한 계책을 좋아하여 나이 70에 항우의 모사가 되어 항우가 아부(亞父)라 불렀다. 기고산에서 스승이던 양진인(楊眞人)을 섬겨 도를 닦아 선인(仙人)이 되고자 하였으나 항우(項羽)의 부하인 계포가 끈질기게 쫓아와 임관을 청하여 항우의 모사가 되었다. 통일 진나라를 격파하기 위하여 각종 신묘(神妙)한 계책을 짜내었다. 진나라를 평정(平廷)한 이후에도 항우의 수하로 있던 유방(劉邦)을 경계시하여 그를 죽일 것을 간언(諫言)하였으나 장량(張良)이 중간에서 계략을 폄으로써 항우는 끝내 유방을 죽이지 않는다. 그래도 범증은 유방을 매우 탐탁지 않게 여겨 함양(咸陽) 점령의 논공행상(論功行賞) 때 항우에게 '유방은 천운을 타고난 사람이므로 언젠가 우리에게 해가 될 것이옵니다. 유방을 파촉으로 보내어 그곳에서 갇혀 늙어죽게 하는 것이 좋을 줄 아뢰옵니다.'라고 하여 유방을 파촉으로 보낸다. 그러나 유방은 오히려 거기서 장량의 공으로 한신(韓信)을 얻어 군사력을 증강(增强)시켜 중원 서부 지방을 점령하고 뒤이어 함양까지 점령하였다. 그리고 유방이 항우와 날카롭게 경계하고 있을 때 항우에게 이러저러한 간언을 하였으나 유방이 이간질함으로써 항우는 그러한 범증의 충언을 믿지 않는다. 장량은 범증에게 한군(漢軍)으로 넘어올 것을 권유하였으나 끝내 범증은 이것을 거절해버렸다. 장량은 진평에게 명을 내려 '범증이 우리에게 오지 않으니 우리는 그를 버릴 수밖에 없다. 항우는 평소 의심이 많고 강직한 사람이므로 범증이 역모를 꾸미고 있다는 사실을 듣기라도 하면 당장 범증을 죽일 것이다.'라고 말하였다. 진평은 거짓 계책을 꾸며 마치 범증이 항우에게 역모(逆謨)를 꾸미고 있는 듯이 범증에게 서신을 보내서 이를 발견한 항우는 결국 범증을 역모죄로 체포하였다. 하지만 끝내 죽이지 못하고 범증의 고향인 기고산으로 그를 쫓아낸다. 기고산으로 가던 중 범증은 71세의 일기로 사망하였다. 항우는 범증 생전에 그를 총애하여 '아부(亞父)'라고 하였다. 이 말 뜻은 아비에 버금가는 사람이라는 것으로 그를 얼마나 아꼈는지 알려주는 것이다. 중국 한대 이후에도 아부라는 명칭은 군주의 스승이라는 직위로 사용되기도 하였다. 항우의 모사인 범아부(范亞父)는 유방이 제왕이 되리라고 점치고 홍문(鴻門)의 잔치에서 옥결(玉玦)을 자주 들어 항우에게 유방을 죽이도록 신호했으나 뜻을 이루지 못했고, 이 일의 실패로 인한 화를 참지 못하고 등에 종기가 나서 죽었다고도 한다.

50 祈高山(기고산) ; 범증의 고향에 있는 산이다. 이곳에서 산신이 되려다가 항우에게 발탁된다. 하남성(河南省) 회양(淮陽)에 있다. 중국 하남성(河南省) 동부 영하(潁河) 북안에 위치한다. 주나라 때는 진국(陳國)의 땅이었다.

51 [보정] 風流(풍류)를 잡히고 ; '삼현육각에 맞추고'라는 뜻이다. 여기서 '잡히다'는 노래 따위를 제 박자와 음정에 맞게 한다는 뜻이다.

52 [보정] 흐낙이 ; '흐낙'은 '喜樂(희락)'의 구음인 듯하다. 즉 '기쁘고 즐겁게'라는 뜻이다. 임석재본에 '喜樂히'로 채록되었다. '현대어표기'에는 원문을 그대로 밝힌다.

53 [보정] 담박청정 ; 원래는 '담박영정'이다. 원자료 그대로 밝힌다.

54 [보정] 동편을 바라보니 만고성군 주문왕이 태공망 찾으려고 위수양 가는 경을 역력히 그려있고 ; 주문왕과 태공망과의 고사를 그린 그림을 말한다. 소위 '사벽도(四壁圖) 사설'을 원용한 것이다. [참고] 『사기』 제태공세가(齊太公世家) ; 태공망(太公望) 여상(呂尚)은 동해(東海) 근처 사람으로, 그의 선조는 일찍이 사악(四嶽)이 되어 우(禹)임금이 물과 땅을 정리하는 것을 도와 크게 공을 세웠다. 그들은 우(虞)와 하(夏) 시대에 여(呂) 또는 신(申) 땅에 봉해졌으며 성(姓)은 강씨(姜氏)였다. 하(夏)와 상(商) 왕조 때에는 그 방계의 자손이 신과 여 땅에 봉해지기도 하였고, 또 평민이 되기도 하였는데, 상(尙)은 그 후예로서, 본래의 성은 강씨였지만 그 봉지(封地)를 성으로 하여 여상(呂尙)이라고 부른 것이다. 여상은 곤궁하고 연로하였던 듯한데 낚시질로 주 서백(周西伯)에게 접근하려고 하였다. 서백(西伯)이 사냥을 나가려고 하다가 점을 쳤는데, 점괘가 나오기를 "잡을 것은 용도 이무기[螭]도 아니고, 호랑이도 곰[羆]도 아니다. 잡을 것은 패왕의 보필이다"라고 하였다. 이리하여 주서백이 사냥을 나갔다가 과연 위수(渭水) 북쪽에서 여상을 만났는데, 그와 이야기를 나누고는 크게 기뻐하며 이렇게 말하였다. 우리 선대(先代)의 태공(太公) 때부터 이르기를 "장차 성인(聖人)이 주(周)나라에 올 것이며, 주나라는 그로 하여 일어날 것이다"라고 하였습니다. 선생이 진정 그분이 아닙니까? 우리 태공께서 선생을 기다린 지

가 오래되었습니다. 이리하여 그를 '태공망(太公望)'이라고 부르며 수레에 함께 타고 돌아와서 사(師)가 되게 하였다. 어떤 이의 말로는, 태공은 박학다식하여 상 주왕(商紂王)을 섬겼으나 주왕이 포악무도하자 떠나버렸으며, 제후들에게 유세하였지만 알아주는 이를 만나지 못하였다가 마침내 서쪽으로 가서 주 서백에게 의지하게 된 것이라고 한다. 어떤 이의 말은 또 이러하다. 여상은 처사(處士)로서 바닷가에 숨어 살았는데, 주 서백이 유리(羑里)에 구금되자 평소에 여상을 알고 있던 산의생(散宜生)과 굉요(閎夭)가 그를 불러냈다. 여상도 "내가 듣기에 서백은 현명하고 또 어른을 잘 모신다고 하니, 어찌 그에게 가지 않겠는가?"라고 하였다고 한다. 이들 세 사람은 서백을 위하여 미녀와 보물을 구해서 주왕에게 서백의 죄값으로 바쳤다. 이리하여 서백은 구금에서 풀려나 주나라로 돌아올 수 있었다는 것이다. 이처럼 전설에 따라 여상이 주나라를 섬기게 된 경위를 달리 말하지만, 그 요점은 다같이 그가 주나라의 문왕(文王)과 무왕(武王)의 사(師)가 되었다는 것이다. 주 서백 희창(姬昌)은 유리에서 벗어나 돌아오자 여상과 은밀히 계획을 세우고 덕행을 닦아 상(商)나라의 정권을 넘어뜨렸는데, 그 일들은 주로 용병술과 기묘한 계책을 펴는 것들이었다. 따라서 후세에 용병술과 주나라의 권모(權謀)를 말하는 이들은 모두 태공(太公)을 그 주모자로 존숭하였다. 주 서백이 공평한 정치를 하며, 우(虞)나라와 예(芮)나라의 분쟁을 해결하자 시인들이 서백을 '천명을 받은 문왕(文王)'이라고 칭송하였다. 문왕이 숭(崇), 밀수(密須), 견이(犬夷) 등의 나라들을 정벌하고, 풍읍(豐邑)을 크게 건설하고, 천하의 3분의 2를 주나라에 귀순하게 한 것들은 대부분이 태공의 계책에 의한 것이었다.

55 [보정] 남편을 바라보니 춘추적 진목공이 건숙을 찾으려고 농명촌 가는 경을 역력히 그려있고 ; 진목공과 건숙과의 고사를 그린 그림을 말한다. 소위 '사벽도(四壁圖) 사설'을 원용한 것이다. [참고] 『사기』진본기(秦本紀) ; 목공 임호(任好) 원년, 목공은 친히 군대를 이끌고 모진(茅津)을 토벌하여 승리하였다. 4년, 목공이 진(晉)나라에서 아내를 맞아들였는데, 그녀는 진의 태자 신생(申生)의 누이였다. 그해 제 환공은 초(楚)를 토벌하여 소릉(邵陵)에 이르렀다. 5년, 진 헌공(晉獻公)이 우(虞)나라와 괵(虢)나라를 멸망시키고 우왕(虞王)과 그의 대부 백리혜(百里傒)를 포로로 잡아왔는데, 이것은 진헌공이 백옥(白玉)과 양마(良馬)를 우왕에게 뇌물로 주었기 때문에 가능하였다. 진 헌공은 백리혜를 잡아온 후, 진 목공의 부인이 시집올 때 시종으로 진(秦)나라에 딸려 보냈다. 백리혜는 진(秦)에서 도망쳐서 완(宛)으로 갔으나, 초(楚)나라 변경 사람에게 붙잡혔다. 백리혜가 어진 사람이라는 것을 들은 목공은 많은 재물로 그의 몸값을 치르고 데려오려고 했으나, 초나라 사람이 내주지 않을까 걱정하여 사람을 초나라에 보내 "나의 잉신(媵臣)인 백리혜가 귀국에 있는데, 검정 숫양의 가죽 다섯 장으로 그의 몸값을 치르고자 한다"라고 전하게 하였다. 초나라 사람은 응낙하고 백리혜를 놓아주었다. 이때 백리혜의 나이는 70세가 넘었다. 목공은 백리혜를 석방시켜 그와 함께 국사를 논의하였다. 그러자 백리혜는 사양하며 "신(臣)은 망한 나라의 신하인데 어찌 하문(下問)을 하십니까"라고 하였다. 목공은 "우왕은 그대를 등용하지 않아 망한 것이니, 그대의 죄가 아니오"라고 하며, 계속 하문하며 백리혜와 삼일 간 담론하였다. 목공은 크게 기뻐하며 그에게 국정을 맡기고 그를 오고대부(五羖大夫)에 임명하였다. 그러자 백리혜는 사양하며 이렇게 말했다. 신(臣)은 신의 친구인 건숙(蹇叔)만 못합니다. 건숙은 현명하지만 세상 사람들이 알지 못합니다. 신이 일찍이 관직을 구해 돌아다니다가 제(齊)나라에서 곤경에 빠져 질 땅의 사람에게 걸식을 하였을 때 건숙이 거두어주었습니다. 저는 제왕(齊王) 무지(無知)를 섬기려고 하였으나 건숙이 만류하였으므로, 신은 제나라의 난리에서 벗어날 수 있었습니다. 이에 주(周)나라로 가서 주나라 왕자 퇴(頹)가 소를 좋아한다기에 신은 소 기르는 재주로 알현을 청했습니다. 퇴가 신을 임용하려고 하였으나 건숙이 신을 만류하였기에 주나라를 떠나서 죽지 않을 수 있었습니다. 또 우왕(虞王)을 섬기니 건숙이 신을 만류하였으나 우왕이 신을 임용하지 않을 것을 알면서도 속으로 봉록과 관직을 탐내어 잠시 머물렀습니다. 두 번은 그의 말을 들어서 재난에서 벗어날 수 있었고, 한 번은 듣지 않아 우왕의 재난을 당했습니다. 이에 목공은 사람을 보내 후한 예물을 갖추어 건숙을 맞아들이고 그를 상대부(上大夫)에 임명하였다. 그해 가을, 목공은 친히 군대를 이끌고 진(晉)나라를 정벌하여 하곡(河曲)에서 싸웠다. 진나라의 여희(驪姬)가 난을 일으켜 태자 신생이 신성(新城)에서 죽었고, 중이(重耳)와 이오(夷吾)는 도망하였다.

56 [보정] 서편을 바라보니 전국적 오자서가 손무자 찾으려고 나부산 가는 경을 역력히 그려있고 ; 오자서와 손무자

의 고사를 그린 그림을 말한다. 소위 '사벽도(四壁圖) 사설'을 원용한 것이다.

57 [보정] 북편을 바라보니 초한이 요란할 제 천하장사 항적이가 범아부 찾으려고 기고산 가는 경을 역력히 그려있고 ; 항적과 범아부와의 고사를 그린 그림을 말한다. 소위 '사벽도(四壁圖) 사설'을 원용한 것이다.

58 [보정] 이 대목은 사벽도(四壁圖) 사설을 원용하고 있다. 사벽도는 방안 네 벽에 장식으로 그려 놓은 네 폭의 그림을 말한다. 판소리, 가사 등의 문학에는 이 사벽도 묘사 장면이 자주 보인다. 여기에 등장하는 인물들을 보면 도연명, 강태공, 상산사호, 탕왕, 삼고초려 고사, 엄자릉, 우미인, 이태백, 항우와 장비, 성진과 팔선녀, 소부와 허유 등이 있다. 여기에서는 '주문왕과 태공망', '진목공과 건숙', '오자서와 손무자', '항적과 범아부' 등으로 주로 임금과 신하의 관계, 혹은 친구의 관계 등이 등장한다. 여기 사벽도에 등장하는 인물들은 '충(忠)'과 '의(義)'를 대의로 삼고 있음을 엿볼 수 있다.

59 [보정] 풍류를 잡히고 ; '삼현육각에 맞추고'라는 뜻이다. 여기서 '잡히다'는 노래 따위를 제 박자와 음정에 맞게 한다는 뜻이다.

60 [보정] 원자료 그대로 밝힌다. 임석재본에는 '喜樂히'라고 채록되었다.

61 [보정] 나도 한번 놀고 가려든 ; 노랫조로 실현되는 대목의 마지막 구절이 불림으로 활용되었다. 임석재본에는 '가려든'이 '가려던'으로 채록되었다. '-던'은 해라할 자리에 쓰여, 과거에 직접 경험하여 새로이 알게 된 사실에 대한 물음을 나타내는 뜻을 품고 있다. '-더냐'보다 더 친근하게 쓰는 말이다.

62 [보정] 중앙을 살펴보니 여러 동무들이 풍류를 잡히고 흐낙이 노니 나도 한번 놀고 가려든. ; 가운데를 살펴보니 여러 동무들이 풍류를 잡히고 기쁘고 즐겁게 노니 나도 한번 놀고 가려는데 어떠하냐. 여기서 '중앙을 살펴보니 여러 동무들이'를 주목할 필요가 있다. 네 벽에 그려진 그림은 '주문왕과 태공망', '진목공과 건숙', '오자서와 손무자', '항적과 범아부' 등으로 충과 의를 대의로 삼는 인물들이고, 중앙에 있는 동무들은 여덟 목으로, 이들은 사벽도에 등장하는 인물과 동류에 놓이게 되는 것이다. 이렇게 하여 가면극 현장은 '충'과 '의'를 강조하는 효과를 겨냥하고 있다.

63 [보정] 두견 ; 두견이과에 속하는 새다. 우리말로는 접동새라 하고, 한자어로는 두우(杜宇)·자규(子規)라고도 한다. 소쩍새라고도 되어 있다. 두견이는 대체로 그 울음소리가 구슬퍼서 슬픈 정서를 표출하는 시가문학의 소재로 자주 등장하였다. [참고] 두견은 일찍이 고려시대에 정서(鄭敍)가 지은 '정과정(鄭瓜亭)'에는 "내 님을 그리邙와 우니다니 산접동새勘 이슷㤜요이다."라고 하여 유배지에서의 외로운 신세를 산접동새에 비기어 노래하고 있다. 또한, 이조년(李兆年)이 지었다는 시조에도 자규가 등장한다. "이화에 월백하고 은한(銀漢)이 삼경인제 일지춘심(一枝春心)을 자규야 아랴마는 다정도 병인양하여 잠 못 드러 하노라." 여기서 자규는 달 밝은 밤 삼경에 울어춘심을 자극하는 새로 등장하고 있음을 알 수 있다. 민요 '새타령'에는 "성성제혈염화지 귀촉도불여귀(聲聲啼血染花枝歸蜀道不如歸)"라고 두견을 읊고 있다. 두견이에 관한 설화로는 '접동새 유래'가 있다. 경기도 남양주시에서 조사된 자료의 내용은 다음과 같다. "어떤 사람이 아들 아홉과 딸 하나를 낳아 기르다가 죽었는데, 계모가 들어와서 전실 딸을 몹시 구박하였다. 그래서 그 딸은 혼인날을 받아 놓고 죽었는데 그 딸의 넋이 접동새가 되었다. 한편 계모는 죽어서 까마귀가 되었는데 그래서 까마귀와 접동새는 원수지간이 되었다."는 것이다. 접동새 울음소리가 "구읍 접동"이라고 하는데 이것은 "아홉 오라버니 접동"이라는 뜻이다. 여기서도 접동새는 억울하고 한 맺힌 새로 등장함을 알 수 있다.

64 萬疊靑山(만첩청산) ; 겹겹이 둘러싸인 푸른 산을 말한다.

65 [보정] 이 두견 저 두견 만첩청산에 ; 한자어를 우리말화한 불림이다. 두견새와 만첩청산을 대비한 표현은 가사와 판소리에 두루 쓰이고 있다. 송석하본에서는 '이 두견杜鵑 저 두견杜鵑 만첩청산萬疊靑山에 문두견問杜鵑.'으로 채록되었다.

66 [보정] 정병호는, 사목의 춤은 불림으로 시작하여 '어깨춤으로 어르면서 팔을 목에 거는 사위', '다리 들어 돌리며 사선으로 전진하는 사위', '고개잡이', 도무로서의 '외사위', '겹사위', '양사위' 등이 있다고 한다.

「쉬—.」(樂의 伴奏와 舞는굿친다.)

(唱)「汨羅水⁶⁷맑은물은 屈三閭⁶⁸의忠
魂⁶⁹이오. 三江水⁷⁰얼크러진⁷¹비는
吳子胥⁷²의精靈⁷³이요. 採薇⁷⁴하든
伯夷叔齊⁷⁵ 九秋名節⁷⁶일넛것만
首陽山⁷⁷에餓死⁷⁸하고. 말잘하는蘇
秦張은⁷⁹ 列國諸王⁸⁰다달내도 閻
羅大王⁸¹못달내여 春風細雨杜鵑
聲⁸²에 슲흔⁸³ 魂魄되엇스니. 하물
며草露⁸⁴같은 우리人生이랴. 이러
한風流소리듯고 아니놀수업거든.」

「쉬—.」
   (악의 반주와 무는 그친다.)

(창)「멱라수 맑은 물은 굴삼려의 충혼
이오.
삼강수 얼크러진 비는 오자서의 정
령이요.
채미 하던 백이숙제
구추명절 일렀건만 수양산에 아사
하고.
말 잘하는 소진장은
열국제왕 다 달래도 염라대왕 못
달래어
춘풍세우 두견성에 슬픈 혼백 되
었으니.
하물며 초로 같은 우리인생이랴.⁸⁵
이러한 풍류소리 듣고
아니 놀 수 없거든⁸⁶.」

---

67 汨羅水(멱라수) ; 전국 시대에 초(楚)나라의 충신 굴원(屈原)이 주위의 참소로 분함을 못 이겨 투신자살한 강이
다. 멱수(汨水)와 나수(羅水)가 합류하여 이룬 강이다. 호남성(湖南省)에 있다.

68 屈三閭(굴삼려) ; 굴원(屈原)을 말한다. 굴원이 삼려대부(三閭大夫) 벼슬을 지내 이렇게 부르는 것이다. 중국
전국시대(戰國時代) 초(楚)나라의 우국지사(憂國之士)이며, 시인(詩人)이다. 이름은 평(平)이다. 회왕(懷王)을
도와서 공이 컸으나, 참소(讒訴)를 당하고 한때 방랑 생활을 하다가 마침내 울분을 참지 못하여 '회사부(懷沙
賦)'를 읊고 멱라수(汨羅水)에 빠져 죽었다. 그는 죽으면서도 조국과 임금을 위하는 마음을 변하지 않았기 때문
에 후대에 충신의 대명사로 일컬어진다. [참고]『사기』굴원가생열전(屈原賈生列傳) ; 굴원이 강가에 이르러, 머
리를 풀어헤치고 물가를 거닐면서 시를 읊었다. 그의 안색은 초췌하였고, 모습은 야위었다. 어떤 어부가 그를
보고 '그대는 삼려대부(三閭大夫)가 아니십니까? 무슨 까닭에 여기까지 이르렀습니까?'라고 물었다. 굴원이 대
답하기를 '온 세상이 혼탁하나 나 홀로 깨끗하고, 모든 사람들이 다 취해 있으나 나 홀로 깨어 있어, 이런 까닭
에 추방당하였소.'라고 말하였다. 어부가 묻기를 '대저 성인이란 물질에 구애되지 않고 능히 세속의 변화를 따를
수 있는 사람입니다. 온 세상이 혼탁하다면, 왜 그 흐름을 따라 그 물결을 타지 않으십니까? 모든 사람이 취해
있다면, 왜 그 지게미를 먹거나 그 밑술을 마셔서 함께 취하지 않으십니까? 어찌하여 미련한 자존심만을 움켜
잡고 추방을 자초하셨습니까?'라고 하였다. 굴원이 대답하기를 '내가 듣기로, 새로 머리를 감은 사람은 반드시
관을 털어서 쓰고, 새로 목욕을 한 사람은 반드시 옷을 털어서 입는다고 하였소. 사람으로서 또한 누가 자신의

깨끗함에 더러운 오물을 묻히려 하겠소? 차라리 흐르는 강물에 몸을 던져 물고기의 뱃속에서 장사를 지낼지라도, 또 어찌 희디흰 결백함으로서 세속의 더러운 먼지를 뒤집어 쓰겠소!'라고 하였다. 그리고 나서 회사(懷沙)라는 부(賦)를 지었다. 그리고 바위를 품고 마침내 멱라강(汨羅江)에 빠져서 죽었다. 굴원이 죽은 뒤에 초나라에는 송옥(宋玉), 당륵(唐勒), 경차(景差) 등과 같은 무리들이 있어서, 모두 문사를 좋아하여 부(賦)로써 호평을 받았다. 그러나 모두 굴원의 함축성을 모방하였지만, 끝내 감히 직간(直諫)을 표달하지 못하였다. 그후로 초나라는 날로 쇠락하여, 수십년 뒤에는 결국 진나라에 의해서 멸망당하였다. 굴원이 멱라강에 빠진 지 100여 년이 지나서, 한(漢)나라의 가생(賈生)이라는 사람이 장사왕(長沙王)의 태부(太傅)가 되어 상수를 지나다가, 글을 지어 강물에 던져서 굴원을 애도하였다.

69 忠魂(충혼) ; 충의를 위하여 죽은 사람의 넋을 말한다.

70 삼강수(三江水) ; 중국(中國) 강소성(江蘇省)의 태호(太湖)에서 흘러나가는 세 개의 강으로 곧 송강(松江)·누강(婁江)·동강(東江)을 아울러 이르는 말이다.

71 얼크러진 ; 얼크러지다. 일이나 물건 따위를 서로 얽히게 하다. 여기서는 궂은비 내리는 형상을 일컬은 것이다.

72 吳子胥(오자서) ; '伍子胥'가 옳다. 아버지와 형이 모두 초나라의 평왕(平王)에게 살해되었을 때 자서는 오나라로 도망하여 오를 도와 월을 쳤으나, 참소로 오나라 부차(夫差)의 노여움을 입고 삼강(三江)에 던져져 죽음을 당했다. [참고] 『사기』 오자서열전(伍子胥列傳) ; 오나라의 태재 백비는 원래 오자서와 사이가 나빴으므로 오자서를 참언하여 '오자서의 사람됨은 고집이 세고 사나우며 인정이 없고 시기심이 강하니, 그가 품고 있는 원한이 큰 화근을 일으킬까 근심스럽습니다. 예전에 왕께서 제나라를 공격하시려고 할 때 오자서가 안 된다고 하였지만 왕께서는 결국 제나라를 공격하여 큰 공을 이루셨습니다. 오자서는 자신의 계책이 쓰이지 않은 것을 수치스럽게 여기며 오히려 원망을 품었습니다. 그런데 지금 왕께서 또 제나라를 공격하시려고 하는데 오자서가 멋대로 고집을 부리며 강력히 간하여 왕께서 하시려는 일을 저지하고 비방하는 것은 단지 오나라가 실패하여 자기의 계책이 뛰어나다는 것이 증명되기를 바라는 것일 뿐입니다. 지금 왕께서 친히 출정하시고 온 나라의 병력을 총동원하여 제나라를 공격하시려고 하는데, 오자서는 간언이 채택되지 않았다 하여 사직하고 병을 핑계 삼아 출정하지 않으려 하니 왕께서는 이에 대한 방비를 하셔야만 합니다. 이번에 어떤 화(禍)가 일어날지 예상하는 것은 그리 어려운 일이 아닙니다. 또 제가 사람을 시켜 은밀히 오자서를 조사해보니 그가 제나라에 사신으로 갔을 때 자기 아들을 제나라의 포씨(鮑氏)에게 맡겨두었습니다. 오자서는 신하의 몸으로 국내에서 뜻을 못 이루었다고 해서 밖으로 제후들에게 의탁하려고 하며, 자기는 선왕의 모신(謀臣)이거늘 지금은 저버림을 당하고 있다고 하여 항상 불평과 원망을 품고 있습니다. 원컨대 왕께서는 속히 이 일을 처리하시십오.'라고 하였다. 그러자 오왕은 '그대의 말이 없었다고 하더라도 나 역시 그를 의심하고 있었소.'라고 하고는, 사신을 보내 오자서에게 촉루(屬鏤)라는 이름의 명검을 내리며 '그대는 이 칼로 죽으라.'라고 하였다. 오자서는 하늘을 우러러보고 탄식하며 '아, 참신(讒臣) 백비가 나라를 어지럽히고 있거늘 왕은 도리어 나를 주살하시는구나. 내가 그의 아버지를 패자로 만들었고 그가 왕위에 오르기 전부터 여러 공자(公子)들이 왕위를 다투고 있을 때 내가 죽음으로써 선왕과 그 점을 다투었으니 그렇지 않았다면 그는 거의 태자가 될 수 없었을 것이다. 그가 왕위에 오르고 나서 나에게 오나라를 나누어주려고 하였을 때 나는 감히 그것을 바라지 않았다. 그러나 지금 그는 아첨하는 간신의 말을 듣고 나를 죽이려고 하는구나.'라고 말하였다. 그리고는 그의 문객(門客)에게 '나의 묘 위에 반드시 가래나무[梓]를 심어 관재(棺材)로 삼도록 하라. 그리고 내 눈알을 도려내어 오나라 동문(東門) 위에 걸어두어 월나라 군사들이 쳐들어와 오나라를 멸망시키는 것을 볼 수 있게 하라.'고 하고는 스스로 목을 찔러 죽었다. 이 소식을 듣고 크게 노한 오왕은 오자서의 시체를 가져다가 말가죽 자루에 넣어 강물에 던져버렸다. 오나라 사람들이 그를 불쌍히 여겨 강기슭에 사당을 세우고 서산(胥山)이라고 이름 하였다.

73 精靈(정령) ; 만물의 근원을 이룬다는 신령스러운 기운이다. 죽은 사람의 영혼을 말하기도 한다. 산천초목이나 무생물 따위의 여러 가지 사물에 깃들어 있다는 혼령으로 원시 종교의 숭배 대상 가운데 하나이다.

74 採薇(채미) ; '고사리를 캔다'는 뜻으로 고사리로 연명하였다는 말이다. '首陽薇(수양미)'는 수양산 고사리로, 은나

라의 충신 백이(伯夷)와 숙제(叔齊)가 수양산(首陽山)에서 고사리를 꺾어 먹고 연명하였다는 데서 나온 말이다.

75 伯夷叔齊(백이숙제) ; 중국 은나라 때의 처사(處士)인 형 백이(伯夷)와 아우 숙제(叔齊)는 모두 은나라 고죽군(孤竹君)의 아들이다. 주(周) 무왕(武王)이 은을 치려고 하는 것을 말리다가 이를 듣지 않으므로 형제는 주나라의 녹 먹기를 부끄럽게 여기고 수양산(首陽山)에 들어가 고사리를 캐어 먹으며 숨어 살다가 채미가(采薇歌)를 남기고 굶어 죽었다고 한다. 『맹자(孟子)』에 '백이(伯夷)와 숙제(叔齊)는 성인 중에서 청백한 분(夷弟聖之淸者)'이라는 말이 있다. [참고] 사기 백이열전 ; 백이와 숙제는 고죽국(孤竹國) 국왕의 두 아들이었다. 아버지는 아우 숙제를 다음 왕으로 삼으려고 하였다. 그런데 아버지가 죽은 뒤 숙제는 왕위를 형 백이에게 양여하였다. 그러자 백이는 '아버지의 명령이었다.'라고 말하면서 마침내 피해 가버렸고, 숙제도 왕위에 오르려 하지 않고 피해 가버렸다. 이에 나라 안의 사람들은 둘째 아들을 왕으로 옹립하였다. 이때 백이와 숙제는 서백창(西伯昌)이 늙은이를 잘 봉양한다는 소문을 듣고 그를 찾아가서 의지하고자 하였다. 가서 보니 서백은 이미 죽고, 그의 아들 무왕(武王)이 시호를 문왕(文王)이라고 추존한 아버지의 나무 위패를 수레에다 받들어 싣고 동쪽으로 은 주왕(殷紂王)을 정벌하려 하고 있었다. 이에 백이와 숙제는 무왕의 말고삐를 잡고 간하기를 '부친이 돌아가셨는데 장례는 치르지 않고 바로 전쟁을 일으키다니 이를 효라고 말할 수 있습니까? 신하된 자로써 군주를 시해하려 하다니 이를 인(仁)이라고 말할 수 있습니까.'라고 하였다. 그러자 무왕 좌우에 있던 시위자들이 그들의 목을 치려고 하였다. 이때 태공(太公)이 '이들은 의인(義人)들이다.'라고 하며, 그들을 보호하여 돌려보내주었다. 그 후 무왕이 은난(殷亂)을 평정한 뒤, 천하는 주(周) 왕실을 종주(宗主)로 섬겼지만 그러나 백이와 숙제는 주나라의 백성이 되는 것을 치욕으로 여기고, 지조를 지켜 주나라의 양식을 먹으려 하지 않고, 수양산(首陽山)에 은거하며 고비[薇]를 꺾어 이것으로 배를 채웠다. 그들은 굶주려서 곧 죽으려고 하였을 때, 노래를 지었는데 그 가사는 이러하였다. '저 서산(西山)에 올라 산중의 고비나 꺾자꾸나. 포악한 것으로 포악한 것을 바꾸었으니 그 잘못을 알지 못하는구나. 신농(神農), 우(虞), 하(夏)의 시대는 홀연히 지나가버렸으니 우리는 장차 어디로 돌아간다는 말인가. 아, 이제는 죽음뿐이로다. 쇠잔한 우리의 운명이여.' 마침내 이들은 수양산에서 굶어 죽고 말았다.

76 九秋名節(구추명절) ; 보통 천추명절(千秋名節)이라고 한다. 천추명절(千秋名節)은 지조와 절개를 지킴으로 오래고 긴 세월 동안 이름을 날린 인물을 말한다.

77 首陽山(수양산) ; 중국 산서성(山西省)에 있는 산 이름이다. 이곳에서 백이(伯夷)와 숙제(叔齊)가 아사(餓死)했다고 한다. 또한 황해도 해주 시내에서 바로 동쪽 지점에 있는 산으로, 옛날 백이숙제(伯夷叔齊)가 고사리를 캐먹다 굶어 죽었다는 산과 이름이 같아서, 조선 시대에 이 산을 소재로 하여 지어진 한시 중에 백이숙제(伯夷叔齊)와 관련된 작품이 많다.

78 餓死(아사) ; 굶어 죽음을 말한다.

79 [보정] 말잘하는蘇秦張(소진장)은 ; '말 잘하는 소진장의는'이 옳다. 원문 그대로 살린다. 소진과 장의가 말을 잘했기 때문에 '말 잘하기는 소진 장의로군'과 같은 속담도 태어났다. '소진이도 말 잘못할 때가 있다'는, 소진이와 같이 말 잘하는 사람도 말에서 실수하는 경우가 있다는 뜻으로, 말실수를 한 경우에 빗대어 이르는 속담이다. [참고] 蘇秦(소진) 張儀(장의) ; 소진과 장의는 옛날 전국시대 때의 언변가로 말 잘하기로 유명했다. 소진은 전국시대의 유세가로 장의와 함께 종횡가(縱橫家)의 대표적 인물이다. 6국 연합으로 진(秦)에 대항하자는 합종책(合縱策)을 주장하여 연(燕)의 소왕(昭王)에게 채용되었고, 조(趙)·제(齊)·위(魏)·한(韓)·초(楚) 등 열국(列國)을 설득하여 이를 관철시켰다. 이로 인해 6국의 재상이 되어 10여 년간 부귀영화를 누렸으나 장의의 연횡책(連衡策)에 의해 그의 합종책은 깨지고 그동안 벌여왔던 각국 간의 이간활동이 들통 나 제나라에서 살해되었다. 장의는 위(魏)나라 사람으로 일찍이 벼슬자리를 노려 위(魏)·초(楚)를 떠돌다가 화씨지벽(和氏之璧)의 도범으로 몰려 죽음 직전에 놓여나기도 했다. 그 후 진(秦)에 들어가 혜왕(惠王)에게 연횡책을 건의, 이것이 수용되어 무신군(武信君)의 벼슬에 올랐고 위나라에 들어가 한(韓)·위 간 동맹으로 제(齊)·초에 대응토록 했으며 소양왕(昭襄王) 때는 초에 들어가 제·초 동맹을 와해시키고 다시 제·진 동맹으로 초를 고립시켰는데, 이 같은 연횡책은 소진의 합종책과 더불어 전국시대 각 나라간의 세력 균형을 형성하는 데 큰 역할을 했다.

(打令曲의伴奏에마추어춤을
추다가다시)
「쉬―.」(樂의伴奏와舞는긋친다.)

(타령곡의 반주에 맞추어 춤을
추다가 다시)
「쉬―.」
(악의 반주와 무는 그친다.)

---

80 列國(열국)諸王(제왕) ; 여러 나라의 왕을 말한다.

81 閻羅大王(염라대왕) ; 지옥에 살며, 십팔 장관과 팔만 옥졸을 거느리고, 죽어 지옥으로 떨어지는 인간이 생전에 지은 죄악을 심판·징벌하는 대왕을 말한다.

82 春風細雨杜鵑聲(춘풍세우두견성) ; '봄바람과 이슬비 내리는데 두견새 소리'라는 뜻이다.

83 [보정] 슯혼 ; '슬픈'이 옳다.

84 [보정] 草露(초로) ; 풀잎에 맺힌 이슬을 말한다. 인생무상을 비유하는 데에 자주 쓰인다.

85 [보정] 멱라수 맑은 물은 ~ 하물며 초로 같은 우리인생이랴. ; 판소리 단가 '불수빈(不須嚬)'을 원용한 것이다. 이 불수빈은 '장부가'라고도 하며, 판소리를 부르기에 앞서 목을 풀려고 부르는 단가(短歌)의 하나다. 불수빈이라 함은 웃지 말라는 뜻으로, 젊었다 자랑 말고 백발을 비웃지 말라는 것이다. 요순 우탕으로부터 시작하여 성현·군자·문장·재사·명장·충신·열사·협객·호걸·미희·미인 등 중국의 역대 인물들을 총망라한 단가다.
　　　　　[참고] 여보아라 소년들아 이 너말을 들어보소 / 어제 청춘 오날 빅발 그 아니 가련흔가 / 장디에 일등미식 곱다고 자랑마소 / 셔산에 지는 히는 뉘라셔 금지흐며 / 창히슈 흐르는 물 다시 오기 어려외라 / 요순 우탕 문무쥬공 공밍안증 졍부즈 / 도덕이 관쳔흐야 만고셩현 일넛것만 / 미미흔 인싱들이 져 어이 아라 보리 / 강티공과 황셕공과 사마양져 손빈오긔 / 젼필승과 공필취는 만고명장 일넛것만 / 훈번 죽음 못 면흐고 / 멱나슈 맑은 물은 굴삼려의 충혼이오 / 상강슈 셩긘 비는 오자셩의 졍령이라 / 쳐미흐든 빅이슉졔 쳔추명졀 일넛것만 / 수양산에 아스흐고 / 말 잘 흐고 말 잘 흐든 소진장의 / 렬국졔왕 달닛도 넘라왕은 못 달닉여 / 츈풍셰우 두견셩에 슬푼 혼뵉 쑨이로다 / 밍산군의 계명구폐 신릉군의 졀부구죠 / 만고호걸 일넛것만 한산셰우 미초중에 / 일부토만 가흐렴다 / 통일쳔하 진시황도 아방궁을 놉히 짓고 / 만리장셩 싼 연후에 류국졔후 죠공밧고 / 삼쳔궁녀 시위홀 졔 동남동녀 오빅인을 / 삼신산에 불수약을 구흐랴고 보닌 후에 / 소식죠즈 돈졀흐고 사구평디 져문 날에 / 려산황초 쑨이로다 / 력발산 긔긔셰흐는 초피왕도 시불리혜 추불셰라 / 우미인의 손목 잡고 눈물 쑤려 리별홀 졔 / 오강풍랑 중에 칠십삼젼 가쇼롭다 / 동남셰풍 목우류마 상통텬문 하달디리 / 견무후무 졔갈공명 난셰간웅 위왕죠죠 / 묘연추초 쳐량흐고 / 사마쳔과 한퇴지와 리틱빅과 두목지는 / 시부중에 문장이오 / 월셔시와 우미인과 왕소군과 양구(귀)비는 / 만고졀식 일넛것만 황양고총 되야잇고 / 팔빅장슈 평됴슈며 삼쳔갑즈 동박삭도 / 츠일시며 피일시라 / 안긔싱과 젹송즈는 동히상에 신션이라 일넛것만 / 말만 듯고 못 보왓네 / 아셔라 풍빅에 붓친 몸이 / 아니 놀고 무엇흐리 ─『신구증보잡가』

86 [보정] 이러한 풍류소리 듣고 아니 놀 수 없거든 ; 노랫조로 실현되는 대목의 마지막 구절이 불림으로 활용되었다.

「奉祭祀然後에接賓客하고 修人
事然後에待天命이라하엿스니 修
人事한마듸들어가오.」
　　　(打令曲의伴奏에마추어춤을
　　　추면서…… 唱)「節槪는驪山[87]
　　　이요[88] 地上仙[89]은…….[90]」
　　　(넷재목이한참춤을출때에 다
　　　섯재목이登場한다.)

「봉제사 연후에 접빈객하고
수인사 연후에 대천명이라 하였
으니
수인사 한 마디 들어가오.」
　　　(타령곡의 반주에 맞추어 춤을
　　　추면서…… 창)
「절개는 여산이요 지상선은[91]…….」
　　　(넷째목이 한참 춤을 출 때에 다
　　　섯째목이 등장한다.)

---

87 驪山(여산) ; 중국 섬서성(陝西省) 임동현(臨潼縣) 동남에 있는 산이다. 역산(酈山)으로도 불리는데, 산꼭대기
　　에 소나무와 잣나무 푸른 숲이 빽빽하게 우거져 있는 모습이 마치 한 필의 푸른 당나귀와 비슷하다고 하여 여
　　산(驪山)이라 불린다. 중국 역대 11개 왕조에서 도읍으로 삼은 서안(西安)의 진산(鎭山) 역할을 하여, 산 아래
　　와 그 주변에 화청지(華淸池)와 편작(扁鵲)의 묘, 진시황릉(秦始皇陵) 및 홍문(鴻門) 등이 있다.

88 節槪(절개)는 驪山(여산)이요 ; 이는 유방이 한나라를 세우는 데에 충성을 다한 장사 10여인에 관한 역사적 사건을
　　암시한다. 한나라의 고조(高祖) 유방(劉邦)이 사상정장(泗上亭長)으로 있을 때, 고조는 현관(縣官)의 명을 받아
　　진(秦)나라 시황(始皇)의 장지인 여산(驪山)으로 역도(役徒)를 인솔하여 간 일이 있는데, 그 때 가는 도중에 일꾼
　　인 장정(壯丁)들 중에 도망치는 자가 많았다. 목적지에 도달하면 한 명도 없이 다 도망칠 것만 같았다. 그리하여
　　풍서택중정(豊西澤中亭)에 이르러 유숙(留宿)할 제 밤에 데리고 가던 역도들을 모두 놓아 주면서 말하기를, '그대
　　들은 모두 가라. 나도 어디든 가버리겠다.'라고 하니, 그 역도들 중에서 장사(壯士) 십여 인이 고조를 따르겠다
　　하였다. 이것이 한 고조가 부하를 얻는 시초가 되었으며, 또 유방이 한나라를 세우는데 공을 세웠던 것이다.

89 [보정] 地上仙(지상선) ; '지상신선'이라고도 한다. 인간 세상에 존재한다고 상상하는 신선을 말한다. 필자가 썩
　　좋은 사람을 비유적으로 이르는 말이기도 한다. 여기서는 누구를 두고 이른 것인지 분명치 않다.

90 [보정] 節槪(절개)는驪山(여산)이요 地上仙(지상선)은……. ; 송석하본에선 '흑운黑雲이 만첩천불견萬疊天不
　　見…….'로 채록되었다.

91 [보정] 절개는 여산이요 지상선은 ; 불림이다. 가면극 공연공간은 절개를 지킨 인물과 신선으로 대유된다. 한편
　　임석재본은 '廬山'으로 채록하였다. 여산(廬山)은 중국 강서성 구강현(九江縣) 남쪽과 파양호 북서 기슭에 있는
　　명산(名山)이다. 평야 지대에 위치해 있어서, 그 기세가 더욱 웅장하고 높아 보인다. 깎아지른 듯한 높은 절벽이
　　많고 맑은 물과 폭포가 유명하며, 산중에 늘 운무(雲霧)가 끼어 있어서 산봉우리를 보는 일이 쉽지가 않아 '不
　　識廬山眞面目(불식지여산진면목)'이라는 말이 있으며, 예로부터 명승지로 이름이 높다.

五目. (다름질하야들어와서 넷재목의面을한번탁처서退場식히고 打令曲의伴奏에마추어춤을추며 場內를한박구도라樂工의앞흐로와서 左右를도라보면서)

「쉬ㅡ.」(樂의伴奏와舞는긋친다.)

(唱)「五湖[92]로도라드니 范呂[93]는간곳업고 白瀕州[94]갈매기는 紅蓼岸[95]으로날아들고 三湘[96]의떼기러기는 芙蓉堂[97]으로날아들제 瀋陽江[98]도라드니 白樂天[99]一去後에 琵琶聲이끈어지고. 赤壁江[100]도라드니 蘇東坡[101]노든風月 依舊히잇다만은 趙孟德[102]一世之雄[103] 爾今에安在哉오[104]. 月落烏啼깁흔밤에 姑蘇城[105]外배를대니 寒山寺[106]쇠북소리 客船을둥둥울니고. 少焉[107]에 天邊一輪紅[108]은 扶桑[109]에둥실놉핫는대 風流亭當到하야 四面을바라보니 萬壑千峰[110]雲深處[111]에 鶴仙[112]이노니는듯 嘽喛[113]한風流소리 그저지날 수업거든.」

오목. (달음질하여 들어와서 넷째목의 면을 한번 탁 쳐서 퇴장 시키고 타령곡의 반주에 맞추어 춤을 추며 장내를 한 바퀴 돌아 악공의 앞으로 와서 좌우를 돌아보면서)[114]

「쉬ㅡ.」

(악의 반주와 무는 그친다.)

(창)「오호로 돌아드니 범려는 간 곳 없고
백빈주 갈매기는 홍료안으로 날아들고
삼상의 떼기러기는 부용당으로 날아들 제
심양강 돌아드니
백락천 일거 후에 비파성이 끊어지고.[115]
적벽강 돌아드니
소동파 노든 풍월 의구히 있다마는
조맹덕 일세지웅 이금에 안재재오[116]
월락오제 깊은 밤에 고소성외 배를 대니
한산사 쇠북소리 객선을 둥둥 울리고.[117]
소언에 천변일륜홍은
부상에 둥실 높았는데[118]
풍류정 당도하여 사면을 바라보니[119]
만학천봉 운심처에 학선이 노니는 듯[120][121]

유량한 풍류 소리 그저 지날 수 없

거든[122].」

---

92 五湖(오호) ; 월(越)의 미인(美人) 서시(西施)가 오(吳)를 망하게 하고 월(越)에 돌아와 범려(范蠡)를 쫓아 놀았
다는 호수다. 西施(서시)는 중국 춘추시대 월국(越國)의 미녀로 저라산(苧羅山) 근처에서 나무장수의 딸로 태
어났다. 절세미녀였기 때문에 그 지방의 여자들은 무엇이든 서시의 흉내를 내면 아름답게 보일 것이라 생각하
고, 병이 들었을 때의 서시의 찡그리는 얼굴까지 흉내를 냈다고 한다. 그래서 방빈(倣顰)이라는 말까지 생겼다.
또 오(吳)나라에 패망한 월왕(越王) 구천(勾踐)의 충신 범려(范蠡)가 서시를 데려다가, 호색가인 오왕(吳王) 부
차(夫差)에게 바치고, 서시의 미색에 빠져 정치를 태만하게 한 부차를 마침내 멸망시켰다고도 전해지고 있다.
후에 서시는 범려와 함께 오호(五湖)로 도피했다고도 하고 또는 강에 빠져 죽었다고도 한다. '襟三江而帶五湖'
는, 삼강(三江)을 깃으로 하고 오호(五湖)를 두르고, 형강(荊江), 송강(松江), 절강(浙江) 삼강은 옷깃이며, 태호
(太湖), 파양(坡陽), 청초(靑艸), 원양(圓陽), 동정호(洞庭湖) 오호(五湖)는 띠와 같다는 말로 왕발(王勃)의 '등
왕각서(滕王閣序)'에 있다.

93 [보정] 范呂(범여) ; '范蠡(범려)'를 말한다. 춘추시대(春秋時代) 월왕구천(越王句踐)의 충신으로 서시(西施)로 미
인계(美人計)를 써서 오왕(吳王) 부차(夫差)에 대한 구천(句踐)의 치욕을 씻었다. 범소백(范小伯), 범상공(范上
公)이라고도 한다. 월왕 구천(句踐)을 도와서 오왕 부차(夫差)를 쳤으나, 높은 명성을 얻은 뒤에는 오래 살기
어렵다고 하며 벼슬을 내어 놓고 미인 서시(西施)와 더불어 오호(五湖)에 배를 띄우고 놀았다고 한다. 그 뒤
배를 타고 제(齊)에게 가서 변성명(變姓名)하여 치이자(鴟夷子)라 일컫고 재물을 모았다가 그 재물을 모두 흩어
백성들에게 나누어 준 다음 또 도(陶)땅에 가서 호를 도주공(陶朱公)이라 자칭했다. 다시 수만금을 모아 대부호
가 되었으며, 왕이 공인(工人)에게 명하여 금으로 그의 형상을 새기게 하여 조정에서 예를 올렸다고도 한다.

94 [보정] 白瀕州(백빈주) ; '白蘋洲(백빈주)'를 말한다. 흰 마름꽃이 피어 있는 물속의 작은 섬을 말한다. '마름'은
마름과의 한해살이풀로, 진흙 속에 뿌리를 박고, 줄기는 물속에서 가늘고 길게 자라 물 위로 나오며 깃털 모양
의 물속뿌리가 있다. 잎은 줄기 꼭대기에 뭉쳐나고 삼각형이며, 잎자루에 공기가 들어 있는 불룩한 부낭(浮囊)
이 있어서 물 위에 뜬다. 여름에 흰 꽃이 피고 열매는 핵과(核果)로 식용한다. 연못이나 늪에 나는데 한국, 일본,
중국 등지에 분포한다.

95 紅蓼岸(홍료안) ; 붉은 여뀌꽃이 무성하게 피어 있는 물가 언덕을 말한다. '여뀌'는 마디풀과의 한해살이풀로.
잎은 피침형이며 줄기는 60cm가량, 여름에 흰 꽃이 핀다. 잎과 줄기는 짓이겨 물에 풀어서 고기를 잡는 데 쓰
며, 매운 맛이 나므로 조미료로도 쓴다. '빈료(蘋蓼)'는 부평초와 여뀌다.

96 [보정] 三湘(삼상) ; 동정호(洞庭湖) 부근의 세 강, 소상(瀟湘), 자상(資湘), 원상(沅湘)을 말한다. 임석재본에서는
'삼호(三湖)'로 채록되었는데, 이는 동정호, 파양호, 태호를 말한다.

97 芙蓉堂(부용당) ; 연꽃이 피어있는 연못을 말한다. 또한 황해도 해주(海州)에 있는 누각이기도 하다. 임진왜란
때, 인조(仁祖)가 탄생한 곳으로 건물의 구조가 웅장하고 아름답다.

98 尋陽江(심양강) ; 중국 강서성(江西省) 구강현(九江縣)에 있는 강의 이름으로, 당나라 문인인 백거이(白居易)
가 이곳을 지나다가 밤에 비파를 연주하는 소리를 듣고 '비파행(琵琶行)'을 지었다고 해서 유명해졌다.

99 백락천(白樂天) ; 백거이(白居易)를 말한다. 낙천(樂天)은 그의 또다른 이름이다. 호는 취음선생(醉吟先生), 향
산거사(香山居士)라고 부른다. 산서성 태원 낙양 부근의 신정(新鄭)에서 태어났다. 이태백, 두보, 한유(韓愈)와
함께 '이두한백(李杜韓白)'으로 불린다. 어려서부터 시 짓는 법을 배웠으며 15세가 지나자 주위 사람을 놀라게
하는 시재를 보였다. 대대로 가난한 관리 집안에 태어났으나, 29세로 진사(進士)에 급제하였고 32세에 황제의
친시(親試)에 합격하였으며, 그 무렵에 지은 '장한가(長恨歌)'는 유명하다. 태자 좌찬선태부(左贊善太夫)에 임
용되었으나, 이듬해에 일찍이 사회를 비판하는 그의 시가의 대상이 되었던 고급관료들의 반감을 사서 구강(九

(打令曲의伴奏에맞추어한참
춤을추다가다시)
「쉬―.」(樂의伴奏와舞는굿친다.)

(타령곡의 반주에 맞추어 한참
춤을 추다가 다시)
「쉬―.」
(악의 반주와 무는 그친다.)

江)의 사마(司馬)로 좌천되었다. 그곳에서 인생에 대한 회의와 문학에 대한 반성을 거쳐 명시 '비파행(琵琶行)'
을 지었다. [참고] '비파행(琵琶行) 병서(幷序)'; '원화 10년에 나는 구강군사마로 좌천되었다. 다음해 가을 손님
을 배웅하러 분포강(湓浦江) 포구에 나갔다가, 배 속에서 비파 타는 소리를 들었다. 쟁쟁(錚錚)하게 울리는 그
소리를 들으니 전에 서울(京都)에서 듣던 소리였다. 그 사람을 찾아 물으니 본래 장안 창녀(倡女)로 일찍이 목
(穆), 조(曹) 두 선생에게서 비파를 배웠다고 한다. 나이 들어 모습이 퇴락하게 되자 장사꾼에게 시집가서 의지
하게 된 것이라 한다. 끝내 술상을 차리게 하고 몇 곡 청해 들었는데, 연주를 끝내고 민연해졌다. 젊은 시절엔
웃고 즐기기만 하다가 이제는 시골구석으로 떠도는 신세가 되었다고. 나도 이 시골로 쫓겨 온지 2년, 스스로
편안하게 마음먹으려 했지만, 오늘 밤 이 여인의 말에 끝내 감격해서 비로소 멀리 귀양살이하고 있다는 느낌이
들었다. 그리하여 장구(長句)의 노래를 지어 이 여인에게 보낸다. 모두 612언인데, 비파행이라 부른다.'

100 赤壁江(적벽강) ; 중국 호북성 황강현에 있는 강으로 삼국시대 오나라의 장군인 주유가 제갈량의 도움을 받아
조조의 군대를 대파한 곳이다. 또한 송나라의 문인인 소식(蘇軾)이 뱃놀이를 하면서 '적벽부(赤壁賦)'를 지었던
곳이다.

101 蘇東坡(소동파) ; 중국 북송(北宋) 때의 문인이자 정치가인 소식(蘇軾)을 말한다. 자(字)는 자첨(子瞻)이며, 호
(號)는 동파(東坡)다. 소선(蘇仙)이라고도 한다. 아버지 순(洵)과 아우 철(轍)과 더불어 '삼소(三蘇)'라고 불리
며, 당송팔대가(唐宋八大家)의 한 사람이자 송나라를 대표하는 제일의 문인으로 문명을 날렸다. 대표적인 작품
으로는 특히 「적벽부(赤壁賦)」가 유명하며, 서화(書畫)에도 능했다.

102 曹孟德(조맹덕) ; 중국 위(魏)나라 무제(武帝)다. 중국 삼국시대의 걸출한 정치가이자 군사가다. 맹덕(孟德)은
그의 자이고 이름은 조(操)이며, 어릴 때 이름은 아만(阿瞞)이다. 초(譙) 사람으로, 동한말 효렴에 천거되어 입
신하였다. 건안 18년 위공(魏公)으로 봉해지고, 건안 21년 위왕(魏王)에 봉해졌으며, 건안 25년에 죽었다. 그의
아들인 조비(曹丕)가 한(漢)을 대신하여 칭제(稱帝)하였으며, 조조를 무제(武帝)로 추존하였다. 황건의 난을 다
스려 군공을 세웠으며, 적벽의 싸움에서는 유비와 손권의 연합군에 패하여 중국이 삼분되었다.

103 [보정] 一世之雄(일세지웅) ; 한 시대의 영웅을 말한다. 소동파 '전적벽부'의 한 구절을 그대로 원용하였다. 임석
재본에서는 '一世梟雄(일세효웅)'으로 채록되었는데, 이는 한 시대의 사납고 용맹스러운 영웅을 말한다.

104 [보정] 爾今(이금)에 安在哉(안재재)오 ; 지금은 어디에 있는가. 소동파 '전적벽부'의 한 구절을 그대로 원용하였
다. [참고] 전적벽부(前赤壁賦) ; 소자(蘇子)가 근심스레 옷깃을 바루고 곧추앉아 손에게 묻기를 '어찌 그러한가.'
하니, 객이 말하기를 '달은 밝고 별은 성긴데, 까막까치가 남쪽으로 난다.'는 것은 조맹덕(曹孟德)의 시가 아닌가.
서쪽으로 하구(夏口)를 바라보고 동쪽으로 무창(武昌)을 바라보니 산천(山川)이 서로 얽혀 빽빽히 푸른데, 여기
는 맹덕이 주랑(周郞)에게 곤욕(困辱)을 받은 데가 아니던가. 바야흐로 형주(荊州)를 깨뜨리고 강릉(江陵)으로
내려갈 제, 흘러서 동으로 가니 배는 천 리에 이어지고 깃발은 하늘을 가렸어라. 술을 걸러 강물을 굽어보며
창을 비끼고 시를 읊으니 진실로 일세(一世)의 영웅(英雄)이러니 지금 어디에 있는가. (이하 생략)' 蘇者。秋然正
襟。危坐而問客曰：何爲其然也 客曰：月明星稀烏鵲南飛此非曹孟德之詩乎 西望夏口 東望武昌 山川上繆
鬱乎蒼蒼 此非孟德之困於周郞者乎 方其破荊州 下江陵 順流於東也 軸艫千里 旌旗蔽空 釃酒臨江 橫槊賦詩
固一世之雄也 而今安在哉

105 姑蘇城(고소성) ; 강소성(江蘇城) 오현(吳縣)의 고소산(姑蘇山)에 있는 성으로, 춘추시대 오나라 부차(夫差)가 건축하였으며, 완성하는 데에 7년이 넘는 기간이 소요되었다고 한다.

106 寒山寺(한산사) ; 중국 강소성(江蘇省) 오현(吳縣) 서쪽 풍교(楓橋)에 있는 절로, 한산(寒山)과 습득(拾得)이라는 두 도승이 이곳에 있었으므로 붙여진 이름이다. 풍교사(楓橋寺)라고도 한다.

> [참고] 月落烏啼 霜滿天 호니 江楓漁火 對愁眠이라 姑蘇城外 寒山寺의 夜半鍾聲의 到客船이라 밤중만 矣欠乃一聲의 山水綠이로다. -『靑丘永言』
>
> [참고] 寒山寺 쇠북 소리 五更枕을 놀래 깨니 소상강 쩨기럭기 碧波 秋月을 반기는 듯 壁上의 耿耿孤燈에 心懷를 도도는 듯. -『雜誌』

107 少焉(소언) ; 잠깐 동안이라는 뜻이다.

108 天邊一輪紅(천변일륜홍) ; '하늘가에 붉게 떠오르는 해'를 비유적으로 이르는 말이다. 해가 바퀴처럼 생겼기 때문에 일륜(一輪)이라 한다. '일륜(日輪)'은 태양을 말한다.

109 扶桑(부상) ; 해가 뜨는 동쪽 바다다. 중국 전설에서, 해가 뜨는 동쪽 바다 속에 있다고 하는 상상의 나무다. 또는 그 나무가 있다는 곳을 말한다.

110 萬壑千峯(만학천봉) ; 첩첩이 겹쳐진 깊고 큰 골짜기와 수많은 산봉우리를 말한다.

111 雲深處(운심처) ; 구름이 깊고 깊은 산속을 말한다.

112 鶴仙(학선) ; '화표학귀(華表鶴歸)'의 주인공 정령위(丁令威)를 일컫는다. '화표학귀(華表鶴歸)'는 '학이 되어 돌아와 화표에 앉다'라는 뜻으로, 인간 세상의 변천을 감탄하는 뜻으로 사용되는 고사성어이다. 도연명(陶淵明)이 지은 것으로 알려진 『수신후기(搜神後記)』에서 유래되었다. 학귀화표(鶴歸華表)라고도 한다. 중국 한나라 때의 요동(遼東) 사람 정령위는 영허산(靈虛山)에서 선도(仙道)를 닦았다. 나중에 그는 학이 되어 고향으로 돌아가 성문 앞에 있는 화표주(華表柱) - 묘 앞에 세우는 것으로 망주석 - 위에 머물렀다. 어느 날 한 소년이 학을 보고는 활을 겨누어 쏘려고 하였다. 학은 날아올라 공중에서 빙글빙글 돌며 '새가 있네 새가 있네 정령위라는 새지, 집 떠난 지 천 년 만에 돌아왔네. 성곽은 옛날과 다름없건만 사람들은 바뀌었네. 어찌 선도를 배우지 않아 무덤만 많아졌단 말인고. 有鳥有鳥丁令威, 去家千年今始歸, 城郭如故人民非, 何不學仙塚壘壘'라고 하고는 하늘 높이 솟구쳐 날아가 버렸다. 정령위가 선인(仙人)의 술을 배워 학이 되어 하늘로 올라갔다는 고사로 인하여 '정령위화학(丁令威化鶴)'이라고도 한다.

113 嚠喨(유량) ; 음악 소리가 맑으며 또렷함을 말한다.

114 [보정] 정병호는, 오목의 춤은 불림으로 시작하여 '한삼을 어깨에 메는 사위', '고개잡이', '제자리걸음', '두 손 앞 뒤치기', 도무로서의 '외사위', '겹사위', '양사위' 등이 있다고 한다.

115 [보정] 백빈주 갈매기는 홍료안으로 날아들고 삼상의 떼기러기는 부용당으로 날아들 제 심양강 돌아드니 백락천 일거 후에 비파성이 끊어지고. ; 백락천이 지은 '비파행'의 한 대목 '심양강 어구에서 밤에 손님을 보내려네 潯陽江頭夜送客'으로 보아도 이 대사는 '비파행'과 관련한 백락천의 생애를 연상시킨다. 백락천의 무상감과 비애를 주조로 비파행에 담았음이 '비파행(琵琶行) 병서(幷序)'에 잘 나타나 있다. '비파행'은 '비파인(琵琶引)'이라고도 한다. 당시 백거이는 신악부(新樂府)를 비롯한 일련의 사회비판의 시 때문에 중앙에서 쫓겨나, 천애(天涯:하늘 끝)라고 하던 구강(九江)에 좌천되어 있었다. 어느 가을날 저녁 우연히 들려오는 비파 소리에 느낀 바 있어 자신의 내면을 대상으로 이 시를 지어냈다. 비파의 음색에 매혹되어 끊임없이 떠오르는 환상을 때로는 화사하게 때로는 울적하게 펼쳐 나간다. 그것은 바로 음악을 언어로 옮기는 독창적인 형상이 되기도 한다. 또 한때 화려한 서울에서 미모와 슬기로 뭇사람의 이목을 끌었던 몸이 지금은 상인의 아내가 되어, 강상(江上)의 배에서 외로이 남편을 기다린다는, 비파를 탄주하는 여인의 술회에 문화의 그림자도 찾아볼 수 없는 변경의 땅에서 잿빛의 나날을 보내는 자신의 처지가 생각되어 누를 길 없는 한탄을 슬픈 억양으로 노래하였다고 평가된다. '백락천 일거 후에 비파성이 끊어지고.'가 임석재본에서는 '李謫山 간곳없고'라고 채록되었다.

116 [보정] 적벽강 돌아드니 소동파 노든 풍월 의구히 있다마는 조맹덕 일세지웅 이금에 안재재오. ; 소동파의 '전적

벽부(前赤壁賦)'의 한 대목을 원용하고 있다. 무상감(無常感)을 주조로 하고 있다.

117 [보정] 월락오제 깊은 밤에 고소성외 배를 대니 한산사 쇠북소리 객선을 둥둥 울리고. ; 당나라 장계張繼의 '풍교야박楓橋夜泊'의 '달은 지고 까마귀는 울고 서리는 하늘에 가득한데, 강변의 단풍과 어부의 불빛을 바라보다 시름 속에 잠든다. 고소성 밖 한산사의 한 밤 북소리가 나그네 뱃머리에 들려온다. 月落烏啼霜滿天 江楓漁火 對愁眠 姑蘇城外寒山寺 夜半鍾聲到客船'를 원용한 것이다. 이 시는 장안(長安)으로 과거시험을 보러 갔다가 세 번째 고배를 마시고 고향으로 돌아오던 장계의 배가 풍교와 강촌교(江村橋) 사이에 머물렀을 때, 한산사의 종소리를 듣게 된다. 수심에 차 있던 장계는 이곳의 경치에 빗대어 자신의 낙담한 마음을 시로 지어 표현했다 고 한다. 무상감(無常感)을 주조로 하고 있다. 이는 우리 연행문화에서 흔히 원용되었다.

118 소언에 천변일륜홍은 부상에 둥실 높았는데 ; '哈山歌(영산가)'의 한 대목과 같다. 『필사본 악부(樂府)』의 '哈 山歌(영산가)'에 '가쟈 어서가 이수건너 빅로가 빅로횡강을 홈게가 소지노화 월일선 초강 어부가 뷘비 긔경선즈 간연후에 공추월지 단단 자랑능에다 저달을 실어라 우리고향을 함게가 구구천변 일륜홍 부상에 둘실놉히쎳드 어허룽에 잠乙고 乙규시 펄펄날아들제 동정여천에 파시츄 금슈추파가 이안나냐'라고 노래하였다. '哈山歌(영산 가)'는, 동정호에 비친 가을달의 모습, 흐르는 물과 바람에 흔들리는 장송(長松)의 모습, 늘어진 버들의 모습을 묘사하면서 진시황(秦始皇), 당명황 등 영웅 호걸과 초야의 군상(群像)들의 인생을 노래하면서 세월이 빨리 지 나 세상만사가 무상함을 노래하고 있다고 평가된다.

119 [보정] 풍류정 당도하여 사면을 바라보니 ; 풍류를 즐기는 정자에 도착하였다는 말이다. 여기에서 풍류정은 구체 적인 공간이 아니라 관념적 공간으로 가면극 공연 현장을 '풍류'가 대유(代喩)하는 연극적 공간으로 전이시키는 기능을 발휘한다.

120 [보정] 풍류정 당도하여 사면을 바라보니 만학천봉 운심처에 학선이 노니는 듯 ; 가사 '고고천변(杲杲天邊)'의 한 대목을 원용하고 있다. '악부(樂府)'에 수록된 단가(短歌)에서도 이 대목은 '산슈를 굽어보니 만학천봉 운심 처라 창송은 울울ᄒ고 록슈는 잔완ᄒ다'와 같이 흔히 나타난다. 이 단가의 주요 내용은 인간의 일생과 인간사 (人間事)란 모두 부질없는 일장춘몽(一場春夢)에 불과한 것이며 그렇기에 다만 선경(仙境)에 취하고자 한다는 것이다. '고고천변(杲杲天邊)'에서도 내용은 봄날 좋은 날을 맞아 산으로 강으로 들로 나가 놀고 싶은 마음을 노래하면서 이 같은 대목이 나온다.

121 [보정] 이 대목은 판소리 심청가 가운데에서, 심청이가 인당수에 빠져 가라앉지 않고 떠내려갈 때 주위의 경치 를 읊은 대목인 '범피중류(泛彼中流)'를 원용한 것이다.

> [참고] 범피중류(泛彼中流) 둥덩실 떠나간다. 망망(茫茫)한 창해(滄海)이며 탕탕(蕩蕩)한 물결이로구나. 백빈주(白蘋洲) 갈매기는, 홍요안(紅蓼岸)으로 날아들고, 삼강(三江)의 기러기는, 한수(漢水)로만. 돌 아든다. 요량한 남은 소리, 어적(魚笛)이 여기럿만. 곡종인불견(曲終人不見)의 수봉(數峯)만 푸르렀다. 의내성중(疑乃聲中) 만고수(萬古愁)는, 날로 두고 이름이라. 장사(長沙)를 지내가니, 가태부(賈太傅) 는 간 곳 없고, 멱라수(泊羅水)를 바라보니, 굴삼여(屈三閭) 어복충혼(魚腹忠魂), 무량도 하시든가. 황 학루(黃鶴樓)를 당도하니, 일모향관(日暮鄕關) 하처재(何處在)요, 연파강상(煙波江上) 사인수(使人 愁)는, 최호(崔灝)의 유적(遺跡)이라. 봉황대(鳳凰臺)를 돌아드니, 삼산(三山)은 반락청천외(半落靑天 外)요. 이수중분(二水中分) 백로주(白鷺洲)는 이태백(李太白)이, 노던데요. 침양강(浸陽江)을 다달으 니, 백낙천(白樂天) 일거후(一去後)에, 비파성(琵琶聲)이 끊어졌다. 적벽강(赤壁江)을 그져 가랴. 소동 파(蘇東坡) 노던 풍월(風月), 의구(依舊)하여 있다만은 조맹덕(曹孟德) 일세지웅(一世之雄), 이금(而 今)에 안재재(安在哉)요. 월락오제(月落烏帝) 깊은 밤에, 고소성(姑蘇城)의 배를 매니, 한산사(寒山寺) 쇠북소리는 객선(客船)이 댕댕, 들리는구나. [하략]

122 [보정] 유량한 풍류 소리 그저 지날 수 없거든 ; 노래조로 실현되는 대목의 마지막 구절이 불림으로 활용되었다.

「奉祭祀然後에接賓客하고 修人
事然後에待天命이라고하엿스니
修人事한마듸들어가오.」
　　(打令曲의伴奏에맞추어 춤을
　　추면서…… 唱)「商山四皓[123]
　　옛늙은이날찾는다…….」
　　(다섯재목이한참춤을출때에
　　여섯재목이登場한다.)

「봉제사 연후에 접빈객하고
수인사 연후에 대천명이라고 하
였으니
수인사 한 마디 들어가오[124].」
　　(타령곡의 반주에 맞추어 춤을
　　추면서…… 창)
「심불로 심불로 백수한산에 심불
로[125].」
「상산사호 옛 늙은이 날 찾는다[126]
…….」
　　(다섯째목이 한참 춤을 출 때에
　　여섯째목이 등장한다.)

---

123 [보정] 商山四皓(상산사호) ; '상산사호(商山四皓)'는 중국 진시황 대에 나라가 어지러움을 피해 섬서성(陝西省)
상산(商山) 산에 숨어 들어간 네 은사(隱士)를 말한다. 동원공(東園公), 기리계(綺里季), 하황공(夏黃公), 녹리
선생(甪里先生)을 말하는 데 이들은 모두 눈썹과 수염이 희었기에 '흴 호皓자'가 붙었다. 이들은 자주 그림의
주제로 떠올렸다. 또한 우리 연행문화에 흔히 원용되었다.

　　[참고] 늙고 병 든 몸이 草堂에 흐거로다 / 鶴膝枕 노피 베고 일 업시 누어스니 / 商山 四皓 네 老人은
　　바둑 두려 날 츠즈라. -『樂府』

　　[참고] 『사기』 유후세가(留侯世家) ; 한(漢) 12년, 황제가 경포의 군사를 격파하고 돌아와서 병이 더욱 심
　　해지자 더더욱 태자를 바꾸고자 했다. 이에 유후가 그만두기를 간했으나 황제가 듣지 않자, 병을 핑계
　　삼아 공무를 돌보지 않았다. 태자태부 숙손통이 고금의 일을 인용해 설득하며 죽을 각오로 태자를 보
　　위하기 위해서 애썼다. 황제는 거짓으로 그의 말을 들어주는 것처럼 했으나, 실제로는 여전히 바꾸려고
　　했다. 그러다가 연회에 술자리가 마련되었을 때 태자가 황제를 모시게 되었는데, 네 사람의 은자가 태
　　자를 따르고 있었다. 그들은 모두 나이가 80이 넘었고 수염과 눈썹이 희었으며 의관은 매우 위엄 있었
　　다. 황제가 괴이하게 여겨 묻기를 '저들은 무엇을 하는 사람들인가.'라고 하자, 네 사람이 앞으로 나아
　　가 대답하며 각각 이름을 말하기를 동원공(東園公), 녹리선생(甪里先生), 기리계(綺里季), 하황공(夏黃
　　公)이라 했다. 그러자 황제는 크게 놀라며 '짐이 공(公)들을 가까이 하고자 한 것이 몇 년이나 되었는
　　데, 공들은 기어이 짐을 피해 도망가더니, 이제 공들이 어찌해 스스로 태자를 따라 노니는가.'라 했다.
　　네 사람이 모두 아뢰기를 '폐하께서는 선비를 업신여기시고 잘 꾸짖으시므로 신들이 의(義)에 욕되지
　　나 않을까 해 두려운 나머지 도망해 숨었습니다. 그런데 삼가 듣건대, 태자께서는 사람됨이 어질고 효
　　성스러우시며 사람을 공경하고 선비를 사랑하시어 천하에 목을 빼고 태자를 위해서 죽고자 하지 않는
　　이가 없다고 하므로 신들이 온 것입니다.'라 했다. 황제는 이에 이르기를 '번거로우시겠지만 공들께서
　　끝까지 태자를 잘 돌보아주기를 바라오.'라 했다. 네 사람이 축수(祝壽)를 마치고 급히 떠나가자, 황제
　　는 눈길로 그들을 전송해 보내면서 척부인을 불러 그 네 사람을 가리켜 보이며 이르기를 '짐이 태자를
　　바꾸고자 했으나, 저 네 사람이 보좌해 태자의 우익(羽翼)이 이미 이루어졌으니 그 지위를 어떻게 할
　　수가 없소. 여후(呂后)는 진정으로 그대의 주인이오.'라 했다. 척부인이 흐느끼자 황제는 '짐을 위해서

초나라 춤을 춰 보여주오. 짐도 부인을 위해서 초나라 노래를 부르리다.'라고 하고, 이렇게 노래했다.

큰 고니 높디 높이 날아 / 한 번에 천리를 날거니 / 날개가 어느덧 다 자라나매 / 온 천하를 마음껏 날아다니도다. / 온 천하를 마음껏 날아다니니 / 마땅히 또 어떻게 하겠는가. / 설령 주살이 있다고 한들 / 오히려 그 무슨 소용 있으리요.

몇 번 연달아 노래를 부르매 척부인은 한숨을 내쉬며 눈물을 흘렸다. 황제가 일어나 자리를 뜨자, 술자리는 끝이 났다. 결국 태자를 바꾸지 못한 것은 근본적으로 유후가 이 네 사람을 불러오게 했기 때문이었다.

[참고] 동원공(東園公) ; 전한 초기 상산사호의 한 사람으로 성은 유(庾), 자는 선명(宣明)이다.

[참고] 녹리선생(甪里先生) ; 전한 하내(河內) 지현(軹縣) 사람이다. 한고조(漢高祖) 때의 은사(隱士)로, 진(秦)나라의 학정을 피해서 상산(商山)에 숨어살던 사호(四皓) 가운데 한 사람이다. 성은 주씨(周氏)고, 이름은 술(術)이며, 자는 원도(元道)고, 패상선생(霸上先生)으로도 불린다. 또는 녹(甪)을 각(角)의 와자(譌字)로 보아 '각리선생'이라고도 부른다.

[참고] 기리계(綺里季) ; 전한 초기 때 은사(隱士)로, 상산사호(商山四皓)의 한 사람이다. 기계(綺季)로도 불린다. 진(秦)나라 말기에 동원공(東園公), 녹리선생(甪里先生), 하황공(夏黃公)과 함께 상산(商山)에 은거해 살았는데, 나이가 모두 여든을 넘겼다. 고조(高祖)가 초빙했지만 나오지 않았다. 여후(呂后)가 장량(張良)의 계책을 빌려 네 사람을 초빙해 태자를 보필하게 했다. 고조가 이를 보고 태자의 우익(羽翼)이 이미 갖추어진 것으로 보고, 태자를 폐하겠다는 논의를 중지시켰다.

[참고] 하황공(夏黃公) ; 전한 초기 때 은사(隱士)로, 상산사호(商山四皓)의 한 사람이다. 이름은 최광(崔廣)이고, 자는 소통(小通)인데, 하리(夏里)에 은거했기 때문에 붙여진 이름이다.

124 [보정] 봉제사 연후에 접빈객하고 수인사 연후에 대천명이라고 하였으니 수인사 한 마디 들어가오 ; 불림으로 활용되었다.

125 [보정] 심불로 심불로 백수한산에 심불로 ; 불림이다. 불림의 사전적인 의미는, '춤에 필요한 장단을 청하는 노래. 또는 그때 추는 춤사위.' 혹은 '탈춤에서 춤추기 전에 어깻짓을 하면서 악사에게 장단을 청하는 말.'이라고 한다. 그리고 '불리다'의 사전적 의미를 찾아보면 다음과 같다.

① 과거에 급제한 사람을 창방(唱榜)하기 전에 지구(知舊) 중의 선진(先進)이 찾아와서 치하(致賀)한 뒤에 시달리게 하기 위하여 신은(新恩)의 얼굴에 관주(貫珠)를 그리어 흉악하게 만들고, '이리위 저리위'라 부르며 삼진(三進) 삼퇴(三退)를 시키어 괴롭히다. -이희승, 『국어대사전』, 민중서림, 1994 삼판.

② 과거에 급제한 사람을 창방하기 전에 먼저 과거를 본 친한 아는 선배가 찾아와서 치하한 뒤에, 시달리게 하기 위하여 새로 급제한 사람의 얼굴에 관주를 그리어 흉악하게 만들고, "이리위 저리위"라 하면서 세번 앞으로 오랬다 뒤로 물러가랬다 하며 괴롭히다. -박용수, 『겨레말 갈래 큰사전』, 서울대학교출판부, 1993.

③ (과거에 급제한 사람을)괴롭히다. 註;과거에 급제한 사람을 치하하는 뜻에서 선배가 찾아와 급제한 사람의 얼굴에 관주(貫珠)를 그려 흉악하게 만들고, 앞뒤로 오라 가라 하며 괴롭히는 것을 이름. -남영신, 『우리말 분류 사전』, 동사편, 한강출판사, 1989.

'불림소리'는 허튼춤에서 서로의 흥을 돋구기 위하여 외치는 말, 좋지·좋아·얼씨구 등의 소리를 일컫는다고 한다. 이러한 점에 착안하여 필자는 불림을 다음과 같이 정리하였다.

'불림'은 '성스럽게 여기는 자리에서 괴롭힘으로써 축하하는 역설적 하례(逆說的 賀禮)'다. 이러한 관념은 과거에 급제하였거나 새로이 관직에 등용되었거나 결혼을 하거나 하는 축하할 만한 자리에서 이루어졌던 것이다. 또한 '불림'의 본래적 기능에는 '구호치어(口號致語)'와 동일한 의미가 있었던 것은 아니라 하더라도 '축(祝)'의 관념이 작용하고 있었던 것은 분명하다. 결국 가면극 대사에서의 '불림'은 '역설적 하례'라는 관념으로 언어유희와 육담(肉談) ― 재담(才談)과 덕담(德談) ― 의 난무가 가능했다. 다만 전승되어 오는 과정에서 이러한 관념은 사라지고 오직 그 외형적 기능 ― 춤 문구(文句)로써의 기능 ― 만 남게 된 것이다. '불림'은, 국가적 제전에서의 구호치어와 그 형식과 기능면에서 상응하는 것으로, 오신(娛神) 즉 풀이와 갱신(更新) 즉 신명 등과 관련

六目. (다름질하야들어와서 다섯재목의
　　　面을 한번탁처서退場식히고 打令
　　　曲의伴奏에마추어춤을추면서 場
　　　內를한박구도라 樂工의앞흐로와
　　　서 左右를도라보면서)

　　「쉬─.」(樂의伴奏와舞는긋친다.)

(唱)「山不高而秀麗[127]하고 水不深而
　　　淸澄[128]이라 地不廣而平坦[129]하고
　　　人不多而茂盛[130]이라 月鶴은双伴
　　　하고[131] 松竹은交翠로다[132] 箕山潁
　　　水[133]別乾坤[134]에 巢夫許由[135]노라
　　　잇고 采石江[136]明月夜[137]에 李謫仙
　　　노라잇고 赤壁江秋夜月에 蘇東
　　　坡노라잇다 이러한風流亭에 한번
　　　놀고가려든.」

육목. (달음질하여 들어와서 다섯째목의
　　　면을 한번 탁 쳐서 퇴장 시키고 타
　　　령곡의 반주에 맞추어 춤을 추면서
　　　장내를 한 바퀴 돌아 악공의 앞으로
　　　와서 좌우를 돌아보면서)[138]

　　「쉬─.」

　　　(악의 반주와 무는 그친다.)

(창)「산불고이 수려하고 수불심이 청
　　　징이라
　　　지불광이 평탄하고 인불다이[139] 무성
　　　이라
　　　월학은 쌍반 하고 송죽은 교취로다
　　　기산영수 별건곤에 소부허유 놀
　　　아 있고
　　　채석강 명월야에 이적선 놀아 있고
　　　적벽강 추야월에 소동파 놀아 있
　　　다[140][141]
　　　이러한 풍류정에 한번 놀고 가려
　　　든[142].」

　　이 있으며, 언어유희와 재담과 덕담과 매개로 하면서, '역설적 하례'를 지향하는 연극적 행위이다.

126 [보정] 상산사호 옛 늙은이 날 찾는다 ; 불림이다. 송석하본에서는 '낙양동천이화정洛陽東天梨花亭'이라고 채록
　　되었다.

127 山不高而秀麗(산불고이수려) ; 산은 높지 아니하며 빼어나게 아름답다.

128 水不深而淸澄(수불심이청징) ; 물은 깊지 아니하며 맑고 깨끗하다.

129 地不廣而平坦(지불광이평탄) ; 땅은 넓지 아니하며 평평하다.

130 [보정] 人不多而茂盛(인불다이무성) ; 사람은 많지 않으나 무성하다. 판소리 '적벽가'에는 '林不多而(임불다이)
　　茂盛(무성)'으로, '나무는 많지 않으나 무성하다'의 뜻이다. 의도적인 잘못인지 자세치 않다.

131 月鶴(월학)은双伴(쌍반)하고 ; 달빛에 학은 나란히 거닐고

132 松竹(송죽)은交翠(교취)로다 ; 소나무와 대나무는 비취빛이로구나. 푸른 대나무를 취죽(翠竹)이라고 한다.

133 箕山潁水(기산영수) ; 중국 하남성에 있는 산과 시내를 말한다. 요임금 때 소부와 허유가 임금의 자리를 물려

받으라는 왕명을 피하여 들어가 隱居(은거)했다는 산과 물이다. '기산'은 하남성(河南省) 행당현(行唐縣) 서북쪽에 위치한다. '영수'는 하남성(河南省) 등봉현(登封縣) 서쪽 경계에 있는 영곡(穎谷)에서 발원하여 회수(淮水)로 유입하는 물길이다.

134 別乾坤(별건곤) ; 별세계, 별천지를 말한다.

135 [보정] 巢夫許由(소부허유) ; '巢父許由(소부허유)'를 말한다. 고대 중국의 전설상의 은자(隱者)인 소부와 허유를 말한다. 속세를 떠나서 산의 나무 위에서 살았기 때문에 생긴 이름이며, 요(堯)가 천하를 그에게 나라를 맡기고자 하였으나 이를 사양하고 받지 않았다. 허유(許由)가 영천에서 귀를 씻고 있는 것을 소를 몰고 온 소부(巢父)가 보고서 그러한 더러운 물은 소에게도 마시게 할 수 없다며 돌아갔다는 고사(故事)가 있다. 소부와 허유를 소유(巢由), 소허(巢許)라고도 하며, 이를 한 사람으로 보는 설도 있다. [참고] 소부(巢父) ; 소부는 요임금 때의 은자로, 산 속에 살면서 세속의 이득을 영위하지 않았다. 늙어서는 나무에 보금자리를 만들고 그 위에서 잤기 때문에 당시 사람들이 소부라고 불렀다. 요 임금이 허유에게 양위하려 하자 허유는 소부에게 그 사실을 알렸다. 이에 소부는 '그대는 어찌하여 그대의 모습을 숨기지 않고 그대의 빛남을 감추지 않았는가. 그대는 내 친구가 아닐세.'라고 하면서 허유의 가슴을 밀치며 그를 내려 보냈다. 허유는 실의에 빠졌다. 이에 소부는 청령(淸泠) -- 하남성(河南省) 남양현(南陽縣) 북쪽 풍산(豐山)에 있음. 맑고 깨끗한 물이라는 설도 있음. -- 의 강으로 가서 자신의 귀를 씻고 눈을 닦으며 '방금 전 탐욕스런 말을 듣고는 내 친구를 잃게 되었구나.' 하고는 마침내 떠나가서 평생을 만나지 않았다. 황보밀·김장환 역, 『고사전』(예문서원, 2000). [참고] 허유(許由) ; 허유는 자가 무중(武仲)이며 양성(陽城) 괴리(槐里) 사람이다. 사람됨이 의에 근거하고 올바른 도리를 실천하여, 그릇된 자리에는 앉지 않고 그릇된 음식은 먹지 않았다. 나중에는 패택(沛澤) -- 강소성(江蘇省) 패현(沛縣)에 있는 택지(澤池) -- 에 은거하였다. 요임금이 천하를 허유에게 양위(讓位)하고자 하여 말했다. '해와 달이 떠 있는데 횃불을 끄지 않는다면 비추기가 또한 어렵지 않겠습니까. 때맞춰 단비가 내리는데도 여전히 물을 끌어 대고 적시는 것 또한 애만 쓰는 것이 아니겠습니까. 선생께서 임금의 자리에 서시면 천하가 잘 다스려질 텐데 내가 여전히 이 자리를 지키고 있습니다. 제 자신을 돌아보건대 부족한 게 많습니다. 부디 천하를 맡아 주십시오.' 허유는 말하였다. '그대가 천하를 다스려 이미 잘 다스려지고 있는데 내가 그대를 대신한다면 날더러 허울 좋은 이름을 위하라는 말인가. 이름이란 실(實)의 손님이니 날더러 손님이 되라는 말인가. 뱁새[鷦鷯]가 깊은 숲에 둥지를 튼다 해도 나뭇가지 하나면 충분하고, 두더지[偃鼠]가 황하의 물을 마신다 해도 배만 채우면 그만이오. 그러니 당신은 돌아가시오. 나에게는 천하가 쓸모가 없소이다. 요리사가 음식을 잘 만들지 못한다 하더라도 시축(尸祝) -- 중국의 고대 풍습에서 제례, 특히 조상에 대한 제례에서 특정한 사람을 조상의 자리에 앉히고 제물을 바치면서 그를 통해 신의 은택을 받고자 했는데, 그 사람을 尸라고 한다. 祝은 제주(祭主)와 尸 사이에서 제주의 성의를 尸에게 전달하는 자로서, 실질적으로는 제사를 주관하며 축문(祝文)을 읽는 사람임. -- 의 술단지와 도마를 넘어가서는 그를 대신할 수는 없는 노릇이오.' 그리고 천하를 받지 않고 도망가 버렸다. 설결이 허유를 만나 '그대는 어디로 가려는가' 하자, 허유는 '요 임금을 피하려고 합니다.' 하고 하였다. 설결이 '다시 무슨 일인가' 하자 '저 요 임금은 현인(賢人)이 천하에 이익이 된다는 것은 알지만 천하를 해친다는 것은 모르고 있습니다. 무릇 현과 불현의 경계에서 벗어난 사람[外乎賢者]만이 그것을 아는 것이지요.'라고 하였다. 허유는 이에 중악(中岳) -- 오악(五岳) 가운데 하나인 숭산(嵩山)을 말함. -- 의 영수(穎水) -- 하남성(河南省) 등봉현(登封縣) 서쪽 경계에 있는 영곡(穎谷)에서 발원하여 회수(淮水)로 유입하는 물길임. -- 북쪽 기산(箕山) -- 하남성(河南省) 행당현(行唐縣) 서북쪽에 위치함. -- 아래에 숨어 밭을 갈면서 죽을 때까지 천하를 경영하려는 마음을 먹지 않았다. 요 임금이 다시 허유를 불러 구주(九州)의 수장(首長)으로 삼으려 했으나 허유는 듣고자 아니하고 영수 가에서 귀를 씻었다. 그때 그의 친구 소부(巢父)가 송아지를 끌고 와 물을 먹이려다 허유가 귀를 씻는 것을 보곤 그 이유를 물었다. '요임금이 나를 불러 구주의 수장으로 삼으려 하기에 그 소리가 듣기 싫어 귀를 씻고 있네.'라고 대답하자, 소부는 이렇게 말하였다. '자네가 높은 언덕과 깊은 계곡에 거처한다면 사람 다니는 길이 통하지 않을 텐데, 누가 자네를 볼 수 있겠는가. 자네가 일부러 떠돌며 알려지기를 바라서 명예를 구한 것이니, 내 송아지의 입만 더럽혔네.' 그리고는 송아지를 끌고 상류로 가서 물을 먹였다. 허유가 죽자

(打令曲의 伴奏에 마추어 한참　　　　　　(타령곡의 반주에 맞추어 한참
춤을 추다가 다시)　　　　　　　　　　　춤을 추다가 다시)
「쉬—.」(樂의 伴奏와 舞는 긋친다.)　　　　「쉬—.」
　　　　　　　　　　　　　　　　　　　(악의 반주와 무는 그친다.)

기산의 꼭대기에 장사를 지내고 또한 허유산(許由山)이라 명명하였는데, 그 산은 양성의 남쪽 10여리에 있다. 요 임금은 그 묘를 찾아가 기산공신(箕山公神)이라 부르고 오악(五岳)에 배향하였으며, 대대로 제사를 받들어 지금까지 끊이지 않고 있다 하였다. 황보밀·김장환 역, 『고사전』(예문서원, 2000).

136 采石江(채석강) ; 중국 안휘성(安徽省)에 위치한 강으로, 동정호(洞庭湖)의 한 지류다. 이백(李白)이 채석강 (采石江)에서 놀 때 술에 취하여 물에 비친 달을 잡으려고 강에 뛰어들어 빠져 죽었다고 한다. 한편 이화(李華) 의 태백묘지(太白墓誌)나 이양(李陽)의 '빙초당집서(氷草堂集序)'로 보아 그의 죽음에 대해서는 의심쩍은 데가 있다고 하는 입장도 있다.

137 明月夜(명월야) ; 달 밝은 밤을 말한다.

138 [보정] 정병호는, 육목의 춤은 불림으로 시작하여 '독수리 날개치는 사위', '어깨춤으로 어르면서 팔을 목에 거는 사위', '외불림' 도무로서의 '외사위', '겹사위', '양사위' 등이 있다고 한다.

139 [보정] 인불다이 ; '임불다이(林不多而)'가 옳다. 원자료 그대로 밝힌다.

140 [보정] 이 대목에서는 '놀아 있고'가 반복되어 실현하고 있다. 이는 깊은 산속에 은거하여 번거로운 세상을 떠나 서 한가롭게 지내거나, 또는 풍류스런 생활을 즐기거나, 풍월을 읊으면서 지낸다는 말이다.

141 [보정] 이 대목은 판소리 '적벽가'의 '와룡강 경계'와, 판소리 '춘향가'의 '기산영수'가 원용되었다.
　　　　[참고] '적벽가' 와룡강 경계 ; 이때는 건안 8년 중춘이라. 와룡강을 당도허니 경개가 무궁 기이허구나. <u>산불</u> <u>고이수려허고 수불심이증청이요 지불광이평탄허고 임불대이무성이라. 학은 상친허고 송죽은 교취로</u> <u>다.</u> 석벽부용은 구름 속에 잠겨 있고 창송은 천고절 푸른 빛을 띠었어라. 시문에 다다라 문을 뚜다리며, 동자야, 선생님 계옵시냐
　　　　[참고] '춘향가', '기산영수' ; <u>기산 영수 별건곤, 소부 허유 놀고, 채석강 명월야에 이 적선도 놀아 있고, 적</u> <u>벽강 추야월의 소동파도 놀고, 시상리 오류촌 도연명도 놀았고, 상산의 바돌뒤던 사호선생이 놀았으</u> <u>니,</u> 내 또한 호협사라. 동원도리 편시춘 아니 놀고 무엇허리. 잔말 말고 일러라. 김세종제 '춘향가' 참조.
　　　　[참고] <u>箕山 潁水 別乾坤에 巢父 許由 놀아 잇고 / 赤壁江 秋夜月 蘇子瞻이 놀아 잇다</u> / 아마도 三公不 換은 此江山인가. -『雜誌』

142 [보정] 이러한 풍류정에 한번 놀고 가련든 ; 노랫조로 실현되는 대목의 마지막 구절이 불림으로 활용되었다. 임 석재본에서는 '洛陽 東天 柳下亭 이러한 風流亭에 한번 놀고 가련던'라고 채록되었다.

「奉祭祀然後에接賓客하고 修人事然後에待天命이라하엿스니 修人事한마듸들어가오.」

(打令曲의伴奏에맞추어 춤을 추면서…… 唱)「洗耳人間不聞閑暇[143]롭다…….」

(여섯재목이한참춤을추고잇슬때에 일곱재목이登場한다.)

「봉제사 연후에 접빈객하고 수인사 연후에 대천명이라 하였으니 수인사 한 마디 들어가오[144].」

(타령곡의 반주에 맞추어 춤을 추면서…… 창)

「세이인간 불문 한가롭다[145]…….」

(여섯째목이 한참 춤을 추고 있을 때에 일곱째목이 등장한다.)

七目. (다름질하야들어와서 여섯재목의 面을한번탁처서退場식히고 打令曲의伴奏에마추어춤을추면서 場內를한박구도라 樂工앞흐로와서 左右를도라보면서)

「쉬―.」(樂의伴奏와舞는굿친다.)

칠목. (달음질하여 들어와서 여섯째목의 면을 한번 탁 쳐서 퇴장 시키고 타령곡의 반주에 맞추어 춤을 추면서 장내를 한 바퀴 돌아 악공 앞으로 와서 좌우를 도라 보면서)[146]

「쉬―.」

(악의 반주와 무는 그친다.)

---

143 洗耳人間不聞(세이인간불문) ; 귀를 씻고 세상의 인간사를 듣지 아니하다.

144 [보정] 봉제사 연후에 접빈객하고 수인사 연후에 대천명이라 하였으니 수인사 한 마디 들어가오 ; 불림으로 활용되었다.

145 [보정] 세이인간 불문 한가롭다 ; 불림이다.

146 [보정] 정병호는, 칠목의 춤은 불림으로 시작하여 '좌우로 허리 돌리기', '한삼 꼬리 치기', '고개잡이', 도무로서의 '외사위', '겹사위', '양사위' 등이 있다고 한다.

(唱)「天地玄黃¹⁴⁷생긴後에 日月盈
昃¹⁴⁸되엿서라 天地가開闢¹⁴⁹後에
萬物이繁盛이라 山절노水절노하
니 山水¹⁵⁰間에나도절노 때마츰春
節이라 山川景槪¹⁵¹求景코저 竹杖
芒鞋¹⁵²單瓢子¹⁵³로 이江山에들어
오니 滿山의紅綠¹⁵⁴들은 一年一
次¹⁵⁵다시피여 春色을자랑하야 色
色이붉엇는대 蒼松綠竹¹⁵⁶은鬱鬱
蒼¹⁵⁷하고 奇花瑤草爛熳中¹⁵⁸에 꽃
속에자든나븨 자취업시날아든다
柳上鶯飛는片片金¹⁵⁹이요 花間蝶
舞는 紛紛雪¹⁶⁰이라 三春佳節¹⁶¹이
조을시고 桃花萬發点点紅¹⁶²하니
武陵桃源¹⁶³이예아니냐 楊柳細枝
絲絲綠¹⁶⁴하니 黃山¹⁶⁵谷¹⁶⁶裏當春
節¹⁶⁷에 淵明五柳¹⁶⁸가예안이냐 層
岩絶壁上에瀑瀑布水가꽐꽐흘너
水晶簾¹⁶⁹들이운듯 屛風石¹⁷⁰에마
조처서 銀玉¹⁷¹같이홋터지니 巢父
許由問答하든 其山潁水예안이냐
住刻啼禽¹⁷²은千古節¹⁷³이오 積多
鼎鳥는一年豊¹⁷⁴이라 景槪無窮¹⁷⁵
조을시고 場中을굽어보니 豪傑¹⁷⁶
들이만히모여 奚琴피리저북杖鼓
느러노코 이리뛰며저리뛰니 이아
니風流亭인가 나도興겨워한번놀
고가려든.」

(창)「천지현황 생긴 후에 일월영측 되
었어라¹⁷⁷
 천지가 개벽 후에 만물이 번성이라
 산 절로 수 절로 하니
 산수 간에 나도 절로¹⁷⁸
 때마침 춘절이라 산천경개 구경
코저
 죽장망혜 단표자로 이 강산에 들
어오니
 만산의 홍록들은 일년 일차 다시
피어
 춘색을 자랑하야 색색이 붉었는데
 창송녹죽은 울울창 하고 기화요초
난만 중에
 꽃 속에 자든 나비 자취 없이 날
아든다
 유상앵비는 편편금이요
 화간접무는 분분설이라
 삼춘가절이 좋을시고 도화만발 점
점홍하니
 무릉도원이 예 아니냐
 양류세지 사사록하니 황산곡리 당
춘절에
 연명오류가 예 아니냐
 층암절벽 상에 폭폭포수¹⁷⁹가 꽐
꽐 흘러
 수정렴 드리운 듯
 병풍석에 마주 쳐서 은옥 같이 흩

어지니

소부허유 문답하든 기산영수 예
아니냐

주각제금은 천고절이요 적다정조
는 일년풍이라

경개무궁 좋을시고[180]

장중을 굽어보니 호걸들이 많이
모여

해금 피리 저 북 장고 늘어놓고

이리 뛰며 저리 뛰니

이 아니 풍류정인가

나도 흥겨워 한번 놀고 가려든.」

---

147 天地玄黃(천지현황) ; 하늘은 위에 있으니 그 빛이 검고 그윽하며, 땅은 아래 있으니 그 빛이 누르다는 뜻이다.

148 日月盈昃(일월영측) ; 해는 서쪽으로 기울고 달도 차면 점차 이지러진다는 뜻이다. 즉 우주의 진리를 말한다.

149 開闢(개벽) ; 세상이 처음으로 생겨 열림을 말한다. 세상이 어지럽게 뒤집힘을 말하기도 한다. 새로운 시대가
열리는 것을 비유적으로 이르는 말로도 쓰인다.

150 山水(산수) ; 산과 물이라는 뜻으로, 경치를 이르는 말이다.

151 山川景槪(산천경개) ; 자연의 경치를 말한다.

152 竹杖芒鞋(죽장망혜) ; 대지팡이와 짚신의 뜻으로, 먼 길을 떠날 때의 아주 간편한 차림새를 이르는 말한다. '망
혜'는 '미투리'라고도 한다. '마혜(麻鞋)'가 '망혜(芒鞋)'로 와문 되어 흔히 죽장망혜(竹杖芒鞋)라고 많이 읽히는
데 이것은 노래를 부를 때에 '마' 음(音)을 길게 뽑는 데서 말미암은 것이라 한다.

153 [보정] 單瓢子(단표자) ; '簞瓢子(단표자)'가 옳다. 도시락과 표주박이라는 말이다.

154 滿山(만산)의紅綠(홍록) ; 온 산이 붉고 푸름으로 가득 참을 말한다.

155 一年一次(일년일차) ; 일 년에 한번이라는 뜻이다.

156 蒼松綠竹(창송녹죽) ; 푸른 소나무와 푸른 대나무를 이른다. '蒼松翠竹(창송취죽)'이라고도 한다.

157 [보정] 鬱鬱蒼(울울창) ; 큰 나무들이 빽빽하게 들어서 푸르게 우거져 있다. '鬱鬱蒼蒼(울울창창)'이 옳다.

158 [보정] 奇花瑤草(기화요초) 爛慢中(난만중) ; 아름답고 고운 꽃과 풀이 활짝 많이 피어 화려하다는 뜻이다. 임석
재본에는 '奇花瑤章(기화요장)'으로 채록되었는데, '奇花瑤草(기화요초)'의 잘못이다.

159 柳上鶯飛(유상앵비) 片片金(편편금) ; 버들 위에 꾀꼬리가 날아다니니 조각조각 난 금빛과 같다.

160 花間蝶舞(화간접무) 紛紛雪(분분설) ; 꽃 사이로 나비가 춤을 추니 펄펄 나는 흰 눈 같구나.

161 三春佳節(삼춘가절) ; 봄철 석 달의 좋은 시절을 말한다. 음력 정월, 2월, 3월을 각각 맹춘(孟春), 중춘(仲春),
이춘(李春)이라고 하며 이를 통틀어 삼춘(三春)이라고 한다.

162 桃花萬發点点紅(도화만발점점홍) ; 복숭아꽃이 만발하여 점점이 붉도다. 기존 작가의 작품의 한 구절을 원용

하여 관용구(formula)로 정착된 사례다. [참고] 동국이상국집 백운소설(白雲小說) ; 시중(侍中) 김부식(金富軾)과 학사 정지상은 문장으로 함께 한때 이름이 났는데, 두 사람은 알력이 생겨서 서로 사이가 좋지 못했다. 세속에서 전하는 바에 의하면 지상이, '임궁(琳宮)에서 범어를 파하니 琳宮梵語罷 하늘빛이 유리처럼 깨끗하구나. 天色淨琉璃'라는 시구를 지은 적이 있었는데, 부식(富軾)이 그 시를 좋아한 끝에 그를 구하여 자기 시로 삼으려 하자, 지상은 끝내 들어 주지 않았다. 뒤에 지상은 부식에게 피살되어 음귀(陰鬼)가 되었다. 부식이 어느 날 봄을 두고 시를 짓기를, '버들 빛은 일천 실이 푸르고 柳色千絲綠 복사꽃은 일만 점이 붉구나 桃花萬點紅' 하였더니, 갑자기 공중에서 정지상 귀신이 부식의 뺨을 치면서, '일천 실인지, 일만 점인지 누가 세어보았느냐. 왜, 버들 빛은 실실이 푸르고 柳色絲絲綠 복사꽃은 점점이 붉구나 桃花點點紅 라고 하지 않는가.' 하니, 부식은 마음속으로 매우 그를 미워하였다. 뒤에 부식이 어느 절에 가서 측간에 올라앉았더니, 정지상의 귀신이 뒤쫓아 와서 음낭을 쥐고 묻기를, '술도 마시지 않았는데, 왜 낯이 붉은가.' 하자, 부식은 서서히 대답하기를, '언덕에 있는 단풍이 낯에 비쳐 붉다.' 하니, 정지상의 귀신은 음낭을 더욱 죄며, '이놈의 가죽주머니는 왜 이리 무르냐.' 하자, 부식은, '네 아비 음낭은 무쇠였더냐.' 하고 얼굴빛을 변하지 않았다. 정지상의 귀신이 더욱 힘차게 음낭을 죄므로 부식은 결국 측간에서 죽었다 한다.

163 武陵桃源(무릉도원) ; 선경(仙境) 또는 낙원(樂園)을 가리키는 말이다. 진(晉)나라 때에 어부가 계곡물에 떠내려 오는 복숭아꽃을 따라 올라갔다. 동굴 속으로 이어진 물줄기를 따라 굴속에 들어가서, 그곳에 있는 선경(仙境)을 발견하고 귀가하였다가 뒤에 다시 찾으려 했을 때 그 지형을 분별할 수가 없었다고 한 데서 온 말이다. 이와 관련하여 진(晉)나라 문인인 도잠(陶潛)이 지은 '도화원기(桃花源記)'가 있고, 당나라 문인인 이백(李白)이 지은 '산중문답(山中問答)'에도 '桃花流水渺然去 別有天地非人間'이라는 구절이 있다.

164 楊柳細枝(양류세지) 絲絲綠(사사록) ; 버드나무 가느다란 가지마다 푸르르구나. 기존 작가의 작품의 한 구절을 원용하여 관용구formula로 정착된 사례다.

165 황산(黃山) ; 옛 이름은 이산(移山)이다. 주봉은 연화봉(蓮華峰)으로, 천도봉(天都峰)이라고 한다. 당나라 때부터 현재의 명칭으로 바뀌었다. 황산은 안휘성 남부에 있는 연화봉을 위시로 한 72봉이 연이어 있는 산괴(山塊)를 말하는 것으로 이 황산의 아름다움에 대해서는 수많은 시인들이 찬미하였다. 옛부터 황산의 아름다움은 대시인인 이백 등에 의해 칭송되었으며 명나라 때의 지리학자이며 여행가였던 서하객(徐霞客)은 30년에 걸쳐서 중국의 산하를 두루 여행한 후에 이렇게 말했다고 한다. '오악(五岳) -- 태산(泰山), 화산(華山), 형산(衡山), 항산(恒山), 숭산(嵩山) -- 을 보고 온 사람은 평범한 산은 눈에 들지 않는다. 황산을 보고 돌아온 사람은 오악도 눈에 차지 않는다. 五岳歸來不看山, 黃山歸來不看五'

166 황산곡(黃山谷) ; 이름은 정견(庭堅), 자(字)는 노직(魯直), 호는 산곡(山谷)이라고 한다. 송나라 철종(哲宗) 때 사람으로 시에 특장(特長)이 있어 세상 사람들이 소동파(蘇東坡)의 다음 간다고 해서 소황(蘇黃)이라 하고, 또한 초서(草書)와 해법(楷法)에 유명하다. 벼슬은 교서랑사인(校書郎舍人)을 역임하고 지태평주(知太平州)를 하다가 선주(宣州)로 귀양 가서 죽었다.

167 [보정] 黃山谷裏(황산곡리) 當春節(당춘절) ; 황산곡(黃山谷)속에서 봄철을 맞이하였구나. 송나라 시인 황정견(黃庭堅)의 호가 산곡(山谷)인데 인명을 지명과 같이 사용하였다. 중의적 표현이다.

168 [보정] 淵明(연명)五柳(오류) ; 도연명이 자기가 살던 집 문 앞에 버드나무 다섯 그루를 심어 놓고 스스로 오류선생(五柳先生)이라 하였다. 버들을 보고 도연명을 연상하여서 한 말이다.

169 水晶簾(수정렴) ; 수정 구슬을 꿰어서 만든 아름다운 발을 말한다.

170 屛風石(병풍석) ; 능(陵)을 보호하기 위하여 능의 위쪽 둘레에 병풍처럼 둘러 세운 긴 네모꼴의 넓적한 돌이다. 겉에 12신(神)이나 꽃무늬 따위를 새긴다.

171 銀玉(은옥) ; 은빛이 나는 옥을 말한다.

172 住刻啼禽(주각제금) ; '주각주각하고 우는 새'라는 뜻이다. '住刻'은 주걱새를 이른다. '주각(住刻)'은 울음소리에서 따온 것이다. 주걱새[촉국새]는 촉나라 망제의 혼이 화(化)하여 이 새가 되어 천년을 두고 그 비운을 슬피

운다는 이야기가 있다. 다 접동새(杜鵑)를 두고 말한 것이다.

173 千古節(천고절) ; 영원히 변하지 않는 빛나는 곧은 절개를 말한다.

174 積多鼎鳥(적다정조)는 一年豊(일년풍) ; 소쩍새가 솥이 작다고 울면 풍년이 든다. '積多鼎鳥(적다정조)'는 소쩍새를 말한다. 접동새라고도 한다. 소쩍새가 '솥 작다 솥 작다'하고 울었다는 데서 '積多鼎(적다정)'의 음과 훈을 따온 것이다. 민간어원이다. 임석재본에는 '積多鼎鳥日年豊'라고 채록되었다. 그리고 다른 자료들도 한해의 풍년이라는 뜻인 '一年豊'이라고 하였다. 우리나라에서는 예로부터 '솟쩍' 하고 울면 다음해에 흉년이 들고, '솟쩍다'라고 울면 '솥이 작으니 큰 솥을 준비하라'는 뜻에서 다음해에 풍년이 온다는 이야기가 전해 내려온다. '소쩍 소쩍' 또는 '소쩍다 소쩍다'라는 울음소리를 내는데 이 울음소리에는 전설이 전해지고 있다. 아주 오랜 옛날에 며느리를 몹시 구박하는 시어머니가 있었는데 며느리에게 밥을 주지 않으려고 아주 작은 솥을 내주어 밥을 하게 하였다고 한다. 결국 며느리는 굶어죽었고 그 불쌍한 영혼은 새가 되어 '솥이 적다. 솥이 적다. 소쩍 소쩍'이라고 운다고 한다. 민간에서는 이 소쩍새의 울음소리로 그 해의 풍년과 흉년을 점치기도 한다. 새가 '소쩍 소쩍' 하고 울면 흉년이 들고, '소쩍다 소쩍다' 하고 울면 풍년이 든다고 한다. 즉, '솟쩍다'는 솥이 작으니 큰 솥을 마련하라는 뜻으로 해석한다.

175 景槪無窮(경개무궁) ; '경치가 무궁하다'라는 뜻이다.

176 豪傑(호걸) ; 지혜와 용기가 뛰어나고 기개와 풍모가 있는 사람을 말한다.

177 [보정] 천지현황 생긴 후에 일월영측 되었어라 ; 천자문 첫 여덟 자를 원용하였다.

178 산 절로 수 절로 하니 산수 간에 나도 절로 ; 산과 물이 잘 어우러진 좋은 봄철이라 나도 그 풍광 속에 절로 빠져든다는 말이다.

179 [보정] 폭폭포수 ; '폭포수'가 옳다. 원자료 그대로 밝힌다.

180 [보정] 이 대목은 시조와, 잡가 '유산가'를 원용하고 있다.

> [참고] 靑山도 절로 절로 綠水도 절로 절로 / 山 절로 水 절로 山水間에 나도 절로 / 그 中에 절로 주란 몸이 늙기도 절로 흐리라. -『靑丘永言』

> [참고] 유산가(遊山歌) 화란춘성흐고 만화방창이라 넓 죠타 벗님네야 / 산천경기를 구경을 가세 / 죽장망혜 단표주로 천이강산을 드러를 가니 / 만산홍록드른 일년일도 다시 퓌여 / 춘식을 자랑노라 식식이 불것눈디 / 창송취죽은 챵챵울을흐고 긔화요초 란만중의 / 꼿 속에 잠든 나뷔 주취 업시 나라 든다 / 유상잉비는 편편금이오 화간접무는 분분설이라 / 삼춘가절이 조흘시고 도화만발 점점홍이로구나 / 어쥬축슈 삼춘이여든 무릉도원이 예 아니냐 / 양류셰지 스스록 흐니 황산곡리 당춘절에 / 연명오류가 예 아니냐 / 졔비는 물을 차고 기럭이 무리져셔 / 거지중천에 놉히 넷셔 두 날러 휠신 펴고 / 펄펄 빅운간에 놉히 넷셔 / 천리강산 머남은 길에 어이갈꼬 슬피운다 / 원산은 쳡쳡틴산은 쥬춤흐여 긔암은 층층 장송은 낙낙 / 에이구 부러져 광풍에 흥을 겨워 우줄우줄 춤을 춘다 / 층암절벽상에 폭포슈은 쫠쫠 슈정렴 드리온듯 / 이 골 물이 주루루룩 져 골 물이 쌀쌀 / 열에 열 골 물이 한디 합수흐야 / 천방져 디방져 소코라지고 펑퍼져 / 넌출지고 방울져 져 건너 병풍셕으로 / 으르렁 쫠쫠 흐르는 물결이 은옥갓치 흐터지니 / 소부허유 문답흐든 긔산영슈가 예 안나냐 / 쥬각졔금은 천고졀이오 젹다졍조는 일년풍이라 / 일출낙됴가 눈압헤 버려나 경무긔궁이 됴흘시고. -『증보신구잡가』

(打令曲의伴奏에마추어 한참
快活하게춤을추다가다시)
「쉬―.」(樂의伴奏와舞는굿친다.)
「奉祭祀然後에接賓客하고 修人
事然後에待天命이라고하엿스니
修人事한마듸들어가오.」
(打令曲의伴奏에맞추어 춤을
추면서…… 唱) 「玉洞[181]桃萬
樹春[182]가지가지…….」
(일곱재목이한참춤을출대에
여덜재목이登場한다.)

(타령곡의 반주에 맞추어 한참
쾌활하게 춤을 추다가 다시)
「쉬―.」
(악의 반주와 무는 그친다.)
「봉제사 연후에 접빈객하고
수인사 연후에 대천명이라고 하
였으니
수인사 한 마디 들어가오.」
(타령곡의 반주에 맞추어 춤을
추면서…… 창)
「옥동도만수춘 가지가지…….」[183]
(일곱째목이 한참 춤을 출 때에
여덟째목이 등장한다.)

---

181 玉洞(옥동) ; 옥으로 된 동혈(洞穴)로 신선이 사는 곳이다. 또는 은자(隱者)가 사는 곳을 일컫는 말로 쓰고 있다.

182 [보정] 玉洞桃萬樹春(옥동도만수춘) ; '玉洞桃花萬樹春'이 옳다. '옥동(玉洞)의 복숭아꽃이 일만 나무 봄이로구
나.'라는 뜻이다. 사설시조에서도 이 구절이 자주 나타난다. 입춘첩(立春帖)에도 활용된다. 남사고 설화에도 등
장한다.

> [참고] 六洲 五洋에 探險隊가 아즉도 發見 못한 武陵桃源 朱陳村이 世上 天下에 어듸매뇨 / 三千年開花
> 三千年結實하는 崑崙山 瑤池 蟠桃園인가 金鷄啼罷日 輪紅하는 都桃樹下인가 거긔도 아니오 劉關張
> 三人이 烏牛 百馬로 祭天結義하시든 桃園이 그 곳인가 玉洞桃花萬樹春이 거긔인가 前度劉郎 今又
> 來한 玄都觀이 거긔런가 / 至今에 春水 方生하고 片片紅桃 둥둥 넷 흘너 오는 紫霞洞天에 가 무러
> 보소. ―『樂府』(高大本)

> [참고] 『지봉유설(芝峯類說)』 ; 이달(李達)이 남격암(南格菴)을 위한 만사에 말하기를, '난새를 멍에 하여
> 표연히 야목진(若木津)을 떠났으니, 군평(君平)의 주렴 아래 다시 어느 사람이 있는가. 상동(床東)의
> 제자가 유초(遺草)를 거두니, 옥동(玉洞)의 복숭아꽃이 일만 나무 봄이로구나 鸞馭飄然若木津 君平簾
> 下更何人 床東弟子收遺草 玉洞桃花萬樹春'라고 했다. 격암(格菴)은 남사고(南師古)의 호이다. 사고
> (師古)가 일찍이 이인(異人)에게서 진결(眞訣 ; 참비결)을 배워 드디어 비술(秘術)에 능통하였다고 한
> 다. 이 글에 야진목(若木津)이라고 한 것은 아마 석목진(析木津) ―― 석목(析木)은 성좌(星座) 위치의
> 이름으로 은하수의 나루다. ―― 이라는 말을 잘못 인용한 것일 것이다.

183 옥동도만수춘 가지가지…… ; 한시와 우리말이 결합된 불림이다.

八目. (다름질하야들어와서 일곱재목의
面을 탁쳐서退場식히고 打令曲의
伴奏에마추어춤을추면서 場內를
한박구도라樂工의앞흐로와서 左
右를도라보면서)

「쉬─.」(樂의伴奏와舞는긋친다.)

(唱) 「竹杖[184]집고芒鞋신어 千里江
山[185]들어가니 瀑布도장히조타마
는 驪山[186]이여긔로다 飛流直下三
千尺[187]은 옛말로들엇더니 疑是銀
河落九天[188]은 果然虛言이아니로
다 銀河石徑[189]좁은길로 引導한곳
나려가니 四皓先生[190]바독두고 蘇
武는무삼일노 소골피[191]를거슬이
고[192] 許由는어이하야 팔은것고안
저잇고 소리쪼차나려가니 風流亭
이分明키로 한번놀고가려든.」

팔목. (달음질하여 들어와서 일곱째목
의 면을 탁 쳐서 퇴장 시키고 타령
곡의 반주에 맞추어 춤을 추면서
장내를 한 바퀴 돌아 악공의 앞으
로 와서 좌우를 돌아보면서)[193]

「쉬─.」

(악의 반주와 무는 그친다.)

(창) 「죽장 짚고 망혜 신어 천리강산
들어가니[194]

폭포도 장히 좋다마는 여산이 여
기로다.

비류직하 삼천척은 옛말로 들었
더니

의시은하 낙구천은 과연 허언이
아니로다.

은하석경 좁은 길로 인도한 곳
내려가니

사호선생 바둑 두고

소무[195]는 무슨 일로 소골피를 거
슬리고[196]

허유는 어이하여 팔은 걷고 앉아
있고[197][198]

소리 쫓아 내려가니[199] 풍류정이
분명키로[200]

한번 놀고 가려든[201].」

---

184 竹杖(죽장) ; 대지팡이를 말한다.
185 千里江山(천리강산) ; 넓고 넓은 강산이라는 뜻이다.

186 [보정] 驪山(여산) ; 여기서는 '廬山'이 옳다. 강서성 구강부(江西省九江府)에 있는 명산이다. 보는 장소에 따라 달리 보이고 향로봉(香爐峰)과 여산 폭포가 유명하며, 광유(匡裕)라는 사람이 여기 살았기에 광려(匡廬)라고도 한다. 평야 지대에 위치해 있어서, 그 기세가 더욱 웅장하고 높아 보인다. 깎아지른 듯한 높은 절벽이 많고 맑은 물과 폭포가 유명하며, 산중에 늘 운무(雲霧)가 끼어 있어서 산봉우리를 보는 일이 쉽지가 않아 '不識廬山眞面目(불식여산진면목)'이라는 말이 있으며, 예로부터 명승지로 이름이 높다.

> [참고] 소식(蘇軾) '제서림벽(題西林壁)'
> 横看成嶺側成峰,　옆에서 보면 산령이오, 곁에서 보면 산봉이로세,
> 遠近高低各不同.　멀고, 가깝고, 높고, 낮기가 각각 다르구나.
> 不識廬山眞面目,　여산의 참 모습을 알지 못하는 것은,
> 只緣身在此山中.　바로 이 몸이 산 속에 있기 때문이로구나.

187 飛流直下三千尺(비류직하삼천척) ; 날듯 수직으로 떨어지는 삼천 척 물줄기라는 뜻이다. 이백(李白)의 '망여산폭포(望廬山瀑布)'의 한 구절이다.

> [참고] 이백(李白) '망여산폭포(望廬山瀑布)'
> 日照香爐生紫烟　향로봉에 해 비치니 자주빛 안개 피어나고
> 遙看瀑布掛前川　멀리 보이는 폭포는 앞 냇물에 걸렸도다.
> 飛流直下三千尺　날듯 수직으로 떨어지는 삼천 척 물줄기는
> 疑是銀下落九天　의심컨대, 은하수가 하늘에서 떨어진 것이리.

188 疑是銀下落九天(疑是銀下落九天) ; 의심컨대, 은하수가 하늘에서 떨어진 것이라는 뜻이다. 이백(李白)의 '망여산폭포(望廬山瀑布)'의 한 구절이다.

189 銀河石徑(은하석경) ; 은하수와 같이 밝게 빛나는 돌길을 말한다.

190 四皓先生(사호선생) ; 중국 진시황(秦始皇) 때 어지러운 세상을 피하여 섬서성(陝西省) 상산(商山)에 은거한 동원공(東園公)·하황공(夏黃公)·기리계(綺里季)·녹리선생(甪里先生) 등 네 사람의 백발노인을 가리킨다. 한 나라 고조(高祖)의 부인 여후(呂后)가 제일 공이 많은 한신(韓信)과 영포(英布), 팽월(彭越) 등에게 반(叛)한다고 죄를 뒤집어 씌워 죽이고, 한고조의 후궁 적부인(寂夫人)과 조왕(趙王) 여의(呂意)를 무참히 죽이는 등 하여 자기 세력을 늘리기 위해 혹독한 짓을 많이 하므로 이를 피해 상산(商山)에 은거(隱居)한 네 노인을 가리킨다. 후에 모두 한나라 혜제(惠帝)의 스승이 되었다. 모두들 수염과 눈썹이 백색이기 때문에 호(皓)라 한다. 이들은 상산에서 바둑이나 두고 한일월(閑日月)했다고 전한다. 상산(商山)은 중국 섬서성(陝西省) 상현(商縣)의 동쪽에 있는 산이다.

191 소골피 ; 소고삐를 말한다.

192 [보정] 蘇武(소무) ; 임석재본에서는 '巢父는 무삼 일로 소고삐를 거슬리고'라 하였다. 송석하본에서는 '巢父는 무삼일로 소골피를 거슬이고'라 하였다. '蘇武'는 '巢父'의 잘못이다.

193 [보정] 정병호는, 팔목의 춤장단은 첫목과 같다고 한다. 춤은 '수인사', '한삼끌어 어깨에 걸기', '한삼 걸어 고개잡이', '한삼 좌우로 돌려 불림', 도무로서의 '외사위', '겹사위', '양사위' 등이 있다고 한다.

194 [보정] 죽장 짚고 망혜 신어 천리강산 들어가니 ; 이 대사는 가사문학에서 두루 보인다.

> [참고] 竹杖芒鞋 單瓢子로 千里 江山 드러가니 / 그 곳이 골이 깁퍼 杜鵑 접동이 나졔 운다 구룸은 뭉게 뭉게 뮈여 落落長松에 어리엿고 바람은 솰솰 러 시니 巖上에 꼿 가지만 썰썰이는고나 / 그 곳이 別有天地 非人間이니 놀고 갈가. -『南薰太平歌』
> [참고] 竹杖芒鞋 단표자로 千里 江山 드러가니 山은 흐여 구름 갓고 구름도 흐여 山 ㄱ으며 雲山은 千變이라 / 金芙蓉 싹어낸 ○○ 銀폭포 급한 물의 九天의 넜러지고 울울창창 松林中에 百獸 千禽 석어 울어 ○○을 조롱한다 / 雲梯를 발고 절정에 올나 三界을 바라보니 玉京이 지척이요 紅塵이 부도로다 하마 고이 仙景인 듯. -『雜誌』(平洲本)

195 [보정] 소무 ; '소부(巢父)'가 옳다. 원자료 그대로 밝힌다.

(打令曲의伴奏에마추어 한참
춤을추다가다시)
「쉬—.」(樂의伴奏와舞는긋친다.)
「奉祭祀然後에接賓客하고 修人
事然後에待天命이라고하엿스니
修人事한마듸들어가오.」
(打令曲의伴奏에맛추어 춤을
추면서…… 唱)「萬事無心一
釣竿可笑[202]롭다…….」

(타령곡의 반주에 맞추어 한참
춤을 추다가 다시)
「쉬—.」
(악의 반주와 무는 그친다.)
「봉제사 연후에 접빈객하고
수인사 연후에 대천명이라고 하
였으니
수인사 한 마듸 들어가오.」
(타령곡의 반주에 맞추어 춤을
추면서…… 창)
「만사무심 일조간 가소롭다…….」

---

196 [보정] 소무는 무슨 일로 소골피를 거슬리고 ; 임석재 채록에서는 '巢父는 무삼 일로 소고삐를 거슬리고'라 하였다. 송석하 채록에서는 '巢父는 무삼일로 소골피를 거슬이고'라 하였다. '소무'는 '소부'의 잘못이다. 소부허유 고사에 연원을 두고 있다. 즉 '소부는 무슨 일로 소고삐를 쥐고 거슬러 올라갔는가.'의 뜻이다. 소부허유 고사를 요약하면 다음과 같다. 그때 그의 친구 소부(巢父)가 송아지를 끌고 와 물을 먹이려다 허유가 귀를 씻는 것을 보곤 그 이유를 물었다. '요임금이 나를 불러 구주의 수장으로 삼으려 하기에 그 소리가 듣기 싫어 귀를 씻고 있네.'라고 대답하자, 소부는 이렇게 말하였다. '자네가 높은 언덕과 깊은 계곡에 거처한다면 사람 다니는 길이 통하지 않을 텐데, 누가 자네를 볼 수 있겠는가. 자네가 일부러 떠돌며 알려지기를 바라서 명예를 구한 것이니, 내 송아지의 입만 더럽혔네.' 그리고는 송아지를 끌고 상류로 가서 물을 먹였다.

197 [보정] 허유는 어이하여 팔은 걷고 앉아 있고 ; 소부허유 고사에 연원을 두고 있다. 물가에서 귀를 씻는 허유의 모습을 두고 이른 것이다.
　　[참고] 巢父는 무슴 일노 箕山 穎水에 귀를 씬노 / 許由은 어이 허여 곡비를 거슬련노 / 아마도 堯舜天地 말근 問答은 巢許 박게. -『樂府』

198 [보정] 이 대목은 소위 단가 '죽장망혜'를 원용하고 있다. 판소리를 부르기 전에 목을 풀기 위하여 부르는 짧은 노래를 '단가(短歌)'라 하는데, 제목은 첫 구절을 그대로 따온 것이다. 단가로는 만고강산(萬古江山)·호남가(湖南歌)·강산풍월(江山風月)·진국명산(鎭國名山)·죽장망혜·천하태평(天下太平) 등이 대표적이다.
　　[참고] 단가 죽장망혜 죽장망혜 단표자로 천리 강산 들어가니, 폭포도 장히 좋다, 여산이 여기로구나, 비류직하 삼천척은 옛말로 들었더니, 의시은하락구천은 과연 허언이 아니로구나. 그물이 유도허여 진금을 씻은 후, 석경의 좁은 길로 인도한 곳 내려가니, 저익은 이랴, 밭 갈고, 사호 선생 바둘 둔다. 기산을 넘고 넘어들어 영수로 내려가니 소부난 어이하야 팔 걷고 귀를 씻고, 허유난 무삼 일로 소고삐를 거사렸나. 창랑가 반겨 듣고 소리 쫓아 내려가니, 엄릉탄 여울물 고기 낚는 어옹 하나, 양의 갖옷 떨쳐 입고 벗을 줄을 모르더라. 오호라, 세인이 기군평 허니, 미재, 군 평 역기세라. 황 산곡을 돌아드니 죽림 칠현이 다 모였네. 영척은 소를 타고, 맹호연은 나귀 타, 두 목지 본 연후, 백낙천 찾아가니, 장건은 승사로구나. 맹`동야 너른 들으 와룡강 중 들어가니, 학창의 혁대 띠고 팔진도 축지법을 흉장만갑허여 두고, 초당으 앉어 졸며 대몽시를 읊네그려, 헐일을 허여 가며 지내.

199 [보정] 소리 쫓아 내려가니 ; '가면극 현장에서 울려 퍼지는 소리를 따라 내려가니'라는 말이다.

(여덟재목이한참춤을출때에
退場하엿든먹중七人이一齊히
登場한다.   먹중八人이한데엉
키여서 各自의長技춤을 各各
한부로춘다.   六角은打令曲과
굿거리曲을석거서伴奏한다.
먹중八人은 이와같이뭇동
춤²⁰³을추고모다退場한다.)

(여덟째목이 한참 춤을 출 때에
퇴장하였던 먹중 칠 인이 일제
히 등장한다.
먹중 팔 인이 한데 엉키어서
각자의 장기 춤을 각각 함부로
춘다.
육각은 타령곡과 굿거리 곡을
섞어서 반주한다.
먹중 팔 인은 이와 같이 뭇동춤
을 추고 모두 퇴장한다.)

---

200 [보정] 풍류정이 분명키로 ; 풍류정이 분명하여, 즉 가면극 공연 공간을 '풍류정'이라고 비유한 것이다.

201 [보정] 한번 놀고 가려든 ; 노랫조로 실현되는 대목의 마지막 구절이 불림으로 활용되었다.

202 萬事無心一釣竿(만사무심일조간) ; 엄자릉의 기상을 노래한 송 대복고(戴復古)의 시 '조대(釣臺)'를 원용한 것이다. 엄자릉이 은거하여 낚시한 일은 후대에 대표적인 은자로 회자되었다. 엄자릉은 엄광(嚴光)이다. 엄광은 본래 성이 장(莊)씨인데, 한나라 명제(明帝)의 이름을 피하여 엄(嚴)으로 바꾸었다. 어릴 적 후한의 광무제 유수(劉秀)와 함께 뛰놀며 공부한 사이였다. 광무제가 왕망(王莽)을 제압하고 제위에 오르자 모습을 감췄다. 광무제가 사람을 시켜 찾아보게 했더니 '양가죽 옷을 입고 못에서 낚시하고 있다 披羊裘, 釣澤中'고 하였다. 광무제는 세 번이나 사람을 보내 그를 조정으로 불러들였다. 광무제가 그에게 벼슬을 내리자 엄광은 벼슬을 받지 않고 부춘산(富春山)으로 들어가 몸을 숨겼다. 엄광이 은둔한 곳을 엄릉산(嚴陵山) 또는 엄릉뢰(嚴陵瀨)라 하며, 낚시하던 곳을 '엄릉조대(嚴陵釣臺)'라 부르기도 한다. 절강성(浙江省) 동려현(桐廬縣)의 서쪽 부춘산(富春山)에 역시 엄자릉조대(嚴子陵釣臺)가 있다.

　　[참고] '조대(釣臺)'

　　萬事無心一釣竿　　세상만사 뜻이 없어 오직 낚싯대 하나뿐
　　三公不換此江山　　삼공 벼슬 준다 한들 이 강산과 바꿀쏘냐.
　　平生誤識劉文叔　　평생에 유문숙 그대를 잘못 알아
　　惹得虛名滿世間　　부질없는 이름만 세상 가득 날렸구나.

203 [보정] 뭇동춤 ; '합동춤'이라고도 한다. 뭇동춤은 탈판에 나온 팔목이 흩어져 서서 각자 추었던 개인춤을 중심으로 군무를 추는 것으로 공동체를 형성하는 화합의 춤을 추는 것을 의미한다고 한다. 정병호는, 뭇동춤은 일제히 불림을 하고 잦은 타령에 맞추어 한동안 각자 추다가 또다시 일제히 불림을 하고 '앉아뛰기 외사위', '앉아뛰기 겹사위', 도무하면서 '외사위', '겹사위', '연풍대', '까치걸음' 등 활달한 건무(健舞)를 추다가 원무(圓舞)로 돌면서 퇴장한다고 한다.

4. '제삼장 사당무'의 복원

第三場 社黨舞[1]

이場面은 그절(寺)附近의村落에왓든 거사社黨[2]—團으로하야금 老僧의마음을 간즈려[3]보는 것이다.

제삼장 사당무

이 장면은 그 절(寺) 부근의 촌락에 왔던 거사 사당 일단으로 하여금 노승의 마음을 간질여[4] 보는 것이다.[5]

---

1 [보정] 일반적으로 사당춤은 사당패의 전문 춤꾼들인 사당들이 추던 춤으로서 민족적인 흥취와 특색 있는 춤가락들을 적지 않게 포함하고 있다. 지금까지 전하여 내려오는 '사당춤'은 의상과 소도구에서 자기의 특색을 가지고 있다. 이 춤은 남자 2명과 여자 1명이 추는데 남자는 머리에 수건을 매고 날개 달린 쾌자에 넓은 소매옷을 입고 바지는 행전으로 꽉 조여매어 날씬하다. 여자는 고깔을 쓰고 긴 치마를 입고 쾌자를 걸쳤다. 그리고 소도구는 남녀가 다같이 색깔이 있는 큰 접이부채를 들었다. '사당춤'은 의상과 소도구에서뿐만 아니라 춤가락에서도 자기의 고유한 특징을 가지고 있다. 무용은 굿거리장단에 맞추어 추는 부분과 휘모리장단에 맞추어 추는 부분으로 나뉘어져 있다. 굿거리장단에 맞추어 추는 부분에서는 깊은 굴신과 함께 부채를 시원스럽게 접었다 폈다 하는 팔 동작, 무릎을 높이 들면서 뒤로 혹은 사선으로 걸어가는 근기 있는 발디딤, 앞으로 나갈 듯하다가 몸을 뒤로 젖히는 전주르기 등과 같은 동작들로 하여 아름답고 우아하면서도 멋들어지고 건드러진 감을 준다. 이와 반대로 휘모리장단에 맞추어 추는 대목에서는 남녀 사당들이 벼락같이 돌아가는 원돌기, 남자 사당이 접은 부채로 무릎과 어깨를 신바람 나게 치며 교체하는 동작 등과 같은 춤가락들로 하여 매우 활달하고 경쾌하면서도 시원한 감을 준다.
　사당무의 춤장단은 주로 만장단과 세마치다. 만장단은 국악 장단의 하나다. 빠르면서도 활발하고 흥취가 있는 장단으로 보통 매구를 비롯한 무용곡에 많이 쓴다. 세마치는 민요·판소리·농악 등에서 사용하는 장단의 하나. '세 번 마친다', 즉 세 번 친다는 뜻이다. 민요에서는 '양산도'·'긴방아타령'·'진도아리랑'·'한오백년'·'강원도 긴아리랑'·'밀양아리랑'·'도라지 타령'·'아리랑' 등에 사용되고, 3분박 좀 느린 속도의 3박자로 되어 있다. 민요에서 이 장단으로 된 곡은 활기찬 느낌을 주며, 판소리에서는 자진진양을 말하고, 3분박 보통 빠른 속도의 6박인 8분의 18박자 장단이다. 그러나 한배(빠르기)만 다를 뿐 치는 방법은 느린 진양과 같다. 정응민(鄭應珉)제 심청가의 '심봉사 망사대(望思臺) 찾아가는' 대목과 적벽가의 '옳더니라 옳더니라' 대목이 대표적인 예이다. 판소리에서 이 장단을 쓰는 곡은 꿋꿋한 느낌을 준다. 농악에서는 징을 세 번 치는 자진삼채가락을 말한다. 3분박 좀 빠른 속도의 4박인 8분의 12박자의 장단으로 자진모리장단과도 같다. 두레굿이나 마을굿과 같은 소박한 농악에서는 첫 장단은 꽹과리를 치고, 둘째 장단은 꽹과리와 함께 징을 3점 친다. 걸립패의 판굿과 같은 세련된 매구에서는 이 장단을 '덩덕궁이'라고도 하며, 꽹과리로 다양하게 변주하여 치고, 징은 첫 박에만 한 점을 친다. 매구에서의 이 장단은 매우 흥겹고 씩씩한 느낌을 준다. 이렇게 본다면 이 장면은 빠르고 활달하고 씩씩하여

흥겨운 느낌을 준다고 할 수 있다.

2 거사社黨(사당) ; '사당'의 취음이다. 寺黨, 社堂, 舍黨, 社長 등으로 표기되었다. 가무희로써 유랑하던 예인집단을 일컫는다. 이곳저곳 떠돌아다니며 온갖 노래와 춤을 연행하였던 집단을 말하는 고유어이다. 일찍이 '남사당'이 있었는데 '男寺黨', '男社堂' 등으로 표기되었다. 본래 불문에서 헌신적인 봉사와 염불에만 전심할 목적이었으나 차츰 속가(俗歌)를 부르는 쪽으로 변모하였다. 원래 사당패라고 하였는데, 여자 중심의 집단이었기에 여사당이라는 명칭이 붙었고, 후대에 이르러 남자 중심의 집단을 남사당이라 한 것으로 추정된다. 사당패의 조직은 대체로 남자가 집단의 우두머리격인 모갑이와 거사(居士)로 구성되고, 거사 밑에 사당이 있었다. 그런데 모갑이나 거사는 사당의 기생자들이었다. 이러한 점으로 볼 때에 여사당과 남사당을 별개의 것으로 볼 필요는 없다고 판단된다. 군이 구별한다면 여사당이 노래와 춤 중심이었다면 남사당은 풍물, 버나, 살판, 어름 등과 같은 재주 중심이었다고 생각된다. 전신재의 「居士考」에 의하면 조선 전기 거사는 다음과 같은 동태를 보였다. 중도 아니고 속인도 아닌 비승비속의 집단이고, 승려를 비롯해서 관리, 군인, 노비 등이 이 집단을 형성했으며, 서울 및 지방에 존재했고, 도성 안에 절도 아니고 집도 아닌 사(社)를 짓고 불사를 행했으며, 사람들을 모아놓고 징과 북을 치며 가무를 하였다. 후기에 이르러서는 갑자기 수가 불어났고, 유랑하였다고 한다. 이들 무리를 거사사당배라고 불렀다고 하니 거사와 사당은 별개가 아니다.

3 [보정] 간즈려 ; '간질여'가 옳다.

4 [보정] 간질여 ; 여기서는 마음을 떠본다는 뜻으로 쓰였다.

5 [보정] 이 장면은 그 절(寺) 부근의 촌락에 왔던 거사 사당 일단으로 하여금 노승의 마음을 간질여 보는 것이다. ; 이 장면이 다음 장면인 노장춤과의 연계성을 암시해주는 대목이다. 여기서 '거사社黨一團'은 이두현본에 '鳳山탈춤 臺詞 後記'에 보면 '호래비거사 一名 「가무기」먹중탈로 共用. 거사 六 먹중탈로 共用.'이라고 한 점으로 보아 본래 팔목춤에서 등장하였던 팔목 중에서 6인이 역할을 담당하였던 것으로 생각된다. 그리고 홀아비거사는 노장춤의 노장 – 혹은 老僧 – 을 지칭하는 또다른 등장인물 기호일 것이다.

'그 절(寺) 부근의 촌락에 왔던'은 사당패에 대한 연극사회학적 접근이 필요한 대목이다. 사당패들은 19세기 전기에 이르기까지의 오랜 역사적 기간에 걸쳐 광범한 지역의 도시와 농어촌들에서 다양한 가무활동을 벌였다. 그리하여 17~19세기에는 사당패들의 활동에서 일대 전성기를 이루었다. 사당패들은 중부지방을 비롯하여 서부지방과 남부지방의 여러 도시들과 농어촌 등 전국 각지에서 활동하였으며 산골짜기들에 자기들의 활동본거지인 '본산'을 두고 있었다. 원래 '본산'이라고 하면 한 불교종파의 절간체제에서 여러 작은 절간[말사]들을 총관할하는 큰 절간[본사]을 말한다. 그러나 사당패들의 본산은 각지를 돌아다니며 순회공연을 하던 사당패들이 일상적으로 생활하며 공연종목을 준비하는 본거지로서 그것은 많은 말사들을 관할하는 불교 중들의 본산과는 본질적으로 구별되었다. 사당패들의 본산은 비록 절간이기는 하였으나 부처를 공양하는 곳은 아니었으며 그들의 생활조건을 보장해주고 예술활동에 유리한 조건을 마련해 주는 보금자리였다. 사당패들은 그 수가 급격히 늘어남에 따라 본산인 절간뿐 아니라 그 부근의 일부 마을에도 본거지를 두었다. 이리하여 '사당골'이라는 이름을 가진 마을들이 생기게 되었는데 사당골은 본산과 깊은 연계를 가지고 있었다. 당시에 생겨난 사당패의 본산과 사당골로서 유명한 것은 경기 안성 청룡사와 그 부근의 청룡사당골, 고양 진관사, 양주 보광사, 여주 신륵사와 그 사당골, 황해도 문화 구월산의 패엽사와 그 근처의 사당골, 경상도 하동 쌍계사와 그 부근의 사당골, 전라도 강진 정수사와 그 부근의 사당골, 경상도 남해 화방사와 그 부근의 사당골, 충청도 서산 개심사와 그 부근의 사당골 등이었다. 이러한 점에 유의한다면 이 봉산가면극에 등장한 '거사社黨一團'은 외래의 연회집단이거나 '거사社黨一團'의 연회를 원용한 것일 것이다.

(홀아비거사―人이 시래기집[6]
을지고 打令曲의伴奏에마추
어 춤을추면서登場하야 뭇동
춤[7]이라는춤을되는대로한부로
춘다. 이때에거사六人이어엽
분社黨―人을다리고登場한
다. 거사―人은社黨을업고 거
사五人은그뒤에따라場內의中
央으로들어와서 社黨을땅에나
려노코 거사六人이모다 社黨
의겻트로모여선다.)

(홀아비거사는 거사社黨―團
의登場하는것을보고 엇지할
바를몰나서 이리저리로왓다갓
다한다.)

(홀아비거사 일인이 시래기집
을 지고 타령곡의 반주에 맞추
어 춤을 추면서 등장하여 뭇동
춤이라는 춤을 되는 대로 함부
로 춘다.

이때에 거사 육인이 어여쁜 사
당 일인을 데리고 등장한다.

거사 일인은 사당을 업고[8] 거사
오인은 그 뒤에 따라 장내의 중
앙으로 들어와서 사당을 땅에
나려 놓고 거사육인이 모두 사
당의 곁으로 모여 선다.)

(홀아비거사는 거사 사당 일단
의 등장하는 것을 보고 어찌 할
바를 몰라서 이리저리로 왔다
갔다 한다.)

---

6 [보정] 시래기집 ; 무청을 말린 것을 시래기라고 한다. 이두현 채록 보고서에 '호래비거사는 가마니나 거적을 달
아서 둘러멘다.'라고 한 것으로 보아 여기서 시래기집이라고 한 것은 시래기짐을 졌거나 가마니나 거적을 두고
이른 듯하다. 『동국세시기(東國歲時記)』 정월 상원에 의하면 박나물·버섯 등의 말린 것과 대두황권(大頭黃
卷)·순무·무우 등을 묵혀 두는데 이것을 진채(陳菜)라 한다고 했다. 이러한 것들은 이 날 나물로 무쳐서 먹는
다고 했다. '대체로 외고지·가지고지·시래기 등도 모두 버리지 않고 말려 두었다가 삶아서 먹는데, 이렇게 하
면 여름 동안 더위를 먹지 않는다(凡瓜顱茄皮蔓靑葉 皆不棄曬乾 亦爲烹食 謂之不病署)'고 했다. 그리고 『평
양지』에 의하면 묵은 나물에 고추잎나물, 고비나물, 구엽초나물, 고사리나물 등이 있는데 이것을 검정나물이라
고 하며 그것을 정월 보름 명절 아침에 찰밥과 함께 먹으면 그 해에 건강하여 앓지 않는다고 하였다. 여기에서
등장하는 시래기짐은 이러한 입장에서 조망하여야 할 것으로 본다.
7 [보정] 뭇동춤 ; 봉산가면극과 은율 가면극에서, 팔목들이 함께 추는 춤이다. 합동춤이라고도 한다.
8 [보정] 거사 일인은 사당을 업고 ; 임석재본에서는 가마에 태워서 등장시킨다.

거사 甲. 「술넝수—.」 (樂의伴奏는굿친 다.)

거사 乙·丙·丁·戊·己. (五人一齊히) 「에—잇.」

거사 甲. 「홀아비거사잡아들여라.」

거사 乙·丙·丁·戊·己. 「에—잇.」 (小鼓, 長鼓, 錚, 꽹매기⁹等의樂器를 各各울니며 응덩이춤을추면서 홀아비거사를붓잡으랴고 場內를쪼차다닌다. 홀아비거사는 한참쫏겨 다니다가場外로逃亡한다.)

　(社黨과六人의거사는 한데엉키어 놀냥歌를合唱하면서 樂器를울니며亂舞한다. 이노래 全部가끗나자모다退場한다.)

거사 갑. 「술넝수—¹⁰.」 (악의 반주는 그친다.)

거사 을·병·정·무·기. (오인 일제히) 「에—잇.」

거사 갑. 「홀아비거사 잡아들여라.¹¹」

거사 을·병·정·무·기. 「에—잇.」
　(소고, 장고, 쟁, 꽹매기 등의 악기를 각각 울리며 엉덩이춤¹²을 추면서 홀아비거사를 붙잡으려고 장내를 쫓아다닌다.

　홀아비거사는 한참 쫓겨 다니다가 장외로 도망한다.)

　(사당과 육인의 거사는 한데 엉키어 놀량가¹³를 합창하면서 악기를 울리며 난무한다.¹⁴ 이 노래 전부가 끝나자 모두 퇴장한다.)

---

9 꽹매기 ; ‘꽹과리’의 방언이다.

10 [보정] 술넝수— ; 악을 그치라는 소리다. 불림과 같은 기능을 한다.

11 [보정] 홀아비 거사 잡아들이기는 무엇인가. 노승의 마음을 어떻게 건드려보는 것인가. 이와 같이 연구가 어려운 대목이 몇 군데에 있다. 이를 해명함이 탈춤의 정체를 보다 분명히 하는 일이다.

12 [보정] 엉덩이춤 ; 허튼춤의 하나이다. 정병호는, 이 장면은 허튼춤이 주조를 이룬다고 한다. 매우 기쁘거나 신이 나서 엉덩이를 들썩들썩하는 짓 혹은 엉덩이를 흔들며 추는 춤을 말한다. 허튼춤은 일정한 형식에 매이지 아니하고 자유로이 추는 흐트러진 춤이다. 여럿이 어울려 추되 각자가 흥과 멋에 겨워 추는 것으로, 크게 입춤과 병신춤인 잡기춤으로 나뉜다. 허튼춤은 매구나 탈춤, 소리춤과 같은 대동 춤판에서 추는 즉흥적인 개인 춤이라고 한다.

13 놀량가 ; ‘놀량’을 말한다. ‘놀령’이라고도 한다. 경기나 서도의 산타령의 첫째 곡을 말한다. 경기 산타령은 일정한 장단 없이 느린 속도에 의하여 넓은 음넓이에 높은 소리와 가성(假聲)을 많이 쓴다. 서도 산타령에는 세마치

장단, 도들이 장단, 잦은 타령 장단 등으로 친다. 서도 산타령의 놀량 가사는 다음과 같다.

에라디여 어허야 요홀 네로구나. 녹양(綠楊)에 벋은 길로 북향산(北香山) 쑥 들어도 간다.

에헤에헤이에—어허야 요홀 네로구나.

춘수(春水)는 낙락 기러기 나니 훨훨 낙락장송이 와자지끈 딱 부러졌다. 마들가지 남아 지화자자 좋을씨구나. 지화자자 좋을씨구나.

얼씨구나 좋다 말 들어도 보아라.

인간을 하직하고 청산을 쑥 들어도 간다. 에헤에 에이에 어허야 요홀 네로구나.

황혼 아니 거리검쳐 잡고 성황당 숭벅궁새 한 마리 낡에 앉고, 또 한 마리 땅에 앉아 네가 어디메로 가자느냐. 네가 어디메로 가자느냐. 이 산 넘어가도 거리숭벅궁새야 저산 넘어가도 거리숭벅궁새야 에.

어린 양자(樣姿) 고운 태도 눈에 암암(暗暗)하고 귀에 쟁쟁. 비나이다 비나이다. 비나니로구나. 소원성취로 비나니로구나. 에—

삼월이라 육구 함도(六衢咸道) 대삼월이라 얼씨구나 절씨구나. 담불담불이 생긴도 사랑 사랑 내 사랑아.

남창에 북창을 열고나 보니 담불담불이 쌓인 사랑 기암(奇巖)에 고송(古松)에 기어나 올라 휘휘 칭칭도 감긴도 사랑.

사랑초 다방초 홍두께 넌출넣출이 박넌출이 이내 가슴에 맺힌다. 사랑에 에—

나엘 네로구나. 아하 아하. –『한국가창대계』(이창배)

14 [보정] 사당과 육인의 거사는 한데 엉키어 놀량가를 합창하면서 악기를 울리며 난무한다. ; 정병호는, 이때 허튼 춤을 춘다고 한다. 원래 악기를 연주하며 춤을 추는 것이다. 현재 이렇게 실현되는 사례는 없다.

5. '제사장 노승무'의 복원

第四場 老僧舞

이場面은 小巫¹, 八墨僧, 老僧, 醉發², 鞋商等이登場하야 老僧의破戒를表現하는 것이다.

제사장 노승무³

이 장면은 소무, 팔묵승, 노승, 취발, 혜상 등이 등장하여 노승의 파계를 표현하는 것이다.⁴

---

1 [보정] 小巫(소무) ; '少巫'로 채록되기도 하였다. 무당과 관련하여 설명되기도 하는데, 『경도잡지(京都雜誌)』의 '야희(野戲)는 당녀(唐女) 소매(小梅)로 분하고 춤을 춘다. [중략] 소매는 옛날 미녀의 이름이다.'라는 기사에 나오는 '小梅'를 염두에 두어야 할 것이다. 즉 '小巫'는 '小梅'의 동일한 표기이다.

2 [보정] 醉發(취발) ; 일반적으로 술에 취하여 지지벌개가지고 다니기에 이러한 이름이 붙었다고 한다.

　　그런데 다음과 같은 사실을 염두에 두어야 한다고 본다. 은율가면극에서는 '최괄이'라 하였고, 이를 이두현은 취발이와 같이 보았다. 손진태의 『校註 歌曲後集』 권제육 농가월령가(農家月令歌) 시월령을 보면 '李風憲 金僉知는 준말믲亽고 崔勸農 姜約正은 체궐이춤을 춘다.'라는 대목이 보인다. 여기의 '체궐이춤'을 주목할 일이다. 또한 중국의 팔선(八仙) 가운데에 술을 잘 먹는 철괴리(鐵拐李)가 나오는데, 박지원의 '광문자전'에 나오는 광문이도 철괴리춤에 능했다고 하였다. 따라서 철괴리, 체궐이, 최괄이, 취발이 등은 동일 대상, 혹은 동일한 관념이 작용하고 있는 대상에 대한 상이한 표기라고 보아야 할 것이다. 『퇴계원산대놀이 연희본』에서 다음과 같이 설명하고 있다.

　　[참고] 취발이 : 취발이는 노총각으로 절에서 밥 짓고 물 긷는 일을 하는 불목한. 임석재는 그의 회고록에서 '취발이도 그냥 한글로 써야 할 것을 한자로 썼는데, 그 당시 막연히 취한 것 같은 인물이 연상이나 취발(醉發)이라고 했다'고 하였는데, 취발이 대사에 '술 서너 잔 먹어 얼굴이 지지벌거너깐….'라는 대목이 있다. 같은 역이 은율가면극에서만은 '최괄이'로 되어 있다. 최괄이는 사설시조 <관등가(觀燈歌)>에 '사자(獅子) 탄 체괄(體适)이요 호랑(虎狼)이 탄 오랑캐(兀良哈)와…'로 보이는 그 '체괄'에서 최괄(崔适)로 바꾼 말이 아닌가 생각된다. 최괄은 오랑캐의 이름이라고 하였는데 (鄭炳昱 編, 『時調文學事典』, 524쪽)오랑캐는 야만스러운 종족이란 뜻으로 침략자를 업신여겨 부르던 말이다. 고려 말부터 조선 전기에 걸쳐 두만강 연변이나 그 북쪽지방에서 살던 여진족(女眞族)을 이르던 말이다. 그러나 원래는 북부 만주에서 시베리아 남쪽에 걸친 삼림 속에 살던 수렵민(狩獵民)의 범칭(汎稱)이다. 그러기에 힘세고 용맹스런 '사자탄 체괄이요'라고 읊었고. 다시 은율가면극에서는 '최괄'로 취발이의 배역명으로 정하지 않았나 생각된다. <농가월령가(農家月令歌)> 10월령의 1절에 '체달이 춤을 춘다.'라고 있는데 이 체달이 춤이 '체괄(體适)이 춤'으로도 표기된 곳이 있어 취발이의 옛 표기로 생각된다는 의견도 있다. -서연호, 『山臺탈놀이』, 78쪽.

3 [보정] 정병호는, 이 장면의 춤은 염불, 굿거리, 잦은타령을 장단으로 하며, 춤은 '근경사위', '육환장을 떼어내려는 사위', '부채로 공을 드리는 사위', 육환장을 어깨에 메고 '뒷걸음으로 접근하는 사위', '부채 펴서 소무를 보는

(小巫二人이 花冠몽두리⁵로 燦
爛하게차리고 各各가마바탕⁶
을타고 먹중八人에게떠바치어
登場하야 打令曲의伴奏에마
추어 먹중들과같이花麗한춤을
춘다. 이러는동안에老僧이松
낙⁷을쓰고 먹長衫⁸우에紅袈
裟⁹를메고¹⁰ 百八念珠를목에
걸어고 남모르게슬적이入場하
야 한편구석에서四仙扇¹¹으로
얼골을가리우고 六環杖¹²을집
고가만히선다. 먹중들은小巫
二人과같이 한참춤을추다가
그中한사람이老僧의서잇는便
을바라보고 깜작놀낸다. 이때
에樂의伴奏와舞는긋친다.)

(소무 이인이 화관몽두리로 찬
란하게 차리고 각각 가마 바탕
을 타고 먹중 팔 인에게 떠 바치
어 등장하여 타령곡의 반주에
맞추어 먹중들과 같이 화려한
춤을 춘다.¹³
이러는 동안에 노승이 송낙을
쓰고 먹장삼 위에 홍가사를
메고 백팔염주를 목에 걸고
남모르게 슬적이 입장하여 한
편 구석에서 사선선으로 얼굴
을 가리고 육환장을 집고 가
만히 선다.
먹중들은 소무 이인과 같이 한
참 춤을 추다가 그 중 한 사람이
노승의 서있는 편을 바라보고
깜작 놀랜다. 이때에 악의 반주
와 무는 그친다.)¹⁴

사위', '어깨춤사위', '소무 뒤에서 등을 대는 근경사위', '고개잡이', '염주를 소무 목에 거는 사위', '단장하는 갖가
지 사위', '개구리 뛰기', '소무어르기', '풍구질 사위', '취발이와 대무하러가는 사위', '취발이와 싸우는 사위' 등이
있고, 소무의 춤도 염불, 굿거리, 잦은타령을 장단으로 한다고 한다.

4 [보정] 여기서는 '노승의 파계를 표현한 것'이라 하였는데, 이렇게 볼 만한 근거는 뚜렷하지 않다. 채록자의 선입
견이 개재된 기사로 생각된다. 임석재본에는 이 기사는 없다. 일부 기존 연구에서도 이 기사를 근거로 하였을
뿐이다.

5 [보정] 花冠(화관)몽두리 ; '화관'과 '몽두리'를 말한다. 화관은 여자가 예식용으로 쓰는 조그마한 관을 말한다. 족
두리는 갖가지 보석으로 화려하게 장식하지만, 화관은 앞뒤로 걸치는 양(梁) – 굴건(屈巾)이나 금량관(金梁冠)
이 등의 앞이마에서부터 우뚝 솟아 둥긋하게 마루가 져서 뒤에 닿은 부분이다. – 있고, 자디잔 구슬 꿴 깃을
여러 개 달아 걸을 때마다 간들간들 흔들리는 보요(步搖)가 있다. 혼례 때에 족두리를 쓰고 일반 의식에서는
화관을 쓴다. 몽두리는 기생이 잔치에 나아가는 정식 차림을 말한다. 초록색으로 원삼 비슷이 지어입고 끝 띠를
등 뒤로 매어 드리운다. 맞섶의 포(袍)로 소매 끝에 오색의 한삼 소매를 단다.
의상이다. 원래 이와 같은 차림이었는가는 연구 과제다.

6 [보정] 바탕 ; 물체의 뼈대나 틀을 이루는 부분을 말한다. 여기서는 '가마 바탕'이라 하여 관용적으로 쓰였다.

7 松(송)낙 ; 송라립(松蘿笠)을 말한다. 소나무 겨우살이로 만든 여승(女僧)의 쓰개다. 차양을 넓게 하여 햇빛이나 비를 막는데 쓰인다. 승려가 평상시에 납의(衲衣)와 함께 착용하는 모자다. 소나무 겨우살이, 즉 소나무에 기생하는 지의류(地衣類)인 송라로 짚주저리 비슷하게 엮는데, 위는 촘촘히 엮고 아래는 15㎝쯤 엮지 않고 그대로 둔다. 위는 뾰족한 삼각형이나 정수리 부분은 뚫려 있다. 기본형상은 상고시대의 고유관모인 변(弁)과 비슷하다.

8 먹長衫(장삼) ; 두루마기 길이에 큰 소매를 단 스님의 웃옷이다. 장삼은 정중한 옷이라 검은 물을 들여 '먹장삼'이라고 부르기도 한다.

9 紅袈裟(홍가사) ; 장삼 위에 걸치는 외웃자락을 말한다. 붉은 천을 조각보 모양으로 모으는데 두 줄로 이어 호은 속은 모두 통하게 짓는다. 가사(袈裟)는 대체로 붉은 색이다.

10 [보정] 메고 ; '어깨에 걸치거나 올려놓고'라는 뜻이다. 여기서는 '홍가사를 걸친다.'는 말이다.

11 [보정] 四仙扇(사선선) ; 사선(四仙)을 그린 부채다. '사선(四仙)'이 누구인지는 분명하지 않다. 부채를 제작하는 입장에 따라 다르게 나타난다고 한다. 여기서 사선은 사벽도(四壁圖)에 등장하는 인물을 말하는 것이 아닌가 한다. 소도구이다. 참고로 궁중무용(宮中舞踊)인 일명 사선악부(四仙樂部) 혹은 사인취무(四人醉舞)로 사선무(四仙舞)가 있다. 신라 때 산수를 찾아 돌던 영랑(永郎)·술랑(述郎)·안상(安詳)·남석행(南石行)등을 사선이라 불렸고, 금강산(金剛山)에는 이와 관련된 무선대(舞仙臺)라 부르는 곳이 있어, 이들에서 연유되어 이름 지어진 것이다. 사선무는 여기(女妓) 2명이 각기 연꽃 한 가지씩을 들고, 앞에서 1대가 되고 4명이 뒤에서 2대를 지으며 풍경곡(豊慶曲) 등에 맞추어 북쪽을 향해서 춤을 춘다. 사선무는 1829년(순조 29)에 세자가 이를 개작한 것이 있다. 이 '사선무'의 영향으로 등장한 소도구로 추정된다.

12 [보정] 六環杖(육환장) ; 소도구의 하나다. 석장(錫杖)이라고도 한다. 머리에 쇠로 불탑을 장식하고 여섯 개의 쇠고리가 달린 중이 짚는 지팡이다. 쇠고리는 쇳소리를 내어 야수를 퇴치하기 위한 것이라 하는데, 어떤 종교적 심성과 관련이 있는 듯하다.

13 [보정] 소무 이인이 화관몽두리로 찬란하게 차리고 각각 가마 바탕을 타고 먹중 팔 인에게 떠 바치어 등장하여 타령곡의 반주에 맞추어 먹중들과 같이 화려한 춤을 춘다. ; 여기서 살펴 볼 일은 '소무이인'이 먹중들과 춤을 춘 뒤에 퇴장하는가의 문제이다. 임석재본에는 다음과 같이 채록되었다.

> 소모<小巫> : (二人 登場. 花冠몽두리를 쓰고, 劍舞服을 입었다. 八먹중이 이 小巫둘을 各各 가마에 태워 들어와, 場內 中央쯤 와서 내려놓는다. 小巫는 가마에서 내려와서 먹중들과 어울려서 打令曲에 맞추어 춤을 춘다. <u>이렇게 추는 동안 小巫는 場內의 한편으로 닥아 서서 손춤을 추다가, 먹중과 老丈 사이에 여러 가지 일이 일어나게 되면 適當한 時期에 살며시 退場한다.</u>)

오청본과 비교해 보면 소무 이인이 여덟 목과 춤을 추는 것은 동일하나, '소무 이인'이 도중에 퇴장한다는 점이 다르다. 이 장면의 후반부에 다시 소무 이인이 등장하여 노승[혹은 노장]과 함께 어울리게 된다. '소무 이인'이 퇴장함은 분명치 않다. 뒤에서 '(먹중들이 모다 퇴장하자 소무이인은 장내의 중앙에서 염불장단의 반주에 맞추어 화려한 춤을 추기 시작한다.)'라고 채록된 것으로 보아 이 대목에서 소무 이인이 퇴장하는 것이 아닐 것이다. 그런데 이두현본에서는 소위 '제1경 노승춤'에서는 노장에게 천변수륙재를 지낸 다음에 소무가 등장하는 것으로 다음과 같이 채록되었다.

> 목중들 : 오냐. <u>(염불곡이 일제히 다시 시작되면서 장고 북 꽹과리 등을 치면서 소생한다 그것을 본 목중들 전원 퇴장하여 소모의 가마를 메고 들어온다.)</u>
>
> 소 모 : (화려하게 치장하고 머리엔 족두리를 썼다 부채로 얼굴을 가리고 얌전히 가마위에 앉아있다)
>
> 목중들 : (등롱을 둘을 앞세우고 네 사람이 가마를 메고 뒤에 일산을 받쳐 들었다 타령곡으로 들어온다 노승과 어느 정도의 거리를 두고 가마를 내려놓는다)
>
> 소 모 : (부채를 그 자리에 놓고 가마에서 내려선다)
>
> 목중들 : <u>(소모가 내리면 가마를 들고 반대편으로 일제히 퇴장한다)</u>
>
> 소 모 : (목중들이 퇴장하면 도도리곡이 나온다 춤을 추기 시작한다 <소모와 사이엔 일체 말이 없이 그

初目.[15] 「아나야—[16].」

墨僧들. 「그래와이[17].」

初目. (老僧을가르치면서) 「저東便을 바라보니 비가오실나는지 날이흐렷구나.」

二目. 「내가 한번가서보고올거나.」 (춤을추며 老僧을갓가히가보고도라와서)

「아나야—.」

墨僧들. 「그래와이.」

二目. 「내가 이제가보니 날이흐린것이 안이라 甕器匠이[18]가 甕器짐을버트여놋드라.」

三目. 「아나야—.」

墨僧들. 「그래와이.」

三目. 「내가 한번가서仔細히보고올나[19].」 (老僧잇는곳으로갓가히가서 老僧을바라보고도라와서.)

초목. 「아나야—.」

묵승들. 「그래 와이.」

초목. (노승을 가리키면서) 「저 동편을 바라보니 비가 오시려는지 날이 흐렸구나.[20]」

이목. 「내가 한번 가서 보고 올거나.」 (춤을 추며 노승을 가까이 가보고 돌아와서)

「아나야—.」

묵승들. 「그래 와이.」

이목. 「내가 이제 가보니 날이 흐린 것이 아니라 옹기장이가 옹기짐을 버텨 났더라.[21]」

삼목. 「아나야—.」

묵승들. 「그래 와이.」

삼목. 「내가 한번 가서 자세히 보고 올나[22].」 (노승 있는 곳으로 가까이 가서 노승을 바라보고 돌아와서.)

들의 심중을 춤과 행동으로만 표현한다〉)

　그러니까 오청본이나 임석재본에서처럼 이 장면이 시작될 때에는 소무는 등장하지 않는다는 점이 이두현본이 다르다. 결국 두 가지 연출 방법을 상정할 수 있다. 노장과 팔목들이 소무 2인을 가마에 태워 등장하면서 시작하는 방법이고, 다른 하나는 먼저 팔목과 노장이 등장하여 전개한 다음 나중에 소무 2인이 가마를 타고 등장하는 방법이다. 전자는 앞으로 전개될 장면이 예고된다는 점이 후자와 다르다. 우리 가면극연구에 있어서 지속적인 탐구가 필요한 부면이다.

14 [보정] 이 기사는 연출[연기]법을 말한 것이다. 공연 집단 안에서 구술로 전승되어오던 것이기 때문에 상세하지 않다.

15 [보정] 初目(초목) ; 제2장에서는 '첫목'이라 하였다. 이와 같이 初目, 초목, 첫목, 첫째목, 첫째목중, 첫째묵승 등이 채록 자료에 따라서 혼재한다.

16 [보정] 아나야— ; 무리를 부르는 '여러분!'의 뜻이다. '아나'는 상대편의 분수에 맞지 않는 희망이나 꿈에 대하여 비웃거나 조롱할 때 쓰는 말이다.

「아나야—.」

墨僧들. 「그래와이.」

三目. 「내가 이제가서仔細히본즉 숫장
　　사가숫짐을벗트여놧드라.」

四目. 「아나야—.」

墨僧들. 「그래와이.」

四目. 「내가 한번가서 더仔細히보고올
　　나.」 (老僧에게로 갓가히가서보고
　　도라와서)

　　「아나야—.」

墨僧들. 「그래와이.」

四目. 「내가 이제가서 仔細히본즉 날이
　　흐려서大蟒이가나왓드라.」

墨僧들. 「大蟒이야?」 (큰목소리로말하
　　며깜작놀낸다.)

「아나야—.」

묵승들. 「그래 와이.」

삼목. 「내가 이제 가서 자세히 본즉 숯
　　장사가 숯짐을 버텨 놨더라.23」

사목. 「아나야—.」

묵승들. 「그래 와이.」

사목. 「내가 한번 가서 더 자세히 보고
　　올나.」
　　　(노승에게로 가까이 가서 보고
　　　돌아와서)

　　「아나야—.」

묵승들. 「그래 와이.」

사목. 「내가 이제 가서 자세히 본즉 날
　　이 흐려서 대망이가 나왔더라.24」

묵승들. 「대망이야?」
　　(큰 목소리로 말하며 깜작 놀랜다.)

---

17 [보정] 그래와이 ; 상대의 부름에 대한 답으로 '그래, 왜?'라는 말이다.

18 [보정] 甕器匠(옹기장)이 ; 옹기를 만드는 사람으로 여기서는 옹기를 팔러 나온 사람이라는 말이다.

19 [보정] 보고올나 ; '보고 오겠다'는 뜻이다.

20 [보정] 저 동편을 바라보니 비가 오시려는지 날이 흐렸구나 ; 무엇을 비유한 것이지 분명하지 않다. 노승탈이 검
은 빛이어서 '날이 흐렸다'하였다고 보는 입장이 있다.

21 [보정] 옹기장이가 옹기짐을 버텨 놨더라. ; 노장을 옹기장이에 빗댄 이유를 밝히는 것은 우리 가면극 대사를 해
명하는 데에 있어서 간과할 일이 아니다. 김일출 채록에는 '장마에 떠내려 와 걸린 것을 옹기장사라고 했더라'
라고 하였다. 이와 관련하여 토정 이지함 설화에 보면 옹기장사와 토정이 내기를 하는 이야기가 있다. 마을이
물에 잠길 정도로 비가 내려 온 마을 사람을 산마루로 피하게 하였는데, 옹기 장사가 마을 사람들 보다 아래에
옹기짐을 버티고 태연히 앉아 있었다. 이때 토정이 물에 잠길 것이라 피하기를 권하였는데, 물은 옹기장사 발목
까지 밖에 차지 않았다는 이야기다. 거꾸로 옹기장사의 위치에 토정이 앉아 있는 이야기도 있다. 여기서 토정과
옹기장사는 예지력을 가진 인물로 나타난다. 이 같은 사실을 생각해보면 옹기장사는 예지력을 가진 인물을 상
징적으로 보여주는 것이다. 결국 옹기장사의 상징적 의미는 소위 사은유화(死隱喩化) 되었을 가능성을 점칠 필
요가 있다. 속담에 '독장사 구구', '독장사 구구는 독만 깨뜨린다' 등이 있다는 점에서도 이 대사는 심상히 볼
일이 아니다.

22 [보정] 올나 ; '오겠다'는 뜻으로 여기서는 원자료 그대로 표기한다.

五目.「아나야―.」

墨僧들.「그래와이.」

五目.「내가 다시가보고올나.」(응덩이 춤을추면서 무서운모양으로엉긔정 거리며[25] 老僧잇는곳으로갓가히가 서 이리저리로살펴보고 깜작놀내 여땅에구을며[26]도라온다.)

墨僧들. (五目의땅에구을며도라아오는 樣을보고一齊히)

「야이놈지랄벗는구나. 야이놈지 랄벗는구나. 야이놈지랄벗는구나.」

五目. (땅에서 일어나면서)

「아나야―.」

墨僧들.「그래와이.」

五目.「事實이야 大蟒[27]이 分明하더라.」

오목.「아나야―.」

묵승들.「그래 와이.」

오목.「내가 다시 가 보고 올나.」 (엉덩이춤을 추면서 무서운 모 양으로 어기적거리며 노승 있 는 곳으로 가까이 가서 이리저 리로 살펴보고 깜작 놀래어 땅 에 구르며 돌아온다.)

묵승들. (오목의 땅에 구르며 돌아오는 양을 보고 일제히)

「야 이놈 지랄 벋는구나. 야 이놈 지랄 벋는구나. 야 이놈 지랄 벋는 구나.[28]」

오목. (땅에서 일어나면서)

「아나야―.」

묵승들.「그래 와이.」

오목.「사실이야 대망이 분명하더라.」

---

23 [보정] 숯장사가 숯짐을 버텨 놨더라. ; 무엇을 비유한 것인지 현재는 알 수 없다. 앞의 '옹기장이'와 같은 맥락에 서 해명되어야 한다.

24 [보정] 날이 흐려서 대망이가 나왔더라. ; 앞의 '옹기장이'와 '숯짐' 등과 같은 맥락에서 해명되어야 한다. '대망이' 는 곧 '이무기'를 말한다.

25 [보정] 엉긔정거리며 ; '어기적'이 옳다. '어기적어기적'에 '거리다'가 붙었다. 팔다리를 부자연스럽고 크게 움직이 며 천천히 걷는 모양이다.

26 [보정] 구을며 ; '구르며'가 옳다. '구을다'는 '구르다'의 고어투다. '구르다'는 '밑바닥이 울리도록 발을 내리 디디 다.'의 뜻인데, 여기서는 '오목'이 땅을 힘차게 내디디며 달려오는 모양을 두고 이른 것이다.

27 [보정] 大蟒(대망) ; 이무기를 말한다. 이무기는 한국의 전설에 등장하는 상상의 동물이다. 용이 되기 전 상태의 동물로, 여러 해 묵은 구렁이를 말하기도 한다. 차가운 물속에서 천년 동안 지내면 용으로 변한 뒤 꿩음과 함께 폭풍우를 불러 하늘로 날아올라간다고 여겨졌다.

28 [보정] 야 이놈 지랄 벋는구나. 야 이놈 지랄 벋는구나. 야 이놈 지랄 벋는구나. ; '지랄 벋는구나.'는, 지랄을 떨다, 혹은 지랄을 부리다, 혹은 지랄을 친다는 말이다. 반복적으로 실행하고 있다.

'지랄'은 마구 법석을 떨며 분별없이 하는 행동을 속되게 이르는 말이다. 지랄병을 말하기도 한다. 여기서 지

六目. 「아나야—.」

墨僧들. 「그래와이.」

六目. 「사람이 이러케만히모엿는데 大
蟒이란말이웬말이냐. 내가한번가
서자세히보고올나.」(勇猛스럽게
춤을추며 老僧의앞흐로가서 슬금
슬금 머리로老僧을부닷처본다.)

老僧. (얼굴을가리운扇을흔들흔들한다.)

六目. (놀내여도라와서)

　　「아나냐—[29].」

墨僧들. 「그래와이.」

六目. 「大망이니 옹긔짐이니 숫짐이니
머니머니하더니 그런것이아니고뒷
절老스님이分明하더라.」

육목. 「아나야—.」

묵승들. 「그래 와이.」

육목. 「사람이 이렇게 많이 모였는데 대
망이란 말이 웬 말이냐. 내가 한번
가서 자세히 보고 올나.」
　　(용맹스럽게 춤을 추며 노승의
　　앞으로 가서 슬금슬금 머리로
　　노승을 부닥쳐 본다.)

노승. (얼굴을 가린 선을 흔들흔들한다.)

육목. (놀래어 돌아와서)

　　「아나냐—.」

묵승들. 「그래 와이.」

육목. 「대망이니 옹기짐이니 숯짐이니
뭐니 뭐니 하더니 그런 것이 아니
고 뒷절 노스님이 분명하더라.」

랄은 욕설의 일종으로 가면극 대사에 다반사로 등장한다. 속담 '하던 지랄도 멍석 펴주면 안 한다.'에서처럼 '지
랄'은 어떤 행동을 비속화한 것이다. 원래 '지랄'은 간질(癎疾)을 뜻하기도 하는데, 보통은 변덕스럽거나 잡스러
운 언행을 두고 이른다. 여기서는 말짱하다가 갑자기 변덕스러워진 모습을 두고 이른 것이다. 속담 '지랄발광
네굽질'은 온몸을 다 놀리면서 지랄하고 발광을 한다는 뜻으로, '미친 듯이 몹시 야단함'을 욕으로 이르는 말이
다. 속담 '지랄쟁이 녹두밭 버릇듯 한다.'는 지랄쟁이가 녹두밭에 들어가 닥치는 대로 헤집어 놓듯이 무엇을 마
구잡이로 뒤범벅이 되게 헤집어 놓는 모양을 비겨 이르던 말이다. 속담은 민간화술의 하나로 서민 사이에서 큰
대립적 요인이 없이 통용되는 것이다. 우리 가면극 대사에서의 욕설은, 대립 갈등이 아닌 일상성 속에서 이해되
어야 한다.

29 [보정] 아나냐— ; 보통은 '아나야—'이다

七目. 「아나야―.」

墨僧들. 「그래와이.」

七目. 「그럴理가잇나. 내가한번가서자세히알아보고올나.」 (泰然히打令曲의伴奏에마추어춤을추며 老僧의앞흐로가서)

「老스님!」

老僧. (扇을흔들며 고개를끄덕끄덕한다.)

七目. (다름질하여 도라와서) 「아나야―.」

墨僧들. 「그래와이.」

七目. 「老스님이分明하더라. 우리老스님이平生조와하시든것이 白鷗打令[30]이안이드냐 우리가모다白鷗打令이나한번하여보자.」

칠목. 「아나야―.」

묵승들. 「그래 와이.」

칠목. 「그럴 리가 있나. 내가 한번 가서 자세히 알아보고 올나.」

(태연히 타령곡의 반주에 맞추어 춤을 추며 노승의 앞으로 가서)

「노스님!」

노승. (선을 흔들며 고개를 끄덕끄덕한다.)

칠목. (달음질 하여 돌아와서) 「아나야―.」

묵승들. 「그래 와이.」

칠목. 「노스님이 분명하더라. 우리 노스님이 평생 좋아하시든 것이 백구타령이 아니더냐[31] 우리가 모다 백구타령이나 한번 하여보자.」[32]

---

30 白鷗打令(백구타령) ; 십이가사의 한 가지이다. 작자·연대 미상의 가사로 '백구가(白鷗歌)'라고도 한다. 모두 79구. 벼슬에서 쫓겨난 처사가 대자연 속을 거닐면서 아름다운 봄날의 경치를 완상하는 내용이다. 『청구영언』과 『가곡원류』에 실려 전하며, 『남훈태평가』에도 비슷한 내용의 가사가 수록되어 있다. 내용은 임금에게 버림받은 작자가 백구가 나는 시골로 내려와 백구에게 놀라지 말라고 안심시키고, 함께 좋은 곳에 놀러 가자고 권유하는 대목으로부터 시작된다. 안개 자욱한 푸른 시내에 붉게 꽃이 피고 버드나무 파랗게 잎이 날 때, 깊은 골짜기 여러 봉우리에서 쏟아지는 폭포를 보고, 이곳이 바로 별천지라고 하였다. 뒤이어 높은 봉우리 삐죽 솟은 가에 맑은 시냇물이 흐르고, 그 곁에 푸른 대나무와 소나무 우거진 경치를 묘사하였다. 그리고는 명사십리 모랫길에 흐드러지게 핀 해당화가 모진 광풍에 뚝뚝 떨어져 나부끼는 한 폭의 그림 같은 정경을 그리고 있다. 이들을 통해서 상춘(賞春)의 즐거움과 대자연 속에서 물외(物外)의 한적을 즐기는 자신의 흥겹고 경쾌한 심정을 노래하였다. 그러나 광풍을 견디지 못하고 뚝뚝 떨어진 해당화로 자신의 처지를 간접적으로 비유하는 등 눈앞에 보이는 경치에 대한 묘사 속에 암시적으로 서정을 이입하여 형상화하였다. '백구사'는 장단은 도드리이다.

[참고] 백구야 펄펄 나지 마라 너 잡을 내 아니로다. 성상(聖上)이 바리시니 너를 쫓아 예왔노라. 오류춘광(五柳春光) 경(景)좋은데 백마금편화류(白馬金鞭花遊)가자. / 운침벽계화홍유록(雲枕碧溪花紅柳綠)한데 만학천봉비천사(萬壑千峰飛泉瀉)라. 호중천지별건곤(壺中天地別乾坤)이 여기로다. / 고봉만장청기울(高峰萬丈淸氣鬱)한데 녹죽창송(綠竹蒼松)은 높기를 다투어 명사십리(明沙十里)에 해당화(海棠花)만 다 피어서. / 모진 광풍을 견디지 못하여 뚝뚝 떨어져서 아주 펄펄 날아가니 귄들 아니 경(景)일러냐. / 바위 암상(巖上)에 다람이 가고 시내 계변(溪邊)에 금(金)자라 긴다. 조팝 남게 피죽새 소리며 함박꽃에 벌이 나서. / 몸은 둥글고 발은 작으니 제 몸을 못 이겨 동풍(東風) 건듯 불 제마다 이리로

墨僧들.「그것조흔일이야.」

八目.「그러면내가老스님께가서　엿주
　　　어보고올나.」（意氣揚揚하게웅덩
　　　이춤을 추며老僧의앞흐로가서）
　　　「老스님!」

老僧.（고개를끄덕끄덕한다.）

八目.「白鷗打令을 돌돌말아서[33] 귀에
　　　다 소르르[34]…….」

老僧.（고개를끄덕끄덕한다.）

八目.（도라와서）「아나야—.」

墨僧들.「그래와이.」

八目.「내가이제가서　老스님께다白鷗
　　　打令을 돌돌말아서 귀에다소르르
　　　하니까 대강이를 굼주린개가主人
　　　보고대강이[35]흔들듯이　끄덕끄덕하
　　　더라.」

묵승들.「그것 좋은 일이야.」

팔목.「그러면 내가 노스님께 가서 여쭈
　　　어 보고 올나.」
　　　　（의기양양하게 엉덩이춤을 추
　　　　며 노승의 앞으로 가서）
　　　「노스님!」

노승.（고개를 끄덕끄덕한다.）

팔목.「백구타령을 돌돌 말아서 귀에다
　　　소르르…….」

노승.（고개를 끄덕끄덕한다.）

팔목.（돌아와서）「아나야—.」

묵승들.「그래 와이.」

팔목.「내가 이제 가서 노스님께다 백구
　　　타령을 돌돌 말아서 귀에다 소르
　　　르 하니까 대강이를 굼주린 개가
　　　주인 보고 대강이 흔들듯이 끄덕
　　　끄덕하더라.[36]」

　　　접두적 저리로 접두적 너훌너훌 춤을 추니 진들아니 경(景)일러냐. / 황금(黃金)같은 꾀꼬리는 버들 사
　　　이로 왕래하고 백설(白雪) 같은 흰 나비는 꽃을 보고 반기 여겨. / 날아든다. 떠든다. 두 나래 펼치고
　　　날아든다. 까맣게 별같이 높다랗게 달같이이 펄펄 날아드니 진들 아니 경(景) 일러냐. –장사훈 소장,
　　　『운초가사집 1』.

31 [보정] 우리 노스님이 평생 좋아하시든 것이 백구타령이 아니더냐 ; 특별히 노스님이 백구타령을 좋아한 이유가
　　　무엇인지 사은유화된 상태. '백구타령'의 '불려 진 자리'를 염두에 두고 고찰할 대상이다.

32 [보정] 노장을 두고 이리저리 운운하는 이 대목은 '날이 흐리다 → 옹기장이 옹기 → 숯장사 숯짐 → 대망(大蟒)
　　　이' 순으로 전개되는 그 의미를 해명할 필요가 있다. 이 대목은 한편에 서있는 '노장'을 대상으로 하여 '수수께
　　　식 문답'을 원용한 것이다. '수수께끼식 문답'을 원용함으로써 놀이성을 강화하게 된다.

33 [보정] 돌돌 말아서 ; 돌돌 말다. 백구타령을 돌돌 마는 모양은 백구타령을 불러서 들려드린다는 뜻이다.

34 [보정] 소르르 ; 뭉치거나 얽히거나 걸린 물건이 쉽게 잘 풀리거나 흘러내리는 모양, 혹은 바람이 천천히 보드랍
　　　게 불어오는 모양, 혹은 물이나 가루, 낟알 따위가 조용히 보드랍게 새어 나오는 모양, 혹은 살며시 졸음이 오거
　　　나 잠이 드는 모양이다. 여기서는 백구타령을 들려드리는 모양새를 말한다.

35 대강이 ; 머리를 속되게 이르는 말이다.

初目·二目. (억개를견우고 老僧에게로
　　　　向하야가면서　打令曲의伴奏에마
　　　　추어춤을추며 白鷗打令을竝唱[37]
　　　　한다.)

(唱)「白鷗[38]야훨훨날지마라 너잡을내
　　　안이로다. 聖上[39]이버리시매 너를
　　　쪼차여긔왔다. 五柳春光景[40]조흔
　　　대 백마금편[41]花柳[42]가자.」

초목·이목. (어깨를 겨누고 노승에게로
　　　　향하여 가면서 타령곡의 반주에
　　　　맞추어 춤을 추며 백구타령을 병
　　　　창한다.)

(창)「백구야 훨훨 날지 마라
　　　너 잡을 내 아니로다.
　　　성상이 버리시매
　　　너를 쫓아 여기 왔다.
　　　오류춘광경 좋은 데
　　　백마금편 화류 가자.」

---

36 [보정] 내가 이제 가서 노스님께다 백구타령을 돌돌 말아서 귀에다 소르르 하니까 대강이를 굶주린 개가 주인
　　보고 대강이 흔들듯이 끄덕끄덕하더라. ; 비속한 행위이다. 이와 같은 비속한 행위가 무엇인지는 탐구 대상이다.
　　노스님을 비하하기 위한 행위로만 볼 수는 없다.

37 [보정] 竝唱(병창) ; 가야금이나 거문고 따위의 악기를 타면서 자신이 거기에 맞추어 노래를 부름, 또는 그 노래
　　를 말한다. 여기서는 '합창(合唱)'이 옳다.

38 白鷗(백구) ; 갈매기를 말한다.

39 聖上(성상) ; 집정(執政) 중인 자기 나라의 황제를 높이어 일컫는 말이다.

40 五柳春光景(오류춘광경) ; 다섯 그루의 버드나무에 봄빛이 비친 광경이라는 말로 화창한 봄날을 두고 이른 것
　　이다.

41 [보정] 백마금편(白馬金鞭) ; 흰 말에 금빛 채찍이라는 뜻으로, 훌륭하게 장식한 말을 두고 이르는 말이다. 여기
　　서는 나들이 치장을 호사스럽게 한 모양을 두고 이르는 말이다.

42 花柳(화류) ; 화류놀이를 말한다. 봄에 즐기는 꽃놀이. 음력 삼월 무렵이면 날씨가 온화하여져 산과 들에는 온갖
　　꽃들이 피어나고 마른나무 가지에서도 새싹이 돋기 시작한다. 이때가 되면 남녀노소 할 것 없이 각자 무리를
　　지어 경치 좋은 산으로 놀러가 하루를 즐기는데 이를 화류놀이 혹은 꽃놀이라 한다. 삼월 삼짇날을 전후하여
　　화창한 날을 골라 제각기 좋아하는 음식을 정성껏 만들어 가지고 산기슭이나 산골짜기 사이에 자리를 잡고 해
　　가 서산으로 기울 때까지 하루를 즐기다 진달래꽃 등을 꺾어 만든 '꽃방망이'를 들고 삼삼오오 짝을 지어 장단
　　을 치면서 흥겹게 산을 내려온다. 이 화류놀이는 우리의 일반적인 세시풍속으로서 예로부터 성행되어왔으므로
　　많은 기록을 통하여 당시의 모습을 엿볼 수 있을 뿐 아니라 지금도 도처에서 행하여지고 있다. 『열양세시기(洌
　　陽歲時記)』삼월조에는 "서울의 버들과 꽃은 3월에 성하여 남산(南山)의 잠두(蠶頭)와 북한산의 필운대(弼雲
　　臺)와 세심대(洗心臺)는 놀이하는 이들이 모여드는 곳이다. 사람들이 구름같이 모이고 안개같이 자욱하여 한
　　달 동안 줄어들지 않았다."고 하였고, 옛 시조에는 "낙양(洛陽) 삼월시에 곳곳이 화류(花柳)로다 만성(滿城) 춘
　　광(春光)이 그림에 들었세라 아마도 당우(唐虞)세계를 다시 본 듯하여라." 하여 서울의 화류놀이 광경을 읊고
　　있다. 또한, 구전되어오는 민요 '꽃노래'에는 "이때 저때 어느 때냐, 춘삼월 좋은 때라 울 아버지 생신 땐가, 술은
　　좋아 금청주라 그 술 먹고 취중 끝에 노래 한 장 불러보자 쫓아가는 자미화(紫薇花)는 가지마다 금빛이라 청류
　　(지조 있는)기생 살구꽃은 해를 걸고 휘돌았네 무릉도원 복숭아는 그물 안에 걸리시네 섬 우에 모란꽃은 꽃 중

(三目이 初目二目의뒤로따라
가다가 두사람의억개를 한번탁
친다. 두사람은깜작놀나며뒤를
휠근[43]도라다본다.)

三目. 「白鷗야껑충날지마라 너잡을내
안이다.」
(라고唱하면서 初目二目두먹
중과억개를견우고춤을추며도
라온다.)

四目. 「아나야—.」 (樂의伴奏는굿친다.)

墨僧들. 「그래와이.」

四目. 「아네어미를붓틀놈들 白鷗야껑충
날지마라도납부지는안치만 그것그만
두고오도도기打令을엿주어보자.」

(삼목이 초목 이목의 뒤로 따라
가다가 두 사람의 어깨를 한번
탁 친다. 두 사람은 깜작 놀라며
뒤를 힐끗 돌아다본다.)

삼목. 「백구야 껑충 날지 마라 너 잡을
내 아니다.」
(라고 창하면서 초목 이목 두 먹
중과 어깨를 겨누고 춤을 추며
돌아온다.)

사목. 「아나야—.」
(악의 반주는 그친다.)

묵승들. 「그래 와이.」

사목. 「아 네 어미를 붙을 놈들 백구야
껑충 날지 마라도 나쁘지는 않지
만 그것 그만 두고 오도도기타령[44]
을 여쭈어보자.」

에도 임금일세 돌아 못간 두견화는 촉국(蜀國)산천 생각한다 열없는 할미꽃은 남보다 먼저 피고 사시장춘 (四時長春) 무궁화는 우리나라 꽃이라네.'라고 노래하고 있는데, 이 '꽃노래'는 여성들만의 화류놀이에서 즐겨 불리던 것이다.

43 휠근 ; '힐끔'이다. 가볍게 곁눈질하여 슬쩍 한번 쳐다보는 모양이다.

44 오도도기 : 오독떼기 타령을 말한다. 오돌도기, 도독도기라고도 불린다. 강원도 강릉일대에 전승되고 있는 김매기소리의 하나다. 강릉지방에서는 마을마다 두레패를 이루어 한 조에 두 명 이상씩 여러 조를 만들어 번갈아가며 이 '오독떼기'를 불러가면서 즐겁게 김을 맨다. 아이김·두벌김·세벌김을 매면서 이 '오독떼기'를 부르는데, 부르는 속도나 가사에 따라서 '냇골오독떼기'·'수남오독떼기'·'하평오독떼기'로 달리 부르고 있다. 이 '오독떼기'는 강릉시 구정면 학산리에서 가장 뚜렷이 전승되고 있는데, 이곳에서는 냇골조 '오독떼기'를 부른다. 이 '오독떼기'와 잡가·사리당 등의 소리를 섞어서 부르며 흥을 돋우는데, 김맬 때만이 아니라 놀 때에도 이 소리들을 부른다. 다음과 같은 주장도 있다. '제주도 민요가 서울에 옮겨 와서 유행된 민요의 하나다. 서울 지방에서 부르는 오돌도기는 그 가락과 사설에 있어서 본바닥 제주도의 것과 상당히 다르다. 후렴도 변질된 것이다. 굿거리 장단으로 맞춘다.'

墨僧들. 「그것도조흔일이야.」

四目. (老僧의앞흐로가서)「老스님! 이번에는오도도기打令을 돌돌말아서귀에다가 소르르…….」

老僧. (고개를끄덕끄덕한다.)

四目. (다름질하야도라와서)「아나야—.」

墨僧들. 「그래와이.」

四目. 「내가이제老스님께가서 오도도기打令을돌돌말아서 귀에다가소르르하니까 대강이를 용두질치다가 내버린 좃대강이흔들듯하더라.」

(먹중八名은이러케서로各各番갈너가면서 무슨打令이니 무슨노래이니하면서 老僧에게무러보고 도라와서老僧을侮辱한다.)

묵승들. 「그것도 좋은 일이야.」

사목. (노승의 앞으로 가서)「노스님! 이번에는 오도도기타령을 돌돌 말아서 귀에다가 소르르…….」

노승. (고개를 끄덕끄덕 한다.)

사목. (달음질하여 돌아와서)「아나야—.」

묵승들. 「그래 와이.」

사목. 「내가 이제 노스님께 가서 오도도기타령을 돌돌 말아서 귀에다가 소르르 하니까 대강이를 용두질 치다가 내버린 좃대강이 흔들듯 하더라.[45]」

(먹중 팔 명은 이렇게 서로 각각 번갈아 가면서 무슨 타령이니 무슨 노래이니 하면서 노승에게 물어보고 돌아와서 노승을 모욕 한다.[46])

---

45 [보정] 대강이를 용두질 치다가 내버린 좃대강이 흔들듯 하더라 ; 머리를 흔드는 모습을 비속하게 표현한 것이다. 전통연희에서의 비속성은 비속성으로 그치지 아니한다. 이러한 비속성은 세계의 여러 전통극에서 흔히 보이는 표현이다. 임석재본에서는 다음과 같이 채록되었다.

먹중 Ⅷ : 내가 이자 가서 老시님게다 白鷗打令을 돌돌 말아서 귀에다 소르르하니가 대갱이를 횟물 먹은 메기 대갱이 흔들듯이 하더라. (或은 굶주린 개가 主人보고 대갱이 흔들 듯이 끄덕끄덕 하더라.)

46 [보정] 먹중 팔 명은 이렇게 서로 각각 번갈아 가면서 무슨 타령이니 무슨 노래이니 하면서 노승에게 물어보고 돌아와서 노승을 모욕한다. ; 이로 보아 채록된 것 이외에도 실제로는 다른 타령이 더 연행되었을 것으로 추정된다. 그리고 '노승을 모욕한다'함은 이미 '계획된 욕 먹이기'라는 관점에서 이해할 필요가 있다. 다음 수영들놀음 자료는 우리 가면극 대사 속에 나타나는 욕설을 이해하는 데에 중요한 단서를 제공한다.

넷째양반 : 그 놈을 다시 불러? 兩班 體面에 그 놈에게 逢辱을 當하면 어찌하겠단 말인고? (一同 완강하게 反對하는 등 異論이 紛紛하다가)

次兩班 : 逢辱을 當해도 적잖이 한 섬쯤은 받을 걸세.

首兩班 : 그러나 저러나 逢辱을 혼자서 다 감당할 수 없으니 내가 적당히 辱分配를 하지. 辱이 만약 한섬이 내린다며는 지차는 닷말을 먹고, 세째와 네째는 꼭같이 두말씩 먹고 宗家아기는 한말은 쳐먹으면 안 되겠나.

次兩班 : 니는 한번도 안 처먹겠단 말인가. (서로 首兩班에게 辱사발을 퍼부으니 宗家의 責任上 逢辱을 독담키로 하고) -<水營 들놀음, 양반탈;釜山大學校 傳統藝術硏究會 채록>

七目. 「아나야—.」

墨僧들. 「그래와이.」

七目. 「그럴理가잇나. 내가한번가서자
　　세히알아보고올나.」(泰然히打令
　　曲의伴奏에마추어춤을추며 老僧
　　의앞흐로가서)
　　　「老스님!」

老僧. (扇을흔들며 고개를끄덕끄덕한다.)

七目. (다름질하여 도라와서)「아나야—.」

墨僧들. 「그래와이.」

七目. 「老스님이分明하더라. 우리老스
　　님이平生조와하시든것이 白鷗打
　　令이안이드냐 우리가모다白鷗打
　　令이나한번하여보자.」

墨僧들. 「그것조흔일이야.」

八目. 「그러면내가老스님께가서　엿주
　　어보고올나.」(意氣揚揚하게응덩
　　이춤을 추며老僧의앞흐로가서)
　　　「老스님!」

老僧. (고개를끄덕끄덕한다.)

八目. 「白鷗打令을 돌돌말아서 귀에다
　　소르르……」

老僧. (고개를끄덕끄덕한다.)

八目. (도라와서)「아나야—.」

墨僧들. 「그래와이.」

칠목. 「아나야—.」

묵승들. 「그래 와이.」

칠목. 「그럴 리가 있나. 내가 한번 가서
　　자세히 알아보고 올나.」
　　　(태연히 타령곡의 반주에 맞추어
　　　춤을 추며 노승의 앞으로 가서)
　　　「노스님!」

노승. (선을 흔들며 고개를 끄덕끄덕한다.)

칠목. (달음질하여 돌아와서)「아나야—.」

묵승들. 「그래 와이.」

칠목. 「노스님이 분명하더라. 우리 노스
　　님이 평생 좋아하시던 것이 백구
　　타령이 아니더냐. 우리가 모두 백
　　구타령이나 한번 하여 보자.」

묵승들. 「그것 좋은 일이야.」

팔목. 「그러면 내가 노스님께 가서 여쭈
　　어 보고 올나.」
　　　(의기양양하게 엉덩이춤을 추
　　　며 노승의 앞으로가서)
　　　「노스님!」

노승. (고개를 끄덕끄덕한다.)

팔목. 「백구타령을 돌돌 말아서 귀에다
　　소르르……」

노승. (고개를 끄덕끄덕한다.)

팔목. (돌아와서)「아나야—.」

묵승들. 「그래 와이.」

八目. 「내가이제가서 老스님께다白鷗
打令을 돌돌말아서 귀에다소르르
하니까 대강이를 굼주린개가主人
보고대강이⁴⁷혼들듯이 끄덕끄덕하
더라.」

初目·二目. (억개를견우고⁴⁸ 老僧에게
로向하야가면서 打令曲의伴奏에
마추어춤을추며 白鷗打令을竝
唱⁴⁹한다.)

(唱) 「白鷗야훨훨날지마라 너잡을내안
이로다. 聖上이버리시매 너를쪼차
여긔왓다. 五柳春光景조흔대 백
마금편花柳가자.」
(三目이 初目二目의뒤로따라
가다가 두사람의억개를 한번탁
친다. 두사람은깜작놀나며뒤를
휠근도라다본다.)

三目. 「白鷗야껑충날지마라 너잡을내
안이다.」
(라고唱하면서 初目二目두먹
중과억개를견우고춤을추며도
라온다.)

팔목. 「내가 이제 가서 노스님께다 백구
타령을 돌돌 말아서 귀에다 소르
르하니까 대강이를 굶주린 개가
주인 보고 대강이 혼들듯이 끄덕
끄덕하더라.」

초목·이목. (어깨를 겨누고 노승에게로
향하여 가면서 타령곡의 반주에
맞추어 춤을 추며 백구타령을 병
창한다.)

(창) 「백구야 훨훨 날지 마라
너 잡을 내 아니로다.
성상이 버리시매
너를 쫓아 여기 왔다.
오류춘광경 좋은데
백마금편 화류가자.」
(삼목이 초목이목의 뒤로 따라
가다가 두 사람의 어깨를 한번
탁 친다. 두 사람은 깜짝 놀라며
뒤를 힐끔 돌아다본다.)

삼목. 「백구야 껑충 날지 마라
너 잡을 내 아니다.⁵⁰」
(라고 창하면서 초목이목 두 먹
중과 어깨를 겨누고 춤을 추며
돌아온다.)

---

47 대강이 ; 머리를 속되게 이르는 말이다.
48 [보정] 억개를견우고 ; '어깨를 겨누고'이다. 초목과 이목이 '어깨를 나란히 하여'라는 뜻이다.
49 竝唱(병창) ; 가야금이나 거문고 따위의 악기를 타면서 자신이 거기에 맞추어 노래를 부름, 또는 그 노래를 말한다.

初目.「아나야—.」

墨僧들.「그래와이.」

初目.「스님을저러케 불붓튼집에좃기
 동⁵¹같이세워두는것은 우리上佐의
 道理가안이니 스님을우리가모서
 야하지안켄나.」

墨僧들.「그래 네말이올타.」

(八名의먹중들이 모다老僧에
 게로가서 初目과二目은老僧
 의앞헤서그의집행이끗을잡고
 다른먹중들은뒤에서老僧을에
 워싸고「南無大聖引路王菩
 薩⁵²」이라고引導소리⁵³를하면
 서 老僧을場內의中央으로引
 導한다. 老僧은먹중들에게떠
 바치여 入場하다가 中途에서
 넘어진다. 이때뒤에서따라오든
 먹중한사람이 老僧의집행이를
 쥐고老僧처럼初目二目의뒤를
 따라온다. 初目이뒤를도라보
 고깜작놀낸다.)

초목.「아나야—.」

묵승들.「그래 와이.」

초목.「스님을 저렇게 불붙은 집에 좃기
 둥 같이 세워두는 것⁵⁴은 우리 상좌
 의 도리가 아니니 스님을 우리가 모
 셔야 하지 않겠나.」

묵승들.「그래 네 말이 옳다.」

(팔명의 먹중들이 모두 노승에게
 로 가서 초목과 이목은 노승의 앞
 에서 그의 지팡이 끝을 잡고 다른
 먹중들은 뒤에서 노승을 에워싸
 고「남무대성인로왕보살」이라
 고 인도 소리를 하면서 노승을 장
 내의 중앙으로 인도한다.
 노승은 먹중들에게 떠받치어 입
 장하다가 중도에서 넘어진다.
 이때 뒤에서 따라오던 먹중 한
 사람이 노승의 지팡이를 쥐고
 노승처럼 초목이목의 뒤를 따
 라온다. 초목이 뒤를 돌아보고
 깜작 놀랜다.)

---

50 [보정] 백구야 껑충 날지 마라 너 잡을 내 아니다. ; 여기에서는 백구타령이 불림으로 활용되었다.

51 좃기동 ; '좃기둥'이다. 남성의 성기를 비속하게 이르는 말이다.

52 南無大聖引路王菩薩(남무대성인로왕보살) ; '인로왕보살'은 죽은 이의 영혼을 이끌어 극락세계로 인도하는 보
 살이라 한다. '대성'은 석가여래를 말한다. '나무(南無)'는 중생이 부처에게 귀의한다는 말이다.

53 引導(인도)소리 ; 범패(梵唄)로 불교의 의식음악이다. 범음(梵音)·어산(魚山) 또는 인도(印度, 引導) 소리라고
 도 한다.

54 [보정] 불붙은 집에 좃기둥 같이 세워두는 것 ; 불난 집에 타다 남은 기둥이 서있는 형상을 비속하게 표현하여
 활용되는 관용구다. 아무 관심도 두지 않는다는 뜻이다.

初目. 「우리老스님은어데로가시고 이게 웬놈들이란말이냐.」

二目. 「그럴理가 있나 上佐인우리의精誠이不足하야그런것이지. 우리가 다시한번老스님을차저보잣구나.」
(打令장단에마추어 八名의먹중들이亂舞하며老僧을차저간다. 先頭에서가든初目이老僧의넘어저잇는것을보고 깜작놀내여뒤로도라선다.)

初目. 「쉬—[55]. (樂의伴奏와舞는굿친다.) 이것큰일낫다.」

八目. 「무슨 일이야.」

初目. 「이제내가저편을가보니 老스님이길바닥에껍구러져잇겟지. 아마 죽은모양이더라.」

二目. 「아나야—.」

墨僧들. 「그래와이.」

二目. 「果然그런지 내가仔細히가보고올나.」 (다름질하야 老僧의넘어저잇는 곳으로가서 멀니바라보고도라와서) 「이거참야단낫다.」

초목. 「우리 노스님은 어디로 가시고 이게 웬 놈들이란 말이냐.」

이목. 「그럴 리가 있나 상좌인 우리의 정성이 부족하여 그런 것이지. 우리가 다시 한번 노스님을 찾아보자구나.」
(타령장단에 맞추어 팔 명의 먹중들이 난무하며 노승을 찾아간다. 선두에서 가던 초목이 노승의 넘어져 있는 것을 보고 깜짝 놀라 뒤로 돌아선다.)

초목. 「쉬—.
(악의 반주와 무는 그친다.)
이것 큰일 낫다.」

팔목. 「무슨 일이야.」

초목. 「이제 내가 저편을 가보니 노스님이 길바닥에 거꾸러져 있겠지. 아마 죽은 모양이더라.」

이목. 「아나야—.」

묵승들. 「그래 와이.」

이목. 「과연 그런지 내가 자세히 가보고 올나.」
(달음질하여 노승의 넘어져 있는 곳으로 가서 멀리 바라보고 돌아와서)
「이거 참 야단났다.」

---

55 [보정] 쉬— ; 떠들거나 큰 소리를 내지 말라고 할 때 내는 소리를 말한다.

六目. 「무슨야단이란말이냐.」

二目. 「老스님이 柳柳井井花花⁵⁶햇더라.」

六目. 「야 이놈 뻑센말⁵⁷한마듸하는구나. 柳柳井井花花柳柳井井花花? 그것柳柳井井花花라니 버들버들우물우물꼿꼿이 죽엇단말이로구나.」

三目. 「아나야.」

墨僧들. 「그래와이.」

三目. 「우리老스님이그러케쉽사리죽을 理가잇나 내가다시한번가서仔細히보고올나.」 (다름질하야老僧에게로 가서이리저리仔細히살펴보고도라와서)

「야죽은것이分明하더라 六七月에개썩는냄새가나더라.」

(이러케먹중八人이 번갈나가면서 老僧의넘어저잇는것을 보고와서는 여러가지辱說을 한다.)

육목. 「무슨 야단이란 말이냐.」

이목. 「노스님이 유유정정화화했더라.」

육목. 「야 이놈 뻑센 말 한 마디 하는구나. 유유 정정 화화 유유 정정 화화? 그것 유유 정정 화화라니 버들 버들 우물 우물 꼿꼿이⁵⁸ 죽었단 말이로구나.」

삼목. 「아나야.」

묵승들. 「그래 와이.」

삼목. 「우리 노스님이 그렇게 쉽사리 죽을 리가 있나 내가 다시 한번 가서 자세히 보고 올나.」

(달음질하여 노승에게로 가서 이리저리 자세히 살펴보고 돌아와서)

「야 죽은 것이 분명 하더라 육칠월에 개 썩는 냄새가 나더라.⁵⁹」

(이렇게 먹중 팔 인이 번갈아 가면서 노승의 넘어져 있는 것을 보고 와서는 여러 가지 욕설을 한다.⁶⁰)

---

56 [보정] 柳柳井井花花(유유정정화화) ; 김삿갓[金笠]의 시 '부음(訃音)'에 '柳柳花花'라 한 점으로 볼 때에 죽음과 관련이 있다.

57 뻑센말 ; '박센 말'이다. 무슨 뜻인지 알기 어려운 말이다.

58 [보정] 버들 버들 우물 우물 꼿꼿이 ; '柳柳井井花花'의 훈을 이용한 언어유희이다.

59 [보정] 육칠월에 개 썩는 냄새가 나더라. ; 육칠월에 개가 죽어 썩은 냄새가 나더라. 비속한 표현이다.

60 [보정] 이렇게 먹중 팔 인이 번가라 가면서 노승의 넘어져 있는 것을 보고 와서는 여러 가지 욕설을 한다. ; 여기서 여러 가지 욕설은 연구 대상이다.

初目.「아나야.」

墨僧들.「그래와이.」

初目.「중은중의行世를해야하고 俗人
은俗人의行世를해야하는 것이니
우리가스님의上佐가안이냐 스님
이도라가섯는데 천변수락[61]에만병
야락굿[62]을하여보잣구나.」

墨僧들.「그것조흐[63]말이다.」

　　　(먹중八人이 各各꽹매기[64]等
樂器를울니며 老僧의업더저
잇는곳으로가서 老僧의周圍
로도라단이며 念佛을하며 齋
를 올린다.)

초목.「아나야.」

묵승들.「그래 와이.」

초목.「중은 중의 행세를 해야 하고 속인
은 속인의 행세를 해야 하는 것이니
우리가 스님의 상좌가 아니냐. 스님
이 돌아가셨는데 천변수락에 만병
야락 굿을 하여 보자꾸나[65].」

묵승들.「그것 좋은 말이다.」

　　　(먹중 팔 인이 각각 꽹매기[66] 등
악기를 울리며 노승의 엎어져
있는 곳으로 가서 노승의 주위
로 돌아다니며 염불을 하며 재
를 올린다.)

---

61 [보정] 천변수락 ; 천변수륙재(川邊水陸齋)를 말한다. 수륙재(水陸齋)는 불교에서 물과 육지에서 헤매는 외로운
영혼과 아귀(餓鬼)를 달래며 위로하기 위하여 불법을 강설하고 음식을 배푸는 종교의식이다. 설단(設壇)의 양
식을 살펴보면, 이 수륙의식이 불보살 이외에 다신교적인 신앙의 대상을 의식도량에 끌어들이고 있는 것을 볼
수 있는데, 여러 신앙의 대상을 의식도량에 끌어들여서 궁극적으로는 불보살의 신앙으로 통섭되고 만다는 밀교
적인 지혜가 작용하고 있음을 살필 수 있다. 그리고 수륙재의 수륙은 여러 신선이 흐르는 물에서 음식을 취하
고, 귀신이 깨끗한 땅에서 음식을 취한다는 뜻에서 따온 말이므로 청정한 사찰 또는 높은 산봉우리에서 행하기
도 한다.

62 만병야락굿 ; '야락'은 야락잔치 즉 씻김굿을 말한다.

63 조흐 ; '조흔'의 오기이다.

64 꽹매기 ; 꽹과리의 방언이다.

65 [보정] 스님이 돌아가셨는데 천변수락에 만병야락 굿을 하여 보자꾸나 ; 스님이 돌아가셨으니 스님을 위하여 수
륙제와 씻김굿을 하여보자는 것이다. 이는 별도로 심도 있는 연구가 필요한 부면이다.

66 [보정] 꽹매기 ; '꽹과리'인데, 원자료 그대로 표기한다.

(念佛)「願我臨欲命終時 盡除一切諸
　　障碍 面見彼佛阿彌陀 卽得往生
　　安樂刹」[67]

四目.「아나야.」

墨僧들.「그래와이.」

四目.「이것이藥은참藥[68]이다 스님이다
　시사라나시는구나. 우리스님의平
　生조와하시는것이念佛이엇스니
　念佛을한바탕실컨하자.」

　　　(먹중八人은한데엉키여　念佛
　　　曲으로樂器를울니며 亂舞하
　　　다가一齊히退場한다.)

　　　(먹중들이모다退場하자 小巫
　　　二人은場內의中央에서 念佛
　　　장단의 伴奏에마추어 華麗한
　　　춤을추기始作한다.)

(염불)「원아임욕명종시 진제일체제장애
　　면견피불아미타 즉득왕생안락찰」

사목.「아나야.」

묵승들.「그래 와이.」

사목.「이것이 약은 참약이다. 스님이
　다시 살아나시는구나.[69] 우리스님
　의 평생 좋아하시는 것이 염불이
　었으니 염불을 한바탕 실컷 하자.」

　　　(먹중 팔 인은 한 데 엉키여 염
　　　불곡[70]으로 악기를 울리며 난무
　　　하다가 일제히 퇴장한다.)

　　　(먹중들이 모다 퇴장하자 소무
　　　이인은 장내의 중앙에서 염불
　　　장단의 반주에 맞추어 화려한
　　　춤을 추기 시작한다.)

---

67 願我臨欲命終時 盡除一切諸障碍 面見彼佛阿彌陀 卽得往生安樂刹(원아임욕명종시 진제일체제장애 면견피불
　아미타 즉득왕생안락찰) ; '장엄염불' 등과 같은 염불의 한 대목이다. '원컨대 내가 죽음에 임해서 일체의 장애를
　제거하고 저 아미타불을 볼 수 있다면 안락찰[極樂淨土]에 왕생하게 하소서.'의 뜻이다. 염불곡조로 실현한다.

68 참藥(약) ; 병에 잘 듣는 약이라는 말이다.

69 [보정] 이것이 약은 참약이다. 스님이 다시 살아나시는구나 ; 염불곡을 스님에게 들려주었더니 죽었던 스님이 다
　시 살아났다는 것이다. 염불이 스님을 살아나게 하는 약이라는 것이 무엇인지는 분명치 않다. 다만 '극락왕생'
　의 뜻이 담긴 염불을 외었으니 갱생한다는 말일 것이다. 삼전삼복(三輾三伏)에 대한 김일출의 『조선민속탈놀
　이 연구』의 자료를 염두에 둘 필요가 있다. 김일출은 '첫목의 이와 같은 기괴한 춤은 사자(死者)의 부활과 부
　활의 환희를 표현한 것이라고도 한다(재령 탈놀이 박형식 담). <목춤>은 자연과 인간 사회에 관한 지식이 아직
　도 불충분하였던 옛날 사람들이 자기의 생활에 재해(災害)와 불행을 가져온다고 믿어온 <역귀>를 구축하는
　유쾌감 또 이것을 물리치고 난 후의 승리감·행복감을 표현하고 있다.'고 하였다. 이는 별도로 심도 있는 연구
　가 필요한 부면이다.

70 念佛曲(염불곡) ; '염불(念佛)'을 말한다. 무용 반주곡의 하나다. 도들이 장단으로 경기 민요 형식의 가락에 의한
　곡이다.

老僧. (땅에업더진채로 念佛장단의伴
奏에마추어춤을춘다. 그리하야차
츰차츰이러나랴고한다 한참동안躊
躇하다가 겨우六環杖을집고이러
나서 扇으로얼굴을가리우고 周圍
에사람이잇는지업는지를알기爲하
야 부채살사이로가만이四方을살
펴보다가 少巫의춤추고잇는態度
를보고 깜작놀내여땅에업더진다.
다시이러나서四方을살펴보며 慇
懃히少巫를바라본다.)

(이로붙어老僧의가슴을울녕
거리게하는것은少巫의춤이다.
처음에는사람인지仙女인지를
잘分別할수업섯다. 깁흔山中
에蟄居[71]하여잇든老僧으로서
는 實로꿈과같흐일이엿섯다.
그러나아모리보아도 仙女가아
니고사람이엿섯다. 人間社會
에도 저런것이잇는가라고생
각할때에 自己의過去는實로
無意味하고 寂寞하엿든것임
을痛感하게되엿다.)

노승. (땅에 엎어진 채로 염불장단의 반
주에 맞추어 춤을 춘다. 그리하여
차츰차츰 일어나려고 한다 한참 동
안 주저하다가 겨우 육환장을 짚고
이러나서[72] 선으로 얼굴을 가리우고
주위에 사람이 있는지 없는지를 알
기 위하야 부챗살 사이로 가만히 사
방을 살펴보다가 소무의 춤추고 있
는 태도를 보고 깜작 놀래어 땅에
엎어진다.
다시 일어나서 사방을 살펴보며
은근히 소무를 바라본다.)[73]

(이로부터 노승의 가슴을 울렁
거리게 하는 것은 소무의 춤이다.
처음에는 사람인지 선녀인지를
잘 분별할 수 없었다.
깊은 산중에 칩거하여 있던 노
승으로서는 실로 꿈과 같은 일
이었었다.
그러나 아무리 보아도 선녀가
아니고 사람이었었다.
인간사회에도 저런 것이 있는가
라고 생각할 때에 자기의 과거는
실로 무의미하고 적막하였던 것
임을 통감하게 되었다.)[74]

---

71 蟄居(칩거) ; 나가서 활동하지 아니하고 집 안에만 틀어박혀 있음을 말한다.
72 [보정] 땅에 엎어진 채로 염불장단의 반주에 맞추어 춤을 춘다. 그리하여 차츰차츰 일어나려고 한다 한참 동안

(이에서 老僧은人間社會란 것
이 엇더한것인지를비로소알엇
다는듯이 그러고이世上의 興
味를개달엇다는듯이 고개를
끄덕끄덕하더니 扇으로얼굴을
가리우고杖을집고 念佛曲의
伴奏에마추어춤을추며 場內
를一周한다음 少巫의周圍를
멀즈간이한참도라단이며춤을
춘다. 男兒로서이런곳에놀지
안코무엇하리하는表情을하고
집행이를억개에메고춤을추며
少巫의갓가운周圍로도라단이
면서 或은少巫의背後에가서
등으로슬적부다처보기도하고
或은少巫의正面에가서 마주
서보기도한다.)

(이에서 노승은 인간사회란 것
이 어떠한 것인지를 비로소 알
았다는 듯이 그리고 이 세상의
흥미를 깨달았다는 듯이 고개
를 끄덕끄덕 하더니 선으로 얼
굴을 가리고 장을 짚고 염불곡
의 반주에 맞추어 춤을 추며 장
내를 일주한 다음 소무의 주위
를 멀찌가니 한참 돌아다니며
춤을 춘다.
남아로서 이런 곳에 놀지 않고
무엇 하리 하는 표정을 하고 지
팡이를 어깨에 메고 춤을 추며
소무의 가까운 주위로 돌아다
니면서 혹은 소무의 배후에 가
서 등으로 슬쩍 부딪혀 보기도
하고 혹은 소무의 정면에 가서
마주서 보기도 한다.)[75]

주저하다가 겨우 육환장을 짚고 이러나서 ; 소위 삼전삼복(三顚三伏)이다. 임석재본에서는 '老丈 = (누운 채로
念佛曲에 맞추어 춤추며 일어나려 한다. 그러나 넘어진다. 다시 춤추며 일어나려 하는데 또 넘어진다. 겨우하여
六環杖을 짚고 일어나서 四仙扇으로 面을 가리고 周圍에 사람이 있나 없나를 살펴보려고 부채살 사이로 四方
을 살핀다. 그러다 小巫가 춤추고 있는 樣을 보고 깜짝 놀래며 다시 땅에 업딘다. 한참 後에 다시 일어나 四方
을 살펴보고 小巫를 은근히 凝視한다'라고 채록되었다. 연출[연기]법을 제시한 것이다. 삼전삼복(三轉三伏)에
대한 김일출의 『조선민속탈놀이 연구』의 자료를 염두에 둘 필요가 있다. 김일출은 '첫목의 이와 같은 기괴한
춤은 사자(死者)의 부활과 부활의 환희를 표현한 것이라고도 한다(재령 탈놀이 박형식 담). 목중은 자연과 인간
사회에 관한 지식이 아직도 불충분하였던 옛날 사람들이 자기의 생활에 재해(災害)와 불행을 가져온다고 믿어
온 역귀를 구축하는 유쾌감 또 이것을 물리치고 난 후의 승리감·행복감을 표현하고 있다.'고 하였다.

73 [보정] 임석재본에서는 '<註. 老丈과 小巫는 一切 無言. 다만 行動과 춤으로써 그의 中心의 모습을 表現한다>'
라고 부기되어 있다. 연기법이 제시되어 있다.

74 [보정] 가면극 공연자들의 증언을 바탕으로 기사화한 것으로 연출법 - 혹은 연기법 - 을 추정할 수 있다.

75 [보정] 이 기사는 가면극 구술자들의 증언을 바탕으로 하여 연출법 - 혹은 연기법 - 을 제시한 것이다. 지시어가

少巫. (泰然히춤을추며실타는듯이 살작살작老僧을避하야도라선다.)

老僧. (落心한듯이휘둥휘둥하다가[76] 다시 少巫의앞으로가서正面하야선다.)

少巫. (살작도라서서춤을춘다.)

老僧. (怒한듯이 少巫의正面에밧작닥아선다.)

少巫. (漸漸嬌態를부리며 살작도라서서춤을춘다.)

老僧. (처음보는사람임으로 붓그러워서 그런것이라생각하고 고개를끄덕끄덕하더니 두손으로집행이를 水平으로들고 少巫에게가서춤을추며 여러가지動作으로써얼너본다. 집행이를少巫사타리[77]밋트로너엇다가 내여들고少巫를한참바라보며 집행이를코에대이고냄새를맛더니 뒤로물너나와서 두손으로집행이를무릎에대이고 꺽거버리면서펄적뛴다)

소무. (태연히 춤을 추며 싫다는 듯이 살짝살짝 노승을 피하여 돌아선다.)

노승. (낙심한 듯이 휘둥휘둥 하다가 다시 소무의 앞으로 가서 정면 하여 선다.)

소무. (살짝 돌아서서 춤을 춘다.)

노승. (노한 듯이 소무의 정면에 바짝 다가선다.)

소무. (점점 교태를 부리며 살짝 돌아서서 춤을 춘다.)

노승. (처음 보는 사람이므로 부끄러워서 그런 것이라 생각하고 고개를 끄덕끄덕 하더니 두 손으로 지팡이를 수평으로 들고 소무에게 가서 춤을 추며 여러 가지 동작으로써 얼러본다. 지팡이를 소무 사타구니 밑으로 넣었다가 내어들고 소무를 한참 바라보며 지팡이를 코에 대고 냄새를 맡더니 뒤로 물러 나와서 두 손으로 지팡이를 무릎에 대고 꺾어버리면서 펄쩍 뛴다.[78])

추상적이며 주관적이다. 이를 토대로 하여 가면극의 주제를 탐구한 견해가 있다. 그러나 희곡 텍스트의 성격상 이를 곧바로 주제와 연결시킴은 무리가 있다. 이 오청본에서는 각 장면마다 추상적이며 주관적인 설명을 덧붙이고 있다.

76 [보정] 휘둥휘둥하다가 ; '휘뚝휘뚝하다가'인 듯하다. '휘뚝휘뚝'은 넘어질 듯이 자꾸 한쪽으로 쏠리거나 이리저리 흔들리는 모양이다. 혹은 일이 위태위태하여 마음을 놓을 수 없게 된 모양이다.

77 사타리 ; '사타구니'의 방언이다.

78 [보정] 지팡이를 소무 사타구니 밑으로 넣었다가 내어들고 소무를 한참 바라보며 지팡이를 코에 대고 냄새를 맡더니 뒤로 물러 나와서 두 손으로 지팡이를 무릎에 대고 꺾어버리면서 펄쩍 뛴다 ; 성적 표현이다. 이 같은 노

(이때樂의伴奏는打令曲으로
轉한다.)

老僧. (打令曲의伴奏에마추어춤을추며
少巫의앞흐로가서 念珠를버서그
의목에거러준다.)

少巫. (泰然히춤을추면서 목에거러준
念珠를벗겨서 땅에던저버린다.)

老僧. (少巫의念珠버린것을보고놀내며
念珠를주어들고少巫의앞흐로가서
正面하야선다.)

少巫. (살작도라선다.)

老僧. (춤을추면서 少巫겻트로단이다가
念珠를다시少巫의목에걸어준다.)

少巫. (모르는채하고 그대로泰然히춤
을춘다.)

老僧. (이에滿足하야춤을추며 그念珠
의한끝을自己목에걸고 少巫와마
주서서 비로소滿足한表情으로춤
을춘다.)

(이때 악의 반주는 타령곡으로
전한다.[79])

노승. (타령곡의 반주에 맞추어 춤을 추
며 소무의 앞으로 가서 염주를 벗
어 그의 목에 걸어준다.[80])

소무. (태연히 춤을 추면서 목에 걸어준
염주를 벗겨서 땅에 던져버린다.)

노승. (소무의 염주 버린 것을 보고 놀라
며 염주를 주워들고 소무의 앞으로
가서 정면 하여 선다.)

소무. (살짝 돌아선다.)

노승. (춤을 추면서 소무 곁으로 다니다
가 염주를 다시 소무의 목에 걸어
준다.)

소무. (모르는 체하고 그대로 태연히 춤
을 춘다.)

노승. (이에 만족하여 춤을 추며 그 염주
의 한 끝을 자기 목에 걸고 소무와
마주서서 비로소 만족한 표정으로
춤을 춘다.)[81]

골적인 성적 표현은 가면극에서 곳곳에서 보이는데 그 상징적 의미는 대체로 풍요다산을 기원하는 제의적 의
미로 해석하고 있다. 여기에서는 존재론적 의미로 해석함이 적합할 것으로 본다. 파계나 타락으로 봄은 사회학
적 해석에 지나지 않는다. 우리 가면극을 보는 입장에 있어서 경계해야할 태도다.

79 [보정] (이때 악의 반주는 타령곡으로 전한다.) ; 악이 바뀌었음을 말해주는 기사다. 악이 바뀌었음은 극적 상황이
달라졌음을 말해준다.

80 [보정] 타령곡의 반주에 맞추어 춤을 추며 소무의 앞으로 가서 염주를 벗어 그의 목에 걸어준다 ; 염주를 벗어서
그의 목에 걸어준다. 의상의 일부이자 소도구이다. 염주를 벗는 행위에 대한 연구가 더 필요하다. 파계로 보는
일방적인 태도는 경계해야 한다.

81 [보정] (이에 만족하여 춤을 추며 그 염주의 한 끝을 자기 목에 걸고 소무와 마주서서 비로소 만족한 표정으로
춤을 춘다.) ; 임석재본에서는 '大端히 滿足해 하며 춤을 춘다. 한참 추다가 小巫에게 가까이 가서 입도 만져보

(老僧은또다른少巫를이와같
이弄絡한다.)

(生佛[82]이라든道僧[83]이 두少巫
의術策에빠저 無我夢中[84]으로
되여잇슬을때에 신장수가원숭
이를업고 登場한다.)

鞋商.「야— 場잘섯다. 場滋味[85]가조타
기에不遠千里[86]하고왓더니 果然
거짓말이안이로구나. 人物屛風[87]
을돌나첫스니 이것太平市場이안
인가. 太平場이거나무슨場이거나
俗談에이른말이 싸홈은말니고흥
정붓치랫스니 장사(商人)가되여서
는 物件을잘팔아야겟다. 食而爲
天[88]이라하엿스니 먹을것붙어팔아
보자.」(四方을바라보며큰목소리
로)「군밤을사랴오 삶은밤을사랴
오.」(한아도팔니지안는다)

(노승은 또 다른 소무를 이와 같
이 농락 한다.[89])

(생불이라던 도승이 두 소무의
술책에 빠져 무아몽중으로 되
어 있을 때[90]에 신장수가 원숭이
를 업고 등장한다.)

혜상.「야— 장 잘 섰다. 장재미가 좋다기
에 불원천리하고 왔더니 과연 거짓
말이 아니로구나. 인물병풍을 둘러
쳤으니 이것 태평시장이 아닌가.[91]
태평장[92]이거나 무슨 장이거나 속
담에 이른 말이 싸움은 말리고 흥정
붙이라 했으니[93] 장사(상인)가 되어
서는 물건을 잘 팔아야겠다. 식이위
천이라 하였으니 먹을 것부터 팔아
보자.」

(사방을 바라보며 큰 목소리로)
「군밤을 사려오 삶은 밤을 사려오」
(하나도 팔리지 않는다.[94])

고, 젖도 만져보고 겨드랑도 후벼보다가 念珠의 한편 끝을 自己의 목에 걸고 小巫와 마주 서서 비로소 喜喜樂
樂하며 춤을 춘다.)'와 같이 채록되었다. 성적 표현이 좀더 자세하다.

82 生佛(생불) ; 살아 있는 부처라는 뜻으로, 덕행이 높은 승려를 이르는 말이다. 중생과 부처를 아울러 이르는 말
로도 쓰인다. 여러 끼를 굶은 사람을 비유적으로 이르는 말이기도 하다.

83 道僧(도승) ; 불도를 닦아 깨달은 승려를 말한다.

84 無我夢中(무아몽중) ; 자기를 모르고 꿈속에 있는 것 같다는 뜻으로, 마음이 외곬으로 쏠리거나 넋을 잃어 자기
도 모르게 행동하는 지경을 이르는 말이다.

85 場滋味(장자미) ; 장을 보는 재미로, 시장에서의 좋은 성과나 보람을 말한다. '滋味'는 우리말 '재미'의 한자 표
기이다.

「그러면 신이나팔아볼가. (큰목
소리로) 세코집세기六날메트리⁹⁵
고은아씨의신을사랴오.」
老僧. (신장수의뒤에가서 扇로억개를탁
친다.)

「그러면 신이나 팔아 볼가.
(큰 목소리로)
세코 짚세기 육날 메투리 고운 아
씨의 신을 사려오.」
노승. (신장수의 뒤에 가서 선으로 어깨
를 탁 친다.)

---

86 不遠千里(불원천리) ; 천 리 길도 멀다고 여기지 않음을 말한다.

87 人物屛風(인물병풍) ; 뛰어난 인물들이 병풍처럼 둘러싸여 있다는 말이다.

88 食而爲天(식이위천) ; 먹는 것으로 하늘을 삼는다는 뜻으로, 사람이 살아가는 데 먹는 것이 가장 중요하다는 말이다.

89 [보정] 노승은 또 다른 소무를 이와 같이 농락 한다 ; 가면극 공연자들의 증언을 바탕으로 하여 연출법 –혹은 연기법– 을 제시한 것이다. 임석재본에서는 '(老丈은 이와 같은 動作과 順序로 小巫Ⅱ에게 가서 되풀이하여 自己의 手中에 들어오게 한다.)'와 같이 채록되었다.

90 [보정] 생불이라던 도승이 두 소무의 술책에 빠져 무아몽중으로 되어 있을 때 ; 임석재본에서는 '(生佛이라는 老丈은 두小巫를 自己의 手中에 넣은 것이나, 事實은 小巫의 妖艶한 嬌態와 능난한 誘惑에 빠진 것이다. 老丈은 두 美女의 사이에 恍惚히 되었다.)'와 같이 채록되었다.

91 [보정] 인물병풍을 둘러쳤으니 이것 태평시장이 아닌가. ; 뛰어난 인물들이 병풍처럼 둘러싸여 있으니 태평시장 이라는 말이다. 인물병풍과 태평시장은 직접적 연관이 없다. 이렇게 직접적 연관이 없는 어구를 남발하는 것도 가면극 현장에서 일어날 수 있는 표현이다. 궁극적으로는 가면극 현장의 풍성한 분위기를 묘사하고자 하는 의 도를 담고 있다. 이를 두고 '표현 상징'으로서 '불합리의 합리'라고 한다.

92 [보정] 太平場(태평장) ; '태평(太平, 泰平)'은 나라가 안정되어 아무 걱정 없고 평안함, 혹은 마음에 아무 근심 걱정이 없음을 뜻한다. '태(太)'는 삼년 풍년을, '평(平)'은 일년 풍년을 말한다. 여기서 '태평장'은 풍년을 기원하 는 뜻을 담은 관념적 명칭이다.

93 싸움은 말리고 흥정 붙이라 했으니 ; '흥정은 붙이고 싸움은 말리랬다[勸買賣 鬪則解]'는 속담을 원용한 것이다. 좋은 일은 권하고 나쁜 일은 말려야 한다는 뜻이다. 민간화술이다. –『열상방언(洌上方言)』

94 [보정] 하나도 팔리지 않는다 ; 극적 상황을 드러내는 무대지시문이다.

95 세코집세기六(육)날메트리 ; 짚신과 미투리를 말한다. 집세기는 짚신의 사투리이고, 메투리는 미투리의 사투리 이다. 짚신은 볏짚으로 새끼를 꼬아 날을 하고 짚을 결어서 바닥을 한 신을 말한다. 보통 코를 셋을 만들기에 세코 짚세기이다. 초혜(草鞋), 비구(扉屨), 망리(芒履)라고 한다. 미투리는 질긴 삼베로 삼은 신인데, 발이 편하 라고 날이 여섯 가닥 또는 여덟 가닥 되게 한다. 마혜(麻鞋), 승혜(繩鞋)라고도 한다.

鞋商. (깜작놀나며)「이게무엇이냐. 네
놈의차림차림을보니 송낙을눌너쓰
고 百八念珠⁹⁶를목에걸고 먹장삼
을입고 紅袈裟를걸첫스니⁹⁷ 중놈
일시⁹⁸分明한대 僧俗⁹⁹이다르거든
兩班을보고 小僧¹⁰⁰間安이요라는
人事는업고 사람을치다니 이것웬
일이란말이냐.」

老僧. (少巫의발을가르치며 신사겟다
는動作을하고 扇으로少巫의신寸
數를가를친다¹⁰¹.)

(신장사가 그치수에맛는신을
끄어내랴고 등의질머진짐을
내려노코 보탱이¹⁰²를끌으니까
뜻밧게원숭이한마리가뛰여나
와 신장사의앞에안는다.)

혜상. (깜짝 놀라며)「이게 무엇이냐. 네
놈의 차림차림을 보니 송낙을 눌러
쓰고 백팔염주를 목에 걸고 먹장삼
을 입고 홍가사를 걸쳤으니 중놈일
시 분명한데 승속이 다르거든 양반
을 보고 소승 문안이요 라는 인사는
없고 사람을 치다니 이것 웬일이란
말이냐.」

노승. (소무의 발을 가리키며 신 사겠다
는 동작을 하고 선으로 소무의 신
촌수를 가리킨다.)

(신장사가 그 치수에 맞는 신을
끌어내려고 등의 짊어진 짐을
내려놓고 보퉁이를 끄르니까¹⁰³
뜻밖에 원숭이 한 마리가 뛰어
나와 신장사의 앞에 앉는다.)

---

96 백팔염주 ; 염주가 108개의 구슬을 사용한다 하여 이렇게 부른 것이다. 불보살에게 예배할 때 손목에 걸거나
손으로 돌리는 불구(佛具)의 하나. 수주(數珠)·송주(誦珠)·주주(呪珠)라고도 한다. 염불의 횟수를 기억하는
구슬이라는 뜻으로, 염불할 때나 다라니를 외울 때 일정한 수의 구슬을 끼워 연결한 염주를 가지고 그 수를 기
억하도록 하는 도구이다. 보통 108주(珠)를 사용하는데, 이를 108염주라고 한다.

97 걸첫스니 ; '걸쳤으니'다. '걸치다'는 '입다'와 상대적인 뜻을 지닌다.

98 중놈일시 ; '중놈일 것이'다. '-일시'는 '-게'의 방언이다.

99 僧俗(승속) ; 승려와 속인을 말한다.

100 小僧(소승) ; 중이 자기를 낮추어 이르는 말이다.

101 가를친다 ; '가르친다'이다. 여기서는 '가리킨다'의 뜻이다.

102 보탱이 ; '보퉁이'의 방언이다.

103 [보정] 신장사가 그 치수에 맞는 신을 끌어내려고 등의 짊어진 짐을 내려놓고 보퉁이를 끄르니까 ; 소도구가
등장한다. 우리 가면극에서 소도구가 등장하는 장면은 흔하지 않으며, 등장한다 하더라도 이 대목과 같이 적극
적으로 활용되는 경우는 없다.

鞋商. (깜작놀내며원숭이를보고)「네가
　　뭣이냐 물즘생이냐.」
猿. (머리를左右로살낭살낭흔들어좀定
　　한다)
鞋商.「그러면 물고기냐.」
猿. (머리를左右로흔든다)
鞋商.「농어냐.」
猿. (머리를左右로흔든다)
鞋商.「뱀장어냐.」
猿. (머리를左右로흔든다)
鞋商.「그럼네가四足[104]을가젓스니 山즘
　　생이냐.」
猿. (머리를前後로끄덕끄덕하야肯定
　　한다.)
鞋商.「그럼범이냐.」
猿. (머리를左右로흔든다)
鞋商.「그럼 노루냐.」
猿. (머리를左右로흔든다)
鞋商.「사슴이냐.」
猿. (머리를左右로흔든다)

혜상. (깜짝 놀라며 원숭이를 보고)「네
　　가 뭣이냐 물짐승이냐.」
원. (머리를 좌우로 살랑살랑 흔들어
　　부정한다)
혜상.「그러면 물고기냐.」
원. (머리를 좌우로 흔든다)
혜상.「농어냐.」
원. (머리를 좌우로 흔든다)
혜상.「뱀장어냐.」
원. (머리를 좌우로 흔든다)
혜상.「그럼 네가 사족을 가졌으니 산짐
　　승이냐.」
원. (머리를 전후로 끄덕끄덕하여 긍정
　　한다.)
혜상.「그럼 범이냐.」
원. (머리를 좌우로 흔든다)
혜상.「그럼 노루냐.」
원. (머리를 좌우로 흔든다)
혜상.「사슴이냐.」
원. (머리를 좌우로 흔든다)

---

104 四足(사족) ; 네 다리를 말한다.

鞋商. 「오— 이제야알겟다. 녯날어른들
　　　말슴을들은즉 원숭이가사람의숭내
　　　를잘낸다드니 네가숭내를잘내는구
　　　나 원숭이냐.」

猿. (머리를끄덕끄덕하야肯定한다)

鞋商. 「오— 그러면 우리先親께서中國
　　　使臣으로단일적에　中國단이든記
　　　念도되고 이놈이힘잇고 날램이잇
　　　는故로 집안에갓다두면 家庭에保
　　　護가될만큼하다고사다두신것을
　　　이때것기르고잇섯더니 내가신짐을
　　　지고나온다는것이 원숭이짐을지고
　　　나왓구나.　원숭아!　너는매우怜悧
　　　하고날낸놈이니까　내가저-뒷절중
　　　놈한테신을팔고 신갑을못받은것이
　　　잇스니 네가가서받아오너라.」

혜상. 「오— 이제야 알겠다. 옛날 어른
　　　들 말씀을 들은즉 원숭이가 사람
　　　의 흉내를 잘 낸다더니 네가 흉내
　　　를 잘 내는구나. 원숭이냐.」[105]

원. (머리를 끄덕끄덕하여 긍정한다)[106]

혜상. 「오— 그러면 우리 선친께서 중국
　　　사신으로 다닐 적에 중국 다니던 기
　　　념도 되고 이놈이 힘 있고 날램이
　　　있는 고로 집안에 갖다 두면 가정에
　　　보호가 될 만큼 하다고 사다 두신
　　　것을 이때껏 기르고 있었더니 내가
　　　신짐을 지고 나온다는 것이 원숭이
　　　짐을 지고 나왔구나. 원숭아! 너는
　　　매우 영리하고 날낸 놈이니까 내 가
　　　저- 뒷절 중놈한테 신을 팔고 신값
　　　을 못 받은 것이 있으니 네가 가서
　　　받아 오너라.」

---

105 [보정] 이 대목은 신장사가 원숭이의 정체를 알아내려는 대사는 수수께끼식 문답이다. 이미 알려진 것에 대한 수수께끼식 문답을 주고받음으로써 가면극 현장을 축제 분위기를 조성한다. 수수께끼는 역사가 오랜 표현 수법으로, 상식적으로는 사물을 빗대어서 맞추는 놀이, 혹은 일정한 대답을 바라는 사물의 비유적 묘사나 표현이다. 또 수수께끼는 은유를 써서 대상물을 정의하는 언어표현법이며, 구연에 있어서 화자와 청자 쌍방이 참여한다는 점, 묘사가 극히 단순하다는 점·은유적 표현이란 점, 고의적 오도(誤導)성을 띠고 있다는 점 등을 수수께끼의 특징으로 든다. 또 수수께끼는, 의미의 다발을 전달하고, 긴장과 이완은 혼란을 의도하고, 단어의 탄력을 이용하며, 질서에 대한 집단의 원칙을 이야기하는 것이 허용되는 관습적 위상이 일치되는 속에서 전개된다. 또, 수수께끼는 사건의 해결을 구하는 문제라고도 하고, 바른 대답을 목적으로 한 고풍(古風)의 질문이라고도 한다. 즉 수수께끼식 문답이란, 이러한 수수께끼의 특성을 바탕으로 전개되는, 가면극 대사의 한 양상이다. 또한, 이 수수께끼와 유사한 형태에 '스무 고개(twenty-questions)'가 있다.
　　여기에서 주목할 일은 지속적으로 '고의적인 오도(誤導)'를 보여주어야 가면극 현장이 더욱 축제적인 분위를 조성할 수 있다는 것이다.

106 [보정] 원숭이 ; 12지의 제9위인 신(申)일을 지칭하는 동물이다. '원숭이날·납날'이라고도 한다. 방위는 서남방, 오행은 금(金), 색깔은 백(白)색이며, 시간은 3~5시이고 4시가 신시의 중이다. 세시풍속으로 정월 첫 잔나비날에는 일손을 쉬고 놀며, 특히 칼질을 하며 손이 벤다고 하며 삼간다. 남자가 먼저 일어나서 부엌과 마당의 네

猿. (신갑을받으러가서 거긔잇는少巫의 등에붓터 淫蕩한動作을한다.)

鞋商.「여보오 구경하는이들! 내노리개 작난감 어듸로가는것못밧소.」(四方으로원숭이를차저다니다가 少巫에게잇는것을보고)

「야 요런놈신갑받어오랫더니 돈을받어가지고 거기다가모다消費해버리는구나. (원숭이를끌고도라와서) 너는少巫를햇스니 나는네놈의삐약107이나 한번하여보겟다.」

원. (신값을 받으러 가서 거기 있는 소무의 등에 붙어 음탕한 동작을 한다.)108

혜상.「여보오 구경하는 이들!109 내 노리개 장난감110 어디로 가는 것 못 봤소.」

(사방으로 원숭이를 찾아다니다가 소무에게 있는 것을 보고)

「야 요런 놈 신값 받아 오랬더니 돈을 받아가지고 거기다가 모두 소비해 버리는구나.

(원숭이를 끌고 돌아와서)

너는 소무를 했으니 나는 네놈의 삐약이나 한번 하여 보겠다.」111

귀를 쓸고, 부엌에 귀신이 있다고 하여 남자가 먼저 부엌에 들어가기도 한다. 제주도에서는 나무를 자르지 않는데, 이날 자른 나무를 사용하여 만든 물건에는 좀이 많이 쓴다고 한다. 한편 경상남도 지방에서는 이날뿐 아니라 어느 신일에도 '원숭이'란 말을 입에 담으면 재수가 없다고 하여 불가피한 경우 '잔나비'라고 바꾸어 말한다.

우리 가면극에 이같이 원숭이가 등장하는 이유는 현재 불분명하다. 나례 때나 장터에서 장대를 타는 묘기를 보여주는 원숭이가 등장하기도 하였다.

107 삐약 ; '비역'으로 비역은 남녀 사이에 육체적 교섭을 하듯이 남성 간에 그와 같은 행위를 하는 일을 말한다.

108 [보정] 신값을 받으러 가서 거기 있는 소무의 등에 붙어 음탕한 동작을 한다. ; 이 같은 음외한 행위는 우리 가면극에서 다반사로 나타난다.

109 [보정] 여보오 구경하는 이들! ; 관중에게 이른 것이다. 이러한 대사는 관중과의 소통을 유도하는 장치라고 보는 것이 일반적이다.

110 [보정] 노리개 장난감 ; 원숭이를 두고 이른 것이다. 성적 노리개라는 뜻인 듯하다.

111 [보정] 너는 소무를 했으니 나는 네놈의 삐약이나 한번 하여 보겠다 ; 음외한 행위이다. 뒤로부터 성행위를 하겠다는 말이다.

(신장사가 원숭이를업허노코
淫蕩한動作을하면 원숭이가
뛰여이러나서 신장수뒤에붓터
서淫蕩한動作을한다. 신장사
와원숭이가 이러케한참동안 서
로淫蕩한動作을하다가이러나
안는다.)

鞋商. 「신갑은分明히받어왓느냐.」
(하며 신갑을計算하느라고 땅
에數字를쓴다. 원숭이는쪼차
다니면서 數字를지워버린다.)

猿. (신장수가 신갑을計算하랴고애를
쓰고잇슬때에 또다시少巫에게로
가서 淫蕩한動作을거듭한다.)

老僧. (원숭이가少巫에게와서淫蕩한動
作을하는것을보고부채자루로원숭
이를때린다.)

(신장사가 원숭이를 엎어놓고
음탕한 동작을 하면 원숭이가
뛰어 일어나서 신장수 뒤에 붙
어서 음탕한 동작을 한다.
신장사와 원숭이가 이렇게 한
참 동안 서로 음탕한 동작을 하
다가 일어나 앉는다.)

혜상. 「신값은 분명히 받아왔느냐.」
(하며 신값을 계산하느라고 땅
에 숫자를 쓴다.
원숭이는 쫓아다니면서 숫자를
지워버린다.)[112]

원. (신장수가 신값을 계산하려고 애를
쓰고 있을 때에 또다시 소무에게
로 가서 음탕한 동작을 거듭한다.)

노승. (원숭이가 소무에게 와서 음탕한
동작을 하는 것을 보고 부채 자루
로 원숭이를 때린다.)

---

112 [보정] (하며 신값을 계산하느라고 땅에 숫자를 쓴다. 원숭이는 쫓아다니면서 숫자를 지워버린다.) ; 신값을 계산
하지 못하게 훼방을 노는 행위이다. 이에 대하여는 별도의 연구가 필요하다.

(신장수가 원숭이가맞는것을
보고 老僧에게로쪼차가서 원
숭이를빼서가지고 治療하러
간다고하면서退場한다.)

(신장수가 원숭이가 맞는 것을
보고 노승에게로 쫓아가서 원
숭이를 뺏어 가지고 치료하러
간다고 하면서 퇴장한다.)[113]

---

113 [보정] 이 장면은 흔히 정현석(鄭顯奭)의 『教坊諸譜(교방제보)』의 '僧舞(승무)'에 비견한다는 견해가 지배적이
다. 승무의 풍류랑은 취발에 비견한다고 본다. 이는 소위 노장 마당을 해명하는 데에 있어서 염두에 두어야 할
자료다. 그 내용을 보이면 다음과 같다.

[참고] 小妓拜而舞 어린 기생이 절하고 춤춘다. / 風流郎着快子對舞 풍류랑은 쾌자를 입고 마주 춤을 춘
다 [대무對舞]. / 郎繞妓而舞 戲狎備至 랑이 기생의 주위를 돌며 춤을 추어 희롱하고 친압(親狎)하기
에 열중한다. / 有老僧伏軒隅 때마침 이럴 즈음에 노승이 이르러 무대 한쪽에 엎드려 있다. / 上座出舞
往老僧前 指示妓 상좌가 춤추다가, 노승에게 앞에 가서 기생을 가리킨다. / 老僧掉頭不見 노승은 머
리를 조아리고 보지 않는다. / 上座又附耳而語 老僧稍稍氣視 상좌가 또 귀에 대고 무어라고 말하니
노승은 잠깐 쳐다본다. / 上座曳山錫杖 상좌가 산석장을 끈다. / 老僧戰慄不能起 노승은 떨며 일어나
지 못한다. 欲起而頹臥 又曳出起舞 漸近妓處 繞行而舞 일어나려다가 자빠져 누워버린다. 다시 끌자
나와 일어나 춤추며 점차로 기생 가까이 가서는 주위를 돌며 춤춘다. / 上座居間周旋 郎故避之 상좌
가 끼어들어 주위를 돌자 랑은 그곳을 피한다. / 老僧與妓戲狎 노승은 기생과 더불어 희롱하고 친압한
다. / 每見郎近入則避去 매양 랑이 가까이 들어오는 것을 살피다가 피하여 도망간다. / 郎以錦鞋着妓
足而去 랑은 기생 발에 비단신을 신기고 나간다. / 老僧亦以色鞋換着足而去 노승 역시 색신을 바꾸어
신기고 나간다. / 郎還見其換鞋 怒而打妓 랑이 돌아와 그 바뀐 신을 보고 노하여 기생을 때린다. / 妓
佯泣 郎抱腰解忿而去 기생이 우는 체하자 랑이 허리를 안아 달래다가 나간다. / 老僧又來娛 負妓而
去 노승이 또 와서 기생을 희롱하다가 업고 나간다. / 郎乘醉亂步而入見妓不在 乃伸脚坐泣 랑이 술
에 취하여 비틀거리며 들어와 기생이 없음을 보고는 다리를 뻗고 운다. / 妓棄僧還入 抱郎腰而泣 기
생이 노승을 버리고 돌아와 랑의 허리를 끌어안고 운다. / 郎打妓 妓飲泣不已 랑이 기생을 때리자 기
생은 울기를 그치지 않는다. / 郎抱腰解之 妓不聽 랑이 허리를 끌어안아 달래도 기생이 듣지 않는다.
/ 郎連解之 更爲起舞郎 랑이 계속해서 달래니 다시 일어나 랑과 춤을 춘다. / 郎抱一少妓 랑이 다른
기생을 끌어안는다. / 妓妬打之 기생이 질투하여 다른 기생을 때린다. / 又爲起舞 또 (기생이) 일어나
춤을 춘다. / 妓先拜出 기생이 먼저 절하고 나가면 / 郎亦出 랑도 역시 나간다. / 老僧與上座舞 노승과
상좌는 춤춘다. / 罷 끝난다.
此一場雜戲也 한 마당의 잡희이다. 然究其本意 亦寓勸懲之義 그러나 궁구하는 그 본 뜻은 역시 권
선징악의 뜻을 빗댄 것이다. 女始若懷貞 終爲淫亂 여자는 처음에는 정조를 품은 것 같지마는 끝내는
음란해지고 士始若守操 終爲乖悖 선비는 처음에는 지조를 지키는 것 같지마는 끝내는 어그러지며 僧
始若戒行 終爲癲狂 중은 처음에는 계율을 행하는 것 같지마는 끝내는 미치광이가 된다. 此乃調戲人
間 이는 곧 인간 세상의 희롱에 휩쓸려 鮮克有終者也 끝내 자신을 이겨내는 자가 드물다는 것이다.
覽者如是 구경하는 자도 마찬가지다.
　　　少年白晳弄紅粧　신수 흰한 젊은이는 기생을 희롱하고,
　　　撩亂春風老錫腸　봄바람이 요란하니 노승의 간장이 탄다.
　　　禪心幻作探香蝶　선심이 홀려서 향기로운 나비를 탐하는구나.
　　　竟逐飛花上下狂　필경 날아다니는 꽃을 쫓아 상하[젊은이와 늙은이]가 미쳐버리네.

(이때 醉發은 울퉁불퉁한탈을
쓰고 허리에 靑葉의柳枝를꽂
고 큰방울을차고 술醉한것처럼
비틀거리며들어오다가 打令曲
의伴奏에마추어춤을추며 다름
질하야登場한다.)

(이때 취발[114]은 울퉁불퉁한
탈[115]을 쓰고 허리에 청엽의 유
지[116]를 꽂고 큰 방울[117]을 차고
술 취한 것처럼 비틀거리며 들
어오다가 타령곡의 반주에 맞
추어 춤을 추며 달음질하여 등
장한다.)

---

114 [보정] 취발 ; 일반적으로 술에 취하여 지지벌개가지고 다니기에 이러한 이름이 붙었다고 한다.
그런데 다음과 같은 사실을 염두에 두어야 한다고 본다. 은율가면극에서는 '최괄이'라 하였고, 이를 이두현은
취발이와 같이 보았다. 손진태의 『校註 歌曲後集』 권제육 농가월령가(農家月令歌) 시월령을 보면 '李風憲 金
僉知는 준말끗희 醉倒ᄒ고 崔勸農 姜約正은 체궐이춤을 춘다.'라는 대목이 보인다. 여기의 '체궐이춤'을 주목할
일이다. 또한 중국의 팔선(八仙) 가운데 술을 잘 먹는 철괴리(鐵拐李)가 나오는데, 박지원의 '광문자전'에 나
오는 광문이도 철괴리춤에 능했다고 하였다. 따라서 철괴리, 체궐이, 최괄이, 취발이 등은 동일 대상, 혹은 동일
한 관념이 작용하고 있는 대상에 대한 상이한 표기라고 보아야 할 것이다. 『퇴계원산대놀이 연회본』에서 다음
과 같이 설명하고 있다.

　　[참고] 취발이 : 취발이는 노총각으로 절에서 밥 짓고 물 긷는 일을 하는 불목한. 임석재는 그의 회고록에
　　서 '취발이도 그냥 한글로 써야 할 것을 한자로 썼는데, 그 당시 막연히 취한 것 같은 인물이 연상이나
　　취발(醉發)이라고 했다'고 하였는데, 취발이 대사에 '술 서너 잔 먹어 얼굴이 지지벌거니깐…'.'라는 대
　　목이 있다. 같은 역이 은율가면극에서만은 '최괄이'로 되어 있다. 최괄이는 사설시조 <관등가(觀燈歌)>
　　에 '사자(獅子) 탄 체괄(體适)이요 호랑(虎狼)이 탄 오랑캐(兀良哈)와…'로 보이는 그 '체괄'에서 최괄
　　(崔适)로 바꾼 말이 아닌가 생각된다. 최괄은 오랑캐의 이름이라고 하였는데 (鄭炳昱 編, 『時調文學事
　　典』, 524쪽) 오랑캐는 야만스러운 종족이란 뜻으로 침략자를 업신여겨 부르던 말이다. 고려 말부터 조
　　선 전기에 걸쳐 두만강 연변이나 그 북쪽지방에서 살던 여진족(女眞族)을 이르던 말이다. 그러나 원래
　　는 북부 만주에서 시베리아 남쪽에 걸친 삼림 속에 살던 수렵민(狩獵民)의 범칭(汎稱)이다. 그러기에
　　힘세고 용맹스런 '사자탄 체괄이요'라고 읊었다. 다시 은율가면극에서는 '최괄'로 취발이의 배역명으로
　　정하지 않았나 생각된다. <농가월령가(農家月令歌)> 10월령의 1절에 '체달이 춤을 춘다.'라고 있는데
　　이 체달이 춤이 '체괄(體适)이 춤'으로도 표기된 곳이 있어 취발이의 옛 표기로 생각된다는 의견도 있
　　다. -서연호, 『山臺탈놀이』, 78쪽.

115 [보정] 울퉁불퉁한 탈 ; 제2장에서도 '울퉁불퉁하고奇怪한假面'라고 채록된 것으로 보아 첫목과의 공용탈일 가
능성을 확인할 수 있다. 첫목탈과 취발이탈이 동일한 것이라면 등장인물 기호도 같아야 할 것이다. 또한 연극적
위상도 같아야 한다.

116 [보정] 청엽의 유지 ; 푸른 버드나무가지를 말한다. 대체로 생명력의 상징으로 본다. 버드나무는 냇가에서 흔히
자라고 우리나라와 만주와 일본에 분포한다. 썩은 버드나무의 원줄기는 캄캄할 때 빛이 난다. 이것을 도깨비불
이라고 한다. 도깨비가 나온다고 알려진 곳은 습지에서 버드나무가 무성한 숲일 때가 많다. 불교에서 서른 셋
관세음보살이 신봉되었는데 그 첫째인 양류관세음보살(楊柳觀世音菩薩)을 비롯하여 덕왕(德王), 청경(靑頸),
쇄수(灑水) 관세음보살이 버드나무와 관계가 있다고 한다. 관세음보살 진언에 '몸에 있는 질병을 없애려거든
버드나무 가지를 든 관세음보살에게 진언을 왼다.'라 한 점으로 보아 그 종교적 심성을 알 수 있다. 우리 가면극
에서의 푸른 버드나무 가지도 이러한 차원에서 수용할 필요가 있다. 예수가 못 박힌 십자가도 버드나무로 알려

醉發.「에크 아그제어미를할놈의집안의
　　곳불[118]인지행불[119]인지 해해年年
　　이 다달이 나날이 時時때때로 풀
　　도라들고[120] 감도라드는구나[121].」
　　(打令曲의伴奏에마추어춤을하바
　　탕[122]춘다)
　　「쉬―.」(樂의伴奏와舞는긋친다.)

취발.「에크 아 그 제어미를 할 놈[123]의
　　집안의
　　곳불인지 행불인지
　　해해 년년이 다달이 나날이
　　시시 때때로[124]
　　풀돌아 들고 감돌아드는구나.」
　　　(타령곡의 반주에 맞추어 춤을
　　　한 바탕[125] 춘다)
　　「쉬―.」
　　　(악의 반주와 무는 그친다.)

　져 있다. 한국의 신화에서도 곳곳에 버드나무가 등장한다.
117 [보정] 큰방울 ; 소도구다. 이 방울이 가지고 있는 연극적 의미나 상징성은 또다른 연구 과제다. 방울은 일반적으로 종교의식에서 흔히 등장한다. 샤머니즘과의 관련성에만 국한시키는 입장은 경계해야 한다.
118 곳불 ; 고뿔의 옛말로 감기(感氣)를 일상적으로 이르는 말이다.
119 행불 ; '고뿔'의 함경북도 방언이다.
120 풀도라들고 ; '풀돌아 들고'다. '풀돌다'는 '어떤 둘레를 돌던 방향과 반대로 빙빙 돌다.'의 뜻이다.
121 감도라드는구나 ; '감돌아드는구나'다. '감돌다'는 '어떤 둘레를 여러 번 빙빙 돌다.'의 뜻이다.
122 하바탕 ; 원자료에는 '한바탕'의 잘못일 것이다.
123 [보정] 제어미를 할 놈 ; 우리 가면극에서 흔히 등장하는 욕설이다. 속담에도 '에미를 붙구 대명 간다.', '에미를 붙어 담양 갈 놈' 등이 있다. 노신은 이를 국매(國罵)라고 하였다. 노신의 말을 빌면 '나는 네 에미의 先親十八代도 하노라.'에서 왔다고 하면서 '他媽的!'을 '國罵'라 하였다. 中國의 '下等人種' 사이에서는 본래 '你的媽穴(나는 네 어미 구멍을 한다.)'를 비롯하여 '你媽的祖宗十八代(나는 네 에미의 先祖十八代도 하였다.)', '媽才立介穴(어미 저 구멍)' 등이 쓰여지고 있었으나, '你'란 말이 제삼자를 의미하는 '他'로 변하여 드디어 구체적인 동사와 목적어가 떨어져간 것이다. 중국어의 이런 종류의 매리(罵詈)는 가문이나 祖宗(祖宗)의 위력을 매세(賣勢)하는 자에의 반항에서 생긴 것이라 한다. 일본어에도 '母開'라는 말은 '너는 네 어머니를 姦한다.'라는 뜻이다. 야촌신일은, 남사당패 재담에서 쓰인 욕설을, 단어의 수준으로 상대편을 헐뜯어 희롱하는 것·말의 희롱을 엿볼 수 있는 것으로 마을 생활과 관련 깊은 동식물을 이용한 것·동물 이외의 것·배설물에 관한 것·병신이나 불구나 볼품없는 사람을 이르는 것 등으로 분류하고는, 욕설은 그 어떠한 가치를 지니고 있든지 간에 적어도 '살아있는' 말이었다고 하였다. 野村伸一, "辱說考", 『韓國民俗藝能』, (社會評論社, 1985 참조.)
　욕설은 반드시 비속한 단어를 사용하는 것만으로 성립하는 것이 아니라, 오히려 언어유희라든가 문맥의 전환 혹은 엉뚱한 말을 가져옴으로써 보다 극적효과를 올리고 있다고 할 만하다 한다.
　다음과 같은 사례도 있다.
　　말뚝이 : 이 어떤 제미를 붙고 금각 대명(潭陽)(大命이 옳다 ― 필자)을 갈 이 양반들이 … <東萊 들놀음>
　　首兩班 : 이 제기를 붙고 경각대명(頃刻待明) 갈 연식들 … <水營 들놀음>
　　원양반 : … 이내 몸은 한글한글하여 石塔에 비겨 앉아 古今事를 곰곰 생각할 때, 이런 제할미 붙고 흥각

(唱)「山不高而秀麗하고[126] 水不深而澄淸이라[127] 地不廣而平坦하고[128] 人不多而茂盛이라[129] 月鶴은雙伴하고[130] 松竹은交翠로다.[131] 箕山穎水[132]別乾坤[133]에 巢父許由[134]가놀고 采石江[135]明月夜[136]에 李謫仙[137]이놀고 赤壁江秋夜月[138]에 蘇東坡[139]노랏스니 나도本是江山誤入匠이[140]로 金剛山좃탄말을 風便에 넌짓듯고[141] 綠陰間[142]수풀속에 親舊벗을차잣더니 親舊벗은한아도 업고 僧俗인가하거든 중이되여절간에서 佛道는힘안쓰고 입분아씨를대려다노코 놀고나면꿍—덕꿍..」

(창) 「산불고이수려하고 수불심이징청이라
지불광이평탄하고 인불다이무성이라[143]
월학은쌍반하고 송죽은교취로다.
기산영수별건곤에 소부허유가 놀고
채석강명월야에 이적선이 놀고
적벽강추야월에 소동파 놀았으니[144]
나도 본시 강산 오입장이로
금강산 좋다는 말을 풍편에 넌짓 듣고[145]
녹음간 수풀 속에 친구 벗을 찾았더니
친구 벗은 하나도 없고 승속인가 하거든[146]
중이 되어 절간에서 불도는 힘 안 쓰고
이쁜 아씨를 데려다 놓고 놀고 나면 꿍—덕꿍.[147]」

대명을 우쭌 우쭌 갈 놈들이 … 밤이 맞도록 웅방캥캥하는 소리 양반이 잠을 이루지 못하야 이미 나온지라 이 사람 四寸들! <統營 五廣大, 諷刺탈 ; 李玫基 채록>
쇠뚝이 : 애 우리 같으면 네 어미 씹구녁이나 잘 했느냐 할 터인데, 신중히 계시니 분명한 양반이시더라. <楊州別山臺, 의막사령놀이 ; 李杜鉉 채록>
쇠뚝이 : 하, 이런 놈의 일 보게. 양반의 새끼라 다르다. 상놈같으면 네미나 잘 붙었느냐? 그럴 텐데 그런 호래들 녀석이 어디 있어? 늙은 사람에게 의젓이 좋이 있다냐 그러네! <楊州別山臺, 샌님과정 ; 趙鐘洵 채록>
124 [보정] 곳불인지 행불인지 해해 년년이 다달이 나날이 시시 때때로 ; 동의어반복을 이용한 언어유희이다.
125 [보정] 하바탕 ; 원자료에는 '한바탕'일 것이다.
126 山不高而(산불고이) 秀麗(수려) ; 산은 높지 아니하며 빼어나게 아름답다.
127 水不深而(수불심이) 淸澄(청징) ; 물은 깊지 아니하며 맑고 깨끗하다.

(打令曲의伴奏에마추어춤을
추며 老僧의앞흐로슬금슬금거
러간다)

(타령곡의 반주에 맞추어 춤을
추며 노승의 앞으로 슬금슬금
걸어간다.)

---

128 地不廣而(지불광이) 平坦(평탄) ; 땅은 넓지 아니하며 평평하다.

129 [보정] 人不多而(인불다이) 茂盛(무성) ; 사람은 많지 않으나 무성하다. 원래는 '林不多而(임불다이) 茂盛(무성)'으로, '나무는 많지 않으나 무성하다'의 뜻이다.

130 月鶴(월학)은 双伴(쌍반)하고 ; 달빛에 학은 나란히 거닐고

131 松竹(송죽)은 交翠(교취)로다 ; 소나무와 대나무는 비취빛이로구나. 푸른 대나무를 취죽(翠竹)이라고 한다.

132 箕山潁水(기산영수) ; 중국 하남성에 있는 산과 시내를 말한다. 요임금 때 소부와 허유가 임금의 자리를 물려받으라는 왕명을 피하여 들어가 은거했다는 산과 물이다. '기산'은 하남성(河南省) 행당현(行唐縣) 서북쪽에 위치한다. '영수'는 하남성 등봉현(登封縣) 서쪽 경계에 있는 영곡(潁谷)에서 발원하여 회수(淮水)로 유입하는 물길이다.

133 別乾坤(별건곤) ; 별세계, 별천지를 말한다.

134 巢父許由(소부허유) ; 고대 중국의 전설상의 은자(隱者)인 소부와 허유를 말한다. 속세를 떠나서 산의 나무 위에서 살았기 때문에 생긴 이름이며, 요(堯)가 천하를 그에게 나라를 맡기고자 하였으나 이를 사양하고 받지 않았다. 허유(許由)가 영천에서 귀를 씻고 있는 것을 소를 몰고 온 소부(巢父)가 보고서 그러한 더러운 물은 소에게도 마시게 할 수 없다며 돌아갔다는 고사가 있다. 소부와 허유를 소유(巢由), 소허(巢許)라고도 하며, 이를 한 사람으로 보는 설도 있다.

135 采石江(채석강) ; 중국 안휘성(安徽省)에 위치한 강으로, 동정호(洞庭湖)의 한 지류다. 이백(李白)이 채석강(采石江)에서 놀 때 술에 취하여 물에 비친 달을 잡으려고 강에 뛰어들어 빠져 죽었다고 한다.

136 明月夜(명월야) ; 달 밝은 밤이라는 뜻이다.

137 李謫仙(이적선) ; 중국 당 나라 때 시인 이백(李白)을 말한다. 자는 태백(太白)이며, 호는 청련거사(青蓮居士), 주선옹(酒仙翁)이다. 시선(詩仙)으로 일컬어지는데 장안(長安)에 들어가 하지장(賀智章)을 만났을 때 하지장은 그의 글을 보고 탄(歎)하여 적선(謫仙)이라 하였다. 두보(杜甫)는 '飲中八仙歌(음중팔선가)'에서 '이백은 말술에 백 편의 시를 짓고 장안 거리 술집에서 잠을 자며 천자가 불러도 배에 오르지 않고 술의 신선이라고 스스로 자랑한다. 李白一斗詩百篇 長安市上酒家眼 天子呼來不上船 自稱臣是酒中仙'라고 노래하였다.

138 赤壁江秋夜月(적벽강추야월) ; 적벽 강가의 가을 달밤이라는 뜻이다.

139 蘇東坡(소동파) ; 중국 북송(北宋) 때의 문인이자 정치가인 소식(蘇軾)을 말한다. 자(字)는 자첨(子瞻)이며, 호(號)는 동파(東坡)다. 소선(蘇仙)이라고도 한다. 아버지 순(洵)과 아우 철(轍)과 더불어 '삼소(三蘇)'라고 불리며, 당송팔대가(唐宋八大家)의 한 사람이자 송나라를 대표하는 제일의 문인으로 문명을 날렸다. 정치적으로는 개혁파인 왕안석(王安石)과 대립하여 좌천되었으나 후에 철종(哲宗)에게 중용(重用)되어 구법파(舊法派)를 대표했다. 대표적인 작품으로는 특히 「적벽부(赤壁賦)」가 유명하며, 서화(書畵)에도 능했다.

140 江山誤入匠(강산오입장)이 ; 세상에서 유명한 오입쟁이를 말한다. 여기서는 풍류를 즐기는 사람을 두고 이른 것이다. '匠(장)이'는 우리말 '쟁이'의 한자식 표기이다.

141 넌짓 ; '넌지시'의 준말이다. '드러나지 않게 가만히'의 뜻이다.

142 綠陰間(녹음간) ; 우거진 숲속이라는 뜻이다. 여기서는 속세를 떠난 자연이라는 말이다.

143 [보정] 지불광이평탄하고 인불다이무성이라 ; '인불다이무성'은, 원래 '林不多而[임불다이] 茂盛[무성]'으로, '나무는 많지 않으나 무성하다'의 뜻이다. '지불광이평탄'과 대구를 이루려면 '임불다이무성'이 옳다. 가면극 현장에서는 '임불다이무성'을 '인불다이무성'으로 바꾸는 언어유희를 보이고 있다. 이 같은 방식은 가면극에서 두루 활용된다.

老僧. (扇으로醉發의얼굴을탁친다. 樂과舞는긋친다)

醉發. 「아이쿠 아— 이것이뭣이란말이고 아— 대체매란것은마저본적이업는데 뭐가뻑하고때리니 아원이것뭐야? 오— 알겟다 내가人間事不聞[148]하여 山間에뜻이업서名勝地차자가니 天下名勝五壑[149]之中에 香山[150]이높핫스니 西山大師[151]出入後에 上佐[152]중能通者[153]로 龍宮[154]에出入다가 石橋上봄바람에 八仙女[155]노든罪로 謫下人間[156]下直하고 太師堂[157]도라들때 窈窕淑女[158]는左右로벌녀잇고 蘭陽公主[159]秦彩鳳[160]이며 細雲[161]같은桂蟾月[162]과 沈裊烟[163]白陵波[164]로 이世上실토록 놀다가 집으로도라오든次에 마츰이곳에當到하고보니 山川은險峻하고 樹木을密立한대 이곳에禽獸烏鵲[165]이 아마도나를 戲弄하는가보다. 내가다시드러가서 仔細히알고나와야겟다.」

(唱)「寂寞은漠漠中天에구름은뭉게뭉게솟앗네.」

　　　(하면서打令曲의伴奏에마추어춤을추며 老僧에게로간다)

노승. (선으로 취발의 얼굴을 탁 친다. 악과 무는 그친다)

취발. 「아이쿠 아— 이것이 뭣이란 말이고. 아— 대체 매란 것은 맞아 본 적이 없는데 뭐가 뻑 하고 때리니. 아 원 이것 뭐야? 오— 알겠다.

내가 인간사불문하여

산간에 뜻이 없어 명승지 찾아가니

천하명승 오학지중에 향산이 높았으니

서산대사 출입 후에 상좌 중 능통자로

용궁에 출입하다가 석교상 봄바람에

팔선녀 노던 죄로 적하인간 하직하고

태사당 돌아들 때

요조숙녀는 좌우로 벌려있고

난양공주 진채봉이며

세운 같은 계섬월과

심뇨연 백능파로

이 세상 싫도록 놀다가 집으로 돌아오던 차에

마침 이곳에 당도하고 보니

산천은 험준하고 수목은 밀립한데[166]

이곳에 금수오작이 아마도 나를 희롱하는가보다.

내가 다시 들어가서 자세히 알고
나와야겠다[167].」

(창) 「적막은 막막 중천에 구름은 뭉게
뭉게 솟았네.[168]」
(하면서 타령곡의 반주에 맞추
어 춤을 추며 노승에게로 간다)

---

144 [보정] 산불고이수려하고 수불심이징청이라 ~ 나도 본시 강산 오입장이로 금강산 좋다는 말을 풍편에 넌짓 듣
고 ; 이 대목은 제2장 팔목승무의 육목(六目)의 첫 사설과 같다. 채록 당시에 육목은 김태혁이 맡았고 취발은
이윤화가 맡았는데 동일한 대사가 활용되었다는 것은 연구할 과제다. 공연집단이 공유하는 대사인지 공연자에
국한한 것인지가 연구 과제이다.

145 [보정] 금강산 좋다는 말을 풍편에 넌짓 듣고 ; 불림으로 흔히 사용되어온 구절이다.

146 [보정] 승속인가 하거든 ; 앞에서 '僧俗이다르거든'라고 채록된 것과 같은 뜻이다.

147 [보정] 꿍―덕꿍 ; 악기의 소리를 불림으로 활용하고 있다.

148 [보정] 人間事不聞(인간사불문) ; 세상의 사람 일을 듣지 아니한다는 뜻이다. 임석재본에는 '洗耳人聞事不聞'
– 귀를 씻고 세상의 사람 일을 듣지 아니한다. – 라고 채록되었다. 임석재본을 참고한다면 '소부허유 고사'를
염두고 두고 이른 것이다.

149 五嶽(오악) ; 백두산·금강산·묘향산·지리산·삼각산을 말한다. 산악에 대한 신앙으로 오행사상(五行思想)에
의하여 오악의 개념이 생겼다. 보통은 '五岳', '五嶽' 등으로 표기한다.

150 香山(향산) ; 묘향산을 말한다. 평안북도 영변군·희천군과 평안남도 덕천군에 걸쳐 있는 산이다. 예로부터 동
금강(東金剛)·남지리(南智異)·서구월(西九月)·북묘향(北妙香)이라 하여 우리나라 4대 명산의 하나로 꼽았
다. 또한, '수이장(秀而壯)'이라 하여 산이 빼어나게 아름다우면서도 웅장한 모습을 지닌 명산으로 알려졌다. 일
명 태백산(太白山 또는 太佰山) 혹은 향산(香山)이라고도 한다. 서산대사와 사명대사의 원당이 이곳에 있다.

151 西山大師(서산대사) ; 조선 중기의 승려이며, 승군장(僧軍將)이었다. 완산 최씨(完山崔氏)로 이름은 여신(汝
信), 아명은 운학(雲鶴), 자는 현응(玄應), 호는 청허(淸虛). 별호는 백화도인(白華道人) 또는 서산대사(西山大
師)·풍악산인(楓岳山人)·두류산인(頭流山人)·묘향산인(妙香山人)·조계퇴은(曹溪退隱)·병로(病老) 등이고
법명은 휴정이다. 선조는 그에게 팔도선교도총섭(八道禪敎都摠攝)이라는 직함을 내렸으나 나이가 많음을 이유
로 군직을 제자인 유정에게 물려주고, 묘향산으로 돌아가 나라의 평안을 기원하였다. 선조가 서울로 환도할 때
700여 명의 승군을 거느리고 개성으로 나아가 어가(御駕)를 호위하여 맞이하였다. 선조가 서울로 돌아오자 그
는 승군장의 직을 물러나 묘향산으로 돌아와 열반(涅槃)을 준비하였다. 이 때 선조는 '국일도 대선사 선교도총
섭 부종수교 보제등계존자(國一都大禪師禪敎都摠攝 扶宗樹敎 普濟登階尊者)'라는 최고의 존칭과 함께 정2품
당상관 직위를 하사하여 나라에 있어서의 공과 불교에 있어서의 덕을 치하하였다. 그 뒤에도 여러 곳을 순력하
다가 1604년 1월 묘향산 원적암(圓寂庵)에서 설법을 마치고 자신의 영정(影幀)을 꺼내어 그 뒷면에 "80년 전에
는 네가 나이더니 80년 후에는 내가 너로구나 八十年前渠是我 八十年後我是渠"라는 시를 적어 유정에게 전하
게 하고 가부좌하여 앉은 채로 입적하였다. 나이 85세, 법랍 67세였다. 입적한 뒤 21일 동안 방 안에서는 기이한
향기가 가득하였다고 한다. 묘향산의 안심사(安心寺), 금강산의 유점사(榆岾寺)에 부도(浮屠)를 세웠고, 해남
의 표충사(表忠祠), 밀양의 표충사, 묘향산의 수충사(酬忠祠)에 제향하였다.

---

152 上佐(상좌) ; 산스크리트어 'sthavira', 팔리어 'thera'에서 온 말로, 출가한 지 오래 되어, 모임에서 맨 윗자리에 앉는 비구나 수행 기간이 길고 덕이 높은 수행자를 말한다. 승려를 높여 일컫는 말이기도 한다. 또한 출가한 지 오래되고 덕망이 높아, 사원의 승려들을 통솔하는 직책을 맡은 승려를 말하기도 한다.

153 能通者(능통자) ; 수도하여 초인적인 영묘한 힘을 얻은 사람을 말한다.

154 龍宮(용궁) ; 용신(龍神)이 산다는 곳으로 대개 강·바다·나무 속·우물 속·설산(雪山)의 기슭 등이 그 대상이 된다. 청결한 땅, 즐거운 숲속, 꽃과 과일, 아름다운 새소리, 노래와 춤, 금·은 등으로 만들어진 궁전, 미녀와 쾌락과 장수(長壽), 여의주와 진미(珍味) 등으로 그 아름다움이 묘사된다. 뱀을 살려 주어 용궁에 초대되는 이야기, 인류의 행복을 위하여 용궁으로 여의주를 찾아 떠나는 이야기 등 용궁을 무대로 한 많은 설화문학이 불교의 발상지인 인도에서 나타났다. 한국에서도 고려 태조의 이야기인 '왕건과 용녀', 동부여(東扶餘)의 '금와(金蛙)', '귀토지설(龜兎之說)' 등 용궁에 관한 설화가 있다.

155 八仙女(팔선녀) ; 선경에 사는 여덟 여자 신선을 말한다. 난양공주, 영양공주(英陽公主), 진채봉, 계섬월, 백능파, 심뇨연, 적경홍(狄驚鴻), 가춘운(賈春雲) 등을 이른다.

156 謫下人間(적하인간) ; 인간 세상으로 귀양을 살러 내려가거나 내려옴을 말한다.

157 太師堂(태사당) ; '대사(大師)'는 '불보살'을 높여 이르는 말이다. 혹은 '중'을 높여 이르는 말이다. '태사(太師·大師)'는 고려, 삼사(三師)의 하나다.

158 窈窕淑女(요조숙녀) ; 말과 행동이 품위가 있으며 얌전하고 정숙한 여자를 말한다. 『시경』에 '관관(關關)히 우는 저구(雎鳩)새 하수(河水)의 모래섬에 있도다. 요조(窈窕)한 숙녀(淑女) 군자(君子)의 좋은 짝이로다. 關關雎鳩 在河之洲 窈窕淑女 君子好逑'에서 유래한다. 한(漢)나라 광형(匡衡)이 말하기를, "'요조숙녀(窈窕淑女) 군자호구(君子好逑)'라는 것은 능히 그 정숙함을 지극히 하여 그 지조(志操)를 변치 않아서, 정욕(情欲)의 느낌이 용의(容儀)에 개입함이 없고, 연사(宴私)의 뜻이 동정(動靜)에 나타나지 않음을 말한 것이다. 그러한 뒤에야 지존(至尊)에 짝하여 종묘(宗廟)의 주인이 될 수 있는 것이니, 이는 기강(紀綱)의 머리요, 왕교(王敎)의 단서이다." 하였다.

159 蘭陽公主(난양공주) ; 김만중의 '구운몽(九雲夢)'에 등장하는 인물이다.

160 秦彩鳳(진채봉) ; 김만중의 '구운몽(九雲夢)'에 등장하는 인물이다.

161 細雲(세운) ; 연기가 피어오르는 듯한 구름을 이른다.

162 桂蟾月(계섬월) ; 김만중의 '구운몽(九雲夢)'에 등장하는 인물이다.

163 沈嫋燕(심뇨연) ; 김만중의 '구운몽(九雲夢)'에 등장하는 인물이다.

164 白凌波(백능파) ; 김만중의 '구운몽(九雲夢)'에 등장하는 인물이다.

165 禽獸烏鵲(금수오작) ; 날짐승과 들짐승과 까마귀와 까치를 이른다.

166 [보정] 내가 인간사불문하여 산간에 뜻이 없어 명승지 찾아가니 ~ 마침 이곳에 당도하고 보니 산천은 험준하고 수목은 밀림한데 ; 김만중의 '구운몽'의 한 대목을 연상케 하는 대목이다.

167 [보정] 이곳에 금수오작이 아마도 나를 희롱하는가보다 내가 다시 들어가서 자세히 알고 나와야겠다 ; 이두현본에서는 '중천에 뜬 솔개란 놈이 나를 고기덩이로 알고 이놈도 휘익 저놈도 휘익. 아마 나를 희롱하는가보다 내다시 들어가 자서히 알고 오려던'라고 채록되었다.

168 [보정] 적막은 막막 중천에 구름은 뭉게뭉게 솟았네. ; 한자어와 우리말이 결합된 불림이다. '적막은 막막'은 유사음어 반복이다. 운율을 맞추기 위한 것이다.

老僧. (扇으로또醉發의얼굴을탁―친다.)
(樂의伴奏와舞는그친다)

醉發. 「아잘맛는다 이게뭐람 나도한창少年時節에는 마자본일이업는데 아― 또마잣구나.(老僧을바라보며)아― 원 저게뭐람. 오― 이제야알겟군. 저― 거밋거밋한것도보이고 또번득번득한것도보이고 횟득횟득한것도보이고 저― 번들번들한것을본즉 아마도金인가보다. 안이金이란말이當치안타. 六出奇計[169]陳平[170]이가 黃金三萬兩을초軍中에흩텻스니 거― 金이란말이當치안타. 그러면玉인가. (老僧의앞흐로가서) 네가玉이여든 玉의來歷을들어바라 鴻門宴[171]높흔잔체 范正[172]이가 깨친[173]玉이 玉石의俱焚[174]이라 玉과돌이다탓거든 玉이란말도當치안타. 그러면鬼神이냐 鬼神이여든 鬼神의來歷을들어바라 白晝淸明[175]밝은날에 鬼神이란말도當치안타. 그러면네가大蟒이냐.」

老僧. (고개를左右로흔들어否定하며 앞흐로두어거름나온다)

노승. (선으로 또 취발의 얼굴을 탁― 친다.)
(악의 반주와 무는 그친다)

취발. 「아 잘 맞는다. 이게 뭐람. 나도 한창 소년시절에는 맞아본 일이 없는데. 아― 또 맞았구나.
(노승을 바라보며)
아― 원 저게 뭐람. 오― 이제야 알겠군. 저― 거뭇거뭇한 것도 보이고 또 번득번득한 것도 보이고 희뜩희뜩한 것도 보이고 저― 번들번들한 것을 본즉 아마도 금인가 보다. 아니 금이란 말이 당치 않다. 육출기계 진평이가 황금 삼만량을 초군 중에 흩었으니 거― 금이란 말이 당치 않다.[176] 그러면 옥인가.
(노승의 앞으로 가서)
네가 옥이거든 옥의 내력을 들어봐라. 홍문연 높은 잔치 범정[177]이가 깨친 옥[178]이 옥석의 구분이라 옥과 돌이 다 탔거든[179] 옥이란 말도 당치 않다. 그러면 귀신이냐 귀신이거든 귀신의 내력을 들어봐라. 백주청명 밝은 날에 귀신이란 말도 당치 않다. 그러면 네가 대망이냐.」[180]

노승. (고개를 좌우로 흔들어 부정하며 앞으로 두어 걸음 나온다)

169 육출기계(六出奇計) ; 진평이 고조 유방(劉邦)을 도와 여섯 번 기묘한 계책을 낸 고사로, 하나는, 황금 4만 근으로 초나라 진중의 장수들을 매수하여 항우의 모사인 범증이 한과 내통하고 있다는 허위 풍문을 유포하여 불신케 하였고, 둘은, 초나라 사신이 위조 편지를 훔쳐 가게 하여 범증의 계책을 사용하지 못하게 하였고, 셋은, 형양성(滎陽城)이 초나라 군사에게 포위되었을 때 밤에 여자 2천 명을 내보냄으로써 포위를 해제시켜 한 패공을 탈출케 하였고, 넷은, 한신을 제왕(齊王)에 봉하게 하여 제에서 속히 회군하여 초군과 대전케 하였으며, 다섯은, 패공이 제위에 오른 후 운몽(雲夢)으로 수렵을 간다고 핑계를 대고서 한신을 사로잡게 하고, 끝으로 흉노를 정벌하려다가 오히려 흉노에 의해 백등성(白登城)에 포위되자 흉노왕이 고조(高祖)의 황후(皇后)인 여태후의 미색에 빠질 것이라는 소문을 퍼트림으로써 흉노왕비의 시기를 유발하여 위기를 벗어나게 한 것 등이다.

170 진평(陳平) ; 중국 한(漢)나라 정치가로 진유자(陳留子)라고 한다. 양무(陽武) 호유(戶牖) 사람인데, 호유(戶牖)가 진류현(陳留顯)에 속해 있기 때문에 진유자(陳留子)라고 하였다. 황로(黃老)의 술(術)을 배워 한(漢)나라의 고조를 섬겼다. 그 공(功)으로 혜제(惠帝) 때 좌승상이 되어 주발(周勃)과 여시(呂氏) 일족을 죽여 한실(漢室) 부흥에 공을 이루었다.

171 鴻門宴(홍문연) ; 중국 섬서성 임동현의 홍문(鴻門)에서 한고조 유방(劉邦)에게 초나라 왕 항우(項羽)가 베푼 잔치를 말한다. 항우가 범증(范增)의 말을 듣고 유방을 죽이려다가 장양(張良)의 꾀로 유방이 무사히 피할 수 있었던 유명한 회합이다.

172 范正(범정) ; '범증(范增)'의 잘못이다. 범증은 기이한 계책을 좋아하여 나이 70에 항우의 모사가 되어 항우가 아부(亞父)라 불렀다. 홍문연에서 패공(沛公) - 한고조 유방(劉邦) - 을 죽이도록 권하였으나 항우가 따르지 않아 뜻을 이루지 못했고, 이 일의 실패로 인한 화를 참지 못하고 등에 종기가 나서 죽었다.

173 [보정] 깨친 ; '깨뜨린'의 잘못인 듯하다.

174 玉石(옥석)의俱炎(구분) ; 옥과 돌이 함께 불타 버린다는 뜻으로, 착한 사람이나 악한 사람이 함께 망함을 이르는 말이다. 『서경』 윤정(胤征)에 '불이 곤강(崑岡)을 태우면 옥과 돌이 모두 불탄다. 천리(天吏)로서 지나친 덕(德)은 맹렬한 불보다 더하니, 큰 괴수를 죽이고 위협(威脅)에 따른 자들은 다스리지 말아서 옛날에 물든 나쁜 풍습을 모두 함께 새롭게 하겠다.'에서 연유한다.

175 [보정] 白晝淸明(백주청명) ; '백주'와 '청명' 즉 대낮과 밝은 날이 결합된 말이다. 유사의미어 반복이다.

176 [보정] 육출기계 진평이가 황금 삼만량을 초군 중에 흩었으니 거— 금이란 말이 당치 않다. ; 진평이 황금을 써서 초나라에 첩자를 보내 진중을 교란시켰던 사건을 말한다. [참고] 『사기』 진승상세가(陳丞相世家) ; 이에 한왕은 그렇다고 생각하여 황금 4만 근을 내어 진평에게 주어서 마음대로 쓰게 하고, 그 돈의 출납에 대해서는 일체 묻지 않았다. 진평이 많은 황금을 써서 초나라 군대에 대량으로 첩자를 파견하여 공개적으로 유언비어를 퍼뜨려 종리매 등이 항왕의 장수로서 공을 많이 쌓았는데도 항왕이 끝내 땅을 떼어 왕으로 봉하지 않았기 때문에 한나라와 동맹하여 항왕을 멸망시키고 그 땅을 나누어 각기 왕이 되고자 한다고 하였다. 그러자 항왕은 과연 종리매 등을 불신하기 시작하였다. 항왕이 이미 그들을 의심하면서 사신을 한나라로 보냈다. 이에 한왕은 사람을 시켜 풍성한 태뢰(太牢)를 마련하여 들고 들어가게 하였다. 그리고는 초나라의 사신을 보고 짐짓 놀라는 척하며 말하기를 "나는 아부의 사신인 줄 알았더니 알고 보니 항왕의 사신이었구려!"라고 하고는 그 풍성한 음식을 가지고 나가게 하고, 다시 나쁜 음식을 사신에게 올리게 하였다. 초나라 사신이 돌아가 모든 사실을 항왕에게 보고하니, 항왕은 과연 아부를 매우 의심하였다. 그때 아부는 급히 형양성을 공격하여 항복시키려고 하였으나, 항왕이 그의 말을 의심하여 따르려고 하지 않았다. 아부는 항왕이 자신을 의심한다는 말을 듣고는 화를 내며 말하기를 "천하의 대사가 대체로 확정되었으니 이제 대왕께서 직접 경영하소서. 원컨대 이 늙은 해골을 집으로 돌아갈 수 있도록 해주십시오"라고 하였다. 아부는 귀가 도중 팽성에 못 미쳐 등에 종기가 나서 죽고 말았다. 이에 진평이 야밤을 틈타 여자 2,000명을 형양성 동문으로 내보내자, 초나라가 곧 이를 공격하였다. 그 틈에 진평은 한왕과 함께 성의 서문을 통해서 밤중에 달아났다. 한왕은 이렇게 하여 관중으로 들어가서 흩어진 병사를 모아 다시 동쪽으로 진군하였다. 그 이듬해 회음후(淮陰侯)는 제(齊)나라를 격파하고 자립하여 제왕(齊王)이 된 후, 사신을 보내어 그 사실을

한왕(漢王)에게 알렸다. 이에 한왕이 크게 노하여 욕을 하였는데, 진평이 슬며시 한왕의 발을 밟으니, 한왕 또한 문득 크게 깨닫고 곧 제나라 사신을 후하게 대접하였고, 장자방(張子房)을 보내어 결국 한신을 제왕으로 세웠다. 한왕은 호유향(戶牖鄕)을 진평에게 봉해 주고 그의 기묘한 계책을 써서 마침내 초나라를 멸망시켰다. 진평은 일찍이 호군중위의 신분으로 한왕을 따라 연왕(燕王) 장도(臧荼)를 평정하기도 하였다.

177 [보정] 범정 ; '범증(范增)'의 오기다. 원문 그대로 표기한다.

178 [보정] 홍문연 높은 잔치 범정이가 깨친 옥 ; 홍문지회 고사에 연유한다. 홍문연은 섬서성 임동현(陝西省臨潼縣)의 홍문(鴻門)에서 한고조 유방(劉邦)에게 초왕 항우(項羽)가 베푼 잔치를 말한다. 항우가 범증(范增)의 말을 듣고 유방을 죽이려다가 장량(張良)의 꾀로 유방이 무사히 피할 수 있었던 유명한 회합이다. 범증(范增)은 기이한 계책을 좋아하여 나이 70에 항우의 모사가 되어 항우가 아부(亞父)라 불렀다. 홍문연에서 한패공(漢沛公) - 한고조 유방(劉邦) - 을 죽이도록 권하였으나 항우가 따르지 않아 뜻을 이루지 못했고, 이 일의 실패로 인한 화를 참지 못하고 등에 종기가 나서 죽었다. [참고] 『사기』 항우본기(項羽本紀) ; 장량이 묻기를 "대왕께서는 오실 때 무슨 선물을 가지고 오셨습니까?" 라고 하니, 패공이 말하기를 "백벽(白璧) 한 쌍을 가져와서 항왕에게 바치려고 하였으며, 옥두(玉斗) 한 쌍은 아부(亞父)에게 주고자 하였는데, 그 노한 모습을 대하고는 감히 바치지를 못하였소이다. 그러니 공께서 나를 대신해서 바쳐주시오" 라고 하였다. 장량이 말하기를 "삼가 받들겠나이다"라고 하였다. 이때 항왕의 군대는 홍문 아래에 있었고 패공의 군대는 패상에 있었으니 서로 떨어진 거리가 40리였다. 패공은 자신의 수레와 말을 버려둔 채 몸만 빠져나와서 홀로 말에 오르고, 검과 방패를 들고 도보로 수행하는 번쾌, 하후영(夏侯嬰), 근강(靳彊), 기신(紀信) 등 네 사람과 함께 여산(驪山)을 내려와서 지양(芷陽)의 샛길을 이용하였다. 그전에 패공은 장량에게 이르기를 "이 길을 통해서 우리 군영까지는 20리에 불과하니, 내가 군영에 이르렀다고 생각되거든 공께서는 즉시 들어가시오" 라고 하였다. 패공이 나간 뒤 샛길을 통해서 군영에 이르렀을 때가 되자 장량은 들어가서 사죄하여 이렇게 말하였다. 패공께서 술을 이기지 못하여 하직인사를 드릴 수가 없었습니다. 그리하여 삼가 신 장량으로 하여금 백벽 한 쌍을 받들어 대왕 족하(足下)께 재배(再拜)의 예를 올리며 바치게 하고, 옥두 한 쌍은 대장군 족하께 재배의 예를 올리며 바치게 하였나이다. 항왕이 "패공은 어디에 계신가?" 라고 물으니, 장량이 대답하기를 "대왕께서 심히 질책하려는 마음이 있으시다는 것을 듣고 빠져나가서 홀로 떠났는데 이미 군영에 당도했을 것입니다" 라고 하였다. 그러자 항왕은 구슬을 받아서 자리 위에 두었는데, 아부는 옥두를 받아서 땅에 놓고는 검을 뽑아 그것을 깨뜨리며 말하기를 "에이! 어린아이와는 더불어 대사를 도모할 수가 없도다. 항왕의 천하를 빼앗을 자는 반드시 패공일 것이며, 우리들은 이제 그의 포로가 될 것이다" 라고 하였다. 패공은 군영에 당도하자마자 즉시 조무상을 베어 죽였다.

179 홍문연 높은 잔치 범정이가 깨친 옥 옥석의 구분이라 옥과 돌이 다 탔거든 ; 玉石俱焚(옥석구분)은 『서경(書經)』 '윤정'에 연유한 말로, 옥과 돌이 모두 불에 탄다는 뜻에서, 선악의 구별 없이 함께 멸망함을 일컫는 말이다. 이 '옥석구분'은 '홍문연'과는 직접적인 관련성이 없다. 여기서는 '옥'에 관한 이야기를 하자니 임의로 '옥석구분'을 등장시킨 것이다. 이같이 모순된 면을 보이는 대사가 가면극에는 흔히 등장한다. 셰익스피어의 '로미오와 줄리엣' 1막 2장에서 어릿광대는 '구둣방장이는 잣대를, 양복장이는 신틀을, 낚시꾼은 연필을, 그림장이는 그물을 가지고 먹고 살아야 한다?'라고 한다. 구둣방장이와 신틀, 양복장이와 잣대, 낚시꾼과 그물, 그림장이와 연필 등이 정상인데도 모순된 대사를 보이고 있다.

180 [보정] 이 대목은 소위 '정체확인형 사설' 혹은 '금옥 사설'의 실현 방법을 원용한 것이다. 위에서와 같이 금인가, 옥인가, 귀신가 등으로 대상의 정체를 알아내려는 모습을 보이는 대사를 판소리에서는 소위 '정체확인형 사설'이라고 한다.

醉發. 「아─ 이것 야단낫구나 오─ 이제야알겟다. 仔細히보니까 네몸에다 漆布長衫[181]을떨처입엇스며[182] 百八念珠를목에걸고 四仙扇[183]을손에들고 송낙을눌너썻슬때에는 중놈일시分明하구나. 중이면 절간에서佛道나섬길것이지 중의行世로 俗家에나와서 입분아씨를 한아도 뭣한데 둘식셋식다려다놋코 낑꼬랑깽꼬랑.」(打令曲의伴奏에맛추어 한참춤을추다가)

「쉬─.」(樂과舞는긋친다.)

「이놈 중놈아! 말드러라. 너는입분아씨를 둘식이나다려다놋코 그와같이노니 네놈의行動도잘되엿다. 그러나 너하고나하고날기나[184] 하여보자 네─ 이前에땜질[185]을잘햇다하니 너는풍구[186]가되고 나는불테니 네가못견듸면저년을날주고 내가못견듸면 내엉덩이밧게업다. 그러면숫을땔가 가마를땔가.」(打令曲의伴奏에마추어춤을춘다)

취발. 「아─ 이것 야단났구나 오─ 이제야 알겠다. 자세히 보니까 네 몸에다 칠포장삼을 떨쳐입었으며 백팔염주를 목에 걸고 사선선을 손에 들고 송낙을 눌러 섰을 때에는 중놈일시 분명하구나. 중이면 절간에서 불도나 섬길 것이지 중의 행세로 속가에 나와서 이쁜 아씨를 하나도 뭣한데 둘씩 셋씩 데려다 놓고 낑꼬랑 깽꼬랑.[187]」

(타령곡의 반주에 맞추어 한참 춤을 추다가)

「쉬─.」

(악과 무는 그친다.)

「이놈 중놈아! 말 들어라. 너는 이쁜 아씨를 둘씩이나 데려다 놓고 그와 같이 노니 네놈의 행동도 잘 되었다. 그러나 너하고 나하고 내기나 하여보자. 네─ 이전에 땜질을 잘 했다하니 너는 풍구가 되고 나는 불 테니[188] 네가 못 견디면 저년을 날 주고 내가 못 견디면 내 엉덩이밖에 없다.[189] 그러면 솥을 땔까 가마를 땔까.[190]」

(타령곡의 반주에 맞추어 춤을 춘다)

---

181 漆布(칠포) 長衫(장삼) ; 옻칠한 헝겊으로 만든 장삼을 이른다.

「쉬—.」(樂과舞는긋친다)
「아— 이것도못견듸겟군. 그러면
이번에는너하고내하고 같이춤을춰
서 네가못견듸면그렷케하고 내가
못견듸면그렷케하잣구나.」
老僧. (고개를끄덕끄덕한다)
　　　(老僧과醉發이가마주서서 打
　　슈曲의伴奏에마추어춤을춘
　　다. 少巫二人도같이춤을춘다)

「쉬—.」
　(악과 무는 그친다)
「아— 이것도 못 견디겠군. 그러
면 이번에는 너하고 내하고 같이
춤을 춰서 네가 못 견디면 그렇게
하고 내가 못 견디면 그렇게 하자
구나[191].」
노승. (고개를 끄덕끄덕 한다)
　　　(노승과 취발이가 마주 서서
　　타령곡의 반주에 맞추어 춤을
　　춘다. 소무이인도 같이 춤을
　　춘다.)

---

182 떨처입엇스며 ; '떨처입었으며'다. '드러나게 차려입었으며'라는 말이다.
183 사선선 ; 세 부처를 그린 삼불선(三佛扇)이 있으며, 네 선녀를 그린 사선(四仙)부채, 여덟 선녀를 그린 팔선녀
　　(八仙女)부채도 있다.
184 [보정] 날기나 ; '내기나'의 잘못이다. 이두현본에서는 '너하고 나하고 내기나 해보자'로 채록되었다.
185 땜질 ; 금이 가거나 뚫어진 그릇을 때우는 일을 말한다.
186 풍구 ; 곡물에 섞인 쭉정이·겨·먼지 등을 날리는 데 쓰는 연장. 지역에 따라 '풍로(경상남도 영산, 전라남도
　　보성)'·'풀무'·'풍차(風車)'로도 불린다.
187 [보정] 낑꼬랑깽꼬랑 ; 우리말 불림이다. 대사와 불림이 결합된 경우다.
188 [보정] 너는 풍구가 되고 나는 불 테니 ; 풍구는 풀무라고도 하는데, 곡물에 섞인 쭉정이, 겨, 먼지 따위를 날려서
　　제거하는 농기구의 하나다. 노장보고 풍구가 되어 바람을 일으키라 하고, 취발 자신은 입으로 분다는 것이다.
　　이 내기는 애초부터 취발이 이길 수 없는 내기다.
189 [보정] 내 엉덩이밖에 없다 ; 민간화술에 해당하는 관용어화 된 비속어이다. 뒤에서 하는 성행위의 노골적 표현
　　이다.
190 [보정] 솥을 뗄까 가마를 뗄까 ; 우리말 불림이다. 가마솥에 불을 땐다는 뜻을, '솥'과 '가마'를 떼어서 언어유희를
　　보이고 있다. '솥가마'는 이북말이다.
191 [보정] 아— 이것도 못 견디겠군. 그러면 이번에는 너하고 내하고 같이 춤을 춰서 네가 못 견디면 그렇게 하고
　　내가 못 견디면 그렇게 하자구나 ; 내기에서 승패의 결과가 분명하지 않게 말하고 있다. 어떻게 해서든지 이겨
　　야겠다는 의중을 드러낸 것이다.

醉發. (춤을추다가) 「白首寒山에心不老…….」 라고唱하니 樂과舞는굿친다) 「아— 이것도못견듸겟군 자— 이것야단낫구나 그저독개비는 방망이로휜다더니 이것드러가서 막두들겨봐야겟군.」 (打鈴曲의伴奏에마추어춤을추면서) 「江東에 범인하니 질나래비[192]훨훨.」 (이라고唱하며 슬금슬금少巫에게거러 간다. 少巫는泰然히춤을추고잇다)

취발. (춤을 추다가) 「백수한산에심불로…….[193]」 라고 창하니 악과 무는 그친다) 「아— 이것도 못 견디겠군 자— 이것 야단났구나 그저 도깨비는 방망이로 휜다더니[194] 이것 들어가서 막 두들겨 봐야겠군.」

(타령곡의 반주에 맞추어 춤을 추면서)

「강동에 범인하니 질나래비 훨훨.[195]」

(이라고 창하며 슬금슬금 소무에게 걸어간다. 소무는 태연히 춤을 추고 있다)

---

192 질나래비 ; 현재는 미상하다.

193 [보정] 백수한산에심불로…… ; 한자어 불림이다. '한산과 같이 머리는 희었으나 마음은 늙지 않았다'는 뜻이다. 당나라 왕발(王勃)의 '등왕각서(滕王閣序)'의 '내가 믿는 바로는 군자는 가난을 편안하게 여기고 달인은 자신의 운명을 안다. 늙을수록 더욱 강해져야 하나니 어찌 노인의 마음을 알 것이며, 가난할수록 더욱 굳건해져야 하나니 청운의 뜻을 저버리지 않을 것이다. 所賴 君子安貧 達人知命 老當益壯 寧知白首之心 窮且益堅 不墜靑雲之志'를 연상케 하는 구절이다. 몸은 늙었을망정 마음은 청운지지(靑雲之志)를 버리지 않는다는 뜻이다. 이를 원용한 것이다. 이 같은 양상은 가사 작품에서도 나타나는데 '금강도사도덕가'에서는 '白首寒山心不老라 靑春 압장 이世界에 마음조차 늘글소냐'라고 읊었다.

194 [보정] 그저 도깨비는 방망이로 휜다더니 ; '도깨비는 방망이로 떼고, 귀신은 경(經)으로 뗀다.'는 우리 속담이다. 해로운 자를 물리치는 데는 특이한 방법이 있다는 말이다. 한국민속학회 편, 『한국속담집』, 서문당, 1996.

195 [보정] 강동에 범인하니 질나래비 훨훨. ; 한자어와 우리말이 결합된 불림이다. '江東에범인'은 '강동 범인'을 말하는 것이다. '강동범인'은 진나라 말의 범인인 항적(項籍)으로 자(字)는 우(羽)이다. 강동(江東)은 강남(江南), 양자강 하류 이남의 땅으로, 여기서는 항우의 고향을 가리킨다. 이두현본에는 '강동에 범이 나니 길로래비 훨훨'이라고 채록되었다.

老僧. (부채자루로醉發의얼굴을탁친다.)

(樂과舞는굿친다)

醉發. 「아이쿠 이게웬말이냐. 이놈이때
리긴바로때렷구나 아이놈이때리긴
바로때렷구나. 아— 피가솟겨올나
서코피가나는군. 아— 이것을엇떳
케하면 좃탄말인가 그저코터진건
타라막는것이第一이라드라. 자—
그런즉 코를차즐수가잇서야지 相
판[196]이朝鮮半만해서 아— 어듸가
코인지차즐수가잇서야지 그러나只
在此山中[197]이겟지 내相판가운데
잇겟지 그런즉이걸차즐나면 끝에
서붙어차자드러와야지. (손으로머
리우에서붙어 차츰차츰더듬어내려
온다) 아 여긔에코가잇는데그러케
차잣군. 아— 이코에다타라막아도
피가작고나는구나 옛날醫員 말에
코터진데는문지르는것이第一이랫
스니 손으로문지러볼가. 아이러케
잘낫는것을 空然히그러케애를썻
다. 이제는다시드러가서 찬물을먹
고 이를갈며 이놈을때려쪼차버리
고 저년을다리고놀수박게업구나.」

노승. (부채 자루로 취발의 얼굴을 탁 친다.)

(악과 무는 그친다)

취발. 「아이쿠 이게 웬 말이냐. 이놈이
때리긴 바로 때렸구나 아이 놈이
때리긴 바로때렷구나. 아— 피가
솟궈 올라서 코피가 나는군. 아—
이것을 어떻게 하면 좋단 말인가
그저 코 터진 건 틀어막는 것이 제
일이라더라. 자— 그런즉 코를 찾
을 수가 있어야지. 상판이 조선 반
만해서[198] 아— 어디가 코인지 찾
을 수가 있어야지. 그러나 지재차
산중이겠지. 내 상판 가운데 있겠
지.[199] 그런즉 이걸 찾으려면 끝에
서부터 찾아 들어와야지.[200]

(손으로 머리 위에서부터 차츰
차츰 더듬어 내려온다)

아 여기에 코가 있는데 그렇게
찾았군. 아— 이 코에다 틀어막아
도 피가 자꾸 나는구나. 옛날 의원
말에 코 터진 데는 문지르는 것이
제일[201]이랬으니 손으로 문질러 볼
가. 아 이렇게 잘 낫는 것을 공연
히 그렇게 애를 썼다. 이제는 다시
들어가서 찬물을 먹고[202] 이를 갈
며[203] 이놈을 때려 쫓아버리고 저
년을 데리고 놀 수밖에 없구나.」

196 相(상)판 ; 얼굴을 말한다. 보통은 '쌍판'이라고 한다.

197 只在此山中(지재차산중) ; 다만 이 산중에 있도다. 가도(賈島)의 시의 한 구절이다. 이 구절은 다른 연행물에 서도 흔히 나타난다.

> [참고]
> 松下問童子(송하문동자) 소나무 아래에서 동자에게 물으니,
> 言師採藥去(언사채약거) 스승은 약을 캐러 갔다고 대답하네.
> 只在此山中(지재차산중) 다만 이 산 속에 있으련만,
> 雲深不知處(운심부지처) 구름이 깊어서 간 곳을 알길 없구나.

> [참고] 가도(賈島)는 당나라 때의 시인으로 자는 낭선(浪仙)이다. 하북(河北) 범양 사람으로 처음에 출가 (出家)하여 법호를 무본(無本)이라 하였다가 후에 한유와 가까이 사귀게 되어 환속(還俗)하였다. 일찍 이 시 읊기를 좋아하며 항상 시구를 찾아 명상하였으며, 비록 귀인들을 만나도 깨닫지 못할 정도였다. 퇴고(推敲)에 관한 일화는 유명(有名)하다. 하루는 서울에서 말을 타고 가면서 '鳥宿池邊樹, 僧敲月下 門(조숙지변수, 승고월하문)'이라는 시구를 지었는데, '堆'자와 '敲'자 중에서 어느 자가 좋은지 고심하 다가 한유(韓愈)와 충돌하는 것도 알지 못했다. 충돌한 사연을 들은 한유가 '敲'자가 좋다고 했다. 이후 한유와 포의교(布衣交)를 맺고 환속하여 장강(長江)의 주부(主簿)를 지냈다.

> [참고] 松下에 問童子ᄒ니 스승이 영장 방장 봉래 三神山으로 採藥하러 가선니이다 / 只在此山中이나 雲 深ᄒ여 不知處라 / 童子야 스승이 오시거든 나 왓드라고. -『時調』(關西本)

198 상판이 조선 반만해서 ; 얼굴 크기가 조선 땅의 반 만하다는 말로 얼굴이 크다는 과장된 표현이다.

199 [보정] 아— 어디가 코인지 찾을 수가 있어야지. 그러나 지재차산중이겠지. 내 상판 가운데 있겠지. ; 코는 얼굴 에 있다는 말이다. '지재차산중이겠지.'는 본래의 뜻과는 상관없이 '내 상판 가운데 있겠지.'라는 동일 의미로 활 용되었다. 이와 같은 불합리한 표현은 가면극 대사에 흔히 등장한다.

200 [보정] 자— 그런즉 코를 찾을 수가 있어야지. 상판이 조선 반만해서 아— 어디가 코인지 찾을 수가 있어야지. 그러나 지재차산중이겠지. 내 상판 가운데 있겠지. 그런즉 이걸 찾으려면 끝에서부터 찾아 들어와야지. ; 얼굴 이 조선 땅 반만 하다고 하여 얼굴이 큼을 과장한 것이다. 또한 이하의 사설로 보아 취발이탈이 매우 큼을 짐 작할 수 있다. 결국 취발이탈을 직설한 것이다. 이같이 가면극 현장에서 탈의 형상을 직설한 대사가 곳곳에 보 인다.

201 코 터진 데는 문지르는 것이 제일 ; 코 터진 데에는 특별한 약이 있는 것이 아니라 문지르기만 하면 된다는 말이다. 별것 아니라는 말이다.

202 찬물을 먹고 ; 보통 '정신 차린다'는 뜻으로 쓴다.

203 이를 갈며 ; 마음을 다부지게 먹는다는 관용적 표현이다.

(唱)「瀟相斑竹열두마듸²⁰⁴……」

　　(라고唱하며打鈴曲의伴奏에
　　마추어춤을추면서 老僧에게로
　　가서老僧을때린다.　老僧은醉
　　發에게쫓겨退場한다)

醉發.(唱)「때렷네때렷네 뒷절중놈을
　　때렷네 영낙아니면송낙이지.」

　　(하며打鈴曲의伴奏에마추어
　　춤을추다가少巫一人을보고)
　　「자— 이년아! 어떠냐. 뒷절중놈
　　만조화하고 獅子어금니²⁰⁵같흔 나
　　는실여? 이년아돈바더라.」

(창)　「소상반죽 열두 마디……²⁰⁶」

　　(라고 창하며 타령곡의 반주에
　　맞추어 춤을 추면서 노승에게
　　로 가서 노승을 때린다.
　　노승은 취발에게 쫓겨 퇴장한다)

취발.(창)「때렸네 때렸네 뒷절 중놈을
　　때렸네
　　영낙 아니면 송낙이지.²⁰⁷ ²⁰⁸」

　　(하며 타령곡의 반주에 맞추어
　　춤을 추다가 소무 일인을 보고)
　　「자— 이년아! 어떠냐. 뒷절 중놈
　　만 좋아하고 사자 어금니같은 나는
　　싫어? 이년아 돈 받아라.」

---

204 瀟相斑竹(소상반죽)열두마듸 ; 담뱃대를 두고 이른 것이다. '소상반죽'은 중국 소상지방에서 나는 아롱진 무늬가 있는 대를 말한다. 순임금이 창오산에서 죽은 후, 순임금의 두 비인 아황, 여영이 소상강 가에서 피눈물을 흘린 것이 대나무에 맺혀 소상반죽이 되었다는 전설이 있다.

　　[참고] '담바귀타령' - 담바귀야 담바귀야 동래 울산 담바귀야 너의 국은 어떻건데 우리 국은 왜 나왔나 은도 없고 금도 없고 담바귀 씨 갖고 나와 저기저기 남산 밑에 훌훌살살 뿌려놓고 낮이어던 찬 냉수 주고 밤이나 되면 찬 이슬 맞아 곁에 겉잎 다 제쳐놓고 속의 속잎 척척 접어 네 귀 번듯 은장도로 어슥비슥 곱게 썰어 소상반죽 열두 마디 모양나게 맞춰놓고 청동화로 백탄 숯을 이글이글 피워놓고 담배 한 대 먹고 나니 목구멍에서 실안개 돌고 또 한 대를 먹고 나니 청룡 황룡이 뒤틀어지고 또 한 대를 먹고 나니 용문산 밑에서 안개 돈다.

　　[참고] 청울치 뉵눌 메토리 신고 휘대 長衫 두루쳐 메고 / 瀟湘斑竹 열 두 마디를 불횟재 쌘혀 집고 므로 너머 재 너머 들 건너 벌 건너 靑山 石逕에 구분 늙은 솔 아리로 횟근 누은 누은 횟근 횟근동 너머 가옵거늘 보신가 못 보신가 그 우리 男便 禪師 듕이올너니 / 남이셔 듕이라 ᄒ여도 밤中만 ᄒ여셔 玉ᄀᆞᆺ튼 가슴 우희 슈박 ᄀᆞᆺ튼 더고리를 둥굴썰금 썰금둥굴 둥실 둥실 긔여 올나 올 제 내사 죠해 중 書房이 -『靑丘永言』(珍本)

205 獅子(사자)어금니 ; 관용구다. 힘을 쓰는 데에 없어서는 안 될 물건이나 사람을 가리키는 말이다.

206 [보정] 소상반죽 열두 마디…… ; 불림이다.

207 [보정] 영낙 아니면 송낙이지 ; '영낙'과 '송낙'을 결합한 유사음 언어유희이다. '영낙 없다'는 말이다.

208 [보정] 때렸네 때렸네 뒷절 중놈을 때렸네 영낙 아니면 송낙이지. ; 대화 반응이 불림으로 활용되었다.

少巫. (돈달나고손을벌넌다)

醉發. 「아 시럽에아들년²⁰⁹다보겟다 대통²¹⁰그림자보고 따라댕기겟군 이년아돈바다라.」(돈을少巫의압헤던진다)

少巫. (돈을주르려온다)

醉發. (큰목소리로「아」하며少巫보다먼저쪼차가서 돈을도로줍는다)

少巫. (붓그러운듯이 두어거름뒤로물너선다)

醉發. 「아 그년쉿줄²¹¹밧튼²¹²것보니 門고리쥐고 엿장사부르겟군 그러나 너내말들어보아라 酒肆靑樓²¹³에 絶對佳人²¹⁴絶影²¹⁵하야 靑山동무²¹⁶로歲月을보냇더니만은 오늘날에너를보니 世上人物안이로다 卓文君의거문고²¹⁷로 월노승²¹⁸다시매자 나하고百歲²¹⁹를무양²²⁰하는게엇더냐.」

소무. (돈 달라고 손을 벌린다.)

취발. 「아, 시럽에 아들년 다 보겠다. 대통 그림자 보고 따라 다니겠군.²²¹ 이년아, 돈 받아라.」

(돈을 소무의 앞에 던진다.)

소무. (돈을 주우러 온다.)

취발. (큰 목소리로 「아」 하며 소무보다 먼저 쫓아가서 돈을 도로 줍는다.)

소무. (부끄러운 듯이 두어 걸음 뒤로 물러선다.)

취발. 「아, 그년 쇠줄 받은 것²²² 보니 문고리 쥐고 엿장수 부르겠군²²³. 그러나 너 내 말 들어 보아라. 주사청루에 절대가인 절영하여 청산동무로 세월을 보냈더니마는 오늘날에 너를 보니 세상 인물 아니로다. 탁문군의 거문고로 월노승 다시 매자 나하고 백세를 무양하는 게 어떠냐.」

---

209 시럽에 아들 년 ; '시러베아들'은 실없는 사람을 낮추어 이르는 말이다. 보통은 아들놈, 혹은 딸년 하는데 여기서는 '시러베 아들년'이라 하여 더욱 비속화하였다.

210 대통 ; 돈이라면 대통 그림자도 따라간다. 돈이라면 오금을 못 쓰고 행동하는 사람을 비유적으로 이르는 말이다. 속담에 또 '돈맛을 보면 대통 그림자를 따라간다.'도 있다.

211 쉿줄 ; '쇠줄'이다. 임석재본과 이두현본에서는 '쇠줄피'로 채록되었다. 김일출본에서는 '취발이는 뒤 꽁문이에 차고 간 쇠사슬을 풀어서 돈이라고 하고 탈판 가운데 내던지니까'라고 채록되었다.

212 밧튼 ; '바튼'이다. '밭다'는 '어떤 사물에 열중하거나 즐기는 정도가 너무 심하다.'라는 뜻이다.

213 酒肆靑樓(주사청루) ; 술집, 기생집, 매음굴 따위를 통틀어 이르는 말이다.

214 絶代佳人(절대가인) ; 이 세상에서는 견줄 사람이 없을 정도로 뛰어나게 아름다운 여자를 이른다.

215 絶影(절영) ; 그림자조차 끊어진다는 뜻으로, 발길을 아주 끊음을 이르는 말이다.

216 靑山(청산)동무 ; 청산을 벗 삼는다는 말이다.

217 卓文君(탁문군)의거문고 ; 탁문군과 사마상여에 얽힌 고사를 말한다. 탁문군(卓文君)은 한나라 탁왕손의 딸로
음악을 좋아했는데, 익주에 살다가 사마상여(司馬相如)가 타는 '봉구황곡(鳳求凰曲)'의 거문고 소리에 반하여,
밤에 집을 도망쳐 나가 사마상여의 아내가 되었다. 탁문군의 아버지는 처음에는 사마상여를 냉대하다가 후에
사마상여가 익주의 자사가 되어 가자, 탁문군에게도 재산을 아들들과 똑같이 나누어 주었다고 한다. 녹기금(綠
綺琴)은 한나라 사마상여가 쓰던 거문고인데, 사마상여는 녹기금으로 '봉구황곡(鳳求凰曲)'을 타서, 과부였던
탁왕손(卓王孫)의 딸 탁문군을 꾀어내었다. 사마상여의 자(字)는 장경(長卿)이다. 그는 한나라 성도인(成都人)
으로 경제(景帝) 때에 무기상시(武騎常侍)가 되었으나 병으로 사임하고 촉나라로 돌아가던 중 임공(臨邛)에서
탁문군을 만나 함께 사랑하게 되었다. 무제(武帝) 때에 양득의(楊得意)의 추천(推薦)으로 효문원령(孝文園令)
이 되었다.

218 월노승(月老繩) ; 월하노인이 가지고 다니며 남녀의 인연을 맺어 준다고 하는 주머니의 붉은 끈을 말한다. 중
매쟁이를 뜻한다. 보통은 '월하빙인'이라 하며 '월하노'와 '빙산인'의 약어다. [참고] 月老繩(월노승) ; 다음과 같은
고사에 연유한다. 당나라 위고(韋固)가 어려서 결혼하지 않았을 때 송성(宋城)에 여행하던 차에 기인한 주머니
를 지니고 달빛 아래 책을 넘기고 있는 이인(異人)을 만났다. 위고가 묻자 대답하였다. '하늘 아래 혼인이라는
것은 주머니 속의 붉은 끈에 달렸다. 이로써 남편과 아내의 발을 묶어 놓으면 비록 원수지간이라도 끈이 하나
로 묶어 바꿀 수가 없다. 그대의 아내는 이곳 채소 파는 노파의 딸이라네.' 그 뒤 십사 년 후 삼상주(參相州)의
군사 자사왕(刺史王) 태(泰)의 딸로써 아내를 삼았다. 나이는 십육 칠이었다. 그 딸이 말하였다. '저는 군수의
딸이었다. 아버지가 송성에 부임하여 때마침 강보에 쌓여 있을 때에 돌아가시자 아침저녁으로 채소를 보급하는
유모에 의하여 길러졌다.' 송성에서 들으니 그 가게 이름을 정혼점(定婚店)이라 한다. ─『속유괴록(續幽怪錄)』
[참고] 색담(索紞)의 자는 숙철(叔徹)이다. 점술을 잘 했다. 후령(候令) 호책(狐策)이 얼음 위에 서서 얼음 아래
에 있는 사람과 말을 주고받는 꿈을 꾸었다. 담(紞)이 말하였다. 얼음 위는 양(陽)이라 하고, 아래는 음(陰)이라
하는데 양과 음이 이야기를 했다는 것이다. 그대가 얼음 위에 있어 얼음 아래 사람과 말을 주고받았다는 것은
양이 음에게 말한 것으로 중매의 일이다. 그대는 마땅히 일을 도모할 것이로되. 혼인은 얼음이 녹을 때에 이루
어진다. 태수 전표(田豹)를 만나 인하여 책(策)의 아들을 위하여 장공(張公)의 딸을 취하여 중춘(仲春)에 혼인
이 성사되었다. ─『진서예술전(晉書藝術傳)』

219 百歲(백세) ; 여기서는 오랜 세월을 뜻한다.

220 무양(無恙) ; 몸에 탈이 없음을 말한다.

221 대통 그림자 보고 따라 다니겠군 ; 속담 '돈맛을 보면 대통 그림자를 따라 간다'를 원용한 것이다. 돈이라면
오금을 못 쓰는 사람의 행동을 비유적으로 이르는 말이다.

222 쇠줄 받은 것 ; '쇠줄을 꼭 붙들고 있는 모양'이라는 뜻이다. '받다'는 '어떤 사물에 열중하거나 즐기는 정도가
너무 심하다.'라는 뜻이다. 여기서는 돈에 욕심이 많은 것을 뜻한다.

223 쇠줄 받은 것 보니 문고리 쥐고 엿장수 부르겠군 ; 돈에 욕심이 많은 것을 보니 행실이 바르지 못하다는 뜻이
다. 속담 '행실을 배우라 하니까 포도청 문고리를 뺀다'는 바른 행실을 배우라고 하니까 한 수 더 떠서 범죄자를
붙잡아가는 관청의 문고리를 뺀다는 뜻으로, '품행을 단정히 하라고 하였더니 오히려 더 엄청난 못된 짓을 함'
을 비겨 이르던 말이다. 같은 뜻을 담은 속담으로 '버릇 배우라니까 과붓집 문고리 빼어들고 엿장수 부른다.'도
있다.

少巫. (실타는듯이 살작도라선다)

醉發. 「아 그래도나를마대?²²⁴ 그러면그
것은다弄談이지만 참으로너같은
美色을보고 주랴든돈을다시내가
거두어가진다는것은 當치안은일
이니 아나²²⁵돈바다라.」 (少巫에게
돈을던저준다)

少巫. (그돈을줍는다)

醉發. (打鈴曲의伴奏에마추어 춤을추
면서……)

(唱)「洛陽東天리화전²²⁶.」

　　　(하며 少巫에게로와서 서로어
　　　울너저서춤을추며 少巫를다리
　　　고한참동안戲弄한다)

소무. (싫다는 듯이 살짝 돌아선다.)

취발. 「아, 그래도 나를 마대? 그러면
그것은 다 농담이지만 참으로 너
같은 미색을 보고 주려던 돈을 다
시 내가 거두어 가진다는 것은 당
치 않은 일이니 아나²²⁷돈 받아라.」
　　　(소무에게 돈을 던져준다.)

소무. (그 돈을 줍는다.)

취발. (타령곡의 반주에 맞추어 춤을 추
면서…….)

(창)「낙양동천 리화전²²⁸.」²²⁹

　　　(하며 소무에게로 와서 서로 어
　　　우러져서 춤을 추며 소무를 데
　　　리고 한참 동안 희롱한다.)²³⁰

---

224 마대 ; '마다고 해'다, '거절해'의 뜻이다.

225 아나 ; '옜다'의 방언이다.

226 리화전 ; '이화정'의 잘못이다.

227 아나 ; '옜다'의 방언이다. 원자료 그대로 밝힌다.

228 리화전 ; '이화정'이 보통이다. 원자료 그대로 밝힌다.

229 [보정] 낙양동천 리화전 ; 불림이다. 임석재본에서는 '洛陽東天 柳下亭……'라고 채록되었다. '梨花亭(이화정)'은
낙양의 동쪽 산기슭에 있는 정자다. 조선 후기의 고소설인『숙향전(淑香傳)』에 나오는 정자 이름이기도 하다.
낙양은 중국 하남성의 도시로, 북에는 망산(邙山) 남에는 낙수(洛水)가 있으며, 주나라, 후한, 진(晋)나라, 수나
라, 후당(後唐) 등의 도읍지였다. 참고로 낙양성 동쪽에 피어 있는 복숭아와 오얏나무 꽃을 두고 '성동(城東)
도리(桃李)'라고 한다. 또한 한 사설시조에서 洛陽 東村 梨花亭에 麻姑仙女 집의 술 닉단 말 반겨 듯고 靑驢에
鞍裝 지어 金돈 싯고 드러가 가셔 兒孩也 淑娘子 계신야 門 밧긔 李郞 왓다 살와라.'라고 하였다.『靑丘永言』

230 [보정] (하며 소무에게로 와서 서로 어우러져서 춤을 추며 소무를 데리고 한참 동안 희롱한다.) ; 임석재본에서
는 '(하며 小巫I에게로 가서 같이 어울러서 춤춘다…… 한참 춤춘 後 打令과 춤 그친다)'와 같이 채록되었다.
이로 보아 이 장면은 타령곡에 맞추어 소무와 희롱하는 춤으로 실현됨을 알 수 있다.

少巫. (배압흔表情을하더니 少焉[231]에 小兒를産出한다)

醉發. (춤을추며 少巫에게로와서 아이를 안고 小兒목소리로)「애애애애. (하 다가큰목소리로) 애게게 이것이윈 일이냐.」

(이때少巫二人은같이 退場 한다)

醉發.「아— 洞內兩班들말슴드러보오 年晚七十에生男[232]했소 우리집에 오지도마시오 우리아기일홈을지 어야겟군. 둘재라고할가 아첫재가 잇서야둘재라 하지. 에라[233] 마당 에서낫스니 마당이라고지을수박 게업군. 마당어머니 우리아기젓좀 주소.」(아이를안고웅등이춤을추 면서)

소무. (배 아픈 표정을 하더니 소언에 소아를 산출한다.)[234]

취발. (춤을 추며 소무에게로 와서 아이 를 안고 소아 목소리로[235])「애애애 애. (하다가 큰 목소리로) 애게게 이 것이 웬일이냐.」

(이때 소무 이인은 같이 퇴장 한다.)

취발.「아—[236] 동내 양반[237]들 말씀 들어 보오. 연만 칠십에 생남 했소[238] 우 리집에 오지도 마시오[239] 우리 아기 이름을 지어야겠군. 둘째라고 할까. 아, 첫째가 있어야 둘째라 하지.[240] 에라, 마당에서 났으니 마당이라고 지을 수밖에 없군.[241] 마당 어머니 우리 아기 젖 좀 주소.」

(아이를 안고 엉덩이춤을 추 면서)

---

231 少焉(소언) ; '잠깐 동안'이다.

232 生男(생남) ; 사내아이를 낳음을 말한다.

233 에라 ; 생각을 단념하거나 무엇을 포기하려 할 때 내는 소리를 말한다.

234 [보정] (배 아픈 표정을 하더니 소언에 소아를 산출한다) ; 무대지시문이다.

235 [보정] 소아 목소리로 ; 취발이가 어린 아이 목소리를 내어 어린아이 역할을 실현한다는 것이다. 한 행위자에 의한 두 행위이다. 소위 1인 2역이다.

236 아— ; 여기서는 말을 하기에 앞서 상대편의 주의를 끌기 위하여 가볍게 내는 소리다.

237 [보정] 洞內兩班(동내양반) ; 여기서는 관중을 가리킨다. '양반'은 남자를 범상히 또는 홀하게 이르는 말로도 쓴다.

238 [보정] 연만 칠십에 생남 했소 ; 늦은 나이 70세에 남자아이를 낳았다는 말이다. 자료에 따라 차이가 있다. 취발 을 '젊음'의 상징으로 보는 견해가 있었다. 이는 노장탈이 '검은색'이고 취발이탈이 '붉은색'이라는 점에만 관심 을 두고 도출해낸 결과다. 재고의 여지가 있다.

239 [보정] 우리집에 오지도 마시오 ; 아이를 낳았으니 출입을 삼가라는 말이다. 아이를 낳은 집에는 삼칠일간 찾아

(唱)「어화둥둥내사랑 어델갓다이제오 (창)「어화 둥둥 내 사랑 어딜 갔다
나. 箕山潁水別乾坤²⁴²에 巢父許 이제 오나.
由²⁴³와놀다 왔나. 釆石江²⁴⁴明月 기산영수 별건곤에 소부허유와
夜²⁴⁵에 李謫仙²⁴⁶과놀다왔나. 首陽 놀다 왔나.
山²⁴⁷伯夷叔齋²⁴⁸와 採薇²⁴⁹하다이 채석강 명월야에 이적선과 놀다
제왔나. 어허둥둥내사랑 아가아가 왔나.
둥둥내사랑.」 수양산 백이숙제와 채미하다 이
제 왔나.
어허 둥둥 내 사랑 아가 아가 둥
둥 내 사랑.」²⁵⁰

감을 꺼리는 풍속이 나타나 있다.

240 [보정] 첫째가 있어야 둘째라 하지 ; 태어난 순서에 따라 이름을 부르는 관습이 나타나있다.

241 [보정] 마당에서 낳았으니 마당이라고 지을 수밖에 없군 ; 태어난 곳을 따서 이름으로 삼는다는 말이다. 본명은
아니지만, 귀하게 낳은 자식일수록 별명으로 태어나 곳을 이름으로 삼는 풍속이 나타나 있다.

242 箕山潁水別乾坤(기산영수별건곤) ; '기산영수'는 중국 하남성에 있는 산과 시내를 말한다. 요임금 때 소부와
허유가 임금의 자리를 물려받으라는 왕명을 피하여 들어가 은거했다는 산과 물이다. '기산'은 하남성(河南省)
행당현(行唐縣) 서북쪽에 위치한다. '영수'는 하남성(河南省) 등봉현(登封縣) 서쪽 경계에 있는 영곡(潁谷)에서
발원하여 회수(淮水)로 유입하는 물길이다. '별건곤'은 별세계, 별천지를 말한다.

243 巢父許由(소부허유) ; 고대 중국의 전설상의 은자(隱者)인 소부와 허유를 말한다. 속세를 떠나서 산의 나무
위에서 살았기 때문에 생긴 이름이며, 요(堯)가 천하를 그에게 나라를 맡기고자 하였으나 이를 사양하고 받지
않았다. 허유(許由)가 영천에서 귀를 씻고 있는 것을 소를 몰고 온 소부(巢父)가 보고서 그러한 더러운 물은
소에게도 마시게 할 수 없다며 돌아갔다는 고사(故事)가 있다. 소부와 허유를 소유(巢由), 소허(巢許)라고도 하
며, 이를 한 사람으로 보는 설도 있다.

244 釆石江(채석강) ; 중국 안휘성(安徽省)에 위치한 강으로, 당(唐)나라의 시인 이태백(李太白)이 놀다가 빠져 죽
은 곳으로 유명하다.

245 明月夜(명월야) ; 달 밝은 밤을 말한다.

246 李謫仙(이적선) ; 중국 당 나라 때 시인 이백(李白)을 말한다. 자 태백(太白)이며, 호 청련거사(靑蓮居士), 주
선옹(酒仙翁)이다. 시선(詩仙)으로 일컬어지는데 장안(長安)에 들어가 하지장(賀智章)을 만나자 하지장은 그
의 글을 보고 탄(歎)하여 적선(謫仙)이라 하였다.

247 首陽山(수양산) ; 중국 산서성(山西省)에 있는 산 이름이다. 이곳에서 백이(伯夷)와 숙제(叔齊)가 아사(餓死)
했다고 한다. 또한 황해도 해주 시내에서 바로 동쪽 지점에 있는 산으로, 옛날 백이숙제가 고사리를 캐먹다 굶
어 죽었다는 산과 이름이 같아서, 조선 시대에 이 산을 소재로 하여 지어진 한시 중에 백이숙제(伯夷叔齊)와
관련된 작품이 많다.

248 伯夷叔齊(백이숙제) ; 중국 은나라 때의 처사(處士)인 형 백이(伯夷)와 아우 숙제(叔齊)는 모두 은나라 고죽군
(孤竹君)의 아들이다. 주나라 무왕(武王)이 은을 치려고 하는 것을 말리다가 이를 듣지 않으므로 형제는 주나

小兒. 「여보시요 아버지 날다리고 이러 케둥둥打鈴²⁵¹만하지말고 나도남 의집子息들과같이　글工夫나식혀 주시요.」

醉發. 「야 이거조흐²⁵²말이로구나.」

小兒. 「그러면 아바지 나를兩書²⁵³로배 워주시요.」

醉發. 「兩書²⁵⁴라니 平安道하고黃海道 란말이냐.」

小兒. 「아ㄴ이²⁵⁵ 그것안이라오 諺文²⁵⁶ 하고眞書²⁵⁷하고.」

소아. 「여보시오. 아버지, 날 데리고 이 렇게 둥둥 타령만 하지 말고, 나도 남의 집 자식들과 같이 글공부나 시켜주시오.」

취발. 「야, 이거 좋은 말이로구나.」

소아. 「그러면 아버지 나를 양서(兩書) 로 배워주시오.」

취발. 「양서(兩西)라니 평안도하고 황 해도란 말이냐.」²⁵⁸

소아. 「아인이. 그것 아니라오. 언문하 고 진서하고.」

라의 녹 먹기를 부끄럽게 여기고 수양산(首陽山)에 들어가 고사리를 캐어 먹으며 숨어 살다가 채미가(采薇歌) 를 남기고 굶어 죽었다고 한다. 『맹자(孟子)』에 '백이와 숙제는 성인 중에서 청백한 분(夷弟聖之淸者)'이라는 말이 있다.

249 採薇(채미) ; '고사리를 캔다'는 뜻으로 고사리로 연명하였다는 말이다. '首陽薇(수양미)'는 수양산 고사리로, 은나라의 충신 백이(伯夷)와 숙제(叔齊)가 수양산(首陽山)에서 고사리를 꺾어 먹고 연명하였다는 데서 나온 말이다.

250 [보정] (唱) 「어화둥둥내사랑 어델갓다이제오나. ~ 어허둥둥내사랑 아가아가둥둥내사랑.」; 대사 자체가 불림이 된 경우다.

251 둥둥打鈴(타령) ; 어린아이를 안거나 쳐들고 어를 때 내는 소리를 두고 이른 것이다.

252 조흐 ; '좋은'이 옳다.

253 兩書(양서) ; 한글과 한문을 아울러 이르는 말이다.

254 兩書(양서) ; '兩西'라고 표기하여야 옳다. 兩書(양서)를 양서(兩西)로 받아 평안도와 황해도로 유도하는 언어 유희. 보통 황평양서(黃平兩西)라고 한다.

255 아ㄴ이 ; '아니'라는 부정의 표현을 강하게 드러내고자 하는 의도를 그대로 채록한 것으로 추정된다.

256 諺文(언문) ; 한글을 예전에 일컫던 말이다.

257 眞書(진서) ; 예전에, 우리글 '언문(諺文)'을 상대하여 '한문'을 이르던 말이다.

258 [보정] 소아. 「그러면 아버지 나를 양서(兩書)로 배워주시오.」 / 취발. 「양서(兩西)라니 평안도하고 황해도란 말 이냐.」; 아이가 양서(兩書) 즉 한글과 한문을 배우게 하여 달라고 하였는데, 취발은 양서(兩西) 즉 평안도와 황해도라고 받은 유사음 이의어를 활용한 언어유희다.

醉發. 「오냐 그래라. 내가읽는대로 받어
　　 일너²⁵⁹.」

小兒. 「녜」

醉發. 「하늘天」

小兒. 「따地」

醉發. 「야 이놈바라 나는하늘天하는데
　　 너는따地하는구나.」

小兒. 「아바지 하늘天따地로 배워주시지
　　 말고 千字뒤푸리²⁶⁰로 배워주시요.」

醉發. 「오냐 그것참조흔말이다.」 (응등
　　 이춤을추면서큰목소리로)

취발. 「오냐. 그래라. 내가 읽는 대로 받
　　 아 일러.」

소아. 「네.」

취발. 「하늘 천.」

소아. 「따 지.」

취발. 「야, 이놈 봐라. 나는 하늘 천 하
　　 는데 너는 따지 하는구나²⁶¹.」

소아. 「아버지 하늘 천 따 지로 배워 주
　　 시지 말고²⁶² 천자 뒤풀이로 배워
　　 주시오.」

취발. 「오냐 그것 참 좋은 말이다.」
　　　　 (엉덩이춤을 추면서 큰 목소
　　　　 리로)

---

259 받어일너 ; '받아 일러'다. 받아서 일러라 즉 '따라서 외라'는 말이다.

260 千字(천자)뒤푸리 ; 천자문에 있는 글자의 뜻을 풀어 운율에 맞추어 해석하여 부르는 타령의 한 가지이다. 천자
문의 글자를 풀어 노랫조로 꾸민 민요. 어희요(語戲謠)의 일종이다. 한자의 특징을 해학적으로 풀이하여 부르는
내용으로, 서당에서 한문공부가 성행하던 근래까지 전국적으로 많이 불린 노래이다. 이러한 어희요는 한국민요
의 특징의 하나로 한자공부의 어려움을 잊기 위하여 해학과 풍자로 읊은 것이다. 개인창의 음영민요가 주종을
이루고 있는데, 그 대표적인 예를 들면 "하늘천 따따지/가마솥에 누룽지/딸딸 긁어서/배꼭다리 한 그릇"(禮安地
方), "높고 높은 하늘천(天)/깊고 깊은 따지(地)/홰홰친친 가물현(玄)/불타겼다 누룽황(黃)"(春香傳 完本) 등이
있다. 글자풀이 노래는 비단 이것만 있는 것은 아니다. 이와 유사한 것으로 '한글풀이(국문풀이)'와 '구구(九九)
풀이', '지명풀이' 등이 있는데 그 중에도 '한글풀이'는 천자풀이와 맥을 같이 하는 것으로 다양한 사설이 전한다.
천자문(千字文)은 중국 양(梁)나라의 주흥사(周興嗣)가 무제(武帝)의 명으로 지은 책이다. 1구 4자로 250구, 모
두 1,000자로 된 고시(古詩)이다. 하룻밤 사이에 이 글을 만들고 머리가 허옇게 세었다고 하여 '백수문(白首文)'
이라고도 한다.

261 나는 하늘 천 하는데 너는 따지 하는구나 ; '하늘 천'을 가르쳐주니 '따 지'도 아는구나. '하나를 가르쳐주면 열
　 을 안다'와 같은 뜻이다.

262 아버지 하늘 천 따 지로 배워 주시지 말고 ; '본래의 천자문풀이로 가르치시지 말고'의 뜻이다.

(唱) 「子時²⁶³에 生天²⁶⁴하니 不言行四
時²⁶⁵로다 悠悠彼蒼²⁶⁶하늘天.
丑時²⁶⁷에 生地²⁶⁸하니 萬物昌
盛²⁶⁹따地.
유현비모²⁷⁰黑赤色²⁷¹ 北方玄武²⁷²
가물玄.
宮商角徵羽²⁷³ 東西四方²⁷⁴中央
土色²⁷⁵누루黃.
天地四方²⁷⁶몇 萬里나 巨樓廣
闊²⁷⁷집宇.
여도國都²⁷⁸興盛衰旺²⁷⁹그누구—
집宙.

(창) 「자시에 생천하니 불언행사시로
다. 유유피창 하늘 천.
축시에 생지하니 만물창성 따 지.
유현비모 흑적색 북방현무 가물 현.
궁상각치우 동서 사방 중앙토색
누루 황.
천지사방 몇 만리냐 거루 광활
집 우.
여도국도 홍성쇠왕 그 누구— 집 주.
우치홍수 기자춘 홍범구주 넓을 홍.

---

263 子時(자시) ; 밤 11시부터 1시 사이를 말한다.
264 生天(생천) ; 하늘이 생긴다는 말이다.
265 不言行四時(불언행사시) ; 아직 네 계절이 구분되지 않음을 말한다.
266 悠悠彼蒼(유유피창) ; 아득히 먼 저 푸른 하늘을 말한다.
267 丑時(축시) ; 밤 1시에서 3시 사이를 말한다.
268 生地(생지) ; 땅이 생긴다는 말이다.
269 萬物昌盛(만물창성) ; 만물이 번성한다는 말이다.
270 [보정] 유현비모 ; '유현비묵(幽玄秘墨)'의 오기이다. 이치가 깊고 그윽하여 알기 어려운 검은색[墨]을 말한다.
271 [보정] 黑赤色(흑적색) ; 붉은 빛이 도는 검은색을 말한다. 천자문 뒤풀이 자료들에서는 대체로 '黑正色'으로 나타난다.
272 北方玄武(북방현무) ; 사신(四神) 중의 하나로 북쪽을 맡은 거북과 뱀의 형상을 닮은 태음신(太陰神)을 말한다.
273 宮商角徵羽(궁상각치우) ; 동양 음악의 다섯 음(音)을 이른다.
274 東西四方(동서사방) ; 동서남북의 사방을 말한다.
275 中央土色(중앙토색) ; 중앙은 흙색이라는 말이다.
276 天地四方(천지사방) ; 온 세상을 말한다.
277 巨樓廣闊(거루광활) ; 크고 너른 누각을 말한다.
278 [보정] 여도國都(국도) ; '역대국도(歷代國都)'의 오기인 듯하다. 혹은 '역대국조(歷代國朝)'의 오기로 보기도 한다.
279 [보정] 興盛衰旺(홍성쇠왕) ; 흥하고 망함을 이른다. 보통은 '興亡盛衰'라고 한다.

禹治洪水 [280] 긔자춘 [281] 洪範九
疇 [282] 넙을洪.　　　　　　전원장부(장무) 불호귀 상경취황
　　　　　　　　　　　　　　거츨 황.

堯舜聖德 [283] 壯하시다 취지여일 [284]
날日.　　　　　　　　　요순성덕 장하시다 취지여일 날 일.
　　　　　　　　　　　　　　억조창생 격양가 강구연월 달 월.

億兆蒼生 [285] 擊壤歌 [286] 康衢烟
月 [287] 달月.

---

280 禹治洪水(우치홍수) ; 우(禹)의 아버지 곤(鯀)은 제요(帝堯) 때에 황하(黃河)의 대홍수를 9년간이나 다스렸으
　　나 치수의 업적을 올리지 못하고 마침내 죽음을 당하고 말았다. 따라서 그의 아들 우가 치수에 전력하여 제순
　　(帝舜) 때에 완전히 성공을 보았으므로 마침내 천자가 될 수 있었다는 고사에서 연원을 두고 있다. '구년치수
　　(九年治水)'라고도 한다. 관용구다.
281 긔자춘 ; '箕子推演(기자추연)'의 잘못인 듯하다. 기자가 홍범구주의 내용을 상세히 풀이[추연(推演)]한 것을
　　두고 이른다. 기자는 은나라 주임금에게 그릇됨을 바로 잡고자 하였으나 듣지 아니하자 주나라로 도망하여 무
　　임금에게 홍범구주를 추연한 것을 바쳤다고 한다.
282 洪範九疇(홍범구주) ; 중국 하나라 우왕(禹王)이 남겼다는 정치 이념이다. 홍범은 대법(大法)을 말하고, 구주
　　는 9개 조(條)를 말하는 것으로, 즉 9개 조항의 큰 법이라는 뜻이다. 우왕이 홍수를 다스릴 때 하늘로부터 받은
　　낙서(洛書)를 보고 만들었다고 한다. 주나라 무왕(武王)이 기자(箕子)에게 선정의 방안을 물었을 때 기자가 이
　　홍범구주로써 교시하였다고 한다.
283 堯舜聖德(요순성덕) ; 중국 고대의 성군인 요임금과 순임금의 거룩한 덕을 이른다.
284 취지여일(就之如日) ; 해를 따르고 구름을 바라본다는 말로 임금의 덕을 우러러 본다는 말이다.『사기』의 '오제기
　　(五帝紀)'에 옛날 요임금의 덕이 지극하여 사람들이 '그 어짊이 하늘과 같고 그 슬기 신 같으며, 그에게 나아가기
　　를 해에 나아가듯 하고 그를 바라보기를 구름같이 하네. 其仁如天 其知如神 就之如日 望之如雲'이라 했다.
285 億兆蒼生(억조창생) ; 매우 많은 수의 백성, 혹은 많은 사람을 가리키는 말로 쓰이며 '억만창생(億萬蒼生)'이라
　　고도 한다.
286 擊壤歌(격양가) ; '땅을 치며 노래한다.'는 뜻이며 요(堯)나라 때의 태평세월을 구가한 것이다. 이 노래는 요나
　　라 때 지은 노래라 하나 필경 후세의 위작(僞作)일 것이라는 설이 강하다. 격양이란 원래 나무를 깎아 만든 양
　　(壤)이라는 악기를 친다는 뜻과, 땅[壤]을 친다는 뜻이 있다. 요임금이 천하를 다스린 지 50년이 되었을 때, 과
　　연 천하가 잘 다스려지고 백성들이 즐거운 생활을 하고 있는지 직접 확인하고자 평민 차림으로 거리에 나섰다.
　　넓고 번화한 네거리에 이르렀을 때 아이들이 노래 부르며 놀고 있어 그 노랫소리를 유심히 들었다. 그 노랫말
　　은 "우리가 이렇게 잘 살고 있는 것은 모두가 임금의 지극한 덕이네. 우리는 아무것도 모르지만 임금이 정하신
　　대로 살아간다네. 立我烝民 立我烝民 莫匪爾極 不識不知 順帝之則" 라고 하였다. 그 뜻은 임금님이 인간의
　　본성에 따라 백성을 도리에 맞게 인도하기 때문에 백성들은 법이니 정치니 하는 것을 염두에 두거나 배워 알거
　　나 하지 않아도 자연 임금님의 가르침에 따르게 된다는 것으로, 이 노래를 강구가무(康衢歌舞)라고도 한다. 임
　　금은 다시 발길을 옮겼다. 한 노인이 길가에 두 다리를 쭉 뻗고 앉아 한 손으로는 배를 두들기고 또 한 손으로
　　는 땅바닥을 치며 장단에 맞추어 노래를 부르고 있었다. 그 노랫말은 "해가 뜨면 일하고, 해가 지면 쉬고, 우물
　　파서 마시고, 밭을 갈아 먹으니, 임금의 덕이 내게 무슨 소용이 있으랴 日出而作 日入而息 鑿井而飲 耕田而食
　　帝力于我何有哉" 하였다. 이는 정치의 고마움을 알게 하는 정치보다는 그것을 전혀 느끼기조차 못하게 하는
　　정치가 진실로 위대한 정치라는 것을 뜻하는 것으로, 이 노래를 격양가라 한다. 이 노래를 들은 요임금은 크게
　　만족하여 "과시 태평세월이로고." 하였다 하며, 그 후 중국은 물론 우리나라에서도 풍년이 들어 오곡이 풍성하

五車詩書百家語²⁸⁸ 積案盈床²⁸⁹ 찰盈.

밤이어는때냐 月中咫尺²⁹⁰ 기울昃.

二十八宿²⁹¹河圖洛書²⁹² 衆星拱之²⁹³ 별辰.

鬪鷄少年兒孩 들아²⁹⁴ 娼家衾枕²⁹⁵ 잘宿.

絶代佳人²⁹⁶조흔風流 滿盤珍羞²⁹⁷ 벌列.

夜半三更深窓裡²⁹⁸에 가진情談²⁹⁹ 베풀張.」

오거시서 백가어 적안영상 찰 영.

밤이 어느 때냐 월중지척³⁰⁰ 기울 측.

이십팔숙 하도낙서 중성공지 별 진.

투계소년 아해들아 창가금침 잘 숙.

절대가인 좋은 풍류 만반진수 벌 열.

야반삼경 심창리에 가진 정담 베풀 장.」³⁰¹

고 민심이 후한 태평시대를 비유하는 말로 쓰이고 있다.

287 康衢烟月(강구연월) ; '강구(康衢)'는 번화한 네거리를 뜻하며, '연월(煙月, 烟月)'은 달빛이 연무(煙霧)에 은은하게 비치는 모습을 형용한다. 이는 『열자(列子)』'중니편'에 나오는 '강구요(康衢謠)'에서 유래한 말이다. '강구요'는 중국의 요임금이 나라를 다스린 지 50년이 되어 민심을 살피려고 나온 길에 어느 번화한 네거리에서 놀고 있던 아이들이 불렀다는 노래이다. 그 가사는 "우리가 이렇게 잘 살고 있는 것은 모두가 임금의 지극한 덕이네. 우리는 아무것도 모르지만 임금이 정하신 대로 살아간다네. 立我烝民 莫匪爾極 不識不知 順帝之則"라는 것으로, 요임금의 치세를 찬양하는 내용이다. 여기서 유래하여 강구연월은 태평성대의 평화로운 풍경을 비유하는 말로 사용된다.

288 [보정] 五車詩書百家語(오거시서백가어) ; '오거서'와 '시서백가어'와 '백가어'가 결합된 말이다. '오거서'는 다섯 수레에 가득 실을 만큼 많은 책을 말한다. 장자(莊子)의 친구 혜시(惠施)가 학식이 많아 장서가 오거지서(五車之書)였다 한다. '시서백가어'는 『시전(詩傳)』과 『서전(書傳)』과 제자백가(諸子百家)의 서책을 말한다. '백가어'는 중국(中國) 전국시대(戰國時代)의 제자백가(諸子百家)의 말을 두고 이른 것이다.

289 [보정] 積案盈床(적안영상) ; 누독연편(累牘連篇), 연편누폭(連篇累幅), 연장누독(連章累牘)이라고도 한다. '독(牘)'은 종이가 발명되기 이전에 글을 쓰는 데 이용한 죽간(竹簡)이나 목간(木簡)을 가리킨다. '연편누독(連篇累牘)'은 '편에서 편으로 이어지는 글과 높이 쌓인 죽간'이라는 뜻으로, 쓸데없이 문장이 길고 복잡함을 비유하는 말이다. 중국 수(隋)나라 때 이악(李諤)이 쓴 글에서 유래되었다.

이악은 자가 사회(士恢)이며, 수나라 문제(文帝) 때 치서시어사(治書侍御史)라는 벼슬을 지냈다. 당시 문단의 풍조는 위진남북조시대를 답습하여 문장의 화려함만을 추구하고 내용은 중시하지 않았기 때문에 실생활과는 동떨어진 공허함이 만연하였다. 이에 이악은 황제에게 '상서정문체(上書正文體)'라는 글을 올려 이러한 풍조를 바로잡아야 한다고 상주하였다. 이 글에서 이악은 당시의 문인들의 행태에 대하여 "도리는 빠뜨리고 기이함만 있으며, 허황된 것을 찾고 사소한 것을 좇아 한 운(韻)의 기이함을 다투고, 한 글자의 교묘함만 다투고 있습니다. 글이 편에서 편으로 이어지고 죽간이 높이 쌓이도록 달과 이슬의 형체가 드러나지 않으며, 다 읽은 죽간이 책상에 가득하고 상자를 채우도록 오직 바람과 구름의 형상만 묘사하고 있을 뿐입니다. 連篇累牘, 不出月露之形, 積案盈箱, 唯是風雲之狀"라고 비판하였다. 이악의 글은 당시의 문단에 상당한 영향을 미쳤다고 한다. 여

小兒. 「아바지 그건그만두고 諺文을배
       워주시요.」

醉發. 「그러면 이제는 諺文을배우자.」
       「가갸 가겨 고교 구규.」

小兒. 「아바지 그것도 그러케배워주시지
       말고 諺文뒤푸리³⁰²로배워주시요.」

醉發. 「그것 그래라.」

소아. 「아버지 그건 그만두고 언문을 배
       워주시오.」

취발. 「그러면 이제는 언문을 배우자.」
       「가갸 가겨 고교 구규.」

소아. 「아버지 그것도 그렇게 배워 주시지
       말고 언문 뒤풀이로 배워주시오.」

취발. 「그것 그래라.」

기서 유래하여 연편누독은 내용도 없으면서 쓸데없이 장황하고 복잡하기만 한 글을 비유하는 고사성어로 사용
된다. 뒷구절의 적안영상(積案盈箱)도 비슷한 의미로 쓰인다.

290 月中咫尺(월중지척) ; 달이 가깝게 보인다는 말이다. 임석재본에서는 '月滿則昃'으로 채록되었다. '月滿則昃
(월만즉측)'은 달도 차면 기운다는 뜻이다. '月滿則昃'이 옳다.

291 二十八宿(이십팔수) ; 해와 달의 위치를 밝히기 위하여 황도를 중심으로 나눈 스물여덟 자리를 말한다.

292 河圖洛書(하도낙서) ; 고대 중국에서 예언(豫言)이나 수리(數理)의 기본이 된 책이다. 『하도(河圖)』는 복희(伏
羲)가 황하(黃河)에서 얻은 그림으로, 이것에 의해 복희는 팔괘(八卦)를 만들었다고 하며, 『낙서(洛書)』는 하우
(夏禹)가 낙수(洛水)에서 얻은 글로, 이것에 의해 우(禹)는 천하를 다스리는 대법(大法)으로서의 『홍범구주(洪
範九疇)』를 만들었다고 한다.

293 衆星拱之(중성공지) ; 뭇별들이 북극성을 둥글게 둘러싸는 모양을 두고 이른 것이다. 보통은 제후국이 천자에
게 충성을 다한다는 뜻으로 쓰인다. 『논어』 '위정(爲政)'에 '덕정(德政)을 펴게 되면, 북신(北辰)이 가만히 제자
리를 지키고 있어도 뭇별들이 옹위하는 것처럼 될 것이다. 爲政以德 譬如北辰居其所 而衆星共之'라고 하였다.

294 鬪鷄少年(투계소년) 兒孩(아해)들아 ; '투계(鬪鷄)'와 같은 도박에 빠져서 소일하는 젊은이를 일컫는다.

295 娼家衾枕(창가금침) ; '창가'는 몸 파는 기생의 집을 말한다. '금침'은 이부자리와 베개를 아울러 이르는 말이다.
결국 기생집에 들러 질탕하게 논다는 말이다. 일부 판소리나 천자뒤풀이에는 왕발의 시 '임고대'의 '가련금야숙
창가(可憐今夜宿娼家)'라는 구절이 원용되기도 하였다.

296 絶代佳人(절대가인) ; 그 시대에 견줄 이 없는 뛰어난 미인을 말한다.

297 滿盤珍羞(만반진수) ; 상에 가득 차린 진수성찬을 말한다.

298 夜半三更深窓裡(야반삼경심창리) ; '한밤중 깊은 창문 안에'라는 말이다.

299 가진情談(정담) ; '갖은 정담'이다. 여기서는 깊은 사랑을 나눈다는 뜻이다.

300 월중지척 ; 원자료 그대로 밝힌다. 보통은 '월만즉측(月滿則昃)'이 옳다.

301 [보정] 이 대목은 천자뒤풀이를 원용한 것이다.

302 諺文(언문)뒤푸리 ; 한글의 자모 순서에 따라 말을 만들어가며 말놀이하는 동요다. 어희요(語戲謠)의 하나로
가갸뒤풀이·국문뒤풀이·언문뒤풀이·가갸풀이·국문풀이·언문풀이라고도 한다. 곧, ㄱㄴㄷ 혹은 가갸거겨의
순서에 따라서 말을 꾸며나가는데, 거침없이 외어나가는 데에 흥취를 느끼며 전승된다. '이고사본춘향전 李古
寫本春香傳'이나 '신구잡가 新舊雜歌'에도 드러나는 것으로 보아 오래 전부터 전승된 듯하다. 경기 잡가의 하
나이기도 하다. 경기도의 '창부 타령' 곡조를 많이 땄으며, 굿거리장단이다.

(唱)「가나다라마바사 아자차 이젓구
나기억303.

　기억 니은 디긋하니 기억字로집
을짓고 니은같이사잣더니 디긋같
이離別된다.

　가갸거겨 가이업슨 이내몸이 거
이304업시되엿구나.

　고교구규 고생하든요내몸이 구구
하기짝이업네.

　나냐너녀 나귀등에솔질하여 순금
안장305지어타고 四海江山306널은
天地 周遊天下307를하잣구나.

　노뇨누뉴 노자노자鸚鵡盃308에
盞갓득이술부어라 離別郎君拜
送309할가.

　다댜더뎌 다닥다닥붓텃든情이 더
지업시310떠러를진다.

　도됴두듀 도창311에늙은몸을두고
떠나기가茫然하다312.

　라랴러려 랄아가는鸚鵡새는 너
와나와짝이로다.

　로료루류 路柳墻花人皆佳節313
날로314위해푸러를내네.」

(창)「가나다라마바사 아자차 잊었구
나 기억.315

　기역 니은 디귿 하니 기억 자로
집을 짓고

　니은 같이 사자더니 디귿 같이
이별 된다.316

　가갸거겨 가이 없은 이내 몸이
거이 없이 되었구나.317

　고교구규 고생하던 요내 몸이 구
구하기 짝이 없네.318

　나냐너녀 나귀 등에 솔질하여 순
금 안장 지어타고

　사해강산 너른 천지 주유천하를
하자꾸나.319

　노뇨누뉴 노자노자 앵무배에 잔
가득이 술 부어라

　이별낭군 배송 할까.320

　다댜더뎌 다닥다닥 붙었던 정이
더지 없이321 떨어를진다.322

　도됴두듀 도창에 늙은 몸을 두고
떠나기가 망연하다.323

　라랴러려 날아가는 앵무새는 너
와 나와 짝이로다.324

　로료루류 노류장화 인개가절 나
를 위해 풀어를 내네.325」326

---

303 기억 ; 언문뒤풀이로 보면 '기역'이 옳다. 여기서 언어유희를 보이고 있다.

304 거이 ; '가이'가 옳다.

305 순금안장(純金鞍裝) ; 안장은 말, 나귀 따위의 등에 얹어서 사람이 타기에 편리하도록 만든 도구다. 여기서는 금으로 호화롭게 장식한 안장을 말한다.

306 四海江山(사해강산) ; 온 세상을 이른다. 사해는 '사방의 바다' 혹은 '온 세상'을 말한다.

307 周遊天下(주유천하) ; 천하를 두루 다니며 구경함을 말한다..

308 鸚鵡杯(앵무배) ; 자개를 가지고 앵무새의 부리 모양으로 만든 술잔을 말한다.

309 離別郎君拜送(이별낭군배송) ; 이별하는 임을 보낸다는 뜻이다. 배송(拜送)은 해로움이나 괴로움을 끼치는 사람을 건드리지 아니하고 조심스럽게 내보낸다는 말이다.

310 더지업시 ; '덧없이'가 옳다.

311 도창 ; 미상하다. '도장'으로 채록된 경우가 있다.

312 茫然(망연)하다 ; 넓고 멀어서 아득하다. 아무 생각 없이 멍하다.

313 [보정] 路柳墻花人皆佳節(노류장화인개가절) ; '路柳牆花 人皆可折'이 옳다. 길 가의 버들과 담 밑의 꽃은 누구든지 쉽게 만지고 꺾을 수 있다는 뜻으로, 기생을 뜻한다. 달리 말하면 기생은 여러 남자의 노리개가 될 수 있다는 말이다. 『열자(列子)』에 '山鷄野鶩 莫可能馴 路柳牆花 人皆可折 산닭이나 들오리는 능히 길들이지 못하고, 길가의 버들이나 담 밑의 꽃은 다 꺾을 수 있다.'라고 하였다.

314 날로 ; '나를'의 방언이다.

315 [보정] 가나다라마바사 아자차 잊었구나 기억 ; 동음이의어를 원용한 언어유희이다. '아자차'는 '아차차'로 원용하여 잊었음을 유도하면서 다시 기억을 되살려 'ㄱ' 즉 '기역'을 '기억'으로 받은 것이다. 여기서 '기억'은 한글 자모 'ㄱ'과 '記憶(기억)'의 뜻을 동시에 갖는 소위 중의법을 사용하였다.

316 [보정] 기역 니은 디귿 하니 기역 자로 집을 짓고 니은 같이 사자더니 디귿 같이 이별 된다 ; 한글 자모 이름 낭송은 '기역자로 집을 짓고 니은같이 사는 것'은 편안한 삶을 뜻하게 된다. 그러던 것이 '디귿'이 '지긋지긋'의 뜻으로 의미가 전이(轉移)되어 '이별'과 대구가 된다. 결국 편안한 삶을 갈구하였는데 이별하고 마는 신세가 되었다는 뜻이다.

317 [보정] 가갸거겨 가이 없은 이내 몸이 거이 없이 되었구나 ; '가엾은 이 몸이 아무것도 없는 신세가 되었구나.'의 뜻이다. 'ㄱ'음 변용을 통한 언어유희이다. '거이'는 '가이'를 받은 것인데 경우에 따라서는 '거지'로 채록된 경우도 있다.

318 [보정] 고교구규 고생하던 요내 몸이 구구하기 짝이 없네 ; '고생하던 이 몸이 구구한 신세가 되었네.'의 뜻이다. 'ㄱ'음을 변용한 언어유희이다.

319 [보정] 나냐너녀 나귀 등에 솔질하여 순금 안장 지어타고 사해강산 너른 천지 주유천하를 하자꾸나. ; 'ㄴ'음을 이용하여 '나귀'를 끌어내는 언어유희를 보이고 있다.

320 [보정] 노뇨누뉴 노자노자 앵무배에 잔 가득이 술 부어라 이별낭군 배송 할까 ; 'ㄴ'음을 이용하여 '노자노자'를 끌어내는 언어유희를 보이고 있다.

321 [보정] 더지 없이 ; '덧없이'다. 원자료 그대로 밝힌다.

322 [보정] 다댜더뎌 다닥다닥 붙었던 정이 더지 없이 떨어를진다 ; '더지업시'는 '덧없이'다. 'ㄷ'음을 변용한 언어유희이다. 'ㄷ'음으로부터 의태어 '다닥다닥'을 도출해내고 그에 맞추어 '더지업시'를 이끌어 대구를 이루고 있다. '깊었던 정이 덧없이 떨어지고 말았구나.'의 뜻이다.

323 [보정] 도됴두듀 도창에 늙은 몸을 두고 떠나기가 망연하다 ; 'ㄷ'음을 변용한 언어유희이다. '도창에서 늙은 몸을 두고 떠나기가 아득하구나.'의 뜻이다.

324 [보정] 라랴러려 날아가는 앵무새는 너와 나와 짝이로다 ; 'ㄹ'음을 변용한 언어유희이다. '날아가는 앵무새는 짝을 이루었구나.'의 뜻이다.

325 [보정] 로료루류 노류장화 인개가절 나를 위해 풀어를 내네 ; 'ㄹ'음을 이용하여 '노류장화'를 끌어내는 언어유희

(이와같이 諺文뒤푸리를朗朗
하게唱한다음 打鈴長短에마
추어 춤을추며 아해를안고退
場한다.)

[327](이와 같이 언문 뒤풀이를 낭
랑하게 창한 다음 타령장단에
맞추어 춤을 추며 아이를 안고
퇴장한다.)

를 보이고 있다.

326 [보정] 이 대목은 언문 뒤풀이 전체가 불림으로 활용된 것이다.

327 [보정] 임석재본에서는 '(以下略)'이라고 부기되어 있다. 이하를 생략하였다는 것이다. 이것은 실제 현장에서는
계속될 수 있음을 말한다. 즉 현장의 상황에 따라 출입이 있을 수 있다는 것이다. 이를 가면극의 현장성의 하나
라고 한다.

6. '제오장 사자무'의 복원

第五場 獅子舞

이場面은生佛[1]과같은 老僧을誘引하야 墮落식힌不良輩[2]를懲戒[3]하려고 부처님 의使者[4]로서獅子가出現하는것이다. 먹 중一人이 突然出現한獅子에게 그由來 를뭇다가獅子를때리면 獅子는그먹중을 잡아먹는다. 이에서다른먹중들은 獅子의 온뜻을알고 크게恐怖하야곳改過하기로 盟誓하고 最後의춤이라하며 獅子와함게 춤을추는 것이다.[5]

제오장 사자무

이 장면은 생불과 같은 노승을 유인하 여 타락시킨 불량배를 징계하려고 부처 님의 사자로서 사자가 출현하는 것이다.[6] 먹중 일인이 돌연 출현한 사자에게 그 유 래를 묻다가 사자를 때리면 사자는 그 먹 중을 잡아먹는다.[7] 이에서 다른 먹중들은 사자의 온 뜻을 알고 크게 공포하여 곧 개과하기로 맹서하고 최후의 춤이라 하 며 사자와 함께 춤을 추는 것이다.[8][9]

---

1 生佛(생불) ; 살아 있는 부처라는 뜻으로, 덕행이 높은 승려를 이르는 말이다. 중생과 부처를 아울러 이르는 말 이기도 하다. 여러 끼를 굶은 사람을 비유적으로 이르는 말로 쓰이기도 한다.

2 [보정] 不良輩(불량배) ; 여기서는 묵승들을 지칭하는 것이다.

3 懲戒(징계) ; 허물이나 잘못을 뉘우치도록 나무라며 경계함을 뜻한다. 또는 부정이나 부당한 행위에 대하여 제 재를 가함을 뜻한다.

4 [보정] 使者(사자) ; 명령이나 부탁을 받고 심부름하는 사람이다. 불교에서는 죽은 사람의 혼을 저승으로 잡아간 다는 귀신을 말하기도 한다. 법률적으로는 타인의 완성된 의사 표시를 전하는 사람이나 또는 타인이 결정한 의 사를 상대편에게 알려 그 의사 표시를 완성하는 사람을 말한다. 여기에서는 '서유기'에 나오는 문수보살이 타고 다니던 '푸른 사자'를 염두에 둔 것이다.

5 [보정] [참고] 사자놀이 ; 보통은 음력 정월 대보름날 축사연상(逐邪延祥)의 주원(呪願)으로서 거행되는 탈놀이다. 지방에 따라서는 주지놀음[하회지방]·사지놀음[광주(廣州)지방]·사자놀음[북청지방]이라고도 한다. 이 놀이는 나무나 대광주리·종이를 가지고 만든 사자탈 속에 두 사람이 들어가 쓰고 풍물을 치면서 마을을 돌아다닌다. 이때에 여유 있는 집으로 들어가 마당에서 한바탕 춤을 추고 논 뒤에, 그 집주인으로부터 사례로 곡물이나 금 전 등을 받는다. 이 곡물과 금전은 마을을 위한 공공사업에 사용되는 것이 보통이다. 지금은 시대의 변천으로

옛날같이 세시풍속의 하나로서 연희되지는 않는다. 광복 8년 전까지만 해도 정초의 벽사(僻邪)에 북청(北青)·정평(定平)·종성(鐘城)·명천(明川)·회령(會寧)·경성(鏡城)·경흥(慶興)·고성(高城)·횡성(橫城)·순천(順川)·광주(廣州)·안성(安城)·송화(松禾)·은율(殷栗)·해주(海州)·봉산(鳳山)·마산(馬山)·통영(統營)·수영(水營)·김해(金海)·남해(南海)·아산(牙山)·경주(慶州) 등 큰 고을 20여 곳에서 행하여졌다. 그 중에서도 지방으로는 북청의 사자놀음이 봉산가면극의 사자춤과 더불어 한때 그 이름이 높았다.

이 사자놀이가 언제부터 연행되었는지는 분명하지 않으나, 문헌상으로는 《삼국사기》 악지(樂志)에 사자놀이가 보인다. 최치원(崔致遠)의 '향악잡영鄕樂雜詠'에는 '산예(狻猊)'가 보인다.

또, 성종 19년(1488) 3월에 우리나라에 사신으로 왔던 명나라의 동월이 자신을 영접하는 산대희(山臺戲)를 보고 지은 '조선부'에 사자가 나온다. 동월이 본 놀이 가운데 '말가죽을 벗겨 뒤집어쓰고 사자와 코끼리로 꾸민 것飾獅象盡蒙解剝之馬皮'이 나온다. 여기서의 사자는 바로 사자춤을 추는 것으로 생각된다.

유득공의 '경도잡지' 성기조에 의하면, 나례도감에 속하는 산희에 사자춤이 나온다. 그리고 송만재가 1843년에 지은 '관우회'에도 사자춤이 보인다. 또 김홍도가 그린 평안감사환영도와 화성성역의궤의 낙성연도에도 사자춤이 보인다. 『국연정재창사초록(國宴呈才唱詞抄錄)』에 의하면, 고종24년에 성천잡극이라고 하는 사자춤을 처음 사용했다는 기록이 발견된다. 이 사자춤은 평안남도 성천지방의 민속 사자춤을 받아들인 것으로 보인다. 두 마리의 사자가 춤을 우는 놀이 내용은 현재의 북청사자놀이와 매우 유사하다.

사자춤에서는 머리 쪽에 한 사람, 뒤쪽에 한 사람이 들어가는 것이 보통이며, 사자가 큰 경우에는 몸뚱이 쪽에 한 사람이 더 들어가서 추기도 한다. 춤의 동작은 꼿꼿하게 높이 솟기도 하고, 앉아서 좌우로 몸을 돌려 이 잡는 시늉을 하기도 하며, 꼬리를 흔들면서 몸을 긁기도 한다. 타령이나 굿거리장단에 맞추어 덩실덩실 춤을 추기도 한다. 이 사자놀이에는 대체로 사자 한 마리가 나오는데, 지방에 따라서는 두 마리도 나온다. 왕년에 경주지방에서 축사연상의 주원으로서 행하여졌던 사자놀이에는 두 마리의 사자가 나와 싸우며, 하회가면극(河回假面劇)에도 두 마리가 나와 싸운다.

조선시대에 간행된 『화성성역의궤(華城城役儀軌)』의 '낙성연도(落成宴圖)'에는 3명의 몰이꾼이 사자와 범 한 마리씩을 놀리는 장면을 볼 수 있다.

1887년(고종 24) '성천잡극(成川雜劇)'이라는 사자무를 시용(始用)하였다는 필사본 기록에는, '악기만방녕(樂氣萬方寧)의 곡(영산회상)에 사자 두 마리가 풍류를 따라서 몸을 흔들고 뛰어나간다. 이 사자들은 동과 서로 나뉘어 북으로 향하여 머리를 들고, 입으로 땅을 두드리고, 눈을 번쩍이며 일어난다. 풍류장단에 맞추어 꼬리를 휘두르고 발로 뛰며 좌우로 돌아보고, 또 입을 벌리고 이빨을 딱딱거리며 나가고, 물고 돌아 즐거이 춤추다가 물러가며, 풍류도 그쳤다.'고 하였다.

6 [보정] 이 장면은 생불과 같은 노승을 유인하여 타락시킨 불량배를 징계하려고 부처님의 사자로서 사자가 출현하는 것이다. ; 이 기사는, '먹중갑'의 대사에서도 볼 수 있듯이 '서유기'에서, 삼장법사와 손오공을 시험하기 위하여 문수보살이 자신이 타고 다니던 푸른 사자를 오계국왕으로 변장시켜 괴롭혔던 장면을 원용하였다. 서유기에서는 삼장법사와 손오공에게 힘을 불어넣어주기 위하여 시험하는 것인데, 여기에서는 불량배를 징계하려고 사자를 출현시켰다고 하였다. '시험'함으로써 더욱 힘을 발휘토록 한다는 관념이 후대에 이르러서는 '징계'로 관념하는, 즉 권선징악적 발상에 의한 기사다. '노승을 유인하여 타락시켰다'함은 '제4장 노승무'와 연락 관계가 있다고 보는 입장에서 나온 기사다. 이는 우리 가면극의 각 장면이 연락 관계가 어떻게 되는가와 관련시키면서 탐구할 과제다.

7 [보정] 먹중 일인이 돌연 출현한 사자에게 그 유래를 묻다가 사자를 때리면 사자는 그 먹중을 잡아먹는다. ; 이 문제는 앞으로 전개될 대목에서 다루기로 한다.

8 [보정] 이에서 다른 먹중들은 사자의 온 뜻을 알고 크게 공포하여 곧 개과하기로 맹서하고 최후의 춤이라 하며 사자와 함께 춤을 추는 것이다. ; '개과천선'을 이 장면의 요체로 보는 입장이다. '最後의춤'은 무엇을 의미하는지 미상하다. 다음 임석재본의 채록을 보면 특별한 의미가 있는 것은 아니고 춤을 끝으로 마무리 짓는다는 뜻

(먹중八人이 먼저살작登場하야 한便 구석에모여잇슬때에 白獅子한匹이설녕 설녕들어온다. 이獅子는 두사람이前後에 서서 獅子의全皮를덥허쓴것인대 흙으로 獅子面의模型을만들어가지고 白紙[10]를 물에적셔이에붓첫다가 白紙가마른後에 흙을빼버리고 그紙型으로써獅子의面으로하고 무명이나廣木[11]으로써獅子의皮처럼만들어서 그紙型에다이고실노꾸어맨다음 白紙를털처럼가늘게올여서그우에부치고 그面에는붉은칠을하고金箔[12]其他繪具[13]로써 눈섭 수염을그리고 頭로부터尾까지 등의中央으로푸른줄을그린一大白獅[14]이다.)

(먹중 팔 인이 먼저 살짝 등장하여 한 편 구석에 모여 있을 때에 백사자 한 필이 설렁설렁 들어온다.[15]

이 사자는 두 사람이 전후에 서서 사자의 전피를 덮어 쓴 것[16]인데 흙으로 사자 면의 모형을 만들어가지고 백지를 물에 적셔 이에 붙였다가 백지가 마른 후에 흙을 빼버리고 그 지형으로써 사자의 면으로 하고 무명이나 광목으로써 사자의 피처럼 만들어서 그 지형에다 대고 실로 꿰맨 다음 백지를 털처럼 가늘게 오려서 그 위에 붙이고 그 면에는 붉은 칠을 하고 금박 기타 회구로써 눈썹 수염을 그리고 두[머리]로부터 미[꼬리]까지 등의 중앙으로 푸른 줄을 그린 일대 백사이다.[17])

으로 생각된다.

　　　먹중 II : (獅子를 向하야) 사자야 네가 온 뜻 알겠다. 우리들이 悔改하여 이제부터는 부처님을 잘 섬길 터이니 우리가 기왕에 잘못한 것을 용서하고 춤이나 한 번 추고 <u>마즈막으로 헤여지자.</u>

　　　獅子 : (肯定)

　　　먹중 II : 꿍 떡 (이 말이 나자 音樂이 演奏된다. 먹중 八人과 獅子, 한데 어울려 各各 長技의 춤을 추다가 全員 退場)

9 [보정] 정병호는, 사자무의 춤장단은 잦은타령과 굿거리이며, 사자에 맞추어 허튼춤을 춘다고 한다.

10 白紙(백지) ; 닥나무 껍질로 만든 흰빛의 우리나라 종이를 말한다.

11 廣木(광목) ; 무명실로 서양목처럼 넓이가 넓게 짠 베를 말한다.

12 金箔(금박) ; 금이나 금빛 나는 물건을 두드리거나 압연하여 종이처럼 아주 얇게 눌러서 만든 것을 말한다.

13 繪具(회구) ; 그림을 그리는 데 쓰는 물감이나 붓 따위를 통틀어 이르는 말이다.

14 一大白獅(일대백사) ; 한 마리의 크고 흰 사자를 말한다.

15 [보정] 먹중 팔 인이 먼저 살짝 등장하여 한 편 구석에 모여 있을 때에 백사자 한 필이 설렁설렁 들어온다. ; 여덟 목이 먼저 등장하고 이어서 여덟 목 중에서 한 목이 '짐승 났소.'하고 외치면, 그 뒤에서 백사자가 한 필 등장한다. 임석재본에서는 아래와 같이 채록되었다. 그리고 <馬夫는 먹중中 하나가 된다>라고 하고 '채록자 주'라고 각주를 달았다. 그러니까 여덟 목 중에서 한 목이 '마부'의 역할role을 담당하게 되는 것이다.

　　　먹중 八人 : (登場하며, 한편 구석에 適當히 느러 선다)

　　　馬夫 : (登場. <馬夫는 먹중中 하나가 된다> [필자;채록자 주] 큰 소리로 외친다) 짐생났오——.

獅子 : (馬夫 뒤에서 어슬렁어슬렁 들어온다)
김유경 연희본에서는 다음과 같다.

마부 : <먹중들이 흥겹게 합동춤을 출 때 사자가 뛰어 나온다.
먹중들이 놀라서 도망하는데 한 먹중이 미쳐 피하지 목하지 잡아먹힌다. 사자는 잡아먹고 춤추면서 뒤꽁
무니로 사람을 빼어서 퇴장시키고 한참 놀다 쉰다.>

이 같은 김유경 연희본 자료를 중시한다면 여덟 목이 등장하여 뭇둥춤을 추다가 사자가 등장하는 방식으로
전개되었을 것으로 추정된다.

16 [보정] 이 사자는 두 사람이 전후에 서서 사자의 전피를 덮어 쓴 것 ; 앞뒤로 두 배우가 사자피 안에 들어가 춤을
추도록 되어 있다는 것이다. 앞의 '개설'에 보면 '獅子----前-李潤華 後-金振玉'라고 하였다.

17 [보정] 흙으로 사자면의 모형을 만들어가지고 백지를 물에 적셔 이에 붙였다가 백지가 마른 후에 흙을 빼버리고
그 지형으로써 사자의 면으로 하고 무명이나 광목으로써 사자의 피처럼 만들어서 그 지형에다 대고 실로 꿰맨
다음 백지를 털처럼 가늘게 오려서 그 위에 붙이고 그 면에는 붉은 칠을 하고 금박 기타 회구로써 눈썹 수염을
그리고 두로부터 미까지 등의 중앙으로 푸른 줄을 그린 일대 백사이다. ; 사자탈 제작법을 설명하고 있다. 흙으
로 모형을 만들고, 백색 한지와 무명이나 광목을 이용하여 사자피를 제작한다. 붉은빛과 금빛으로 얼굴을 그리
고, 등에는 푸른색 줄을 긋는다.

白獅子 ; 사자춤 장면은 우리춤의 외래설을 입증하려는 자료의 대표다. 그러나 흰 사자라는 점을 감안한
다면 굳이 현존하는 사자라고 보아야할 까닭은 없다. 최치원의 '향악잡영(鄕樂雜咏)'의 '산예(狻
猊)'를 염두에 둘 필요가 있다.

[참고] 최치원 '향악잡영' 산예

遠涉流沙萬里來　멀리 유사를 건너 만리를 오니
毛衣破盡着塵埃　털은 다 빠지고 먼지로 뒤덮였네.
搖頭掉尾馴仁德　머리를 흔들고 꼬리를 치며 인덕(仁德)을 가르치네.
雄氣寧同百獸才　웅혼한 기상과 안녕은 백수의 재목이라.

상상의 동물인 '산예'의 형상과 '사자'의 형상 사이에서 혼재 현상이 일어난 것으로 추측된다. 『청장관전서(靑
莊館全書)』의 다음과 같은 기사가 이를 방증하여 준다. '경복궁(景福宮) 어구(御溝)의 곁에 누워 있는 석수(石
獸)가 있다. 얼굴은 새끼 사자 같은데 이마에 뿔이 하나 있으며 온 몸에는 비늘이 있다. 새끼 사자인가 하면 뿔과
비늘이 있고, 기린인가 하면 비늘이 있는 데다 발이 범과 같아서 이름을 알 수 없다. 후에 상고해 보니, 남양현(南陽
縣)의 북쪽에 있는 종자비(宗資碑) - 종자(宗資)의 비. 종자는 후한(後漢)의 남양현(南陽縣) 안중(安重) 사람
으로 벼슬이 여남 태수(汝南太守)에 이르렀다.《後漢書 卷67 范滂傳》 - 곁에 두 마리의 석수(石獸)가 있는데,
그 짐승의 어깨에 하나는 천록(天祿)이라 새겨져 있고, 하나는 벽사(辟邪)라 새겨져 있다. 뿔과 갈기가 있으며
손바닥만 한 큰 비늘이 있으니 바로 이 짐승이 아닌가 싶다. 지화(至和 송 인종의 연호, 1054~1055) 연간에 교지
(交趾)에서 기린을 바쳤다. 모양은 소와 같으나 크며 큰 비늘이 있고 뿔이 하나 있었다. 심존중(沈存中 존중은
송(宋) 나라 심괄(沈括)의 자)은 이를 보고 기린이 아니라 천록(天祿)이라 하였다. 남양(南陽)에 있는 송균(宋
均)의 묘 앞에도 두 마리의 석수(石獸)가 있는데 모양은 영양(羚羊) 같다. 왼쪽의 것에는 천록이라 새겼고 오른
쪽 것에는 벽사(辟邪)라 새겨 있으니 이는 같은 동물로서 두 가지 이름이 있는 것인 듯싶으나 자세히 알 수
없다. 남별궁(南別宮)에도 이러한 짐승이 하나 있는데 바로 경복궁에서 옮겨 놓은 것이다.'

墨僧甲.[18] (맨처음에獅子의出現을보고)
　「즘생낫소.」

墨僧들. 「즘생이라니 이것이무슨즘생이
　냐. 누루[19] 사슴도안이요 범도안이
　로구나.」

墨僧甲. 「어듸 내가한번무러보자. (獅子
　의압흐로가서) 네가무슨즘생이냐.
　우리祖上적붙허보지못한즘생이로
　구나. 그런대 노루냐.」

獅子. (머리를左右로설넝설넝혼들어否
　定한다)

墨僧甲. 「사슴이냐.」

獅子. (머리를左右로설넝설넝)

墨僧甲. 「그러면범이냐.」

獅子. (머리를左右로설넝설넝)

묵승갑. (맨 처음에 사자의 출현을 보고)
　「짐승 낫소.」

[20]

묵승들. 「짐승이라니
　이것이 무슨 짐승이냐.
　노루 사슴도 아니요
　범도 아니로구나.」

묵승갑. 「어디 내가 한번 물어보자.
　　(사자의 앞으로 가서)
　네가 무슨 짐승이냐.
　우리 조상 적부터
　보지 못한 짐승이로구나.
　그런데 노루냐.」

사자. (머리를 좌우로 설렁설렁 흔들어
　부정한다)

묵승갑. 「사슴이냐.」

사자. (머리를 좌우로 설렁설렁)

묵승갑. 「그러면 범이냐.」

사자. (머리를 좌우로 설렁설렁)

18 墨僧甲(묵승갑) ; 이두현본에서는 목승 중 한 명이 마부가 되는 것으로 채록되었다. 이렇게 보면 여기서는 '墨僧甲'이 마부의 역할을 맡는다. 이러한 사실은 보다 심도 있는 연구가 요청된다. 즉 등장인물기호가 그 인물의 성격을 대변해준다는 입장을 염두에 둔다면, 여기서 등장인물 기호를 '마부'로 볼 것인가 '墨僧甲'으로 볼 것인가 하는 문제가 남는다.

19 누루 ; '노루'의 잘못이다.

20 [보정] 이 대목은 '수수께끼식 문답'으로 전개된다.

墨僧甲.「올타알겟다 예로붙허聖賢[21]이
나면 기獜[22]이나고 君子가나면鳳[23]
이난다드니 우리스님이나섯스니
네가分明히기獜이구나.」

獅子. (머리를左右로설넝설넝)

墨僧甲.「이것야난낫구나.」

墨僧들.「이것참야단낫다.」

(墨僧八人이모다 大騷動을이
르킨다)

묵승갑.「옳다 알겠다.

예로부터

성현이 나면 기린이 나고

군자가 나면 봉이 난다드니

우리 스님이 나셨으니

네가 분명히

기린이구나.[24]」

사자. (머리를 좌우로 설렁설렁)

묵승갑.「이것 야단났구나.」

묵승들.「이것 참 야단났다.」[25]

(묵승 팔 인이 모두 대소동을 일
으킨다)[26]

---

21 聖賢(성현) ; 성인(聖人)과 현인(賢人)을 아울러 이르는 말이다.

22 기獜(린) ; 기린(麒麟)을 말한다. 털은 오색이고 이마에 뿔이 하나 돋아 있으며, 사슴의 몸에 소의 꼬리, 말과 같은 발굽과 갈기를 가지고 있는 것으로 알려진 상상의 동물. 용·거북·봉황과 함께 사령(四靈)이라 하며, 상서로운 동물로 인식되었다.

23 鳳(봉) ; 상서롭고 고귀한 뜻을 지닌 상상의 새다. 고대 중국에서 신성시했던 상상의 새로 기린·거북·용과 함께 사령(四靈)의 하나로 여겼다. 수컷을 봉(鳳), 암컷을 황(凰)이라고 하는데 그 생김새는 문헌에 따라 조금씩 다르게 묘사되어 있다. 『설문해자(說文解字)』에는 봉의 앞부분은 기러기, 뒤는 기린, 뱀의 목, 물고기의 꼬리, 황새의 이마, 원앙새의 깃, 용의 무늬, 호랑이의 등, 제비의 턱, 닭의 부리를 가졌으며, 오색(五色)을 갖추고 있다고 하였다. 『악집도(樂汁圖)』에는 닭의 머리와 제비의 부리, 뱀의 목과 용의 몸, 기린의 날개와 물고기의 꼬리를 가진 동물로 봉황의 모양을 묘사하고 있다. 『주서(周書)』에는 봉의 형체가 닭과 비슷하고 뱀의 머리에 물고기의 꼬리를 가졌다고 하였다. 봉황은 동방 군자의 나라에서 나와서 사해(四海)의 밖을 날아 곤륜산(崑崙山)을 지나 지주(砥柱)의 물을 마시고 약수(弱水)에 깃을 씻고 저녁에 풍혈(風穴)에 자는데, 이 새가 세상에 나타나면 천하가 크게 안녕하다고 한다. 그래서 봉황은 성천자(聖天子)의 상징으로 인식되었다. 천자가 거주하는 궁궐 문에 봉황의 무늬를 장식하고 그 궁궐을 봉궐(鳳闕)이라고 했으며, 천자가 타는 수레를 봉연(鳳輦)·봉여(鳳輿)·봉거(鳳車)라고 불렀다. 중국에서 천자가 도읍한 장안(長安)을 봉성(鳳城)이라 하였고 궁중의 연못을 봉지(鳳池)라고 불렀다. 이처럼 봉황이 천자의 상징이 된 까닭은 봉황이 항상 잘 다스려지는 나라에 나타난다고 믿어 천자 스스로가 성군(聖君)임을 표방한 데 연유한다.

24 [보정] 예로부터 성현이 나면 기린이 나고 군자가 나면 봉이 난다드니 우리 스님이 나셨으니 네가 분명히 기린이구나. ; 옛날부터 성현이 태어나고자 하면 먼저 기린이 나타나고 군자가 태어나고자 하면 봉황이 나타난다고 하더니 우리 스님이 나셨으니 네가 분명히 기린이로구나. 한편 기린이 나면 성현이 태어나고 봉황이 나면 군자가 태어난다고도 한다. 여기서 사자를 기린이라고 오답을 한 이유는 노승을 군자라고 본 것 때문이다.

25 [보정] 묵승갑.「이것 야단났구나.」 묵승들.「이것 참 야단났다.」 ; 사자의 정체를 알 수 없어서 야단났다는 말이다.

墨僧甲. 「올치알겟다 齊나라때田單이
　　　　가 소(牛)에다가사람의假裝을식
　　　　혀 數萬의敵軍을물니첫다더니 그
　　　　러면우리가이러케떠드니까 戰場
　　　　으로알고 뛰여드러온소냐.」
獅子. (머리를左右로설넝설넝)

묵승갑. 「옳지 알겠다.
　　　　제나라 때 전단이가
　　　　소(牛)에다가
　　　　사람의 가장을 시켜
　　　　수만의 적군을 물리쳤다더니
　　　　그러면
　　　　우리가 이렇게 떠드니까
　　　　전장으로 알고 뛰어 들어온
　　　　소냐.[27]」
사자. (머리를 좌우로 설렁설렁)

---

26 (묵승 팔 인이 모두 대소동을 일으킨다) ; 아래의 임석재본의 채록을 참고하여 보면 출현한 사자에 대하여 제각기 한 마디 하면서 야답법석을 떠는 대목이다.
　　　　먹중 : 이것도 아니라, 저것도 아니라니, 이거 참 야단 났구나.
　　　　먹중들 : 이거 참 야단났구나. (一同 제각기 떠들며)(야단 법석한다)

27 제나라 때 전단이가 소(牛)에다가 사람의 가장을 시켜 수만의 적군을 물리쳤다더니 그러면 우리가 이렇게 떠드니까 전장으로 알고 뛰어 들어온 소냐. ; 전단(田單)이 연나라를 상대로 싸워 승리했던 역사적 사건을 두고 이른 것이다. 田單(전단)은 제(齊)나라의 명장이자 공족의 후예다. 연나라 장수 악의(樂毅)가 이끄는 5국 연합군의 총공격에 의해 제나라의 70여 개 성읍(城邑)이 한꺼번에 함락되는 전무후무한 국난을 겪을 당시 즉묵(卽墨) 태수를 역임하면서 망국 직전의 제나라를 지키기 위해 고군분투했다. 세자 법장(法章)이 거주(莒州) 땅에 피신해 있는 사실을 알고 그를 영입해 양왕(襄王)으로 즉위시켰다. 그 후 참소와 유언비어에 의해 당대의 명장 악의가 연나라로 소환되고 기겁(騎劫)이 제나라에 주둔하게 되자 그 틈을 타 신묘한 작전으로 연나라 군사를 대패시켰다. 이에 호응하여 제나라 70여 개 성이 일제히 독립함으로써 연나라 세력을 제나라에서 완전히 축출하는 데 특등 공신이 됨. 제나라를 수복하고 수도 임치(臨淄)에 입성한 후에도 양왕을 도와 국정을 훌륭하게 운영하였다. [참고] 사기 전단열전(田單列傳) ; 전단은 성 안에서 소 1천여 마리를 모아 붉은 비단 옷을 만들어, 거기에 오색으로 용무늬를 그려 소에게 입혔다. 또한 칼날을 쇠뿔에 붙들어 맨 다음, 갈대를 쇠꼬리에 매달아 기름을 붓고 갈대 끝에 불을 붙였다. 그리고는 성벽에 수십 개의 구멍을 뚫어 밤을 틈타 구멍으로 소를 내보내고, 장사 5천명이 소 뒤를 따르게 했다. 소는 꼬리가 뜨거워지자 성이 나서 연나라 군중으로 뛰어 들어갔고, 연나라 군사는 한밤중에 크게 놀랐다. 쇠꼬리에 붙은 횃불은 눈이 부실 정도로 빛이 났는데, 연나라 군사가 자세히 보니 모두 용의 모습을 하고 있었고, 그것에 부딪치기만 하면 모두들 죽거나 부상을 당했다. 게다가 장사 5천명이 함매(銜枚) - 군사가 행진할 때에 떠들지 못하도록 군졸들의 입에 나무 막대기를 물리던 일. - 를 하고 돌격했고, 성 안에서는 북을 울리며 함성을 올렸으며, 노약자들도 모두 구리 그릇을 두들기며 성원을 했는데, 그 소리가 천지를 뒤엎는 것 같았다. 연나라 군사들은 크게 놀라 패해서 달아났다. 제나라 사람들은 마침내 연나라 장군 기겁(騎劫)을 죽여 버렸다. 연나라 군사는 허둥지둥 정신없이 계속 달아났다. 제나라 사람들은 도망가는 적을 추격했는데, 그들이 지나며 들른 성과 고을은 모두 연나라를 배반하고 전단에게로 귀순했다. 제나라는 날마다 병사가 불어나며 승기를 탔지만, 연나라는 하루하루 패해 도망만 가다가 결국 하상(河上)에 닿았다. 이리하여 제나라의 70여 성은 모두 제나라 것이 되었다.

墨僧甲. 「이것 참 야단낫구나 하하그러
　　면 이제야알겠다. 唐나라때 烏鷄
　　國²⁸이가물어서 온百姓이떠들때에
　　國王의招聘²⁹으로 너의神通한造
　　化다부려서 단비를나려주고 烏鷄
　　國王³⁰의恩寵입어 宮中에 閑居³¹
　　하야 가진榮華다보다가 宮中後苑
　　琉璃井³²에 國王을生埋³³하고 三
　　年동안이나國王으로變裝하야 富
　　貴榮華누리다가 西天西域國³⁴으
　　로佛經을求하려가든 唐三藏³⁵이
　　寶林寺³⁶에留宿할제 生埋된烏鷄
　　國王의現夢으로 三藏法師³⁷의首
　　弟子³⁸로兜率天³⁹에行悖⁴⁰하든 文
　　殊普薩孫行者⁴¹에게 本色이綻露
　　되야 九死一生다라나서 文殊普薩
　　의救護받어 僅僅히生命을保存케
　　되야 文殊普薩⁴²이타고단이든獅
　　子냐.」

獅子. (머리를끄덕끄덕하야肯定한다)

묵승갑. 「이것 참 야단났구나
　　하하 그러면 이제야 알겠다.
　　당나라 때 오계국이 가물어서
　　온 백성이 떠들 때에 국왕의 초빙
　　으로
　　너의 신통한 조화 다 부려서
　　단비를 내려주고
　　오계국왕의 은총 입어 궁중에 한
　　거하여
　　갖은 영화 다 보다가
　　궁중 후원 유리정에 국왕을 생매
　　하고
　　삼년 동안이나 국왕으로 변장하여
　　부귀영화 누리다가
　　서천서역국으로 불경을 구하러 가던
　　당삼장이 보림사에 유숙할 제
　　생매된 오계국왕의 현몽으로
　　삼장법사의 수제자로
　　두솔천에 행패하던 문수보살 손행
　　자에게
　　본색이 탄로되어 구사일생 달아나서
　　문수보살의 구호 받아 근근이 생
　　명을 보존케 되어
　　문수보살이 타고 다니던
　　사자냐.⁴³」

사자. (머리를 끄덕끄덕하여 긍정한다)

---

28 烏鷄國(오계국) ; 서유기에 나오는 나라 이름이다.

29 [보정] 招聘(초빙) ; 여기서는 오계국왕이 도움을 청한 사실을 두고 한 말이다. 반어적 표현이 담겨 있다.

30 烏鷄國王(오계국왕) ; '서유기' 등장인물이다. 도사로 변장한 요괴에게 당해 어화원(御花園)의 우물에 빠져 죽는다. 용왕의 도움으로 시신 상태로 보존되어 있다가, 마침 길을 가다 보림사(寶林寺)에 묵은 삼장법사를 찾아와 도움을 청한다. 삼장법사는 손오공으로 하여금 요괴를 물리치고 국왕을 되살리게 한다. 손오공은 태상노군으로부터 구전환혼단(九轉還魂丹)을 얻어와 국왕을 되살려낸다.

31 [보정] 閑居(한거) ; 여기서는 하는 일없이 지냄을 뜻한다. 본래 한가하게 집에 있음을 말한다.

32 琉璃井(유리정) ; 서유기에 나오는 우물 이름으로, 오계국왕이 갇혔던 곳이다.

33 生埋(생매) ; 목숨이 붙어 있는 생물을 산 채로 땅속에 묻음을 뜻한다.

34 西天西域國(서천서역국) ; 인도를 지칭한 것이다. '서천'은 부처가 태어나신 나라 즉 인도의 별칭이다. '서역'은 옛날 중국인이 중국의 서쪽에 있는 여러 나라를 부른 범칭으로, 곧 중국의 서쪽에 있는 총령(葱嶺)의 동서편에 있는 여러 나라를 통틀어 일컫는다. 또는 중국에서 부처님의 나라가 중국의 서쪽에 있으므로 서역(西域)이라고도 한다.

35 唐三藏(당삼장) ; 서유기에 나오는 삼장법사를 두고 이른 것이다. '당(唐)'은 중국을 통칭할 때에 쓰인다.

36 寶林寺(보림사) ; 서유기에 나오는 절로 삼장법사가 묵은 곳이다.

37 三藏法師(삼장법사) ; 불교 성전인 경장(經藏), 율장(律藏), 논장(論藏)에 모두 정통한 사람을 이르는 말이다. 삼장 비구(比丘) 또는 삼장 성사(聖師)라고도 부르며 줄여서 삼장이라고도 한다. 한 가지 장에 정통하기도 어려운 일이었으므로 삼장에 모두 정통한 법사란 극진한 존경의 뜻이 포함된 호칭이었다. 중국에서는 인도와 서역에서 불경을 들여와 한자로 번역하는 일에 종사하던 사람들을 역경삼장이나 삼장법사라고 불렀다. 가장 알려진 사람은 중국 최대의 번역승려인 현장이며 쿠마라지바와 진체(眞諦)도 삼장법사로 불렸다. 특히 현장이 천축(天竺)에서 불경을 들여온 일을 소설화한 '대당삼장취경시화(大唐三藏取經詩話)'와, 명나라 때의 장편백화소설인 '서유기(西遊記)'가 세상에 소개된 뒤부터는 손오공, 저팔계, 사오정 등을 제자로 삼아 천축으로 모험과 고난의 여행을 하는 구법승려인 현장을 일컫는 경우가 많다. 현장(玄奘)은 중국 당나라의 고승(高僧)으로 인도로 떠나 나란다 사원에 들어가 계현(戒賢:시라바드라) 밑에서 불교 연구에 힘썼다. 이후 중국으로 돌아와 인도 여행기인 '대당서역기(大唐西域記)'를 저술하였다.

38 首弟子(수제자) ; 여러 제자 가운데 배움이 가장 뛰어난 제자를 말한다.

39 兜率天(두솔천) ; 불교의 우주관에서 분류되는 천(天)의 하나다. 미륵보살(彌勒菩薩)이 머물고 있는 천상(天上)의 정토(淨土)이다. 범어 듀스타(Tusita)의 음역으로서, 의역하여 지족천(知足天)이라고 한다. 즉, 이곳에 사는 무리들은 오욕(五欲)을 만족하고 있음을 뜻한다. 불교에서는 세계의 중심에 수미산(須彌山)이 있고, 그 산의 꼭대기에서 12만 유순(由旬) 위에 있는 욕계(欲界) 6천 중 제4천인 도솔천이 있다고 한다. 도솔천은 미륵보살의 정토(淨土)로서, 정토신앙과 밀접한 관계가 있다.

40 [보정] 行悖(행패) ; 여기서는 손오공이 잔재주를 피움을 두고 이른 것이다.

41 文殊普薩孫行者(문수보살손행자) ; '齊天大聖孫行者'가 옳다. 손오공을 말한다. '행자'는 불도를 닦는 사람, 혹은 여러 곳의 성지(聖地)를 돌아다니며 참배하는 사람, 혹은 중이 되기 위하여 출가한 사람으로서 아직 계를 받지 못한 사람을 말한다. '제천대성齊天大聖'은 명나라 때의 소설 '서유기(西遊記)'의 주인공인 손오공이 스스로 붙인 봉호이다. 72가지의 변화술과 근두운, 여의봉을 가진 그는 처음 하늘나라에 불려가 마구간을 관리하는 필마온(弼馬溫)이라는 말단 벼슬을 받는데, 나중에 속았다는 것을 알고 다시 화과산의 원숭이 무리로 돌아가 하늘나라에 대항하면서 '제천대성'이라고 자처했다. 이것은 하늘나라 옥황상제와 동등한 위대한 신선이라는 뜻이다. 이후 그의 위세를 누르지 못한 옥황상제는 그 봉호를 승인해준다.

42 文殊普薩(문수보살) ; 문수는 문수사리(文殊師利) 또는 문수시리(文殊尸利)의 준말로, 범어 원어는 만주슈리(Manjushri)이다. '만주'는 달다[甘], 묘하다, 훌륭하다는 뜻이고, '슈리'는 복덕(福德)이 많다, 길상(吉祥)하다는 뜻으로, 합하여 훌륭한 복덕을 지녔다는 뜻이 된다. 문수보살은 부처님이 돌아가신 뒤 인도에서 태어나 반야(般

若)의 도리를 선양한 이로서, 항상 반야지혜의 상징으로 표현되어 왔다. 그는 '반야경'을 결집, 편찬한 이로 알려져 있고, 또 모든 부처님의 스승이요 부모라고 표현되어 왔다. 이는 '반야경'이 지혜를 중심으로 취급한 경전이고, 지혜가 부처를 이루는 근본이 되는 데서 유래된 표현이다.

43 [보정] 당나라 때 오계국이 물어서 온 백성이 떠들 때에 ~ 문수보살이 타고 다니던 사자냐. ; 오승은의 '서유기'에 나오는 한 장면을 원용한 것이다.

    [참고] '서유기'

    [전략] 일행이 다다른 월상동산(月上東山)에는 칙건보림사(敕建寶林寺)가 있었다. 삼장 일행은 나이 벌써 저물었으므로 이 절에서 하룻밤 묵어가기로 했다. 밤이 되자 오공과 팔계, 오정은 모두 잠에 빠졌다. 삼장만이 혼자 탁자 앞에 앉아 조용히 경문을 외다가 밤이 깊어 삼경이 될 무렵에야 자신도 모르게 잠에 들었다.

    삼장은 잠결에 임금의 복장을 갖추어 입은 사람이 다가오는 것을 보았다. 그 사람이 말했다.

    "나는 오계국(烏鷄國)의 임금이오. 5년 전에 나라에 큰 가뭄이 들어 초목이 다 마르고 많은 백성이 굶어 죽는 일이 있었소. 그런데 어느 날 바람과 비를 부르는 도인 한 사람이 날 찾아왔소. 나는 그를 보고 기우제를 지내 달라고 청하였고 그 도사가 제단으로 올라가 기우제를 지내자 과연 큰 비가 내리더니 우리나라에 가뭄이 사라졌소. 나는 그의 은혜에 감사하기 위해 그와 의형제를 맺었소."

    "형제가 되었군요."

    "도인과 인연을 맺었으니 난 진심으로 기뻤소. 그를 정말 친형제 이상으로 아꼈지요."

    "당연한 일이지요."

    임금은 계속 말을 이었다.

    "그렇게 이 년이 흘렀소. 그러다 삼 년 전 어느 봄날 나는 그 도인과 함께 꽃동산으로 봄나들이를 하러 나갔을 때의 일이오. 그 도인은 내가 방심하고 있는 틈을 노려 나를 유리정(琉璃井)으로 밀어 떨어뜨린 위 넓적한 돌판으로 우물 입구를 덮고 그 위에는 파초 나무 가지 심어 놓았소. 그리고는 내 모습으로 둔갑을 하더니 내 나라를 빼앗고 임금의 자리에 앉았소. 궁궐의 신하들은 그 도인이 나인 줄로 잘못 알고 있소이다."

    "아, 그럴 수가? 임금의 자리를 탐내어 접근한 흉악한 놈이었구려."

    "그렇소. 원통하기 그지없소."

    "쯧쯧…. 정말 안 되었소이다."

    삼장은 진심으로 위로하였다.

    "그래서 하는 말이오……."

    오계국의 임금은 삼장에게 그 요괴를 쫓아 줄 것을 부탁하고 백옥규(白玉圭)를 주며 말했다. [중략] 오공이 여의봉을 들고 요괴의 머리를 내려치려는 순간 문수보살이 나타나 오공을 말렸다. 문수보살은 오공을 도와 요괴를 잡으려고 온 것이었다. 보살이 조요경을 꺼내 비추자 요괴는 순식간에 본래의 모습으로 돌아갔다.

    "모두들 수고하였다."

    요괴는 다름 아닌 문수보살이 타고 다니던 푸른 털의 사자로 여래의 분부를 받고 오계국에 내려와 삼장과 제자들을 시험했던 것이다.

    "그대들이 듣던 것보다 더 훌륭히 임무를 수행하고 있어서 흡족하구나."

    삼장법사가 무릎을 꿇고 두 손을 모아 합장을 하자 오공을 비롯한 제자들도 일제히 삼장을 따라했다. 보살은 목하 푸른 털 사자를 타고 하늘로 떠났다. 이튿날 삼장과 제자들은 오계국의 임금과 심하들과 작별 인사를 하고 다시 서천을 향해 발길을 재촉하였다. [후략]

墨僧甲. 「그러면 네가무슨일로謫下人
　　間⁴⁴하얏는냐. 우리스님修道하야
　　온世上이指稱키를 生佛이라이르
　　나니 釋迦如來⁴⁵부처님의命令듯
　　고 우리스님모시랴고여긔왓나.」
獅子. (머리를左右로설넝설넝)
墨僧甲. 「그러면 네가烏鷄國에잇슬때
　　에 悉耳目之所好하며 窮心志之
　　所樂하야 人間의가진行樂 마음대
　　로다하다가 孫行者에게쫏기여서
　　天上으로올라간後 文殊普薩嚴侍
　　下에 僅僅히지내다가 우리가이러
　　케 질탕이노는마당 嘹喨⁴⁶한風樂
　　소리 天上에서반겨듯고 우리와같
　　이 한바탕놀아보랴고 나려왓나.」
獅子. (머리를左右로설넝설넝)

묵승갑. 「그러면 네가 무슨 일로
　　적하인간 하였느냐.
　　우리 스님 수도하여
　　온 세상이 지칭키를 생불이라 이
　　르나니
　　석가여래 부처님의 명령 듣고
　　우리 스님 모시려고
　　여기 왔나.」
사자. (머리를 좌우로 설렁설렁)
묵승갑. 「그러면
　　네가 오계국에 있을 때에
　　실이목지소호(悉耳目之所好)⁴⁷
　　하며
　　궁심지지소락(窮心志之所樂)하여
　　인간의 갖은 행락 마음대로 다 하
　　다가⁴⁸
　　손행자에게 쫓기어서 천상으로 올
　　라간 후
　　문수보살 엄시하에 근근이 지내
　　다가⁴⁹
　　우리가 이렇게 질탕히 노는 마당
　　유량한 풍악 소리 천상에서 반겨
　　듣고
　　우리와 같이 한바탕
　　놀아보려고 내려왔나.」
사자. (머리를 좌우로 설렁설렁)

44 謫下人間(적하인간) ; 인간세계로 귀양 보내 짐을 말한다.

45 釋迦如來(석가여래) ; 가비라국(迦毗羅國) 정반왕(淨飯王)의 맏아들로 석가모니(釋迦牟尼)를 이른다. 부처가 되시기 전에는 이름이 선혜(善慧), 도솔천(兜率天)에 계실 때에는 이름이 성선(聖善) 또는 호명대사(護明大士)였다. 여래는 산스크리트 '타타가타(tathāgata)'를 음역한 것으로 'tatha'는 '이와 같이', 'āgata'는 '왔다'의 뜻이다. 대승 불교에서 주로 진리를 체득하여 중생 제도를 위해 이 세상에 왔다는 의미로 사용되었다. 아울러 여래는 부처의 위대함을 나타내는 열 가지 칭호인 불십호(佛十號)의 첫째 명칭이다.

46 嚠喨(유량) ; 음악 소리가 맑으며 또렷함을 이른다.

47 [보정] '悉耳目之所好'를 '尋耳目之所好'의 오류로 본 일부 자료는 잘못된 것이다.

48 [보정] 네가 오계국에 있을 때에 실이목지소호(悉耳目之所好)하며 궁심지지소락(窮心志之所樂)하여 인간의 갖은 행락 마음대로 다 하다가 ; 푸른 사자인 네가 오계국에서 오계국왕으로 변장하여 귀와 눈에 좋은 바를 다하며, 마음과 뜻에 즐거운 바를 다하며, 인간의 갖은 즐거움 마음대로 다 하다가. 2세 황제가 조고(趙高)에게 한 말이다. 『사기』 이사열전(李斯列傳)에서 원용한 구절이다. 조고는 '지록위마(指鹿爲馬)' 고사의 주인공이다. [참고] 『사기』 이사열전(李斯列傳) ; 2세 황제가 한가할 적마다 조고(趙高)를 불러 함께 의논하였는데 '대저 사람이 태어나 세상에 살아 있는 시간은 비유하자면 여섯 마리의 준마가 끄는 수레가 뚫어진 틈을 지나가는 것과 같소. 나는 이미 천하에 군림하게 되었고, 귀와 눈에 좋은 바를 다하며, 마음과 뜻에 즐거운 바를 다하며, 이로써 종묘(宗廟)를 안정시키고 만백성을 기쁘게 하여, 천하를 오래도록 소유한 채, 나의 천수를 마치고 싶은데, 어떤 방법이 있겠소.'라고 물었다. 조고는 대답하기를 '이것은 현명한 군주만이 누릴 수 있는 바이고, 어리석은 군주는 그럴 수 없는 바입니다. 제가 감히 도끼로 처형당함을 피하지 않고 말씀을 드립니다만, 폐하께서 조금이라도 이것을 유념해주십시오. 대저 사구(沙丘)에서의 음모를 여러 공자들과 대신들이 모두 의심하고 있는데, 여러 공자들은 모두 폐하의 형들이며, 대신들도 선제께서 등용하셨던 인물입니다. 이제 폐하께서 즉위하시자 그 무리들은 이 일을 못마땅하게 여겨서 모두 복종하지 않았으니, 변란을 일으킬까 두렵습니다. 그리고 몽염이 이미 죽었다고 하나, 몽의(蒙毅)는 군대를 이끌며 변방에 머물고 있습니다. 저는 전전긍긍하며 오로지 두려움을 떨쳐버리지 못하고 있습니다. 그러니 폐하께서 어찌 그러한 즐거움을 누리실 수 있겠습니까.'라고 하였다. 2세 황제가 '이 일을 어찌하면 좋겠소.'라고 묻자, 조고는 '법을 엄하게 하고 형벌을 가혹하게 하여, 명령을 위배한 자에게는 연좌(連坐)하여 처단하고 일가족을 구속하도록 하십시오. 대신들을 멸하고 골육의 형제들을 멀리하십시오. 가난한 자를 부유하게 하고 천한 자를 존중하게 하십시오. 선제의 옛 신하들을 모두 제거하시고, 폐하께 신망을 주는 자로 대체하시어 가까이하십시오. 이렇게 하시면 잠재된 덕이 폐하께 모이고, 해로운 것이 제거되면 간사한 계략이 방지될 것이며, 여러 신하들 가운데 폐하의 두터운 은덕을 입지 않은 자가 없게 되어, 폐하께서는 베개를 높이 하고 마음껏 즐기실 수 있습니다. 이보다 나은 계책은 없을 것입니다.' 2세 황제는 조고의 말을 옳다고 여기고 이에 법률을 바꾸었다. 그리하여 여러 신하들과 공자들 중에 죄를 지으면 조고에게 맡겨서 죄를 조사하고 처형하도록 하였다. 이렇게 하여 대신 몽의 등이 죽었고, 공자 12명이 함양의 시장 바닥에서 죽었으며, 공주 10명도 두현(杜縣)에서 사지(四肢)가 찢겨 죽었다. 재산은 모두 관청에 몰수되었고, 연루된 자도 이루 다 헤아릴 수 없었다. 공자 고(高)는 도망하려다가 가족이 구속되는 것이 두려워서, 이에 상서(上書)를 올렸다. 二世燕居, 乃召高與謀事, 謂曰 :「夫人生居世間也, 譬猶騁六驥過決隙也. 吾旣已臨天下矣, <u>欲悉耳目之所好, 窮心志之所樂</u>, 以安宗廟而樂萬姓, 長有天下, 終吾年壽, 其道可乎」高曰 :「此賢主之所能行也, 而昏亂主之所禁也. 臣請言之, 不敢避斧鉞之誅, 願陛下少留意焉. 夫沙丘之謀, 諸公子及大臣皆疑焉, 而諸公子盡帝兄, 大臣又先帝之所置也. 今陛下初立, 此其屬意怏怏皆不服, 恐爲変. 且蒙恬已死, 蒙毅將兵居外, 臣戰戰栗栗, 唯恐不終. 且陛下安得爲此樂乎」二世曰 :「爲之柰何」趙高曰 :「嚴法而刻刑, 令有罪者相坐誅, 至收族, 滅大臣而遠骨肉 ; 貧者富之, 賤者貴之. 盡除去先帝之故臣, 更置陛下之所親信者近之. 此則陰德歸陛下, 害除而姦謀塞, 群臣莫不被潤澤, 蒙厚德, 陛下則高枕肆志寵樂矣. 計莫出於此.」二世然高之言, 乃更爲法律. 於是群臣諸公子有罪, 輒下高, 令鞠治之. 殺大臣蒙毅等, 公子十二人僇死鹹陽市, 十公主矺死於杜, 財物入於縣官, 相連坐者不可勝數. [참고] 『사기』 진시황본기(秦始皇本紀) ; 8월 기해일에 조고는

墨僧甲. 「그러면 네가假王⁵⁰노릇三年
　　　동안 山珍海味⁵¹다먹다가 人間飮
　　　食趣味붓처 다시한번맛보라고 왓
　　　느냐.」

獅子. (머리를左右로설넝설넝)

墨僧甲. (화가나서)「그러면 네어미아비
　　　를 잡아먹으려왓느냐.」(하며 막대
　　　기로獅子의머리를때린다. 獅子는
　　　大怒하야 場內로뛰여다니며 墨僧
　　　甲을잡아먹으라고한다. 墨僧甲은
　　　쫏겨다니다가 마츰내獅子에게잡
　　　아먹히고만다.)

　　　(獅子의腹中으로들어갓든 墨
　　　僧甲은한참잇다가 獅子의꼬
　　　리밋흐로살작나와서 사子의
　　　腹中에서본것을才談⁵²하는일
　　　도잇고 이를略하는때도잇는
　　　데 이번은後者의例에依한것
　　　이다.)

묵승갑.「그러면 네가
　　　가왕 노릇 삼 년 동안
　　　산진해미 다 먹다가 인간 음식
　　　취미 부쳐
　　　다시 한 번
　　　맛보려고 왔느냐.」

사자. (머리를 좌우로 설렁설렁)⁵³

묵승갑. (화가 나서)
　　　「그러면 네 어미아비를
　　　잡아먹으려 왔느냐.」⁵⁴
　　　(하며 막대기로 사자의 머리를
　　　때린다.
　　　사자는 대로하여 장내로 뛰어
　　　다니며 묵승갑을 잡아먹으려고
　　　한다.
　　　묵승갑은 쫓겨 다니다가 마침내
　　　사자에게 잡아먹히고 만다.)⁵⁵
　　　사자의 복중으로 들어갔던 묵
　　　승갑은 한참 있다가 사자의 꼬
　　　리 밑으로 살짝 나와서 사자의

반란을 일으키고자 했으나 군신들이 듣지 않을까 염려되자, 먼저 시험해보기 위해서 이세에게 사슴을 바치며
말하기를 '말[馬]입니다.'라고 하였다. 이세는 빙그레 웃으며 '승상이 틀렸을 게요. 사슴을 말이라고 하는구려.'
라고 말하고는 주변의 군신들에게 물으니, 어떤 사람은 묵묵히 있으면서 대꾸를 하지 않았고, 어떤 사람은 말
이라고 대답하여 조고에게 아부했으며, 또 어떤 사람은 사슴이라고 말하였다. 조고는 은밀하게 사슴이라고 말
한 사람을 법을 빙자하여 모함하였다. 이와 같은 일이 있은 다음, 군신들은 모두 조고를 두려워하였다.

49 [보정] 손행자에게 쫓기어서 천상으로 올라간 후 문수보살 엄시하에 근근이 지내다가 ; 손오공에게 쫓기어서 하
　　늘로 올라 간 후에 문수보살의 엄한 가르침을 받으며 근근이 지내다가. 이 문맥은 '서유기'의 사건과 순서가 다
　　르다. '서유기'로 보면 사건은 본래 '문수보살의 엄한 가르침을 받으며 지냄', 그러다가 '문수보살의 분부로 삼장
　　과 오공을 시험하는 중에 '손오공에게 쫓김', '문수보살을 태우고 하늘로 올라감'의 순서다. 하릴없이 지냈음을
　　강조하기 위하여 사건의 전개 순서를 바꾸어 놓은 듯하다.

복중에서 본 것을 재담하는 일
도 있고 이를 약하는 때도 있는
데 이번은 후자의 예에 의한 것
이다[56].)[57]

---

50 假王(가왕) ; 가짜 임금을 뜻한다.

51 山珍海味(산진해미) ; 산과 바다에서 나는 온갖 진귀한 물건으로 차린 맛이 좋은 음식을 말한다. 보통은 '산해
진미(山海珍味)'라고 한다.

52 才談(재담) ; 익살과 재치를 부리며 재미있게 이야기 하거나, 또는 그런 말을 이른다.

53 임석재본에서는 긍정한다.

54 [보정] 묵승갑. (화가 나서) 「그러면 네 어미아비를 잡아먹으려 왔느냐.」 ; 정체를 알 수 없어 끝내는 욕설을 퍼붓
는 대목이다.

55 [보정] (하며 막대기로 사자의 머리를 때린다. 사자는 대로하여 장내로 뛰어다니며 묵승갑을 잡아먹으려고 한다.
묵승갑은 쫓겨 다니다가 마침내 사자에게 잡아먹히고 만다.) ; 김유경본에서는 묵승을 먼저 잡아먹고 이 대목이
시작된다.

56 [보정] 이번은 후자의 예에 의한 것이다. ; 여기서는 생략하였다는 기사다. 어떠한 연유인지는 미상하다.

57 [보정] 사자의 복중으로 들어갔던 묵승갑은 한참 있다가 사자의 꼬리 밑으로 살짝 나와서 사자의 복중에서 본
것을 재담하는 일도 있고 이를 약하는 때도 있는데 ; 이 기사는 연출법을 제시한 것이다. 임석재본에는 다음과
같이 채록되었다.

    먹중 : 화를 내어) 그러면 네 에미에비 먹으려 왔느냐. (하고 막대기로 獅子의 머리통을 때린다)

    獅子 : (크게 怒하여 場內를 이리 뛰고 저리 뛰며 먹중을 잡아 먹으려 한다)

    먹중 一同 : (獅子에게 쫓기어 이리 逃亡치고 저리 逃亡치고 한다)

    먹중 하나 : (獅子에게 잡혀 먹힌다) (한참만에 獅子의 꼬리쪽으로 살짝 빠져 나온다. 그리하여 사자의
        뱃속에서 본 것을 여러가지로 재미있게 才談을 한다. 또는 略하는 수도 있다. 여기에는 略한다.)

이 기사는 '복중(腹中) 모티프' 혹은 '동굴 모티프'와 관련하여 연구할 필요가 있다고 본다. '동굴'과 '복중'은
재생의 상징이다.

    [참고] 「호랑이 뱃속으로 들어갔다 나온 사람」 ; 옛날에 호랑이 담배 필적에 보따리장수 하나가 보따리를
        짊어지고 큰 태산준령을 넘어가고 있었다. 그런데 갑자기 여산대호가 나타나 보따리장수를 꿀꺽 삼켜
        버렸다. 여산대호에게 삼켜져 뱃속으로 들어가게 된 보따리장수는 일단 보따리를 풀어놓고 앉았다. 보
        따리장수는 캄캄하여 아무 것도 보이지 않는 것이 답답하였다. 잠시 후 또 한 사람이 뱃속으로 쑥 들어
        왔다. 그 사람은 사기장수였다. 사기장수는 사기를 짊어지고 가다가 여산대호에게 먹혀 뱃속으로 들어
        온 것이었다. 사기장수도 사기 짐을 벗어 놓고 앉았다. 두 사람은 캄캄한 호랑이 뱃속에 앉아서 손으로
        주위를 더듬다가 호랑이의 기름막을 발견하였다. 그래서 호랑이의 기름막을 떼어다가 연료로 삼고 종
        이로 심지를 만든 다음 사기장수의 사기그릇에 놓고 불을 붙였다. 두 사람이 불을 밝혀 놓고 보니 호랑
        이 뱃속에 모여 있는 장사꾼이 넷이었다. 네 사람은 심심하니 투전이나 하자고 하였다. 그래서 네 사람
        은 모여 앉아 투전을 하기 시작하였다. 호랑이는 뱃속에 있는 장사꾼들이 불을 밝히고 투전까지 하자
        뱃속이 뜨겁고 아파 설사를 하기 시작하였다. 호랑이가 똥을 누려고 하니 똥구멍을 통해서 밖의 환한
        빛이 들어왔다. 네 사람은 똥구멍을 통해 밖을 내다보다가 호랑이의 꼬리를 발견하고 얼른 잡아채어
        힘껏 잡아당겼다. 그 바람에 호랑이는 가죽이 벗겨져 죽고 말았다. 호랑이 뱃속에서 나온 네 사람은
        호랑이의 가죽과 고기를 팔아 나눠 가지고 잘 살았다. -『양주군지』

墨僧乙. (獅子를가르치며 크게恐怖하
야다른먹중들을보고)「저놈이 우
리중(僧)을잡아먹을적에는 우리가
아마도 스님을꾀엿다고 우리들을
다잡아먹으랴는모양이다.」
墨僧들.「아마도그럴모양이야.」
(여러먹중들이 모다恐怖하야
大騷動을한다.)
墨僧丙.「그러니 다시한번무러보아서
그러타고하면우리들이마음과행실
을 곳처야할것이안이냐.」
墨僧들.「그래그래네말이올타.」
墨僧丙.「그러면 내가한번仔細히무러보
고올나.」(獅子의압흐로가서)
「여바라[58]獅子야 내말들어바라
우리스님修道하야 온世上이生佛
이라이르드니 우리가淫蕩한길노
꾀여내여 破戒가되엿다고 釋迦如
來부처님이 우리들을懲戒키로 이
世上에너를보내시드냐.」

묵승을. (사자를 가리키며 크게 공포하
여 다른 먹중들을 보고)
「저놈이 우리 중[僧]을 잡아먹을
적에는 우리가 아마도 스님을 꾀
었다고 우리들을 다 잡아 먹으려
는 모양이다.」
묵승들.「아마도 그럴 모양이야.」
(여러 먹중들이 모두 공포하여
대소동을 한다.)
묵승병.「그러니 다시 한번 물어보아서
그렇다고 하면 우리들이 마음과
행실을 고쳐야 할 것이 아니냐.」
묵승들.「그래 그래 네 말이 옳다.」
묵승병.「그러면 내가 한번 자세히 물어
보고 올나.」
(사자의 앞으로 가서)
「여봐라 사자야 내 말 들어봐라
우리 스님 수도하여
온 세상이 생불이라 이르더니
우리가 음탕한 길로 꾀어내어
파계가 되셨다고
석가여래부처님이 우리들을 징계
키로
이 세상에 너를 보내시더냐.」

---

58 여바라 ; '여봐라'다. '여기 보아라'의 뜻으로 손아랫사람을 부르거나 주의를 불러일으키는 소리다.

獅子. (머리를끄덕끄덕한다)

墨僧丙.「그러면 너는우리들을한사람도 남기지안코다잡아먹으랴는냐.」

獅子. (머리를끄덕끄덕한다)

(여러먹중들이한데모여서벌벌 떨며떠든다)

墨僧丁.「우리들이야 무슨罪가잇느냐 實狀은醉發이가우리스님을시기하 야 그러케만든것이안이냐. 그러면 우리들은已往잘못한것을씨서바리 고 곳悔改하잣구나.」

墨僧들.「그러타 네말이올타 어서悔改 하자」

(여러묵승들이 서로悔改하기 로盟誓한다)

墨僧丙. (獅子의압흐로다시가서)「獅子 야 너의온뜻을잘알앗다 우리는悔 改하야 이제붙허는부처님을 잘섬 길터이니 우리들의已往잘못한것 을容恕하여다오 그러고마즈막으 로 너도우리와함께춤이나한번추고 헤여지잣구나.」

獅子. (머리를끄덕끄덕한다)

(이로붙어 獅子는여러먹중들 과함께 打鈴曲의長短에마추 어 快活한춤을한참춘다음 各 各同時에 退場한다.)

사자. (머리를 끄덕끄덕 한다)

묵승병.「그러면 너는 우리들을 한 사람도 남기지 않고 다 잡아먹으려느냐.」

사자. (머리를 끄덕끄덕 한다)

(여러 먹중들이 한데 모여서 벌 벌 떨며 떠든다)

묵승정.「우리들이야 무슨 죄가 있느냐 실상은 취발이가 우리 스님을 시기 하여 그렇게 만든 것이 아니냐. 그 러면 우리들은 이왕 잘못한 것을 씻 어 버리고 곧 회개하자꾸나.」

묵승들.「그렇다 네 말이 옳다 어서 회 개하자」

(여러 묵승들이 서로 회개하기 로 맹서한다)

묵승병. (사자의 앞으로 다시 가서)「사자 야 너의 온 뜻을 잘 알았다 우리는 회개하야 이제부터는 부처님을 잘 섬길 터이니 우리들의 이왕 잘못한 것을 용서하여다오 그리고 마지막 으로 너도 우리와 함께 춤이나 한번 추고 헤어지자꾸나.」[59]

사자. (머리를 끄덕끄덕한다)

(이로부터 사자는 여러 먹중들 과 함께 타령곡의 장단에 맞추 어 쾌활한 춤을 한참 춘 다음 각 각 동시에 퇴장한다.)[60]

59 [보정] 묵승병. (사자의 앞으로 다시 가서) 「사자야 너의 온 뜻을 잘 알았다 우리는 회개하야 이제부터는 부처님을 잘 섬길 터이니 우리들의 이왕 잘못한 것을 용서하여다오 그리고 마지막으로 너도 우리와 함께 춤이나 한번 추고 헤어지자꾸나.」; 이 자료에는 사자의 춤이 실현되지 않고 있다. 이두현본을 보면 다음과 같이 채록되었다.

　　　　마부 : 그러면 헤어지는 이 마당에서 저런 좋은 음률에 맞춰 춤이나 한자리 추고가는 것이 어떻냐?
　　　　사자 : (긍정)
　　　　마부 : 좋아 그러면 무슨 춤으로 출랴는지 네 형편을 알아보겠다 긴영산으로 출랴느냐? 아니야 그럼 도도리를 출랴느냐? 그것도 아니야 옳다 이제야 알갓다 타령으로 출랴느냐? ―낙양동천이화정― (사자와 같이 한참 타령곡으로 추다가) 쉬이 (장단 그치고 사자 그자리에 앉는다) 아깐 타령으로 쳤지만 이번엔 굿거리로 한번 추는것이 어떠냐?
　　　　사자 : (좋다고 한다)
　　　　마부 : 아 좋아 ―덩덩 덩덕꿍― (굿거리 곡으로 한참 추다가 사자를 데리고 퇴장한다)

　　이두현본에 따르면 사자는 도도리와 굿거리 장단에 맞추어 두 차례 춤을 춘다. 김유경 연회본도 유사하다.

　　　　마부 : 옳지!
　　　　　　　그러면 우리 헤어지는 이 마당에 이런 좋은 풍악에 맞추어 한거리 놀고 가는 것이 어떠하냐?
　　　　사자 : <긍정>
　　　　마부 : 옳지! 옳지!
　　　　　　　긴 영상으로 출려느냐?
　　　　사자 : <부정>
　　　　마부 : 아니야?
　　　　　　　옳지 알겠다. 네가 타령으로 출려고 하는구나.
　　　　사자 : <긍정>
　　　　마부 : 옳지! 옳지!
　　　　　　　낙양 동천 이화정 (洛陽 洞天 梨花亭)
　　　　　　　<사자는 타령곡에 맞추어 춤추고 마부도 채칙을 흔들며 돈다.
　　　　　　　한참 뒤에 마부가 사자를 세우고>
　　　　　　　쉬이!
　　　　　　　춤 자알 추었다.
　　　　　　　타령으로 추었으니 이제는 굿거리로 한번 놀아 봄이 어떠하냐?
　　　　사자 : <긍정>
　　　　마부 : 덩덩 덩더꿍
　　　　　　　<굿거리에 맞추어 한참 놀다 퇴장한다>

　　이렇게 두 자료를 참고해 보면 도도리 타령과 굿거리 장단에 맞춘 두 차례에 걸친 사자춤이 실현되었을 것으로 본다.

60 [보정] (이로부터 사자는 여러 먹중들과 함께 타령곡의 장단에 맞추어 쾌활한 춤을 한참 춘 다음 각각 동시에 퇴장한다.) ; 타령곡 장단에 쾌활한 춤으로 전개된다. 이 대목이 임석재본에서는 다음과 같이 채록되었다.

　　　　먹중 Ⅱ : 꿍 떡 (이 말이 나자 音樂이 演奏된다. 먹중 八人과 獅子, 한데 어울려 各各 長技의 춤을 추다가 全員 退場)

　　즉 '먹중 Ⅱ'의 악을 시작하라는 '꿍 떡'이 더 있다. 그리고 각 목은 '장기의 춤'을 춘다는 점이 다르다.

7. '제육장 양반무'의 복원

第六場 兩班舞

　이場面은 兩班의婢夫[1]말둑이[2]가 主役이되야 시골兩班의生活相을 자미스럽게[3]諷刺表現하는것으로서 마츰내그威로써放蕩[4]無賴[5]한醉發을逮捕하는것이다. 그러나 前五場과는別個의것인듯하다

제육장 양반무

　이 장면은 양반의 비부 말둑이가 주역이 되어 시골 양반의 생활상을 재미스럽게 풍자 표현하는 것[6]으로써 마침내 그 위로써 방탕무뢰한 취발을 체포하는 것이다. 그러나 전 오장과는 별개의 것인 듯하다[7][8]

---

1 婢夫(비부) ; 여자 종의 남편을 말한다.

2 말둑이 ; 보통 '말뚝이'라고 한다. 여기서는 원문 그대로를 활용토록 한다.

3 자미스럽게 ; 재미있게. '자미'는 재미의 잘못이다. 관용적으로 쓰이기도 한다.

4 放蕩(방탕) ; 주색잡기에 빠져 행실이 좋지 못함을 뜻한다. 혹은 마음이 들떠 갈피를 잡을 수 없음을 뜻하기도 한다.

5 無賴(무뢰) ; 성품이 막되어 예의와 염치를 모르며 함부로 행동하는 사람을 말한다.

6 [보정] 풍자 표현하는 것 ; 여기서는 '해학적 표현'이라는 의미로 쓰인 듯하다. 즉 이 장면은 풍자가 가지고 있는 '폭로성'이나, '고발성'까지 내포되었다고 보기는 어렵다.

7 [보정] 그러나 전 오장과는 별개의 것인 듯하다 ; 전 오장은 '사자무(獅子舞)'를 말하는데, '별개의 것'이라고 기사한 연유가 어디에 있는지 살필 일이다.

　이 장면에 취발이가 등장하는 문제는 심도 있는 연구가 필요하다. 앞의 장면과 별개의 것이라고 하였다는 점과 관련하여야 한다. 한편 김일출본에는 취발이의 등장은 없고 다음과 같이 채록되었다.

　　○ 이 때 소무는 타령곡 반주에 춤을 추면서 탈판 중앙으로 나타난다. 말량반은 이것을 보고 타령곡에 맞추어 춤을 추고 얼려 가면서 싸고 돈다. 그 때에 포도비장이 등장하여 소무를 자세히 바라보며 웬놈이 춤을 추는가 하고 보니, 그것은 곧 량반이였다. 그 때 포도비장이 량반을 탁 친다. 량반이 서서 포도비장을 바라본즉 상놈인지라, 창피는 하지만 소무에 대한 욕심으로 한 번 더 소무를 싸고 돌다가 또 포도비장에게 얻어 맞고, 이제는 대 창피를 당하고 량반은 퇴장한다. 포도비장과 소무가 남아서 춤을 춘다.

　'양주산대놀이'의 1957년본 '9. 科場의 捕盜部長 놀이'는 정현석의 교방제보에 기사된 '승무'의 양상과 매우 흡사하다.

(말둑이는붉은빗갈에잛은웃옷
을입고 울눅불눅한 검붉은탈을
쓰고 머리에는黑色말둑벙거지
를쓰고 바른便손에는 챗직을
쥐고 굿거리장단에마추어 우수
운춤을추며 兩班三兄弟를引
渡하야登場한다.)

(말뚝이는 붉은 빛갈에 짧은 웃
옷을 입고 울룩불룩한 검붉은
탈[9]을 쓰고 머리에는 흑색 말뚝
벙거지[10]를 쓰고 바른 편 손에는
채찍을 쥐고 굿거리장단에 맞
추어 우스운 춤[11]을 추며 양반
삼형제를 인도하여 등장한다.)

---

8 [보정] 이 장면은 ~ 풍자 표현하는 것 ; 연출법을 지시한 것이다.

9 울룩불룩한 검붉은 탈 ; 임석재본에서는 '울긋불긋한 검붉은 탈'로 채록되었다. '울긋불긋'은 짙고 옅은 여러 가
지 빛깔들이 야단스럽게 한데 뒤섞여 있는 모양을 말한다. '울룩불룩'은 물체의 거죽이나 면이 고르지 않게 매
우 높고 낮은 모양을 말한다.

10 흑색말뚝벙거지 ; '벙거지'는 전립(戰笠)을 말한다. '모자'를 속되게 이르는 말이다. '전립(戰笠)'은 조선 시대에,
무관이 쓰던 모자의 하나. 붉은 털로 둘레에 끈을 꼬아 두르고 상모(象毛), 옥로(玉鷺) 따위를 달아 장식하였으
며, 안쪽은 남색의 운문대단으로 꾸몄다. '말뚝벙거지'는 벼슬아치나 양반들이 데리고 다니던 하인과 마부들이
머리에 쓰던 모자를 말한다. 말뚝전립이라고도 한다. 임석재본에서는 '검은 벙거지'로 채록되었다.

11 [보정] 우수운춤 ; 정병호는, 이 장면의 춤장단은 굿거리를 주로 쓰며, '두어춤', '거드름춤', '발림춤' 등이 쓰인다고
한다.

[참고] 두어-춤은 가면극에서, 양반의 종 말뚝이가 양반을 희롱하는 몸짓을 표현하는 춤이다. 말뚝이의 두
어춤은 양반들을 돼지우리 속에 몰아넣는다고 해서 붙여진 이름이라고 한다. 거드름춤은 경기도 지방
에 전해 오는 산대계(山臺系)의 대표적인 춤사위다. 이 춤은 깨끼춤과 쌍벽을 이루는 춤으로, 단조롭게
완만한 형태로 움직이는 느린 동작의 춤이다. '거드럭거린다', '거드름 피운다'라는 말의 의미와 함께 몸
의 마디마디의 흥과 멋을 풀어 감듯이 꿈틀거리며 추는 이 춤은, 주로 6박의 긴 염불장단에 의해 노
승·옴중·연잎·눈끔적이·상좌(上佐)와 같은 승려 성분의 역들에 의해 전형적인 의식무로 연출된다.
이 춤의 대표적인 동작의 종류와 형태 및 그 숨은 뜻은 다음과 같다.

① 팔뚝잡이 : 상좌와 옴중이 추며, 마치 술잔을 향불 위에 세 번 돌리고 제신(諸神)에게 바치듯
이 한 팔뚝을 받들어 머리를 숙인 채 나머지 한 팔로 내밀면서 사방에 축원하는 동작이다.

② 고개끄덕이 : 옴중이 추며 장삼자락을 어깨너머로 넘기고 삼진삼퇴(三進三退)하면서 고개를
좌우로 살피듯 돌리면서 끄덕거리는 동작이다.

③ 사방치기 : 팔뚝잡이의 형식으로 상좌·옴중·노장이 추며, 사방의 축원과 잡신사기악신(雜神
邪氣惡神)들을 차례로 쫓아내는 일종의 구나의식무(驅儺儀式舞)로, 긴 장삼자락을 머리 위
로 펴면서 한 방향으로 돌아가며 사방에 재배하는 동작이다.

④ 용트림 : 옴중이 추며, 용이 세상 밖에 처음 나와서 이편저편의 세상 실정을 조심스럽게 돌아
보듯 양팔을 펴들고 꿈틀거리는 동작이다.

⑤ 활개꺾기 : 학이 날개를 펴고 날아가듯 펼쳐진 일직선의 양팔을 한쪽씩 접어 올렸다 내렸다
하는 동작이다.

⑥ 활개펴기 : 팔뚝잡이동작 앞이나 뒤에 나오는 동작으로, 삼진삼퇴가 끝나고 방위를 바꿀 때
양팔을 활개 펴듯 펴서 거드름을 피우는 동작으로 완만하고 단조롭게 춘다.

이상과 같은 춤사위들로 구성된 이 춤의 특성은 삼진삼퇴의 전형적인 의식무에 축원의 형식을 띠고

(兩班三兄弟는 모다점잔은체로 발자최를드문드문띄며 之字거름[12]으로 말둑이뒤를따라 登場한다. 兩班兄과仲弟[13]는 소매너른흰氅衣[14]를입고 亭子冠[15]을쓰고 긴담배대[16]를입에 물엇는대 兄은흰수염이 가슴아레까지느러진 흰빗갈의老人탈을쓰고 仲弟는 두서너치 되는검은수염이달니고 붉은빗이若干 도는壯年의탈을썻스며 末弟[17]는藍色快子[18]를입고 복숭아빗같이붉으레한빗갈의 少年탈을쓰고 그우에福巾[19]을 썼다.)

(양반 삼형제는 모두 점잖은 체로 발자취를 드문드문 띄며 지자거름으로 말뚝이 뒤를 따라 등장한다.[20] 양반 형과 중제는 소매 너른 흰 창의를 입고 정자관을 쓰고 긴 담뱃대를 입에 물었는데 형은 흰 수염이 가슴 아래까지 늘어진 흰 빛깔의 노인 탈을 쓰고 중제는 두서너 치 되는 검은 수염이 달리고 붉은 빛이 약간 도는 장년의 탈을 썼으며 말제는 남색 쾌자를 입고 복숭아 빛같이 붉으래한 소년 탈을 쓰고 그 위에 복건을 썼다.[21])

있으며, 반드시 종반에는 거드름춤 그 자체로 끝나지 않고 장단이 바뀌면서 깨끼춤을 동반하고 있어 흥을 돋우어 주는 구실을 한다.

발림춤은 입창에서 흔히 활용된다. 노래 부르는 사람이 서서 연주하기 때문에 붙여진 입창이라는 말은 앉아서 부르는 좌창의 대칭어로 쓰인다. 원래 사당패(社黨牌)의 소리인 입창은 한 사람이 장고를 메고 소리를 메기면 소고수 4, 5명이 일렬로 늘어서서 전진 또는 후진하며 발림춤을 추면서 제창으로 받는 소리를 하는 교창(交唱)형식으로 연행된다. 이들은 연주 도중에 흥에 겨워 앞뒤로 왔다 갔다 하면서 발림춤을 추기도 한다.

12 之字(지자)걸음 ; '갈지자걸음'을 말한다. 발을 좌우로 내디디며 의젓한 척 걷는 걸음을 말한다. 혹은 몸이 좌우로 쓰러질 듯 비틀대며 걷는 걸음을 말한다.

13 [보정] 仲弟(중제) ; 자기의 둘째 아우라는 뜻이다. 여기서는 그냥 둘째라는 뜻으로 쓰였다.

14 氅衣(창의) ; 두루마기처럼 통소매에 무 없이 양 옆을 튼, 벼슬아치가 평소에 입는 웃옷이다.

15 亭子冠(정자관) ; 정자관(程子冠)의 잘못이다. 선비들이 집에서 평상시에 창의나 도포를 입었을 때에 함께 쓰던 관이다. 중국 송나라 때 정자(程子)가 만든 제도라서 붙여진 이라고 한다. 홑겹으로부터 2층 3층으로 썼는데 지위가 높을수록 층이 많은 것을 썼다.

16 [보정] 긴담배대 ; 담뱃대 즉 장죽을 말한다. 대통[雁首]·설대[煙道]·물부리의 세 부분으로 이루어진다. 앞부분은 구부러진 끝에 담배를 담는 작은 통이 붙어 있고, 바닥에 작은 구멍을 만들어 설대와 이었으며, 물부리는 입에 물기 편리하도록 끝으로 갈수록 가늘다. 여기서는 '긴담뱃대'라고 한 것으로 관습적 표현이다. 간혹 담뱃대의 길이를 가지고 신분의 차이를 설명하는 경우도 있다.

말둑이. (채직을 左右로휘둘니며)「쉬——
——.」(樂의伴奏와춤은굿친다.)

「兩班나오신다 兩班나오신다. 兩
班이라니壯元及第[22]하야 玉堂[23]·
承旨[24]·三提學[25]다지내고　吏曹[26]
戶曹[27]兵曹[28]禮曹[29]刑曹[30]工曹[31]六
判書[32]다지내고 左右領相[33]三政
丞[34]다지내고 退老宰相[35]으로계신
老論[36]少論[37]兩班인줄은아지마오.
개잘량[38]이란양字에 개다리小盤[39]
이란반字쓰는 양반나온다.」

말둑이. (채찍을 좌우로 휘두르며)「쉬
——.」
(악의 반주와 춤은 그친다.)[40]

「양반 나오신다
양반 나오신다.
양반이라니
장원급제하여
옥당·승지·삼제학 다 지내고
이조 호조 병조 예조 형조 공조
육판서 다 지내고
좌우 영상 삼정승 다 지내고

---

17 末弟(말제) ; 막내아우를 말한다.

18 快子(쾌자) ; 괘자(掛子), 전복(戰服), 답호(褡護)라고도 한다. 동달이 – 군복의 두루마기에 해당하는 옷 – 위에 껴입는 소매 없는 웃옷이다. 일반으로 검은 빛을 썼으나 맡은 임무에 따라 색깔을 달리하여 구분하기도 하였다. 고종 때에 두루마기 위에 검은 전복을 받쳐 있도록 통일한 적도 있었으나, 근자에는 옥색 두루마기에 남빛 전복은 신랑의 차림새로 지켜져 왔다. 복건(幞巾, 福巾)과 함께 명절이나 돌날에 어린이에게 입히기도 한다.

19 福巾(복건) ; 복건(幞巾), 폭건(幅巾)을 말한다. 검은 색 천으로 둥글고 삐죽하게 만들어 머리를 감싸서 넓고 긴 자락을 저고리 길이까지 드리우고 끈으로 머리 뒤에서 동이게 한 쓰개다. 관례(冠禮)하기 전의 소년이 주로 썼다.

20 [보정] 양반 삼형제는 모두 점잖은 채로 발자취를 드문드문 띠며 지자거름으로 말뚝이 뒤를 따라 등장한다. ; 연출법을 제시하고 있다. '모두 점잖은 체', '지자거름' 등의 기사로 보아 양반 흉내를 내는 형상이다. 임석재본에서는 이 대목이 다음과 같이 채록되었다.

　　兩班三兄弟 : (말뚝이 뒤에 따라 매우 점잖을 피우며 들어온다. 허나 어색스러운 점잔뺌이다.)
　　（兩班 三兄弟는 長은 샌님<生員님>, 둘째는 書房님, 끝은 道令님이다. 生員과 書房님은 흰 창옷을 입고 머리에 冠을 쓰고, 도령님은 卜巾을 썼다. 生員님은 흰수염이 늘어진 白色面인데 언챙이다. 長竹을 물었다. 書房님은 검은 수염이 돋친 若干 붉은 面을 썼고, 道令님은 小年面을 쓰고 藍色快子를 입었다. 이는 終始 말하지 않고 兄들이 하는 動作을 같이 따라서 한다.）

21 [보정] 양반 형과 중제는 ～ 복건을 썼다. ; 탈의 형상과 의상이 제시되어 있다. 역시 임석재본과 비교해 보면 의상에서 관(冠)과 복건(卜巾)을 착용했다는 점이 추가되어야 한다.

22 壯元及第(장원급제) ; 과거에서, 갑과의 첫째로 뽑히던 일을 말한다.

23 玉堂(옥당) ; 홍문관의 부제학, 교리(校理), 부교리, 수찬(修撰), 부수찬 따위를 통틀어 이르는 말이다.

24 承旨(승지) ; 고려 시대에, 광정원(光政院)에 속한 종육품 벼슬이다. 조선 시대에, 승정원에 속하여 왕명의 출납을 맡아보던 정삼품의 당상관이다. 정원이 6명으로, 도승지·좌승지·우승지·좌부승지·우부승지·동부승지가 있었다.

25 三提學(삼제학) ; 조선 때, 예문관·홍문관의 종이품 또는 규장각의 종일품 내지 종이품 벼슬을 말한다.

26 吏曹(이조) ; 고려 시대에, 육조(六曹) 가운데 문관의 선임(選任)과 훈봉(勳封)에 관한 일을 맡아보던 관청이다. 조선 시대에는, 육조 가운데 문관의 선임과 훈봉, 관원의 성적 고사(考查), 포폄(褒貶)에 관한 일을 맡아보던 관청이다.

27 戶曹(호조) ; 고려 시대에, 육조 가운데 호구(戶口), 공부(貢賦), 전곡(錢穀)에 관한 일을 맡아보던 관아다. 공양왕대에 판도사를 고친 것이다. 조선 시대에, 육조 가운데 호구, 공부, 전량(田糧), 식화(食貨)에 관한 일을 맡아보던 관아다.

28 兵曹(병조) ; 고려 시대에, 육조(六曹) 가운데 무선(武選), 군무(軍務), 의위(儀衛) 따위에 관한 일을 맡아보던 관아. 이전의 군부사를 고친 것으로, 그 뒤 여러 차례 이름을 고쳤다. 조선 시대에는, 육조(六曹) 가운데 군사와 우역(郵驛)에 관한 일을 맡아보던 관아.

29 禮曹(예조) ; 고려 시대에, 육조(六曹) 가운데 의례(儀禮), 제향(祭享), 조회(朝會), 교빙(交聘), 학교(學校), 과거(科擧) 따위에 대한 일을 맡아보던 관아. 공양왕 원년에 예의사를 고친 것이다. 조선 시대에는, 육조 가운데 예악, 제사, 연향, 조빙, 학교, 과거 따위에 대한 일을 맡아보던 관아다. 태조대에 두었고 고종대에 폐하였다.

30 刑曹(형조) ; 고려, 조선 시대에, 육조(六曹) 가운데 법률·소송·형옥(刑獄)·노예 따위에 관한 일을 맡아보던 관아다. 고종대에 법무아문으로 고쳤다.

31 工曹(공조) ; 고려 시대에, 육조(六曹) 가운데 산택(山澤)·공장(工匠)·영조(營造)를 맡아보던 관아다. 충렬왕대에 설치하였는데 공민왕대에는 공부(工部)라 불렸으며, 한때 전공사(典工司)라고 하다가 공양왕대에 다시 이 이름으로 바꾸었다. 조선 시대에는, 육조(六曹) 가운데 산택·공장·영선(營繕)·도야(陶冶)를 맡아보던 정이품 아문이다. 태조대에 설치하여 고종대에 공무아문으로 이름을 바꾸었다.

32 六判書(육판서) ; '육조 판서'의 준말. '육조'는 고려와 조선 때의 주요한 국무를 처리하던 여섯 관부(官府)다. 곧, 이조·호조·예조·병조·형조·공조 등을 말한다.

33 左右領相(좌우영상) ; 좌의정, 우의정, 영의정을 말한다.

34 三政丞(삼정승) ; 영의정·좌의정·우의정을 말한다.

35 退老宰相(퇴로재상) ; 늙어서 벼슬에서 물러난 재상을 말한다.

36 [보정] 老論(노론) ; 조선 시대에, 사색당과 가운데 남인(南人)에 대한 처벌 문제로 서인(西人)에서 갈려 나온 파를 가리킨다. 여기서는 벼슬 이름으로 쓰였다.

37 [보정] 少論(소론) ; 조선 시대에, 서인(西人)의 한 분파를 가리킨다. 여기서는 벼슬 이름으로 쓰였다.

38 개잘량 ; 방석처럼 깔고 앉기 위해 털어 붙어 있는 채로 만든 개가죽을 말한다. 털이 붙어 있는 채로 무두질하여 다룬 개의 가죽. 흔히 방석처럼 깔고 앉는 데에 쓴다.

39 개다리小盤(소반) ; 개의 뒷다리처럼 구부러진 다리를 가진 상을 말한다. 개의 뒷다리처럼 구부러진 다리를 가진 상을 말한다. 혹은 네모반듯하고 다리가 민틋한 막치 소반을 말한다.

40 [보정] 말둑이. (채찍을 좌우로 휘두르며) 「쉬——.」(악의 반주와 춤은 그친다.) ; 행위를 지정하고 있다. 임석재본에서는 '말둑이 = (중앙中央 쯤 나와서) 쉬- (음악音樂과 춤 그친다)'라고 채록되었다. 두 자료를 통하여 정리하여 보면 말둑이는 무대 중앙에 나와서 채찍을 휘두르며 '쉬--'하는 것이다. 이러한 말둑이의 행위는 이 장면에서 반복된다. '쉬——'는 가면극에서 흔히 춤과 음악을 멈추라는 뜻으로 활용된다. 극적 긴장으로부터 이완으로 이끄는 효과를 보여준다. 채찍은 말둑이를 상징하는 대표적 소품이다. 채찍을 마부의 용품으로만 보아서는 안 된다. 오브제로서의 연극적 의미를 추출하여야 할 대상이다.

兩班伯·仲. 「야이놈뭐야.」

(兩班伯仲[41]二人은怒氣騰騰[42]하
엿스나 末弟[43]는아모말도하지안코
兄들의떠드는動作만보고 가만히
섯다.)

말둑이. 「아— 이兩班엇지듯는지모르겟
소 玉堂·承旨·三提學·六判
書·三政丞을다지내시고 退老宰
相으로계신老論少論兩班 李生
員[44]님네三兄弟분이 나오신다고
그리햇소.」

퇴로재상으로 계신
노론 소론 양반인 줄은 아지 마오.
개잘량이란 양 자에
개다리소반이란 반 자 쓰는
양반 나온다.」[45]

양반 백·중. 「야 이 놈 뭐야.」

(양반 백 중 이인은 노기등등하
였으나 말제는 아무 말도 하지
않고 형들의 떠드는 동작만 보
고 가만히 섰다.)

말둑이. 「아— 이 양반
어찌 듣는지 모르겠소
옥당·승지·삼제학·
육판서·삼정승을 다 지내시고
퇴로재상으로 계신
노론 소론 양반
이생원님네 삼형제분이 나오신다고
그리 했소.[46]」

---

41 伯仲(백중) ; 맏이와 둘째를 아울러 이르는 말이다.

42 怒氣騰騰(노기등등) ; 성난 얼굴빛이나, 그런 기색이나 기세를 뽐내는 꼴이 아주 높다.

43 末弟(말제) ; 막내아우를 말한다.

44 生員(생원) ; 조선 시대에, 소과(小科)인 생원과에 합격한 사람을 말한다. 예전에, 나이 많은 선비를 대접하여
이르던 말이기도 하다.

45 [보정] 양반 나오신다~양반 나온다 ; 유사의미반복과 파자놀이를 활용한 언어유희다. 옥당, 승지, 삼제학, 이조,
호조, 병조, 예조, 형조, 공조, 육판서, 좌우 영상, 삼정승, 퇴로재상, 노론, 소론 등과 같이 직분 명칭과 관청 명칭
과 당파 명칭 등을 나열, 반복하는 유사의미반복을 활용한 언어유희와, '양'을 '개잘량'의 '양'으로, '반'을 '개다리
소반'의 '반'으로 풀이하는 동음이의어를 활용하는 파자놀이를 원용하고 있다.

46 [보정] 말둑이. 「아— 이 양반 어찌 듣는지 모르겠소~이생원님네 삼형제분이 나오신다고 그리 했소.」 ; '아— 이
양반 어찌 듣는지 모르겠소'는 오청(誤聽)을 유도한 것이다. 즉 잘못 들은 것이 아닌데도 잘못 들은 것으로 유
도함으로써 희극적 분위기를 연출하고 있다. 이 같은 수법은 이 장면에서 반복된다. '이생원님네 삼형제분'이라
고 구체적으로 성씨를 거명하고 있다. 별도의 고찰이 필요하다.

兩班伯·仲.「老論少論兩班李生員이라네.」

   (라고하며 굿거리장단에마추어춤을춘다. 이때末弟인道令은도라단이며 兄들의面上을톡톡친다.)

말둑이.「쉬——. (樂과舞는굿친다) 여보오求景하는兩班들! 말슴드르시요 잘다란⁴⁷골부랑⁴⁸담배대로잡수지말고 저煙竹廛⁴⁹으로가서 돈이업스면 내게寄別해서라도 양칠簡竹⁵⁰紫紋竹⁵¹을 한발나웃式⁵²되는것을 사다가 六모깍지⁵³喜字竹⁵⁴ 梧桐壽福⁵⁵寧邊竹⁵⁶을사다 이리저리마춰 가지고 저— 載寧나우리가⁵⁷에 낙시걸듯 죽— 거러노코잡수시요.」

양반 백·중.「노론 소론 양반 이생원이라네.」⁵⁸

   (라고 하며 굿거리장단에 맞추어 춤을 춘다. 이때 말제인 도령은 돌아다니며 형들의 면상을 톡톡 친다.⁵⁹⁾

말둑이.「쉬——.

   (악과 무는 그친다)

여보오 구경하는 양반들!

말씀 들으시오

잔다란 골부랑 담뱃대로 잡숫지 말고

저 연죽전으로 가서

돈이 없으면

내게 기별해서라도

양칠간죽 자문죽을

한 발 나웃 식되는 것⁶⁰을 사다가

육모깍지 희자죽

오동수복 영변죽을 사다

이리저리 맞춰 가지고

저— 재령나우리 가에

낚시 걸듯 죽— 걸어 놓고 잡수시오.^{61 62}」

---

47 잘다란 ; '잔다란'이 옳다. '잔다랗다' ; 꽤 잘다 혹은 아주 자질구레하다 혹은 볼 만한 가치가 없을 정도로 하찮다 라는 뜻이다. 여기서는 '꽤 잘다'라는 뜻으로 쓰였다. '잘다란'은 '잔다란'과 '잘다'가 결합한 민간화술적 표현인 듯하다.

48 골부랑 ; 임석재본에서 '골연' 즉 얇은 종이로 가늘고 길게 말아 놓은 담배인 궐련으로 채록되었다. '골연', '궐련' 등이 와전되어 '골부랑'이 된 듯하다.

49 煙竹廛(연죽전) ; 옛날 담배를 팔던 가게를 말한다.

50 [보정] 양칠簡竹(간죽) ; 양칠간죽(洋漆竿竹)을 말한다. 간죽은 담뱃대 설대이다. 빨강, 파랑, 노랑의 빛깔로 알록 지게 칠한 담배설대를 말한다. 여기서는 담배의 일종으로 쓰였다.

51 紫紋竹(자문죽) ; 자문죽(自紋竹), 자점죽(自點竹)을 말한다. 아롱진 무늬가 있는 중국산 대나무로 주로 담뱃대 를 만드는 데에 쓰인다.

52 한발나웃式 ; '한발 가웃씩'이다. '나웃'은 '가웃'의 사투리로 되, 말, 자 등을 셀 때 세고 남는 반분(半分) 정도이다.

53 六(육)모깍지 ; '육무깍지'를 말한다. 육각형 모양의 담뱃대다.

54 喜字竹(희자죽) ; 겉에 '희(喜)'자가 씌어 있는 담뱃대를 말한다. 옛 문양에 喜, 福, 壽자 등이 있다.

55 梧桐壽福(오동수복) ; '오동수복(烏銅壽福)'이 옳다. 오동(烏銅) ─ 검은 광택을 띠는 구리 ─ 으로 '壽', '福'의 글자 문양이 새겨진 담뱃대를 말한다.

56 寧邊竹(영변죽) ; 담뱃대의 일종이다. 영변에서 생산되는 담뱃대로 추측된다. 임석재본에서는 '연변竹'으로 채 록되었다.

57 載寧(재령)나우리 ; '재령나무리'가 옳다. 재령평야를 말하며, 나무리[南勿里]벌 또는 극성(棘城)평야라고도 한 다. '나무리'라는 말의 어원에 대하여는 그 의미가 무엇인지, 왜 나무리라고 부르게 되었는지는 확실하게 고증하 기가 어렵다. '나무리'는 '먹고 입고 쓰고도 남는다.'고 하여 생겨난 지명이라고 한다. 나무리는 예부터 나무리, 법물, 법계(法溪), 법평(法坪), 평지(坪地) 등으로 일컬어져 오고 있다. 법물리는 문헌상으로 보면 현재의 나무 리(법물) 본동과 거동(巨洞), 청산(靑山), 작산(鵲山), 지내(旨內), 서기(西基), 내당(內塘), 관이(冠耳)의 자연 마을을 말한다.

       [참고] 김소월의 '나무리벌 노래' ─ 신재령에도 나무리벌 / 물도 많고 / 땅 좋은 곳 / 만주나 봉천은 못 살 곳 // 왜 왔느냐 / 왜 왔더냐 / 자국자국이 피땀이라 / 고향산천이 어디메냐 / 황해도 / 신재령 / 나무리벌 / 두 몸이 김 매며 살았지요 // 올 벼논에 닿은 물은 / 처렁처렁 / 벼 자란다 / 신재령에도 나무리벌

58 [보정] 양반 백·중.「노론 소론 양반 이생원이라네.」; '오청'을 자인한 것이다. 이 같은 수법은 이 장면에서 반복 된다. 그 형태가 공연 환경에 따라서 다양하게 변용될 수 있다. 아울러 이어서 춤을 춘다는 점에서 보면 대화반 응이 '불림'으로 전환되어 실현된 것이다. 경우에 따라서는 말제(末弟)도 함께 불림할 수 있다. 임석재본에서는 '이생원이라네'라고 채록되었다. 한편 여기서는 '노론, 소론'이 벼슬 이름으로 쓰였다.

59 [보정] 이때 말제인 도령은 돌아다니며 형들의 면상을 톡톡 친다. ; 도령의 행위에 관한 기사다. 여기서 면상을 탁탁 치는 행위가 어떤 의미인지는 알 수 없다. 면상을 톡톡 치는 행위는 양주별산대에서도 나타난다. 임석재본 에서는 '(춤추는 동안에 道令은 때때로 兄들의 面을 탁탁 치며 돌아다닌다)'라고 채록되었다. '면상을 치는 행 위'에 대하여는 별도의 연극적 기능을 탐구할 필요가 있다. 임석재본에는 '생원生員님은 흰수염이 늘어진 백색 면白色面인데 언챙이다. 장죽長竹을 물었다.'라고 채록되었다. 여기의 '언챙이'는 피부에 나는 질병인 '창병(瘡 病)'의 상징이다. 이러한 상징성에 입각하여 보면 이 장면에서 말둑이가 양반탈을 채찍으로 치는 행위는 벽사 (辟邪)의 의미를 갖는다. 이러한 행위를 사회학적 시각에서는 양반을 모욕하는 행위로 조망하기도 하였다. 오 청본에는 '언챙이'에 관한 기사가 없다.

60 한 발 나웃 식되는 것 ; 한 발이 넘는, 즉 기다란 담뱃대를 말한다.

61 낚시 걸듯 죽─ 걸어 놓고 잡수시오. ; 관용적 표현인 듯하다. 임석재본에 '저어 자령<載寧> 나무리(註. 平野名) 거이 낚씨 걸 듯'이라고 채록되었다. 이로 보면 오청본에서는 '거이'가 누락된 듯하다. '거이 낚씨'는 지렁이를 미끼로 한 낚시를 말한다. 혹은 게를 낚는 낚시를 뜻하기도 한다. 여기서 '게'는 참게, 방게와 같은 민물게다.

62 [보정] 여보오 구경하는 양반들!~낚시 걸듯 죽─ 걸어 놓고 잡수시오 ; 담뱃대와 대담설대 등을 열거하는 유사의 미반복의 언어유회를 원용하고 있다.

兩班伯·仲. (怒염[63]이나서큰목소리로)
「이놈 뭐야.」

말둑이. 「아— 이兩班엇지듯소 兩班이
나오시는데 담배피우지말고 떠들
지말아고그리하얏소.」

兩班伯. 「담배피우지말고 떠들지말아고
하엿다네.」

(라고하며 굿거리장단에마추
어 仲弟와같이춤을춘다.)

양반 백·중. (노염이 나서 큰 목소리로)
「이놈 뭐야.」

말둑이. 「아— 이 양반
어찌 듣소
양반이 나오시는데
담배 피우지 말고
떠들지 말라고 그리하였소.」[64]

양반 백. 「담배 피우지 말고 떠들지 말
라고 하였다네.」[65]

(라고 하며 굿거리장단에 맞추
어 중제와 같이 춤을 춘다.)[66]

---

63 怒(노)염 ; '노염'이 옳다. '노여움'의 준말이다.

64 [보정] 말둑이. 「아— 이 양반 어찌 듣소~떠들지 말라고 그리하였소.」 ; 역시 오청(誤聽)을 유도한 것이다. 임석
재본에서는 '兩班이 나오시는데 담배와 喧譁을 禁하라고 그리하였오.'라고 채록되었다. '喧譁[훤화]'는 시끄럽
게 지껄여서 떠듦을 뜻한다. '훤화금(喧譁禁)'은, 조선 시대 선전관청(宣傳官廳)과 각 영문(營門)에 속해 있으
면서 임금의 궐 밖 행차나 능행(陵幸) 때, 혹은 군대의 행진이나 개선 때 연주하던 대취타(大吹打)를 아뢸 때,
연주를 그치라고 집사가 외치던 구령이다. 춘향가의 암행어사 출도 대목에서도 '훤화금(喧譁禁)'이 보인다.

65 [보정] 양반 백. 「담배 피우지 말고 떠들지 말라고 하였다네.」 ; 역시 불림으로 활용되었다.

66 [보정] (라고 하며 굿거리장단에 맞추어 중제와 같이 춤을 춘다.) ; 여기 오청본에서는 채록과정에서 생략되었으
나, 이때 말제는 역시 형들의 면상을 톡톡 치는 행위를 하는 것으로 본다.

말둑이. 「쉬──.」(樂과舞는굿친다.) 「여
보오樂工들! 三絃六角[67]다버리고
저─ 버드나무 홀뚜기[68]뽑아다[69]불
고 바지장단[70]좀처주소.」

兩班伯·仲. 「야이놈뭐야.」

말둑이. 「아─ 이兩班엇지듯소 용두[71]奚
琴[72]북[73]杖鼓[74]피리[75]젓대[76] 한가락
도빼지말고 건건드러지게[77]치라고
그리하얏소.」

兩班伯·仲. 「저놈이 건건드러지게치라
고하엿다네.」
(兩班三兄弟가같이 굿거리장단
에마추어춤을춘다.)

말둑이. 「쉬──.」
(악과 무는 그친다.)
「여보오 악공들![78]
삼현육각 다 버리고
저─ 버드나무 홀뚜기 뽑아다 불고
바지장단 좀 쳐 주소.」[79]

양반 백·중. 「야 이 놈 뭐야.」

말둑이. 「아─ 이 양반 어찌 듣소
용두 해금 북 장고 피리 젓대
한 가락도 빼지 말고
건건드러지게 치라고
그리하였소.」[80]

양반 백·중. 「저놈이
건건드러지게 치라고 하였다네.」[81]
(양반 삼형제가 같이 굿거리장
단에 맞추어 춤을 춘다.)

---

67 三絃六角(삼현육각) ; 향피리 둘, 대금 하나, 해금 하나, 장구 하나, 북 하나로 편성되는 풍류를 말한다. 대풍류
[竹風流]의 딴 이름이다. 무용과 관련지어 생각할 때에는 삼현육각이고, 풍류 즉 감상의 성격을 띨 때에는 대풍
류가 된다. 임석재본에서는 '五統六律(오통육율)'로 채록되었다.

68 버드나무 홀뚜기 ; 홀뚜기는 '호드기'의 사투리로 물오른 버들가지를 비틀어 뽑은 통껍질이나 밀집 토막으로 등으
로 만든 피리의 한 가지이다. '호드기'의 사투리로 물오른 버들가지 – 미루나무나 산오리나무 가지를 쓰기도 한
다. – 를 비틀어 뽑은 통껍질이나 밀집 토막으로 등으로 만든 피리의 한 가지이다. 봄철 잎이 나기 직전에 물이
잘 오른 버드나무 가지를 15㎝ 가량 잘 끊어서 조심스럽게 비틀어 속에 든 나무막대기 부분을 빼버리고, 그 껍질
로 호드기를 만든다. 호드기의 서(舌, reed)는 몸통의 한 끝 부분을 칼로 껍질을 베껴버리고 속줄기를 잘 다듬어
서 만든다. 호드기는 크기에 따라서 여러 종류가 있다. 대체로 지공이 없으나, 몸통에 지공을 가진 호드기도 있다.
농촌 어른들의 소일거리로 제조되는 호드기는 아이들의 장난감으로 쓰인다. 우리나라의 향피리는 옛날 호드기류
관악기에서 발달된 고유의 우리 악기로 추정되기도 한다. 이러한 단순 관악기는 우리나라 뿐 아니라 몽골·터
키·유럽 여러 나라에서도 발견된다. 터키에서는 호드기를 '십시(sipsi)'라고 부른다. 호밀대나 보릿대로 만들어서
피리처럼 불기도 한다. '호돌기'라고도 하는데, 재료에 따라서 버들피리·나뭇잎피리·보리피리 등이 있다. 풀피
리라고도 한다.

69 뽑아다가 ; 버들가지를 비틀어 통껍질을 뽑기 때문에 '뽑아다가'라고 한 것이다.

70 바지장단 ; 바가지 장단(長短)을 말한다. 바가지를 물 위나 맨바닥에 엎어 놓고 치는 장단이다. 물박놀이라고도

한다. 물동이에 물을 반쯤 담아두고 큰 바가지를 엎어놓고 대나무채로 바가지를 두드리며 장단을 맞추며 노래를 부른다. 이 놀이는 설, 대보름, 단오 등 명절이나 동네에 경사가 있을 때 바가지 장단에 맞춰 노래 부르고 춤도 춘다.

71 용두 ; '龍頭(용두)'가 아닌가 한다. 가야금에서 현이 고정되어 있는 쪽을 용두(龍頭), 다른 쪽을 양이두(羊耳頭) 또는 봉미(鳳尾)라고 하며, 줄을 얹어 매어 놓은 부들이라고 한다. 결국 여기서는 가야금의 일부를 지칭하여 가야금을 가리키는 것 – 대유적 표현 – 인데, 가면극 음악에 가야금은 이용되지 않는다. 따라서 '용두'는 언어유희적 표현을 위하여 끌어들인 것이다.

72 奚琴(해금) ; 사부(絲部) 찰현악기(擦絃樂器)의 하나로 일명 깡깡이다.

73 북 ; 타악기의 하나다. 나무나 쇠붙이 따위로 만든 둥근 통의 양쪽 마구리에 가죽을 팽팽하게 씌우고, 채로 가죽 부분을 쳐서 소리를 낸다. 고(鼓), 태고(太鼓)라고도 한다.

74 杖鼓(장고) ; '장구'의 원말이다. 국악에서 쓰는 타악기의 하나다. 기다란 오동나무로 만든 것으로, 통의 허리는 가늘고 잘록하며, 한쪽에는 말가죽을 매어 오른쪽 마구리에 대고, 한쪽에는 쇠가죽을 매어 왼쪽 마구리에 대어 붉은 줄로 얽어 팽팽하게 켕겨 놓았다. 왼쪽은 손이나 궁굴채로, 오른쪽은 열채로 치는데, 그 음색이 각기 다르다. 고려 시대에 중국에서 전하여 온 것이라고 하며, 우리나라의 대표적 악기로서 반주에 널리 쓰인다. 새장구, 요고(腰鼓)라고도 한다.

75 피리 : 구멍이 여덟 개 있고 피리서를 꽂아서 부는 목관 악기다. 향피리, 당피리, 세피리가 있다. 속이 빈 대에 구멍을 뚫고 불어서 소리를 내는 악기를 통틀어 이르는 말이기도 하다. 필률((觱篥, 篳篥), 가관(笳管)이라고도 한다.

76 젓대 ; '저'를 일상적으로 이르는 말이다. 대금(大笒)이라고도 한다.

77 건건드러지게 ; '건드러지다'의 '건'을 반복함으로써 강화하고자 하는 관습적 표현이다. 혹은 '건드러지다'와 '건건하다'를 결합한 언어유희인 듯하다. '건드러지다'는 '목소리나 맵시 따위가 멋들어지게 가늘고 아름답고 부드럽다.'는 뜻이다. '건건하다'는 '꽤 마르다.'는 뜻이다.

78 [보정] 여보오 악공들! ; 등장인물이 음악 담당자를 부르는 대사다. 이렇게 함으로써 악공은 극중 인물로 전환되며, 관객이나 악공은 방관적인 제삼자가 아닌 당사자로서 극의 현실에 참여함으로써 극적 환상이 차단되고 현실적 비판이 선명해질 뿐만 아니라 좀더 신명나고 친근한 현장으로 만든다고 한다.

79 [보정] 「여보오 악공들!~바지장단 좀 쳐 주소.」 ; 여기서 '삼현육각'은 대풍류·줄풍류와 같이 관악합주나 소편성의 관현합주를 한다는 말이다. 그리고 '홀뚜기'를 불고 '바지장단'을 친다는 것은 서민적 가락을 연주한다는 것이다. 삼현육각의 연주와 대비적인 상황을 보여주고 있다.

80 [보정] 말둑이. 「아— 이 양반 어찌 듣소~그리하였소.」 ; 역시 오청(誤聽)을 유도한 것이다. 삼현육각은 향피리 둘, 대금 하나, 해금 하나, 장구 하나, 북 하나 등으로 편성되는데, 여기서는 '용두 해금 북 장고 피리 젓대'라고 하여 '용두'가 추가되었다. '용두'는 편종 틀 위 양편에 조각한 용의 머리를 뜻하는 것으로 생각되는데, 그렇다면 '용두'는 '편종'을 지칭하는 대유적 표현이 된다. 그런데 '편종'은 삼현육각에 포함되지 않는다. 그렇다면 '오청'을 유도하였다가 '용두 해금 북 장고 피리 젓대'라고 하여 바로잡았지만 역시 잘못되기는 마찬가지다. 이렇게 하여 극적 분위기를 해학적으로 조성하게 된다.

81 [보정] 양반 백·중. 「저놈이 건건드러지게 치라고 하였다네.」 ; 대화 반응이 불림으로 활용되었다.

兩班伯.「말둑아—.」(樂과舞는긋친다)

말둑이.「예— 이.」

兩班伯.「이놈 너는兩班을모시지안코 어듸로그리단이는냐.」

말둑이.「예—— 兩班을차즈려고 찬밥국[82]마라일즉이먹고 馬죽間[83]에들어가서 노새님을끌어내다 등에솔질쐴쐴[84]하여 말둑이님내가타고八道江山[85]다도라 물은메주밟듯하얏는대 東은여울[86]이오 西는九月[87]이라 東여울西九月넘드러[88] 北漢山下[89]坊坊谷谷[90]이 바위틈틈이[91] 모래쌈쌈이[92] 참나무결결이[93] 다차저단여도샌님[94]빗둑한[95]놈도업기로 落鄕士夫[96]라서울本宅을차저가니 샌님도안계시고 둘재샌님도안계시고 宗家[97]집道令[98]님도안계시고 마나님[99]혼자계시기로 이벙거지[100]쓴채로 이채직찬채로 이감발[101]한한채 두물팍[102]을꿀고 하고하고再讀[103]으로뇄습니다[104].」

양반 백.「말둑아—.」[105]

　　　　(악과 무는 그친다)

말둑이.「예— 이.」

양반 백.「이놈 너는 양반을 모시지 않고 어디로 그리 다니느냐.」

말둑이.「예—— 양반을 찾으려고 찬밥 국 말아 일찍이 먹고 마죽간에 들어가서 노새님을 끌어내다 등에 솔질 쐴쐴 하여 말둑이님 내가 타고 팔도강산 다 도라 무른 메주 밟듯 하였는데[106] 동은 여울이오 서는 구월이라 동여울 서구월 넘드러 북한산 하[107] 방방곡곡이 바위 틈틈이 모래 쌈쌈이 참나무 결결이[108] 다 찾아 다녀도 샌님 비슷한 놈도 없기로[109] 낙향사부라 서울 본댁을 찾아가니 샌님도 안 계시고

---

82 찬밥국 ; '찬밥'과 '국밥'이 결합된 말이다. 찬밥을 국에 말은 음식이다. 결국 보잘것없는 음식을 뜻한다. '국밥'은 끓인 국에 밥을 만 음식 또는 국에 미리 밥을 말아 끓인 음식이다. '찬밥'은, 지은 지 오래되어 식은 밥이나 지어서 먹고 남은 밥이다. 중요하지 아니한 하찮은 인물이나 사물을 비유적으로 이르는 말이기도 하다. 속담 '찬밥에 국 적은 줄만 안다'는 가난한 살림에는 없는 것이 당연한 것인 줄 모르고 무엇이 부족하다고 하여·마음을 씀을 이르는 말이다.

83 馬(마)죽間(간) ; '마굿간'이 옳다. '마죽'은 말죽이다. '말죽(-粥)'은 콩, 겨, 여물 따위를 섞어 묽게 쑤어 만든 말의 먹이를 말한다. '마굿간'과 '마죽'이 결합된 민간화술적 표현이다.

84 쐴쐴 ; 여기서는 자꾸 머리털을 빗질하거나 짐승의 털을 손질하는 소리나 그 모양을 이른다. 물 따위가 거침없

이 자꾸 번져 흐르는 소리나 또는 그 모양을 말하기도 한다. 고운 가루나 모래 따위가 좁은 틈이나 구멍으로 거침없이 자꾸 흘러내리는 소리나 그 모양을 뜻하기도 한다.

85 八道江山(팔도강산) ; 팔도의 강산이라는 뜻으로, 우리나라 전체의 강산을 이르는 말이다. 팔도는 경기도, 강원도, 충청도, 경상도, 전라도, 황해도, 평안도, 함경도를 이른다.

86 여울 ; 강이나 바다의 바닥이 얕거나 폭이 좁아 물살이 세게 흐르는 곳이다.

87 九月(구월) ; 구월산(九月山)을 말하는 듯하다. 미상하다.

88 넘드러 ; '넘들어'가 옳다. '넘다'와 '들다'를 결합한 말이다.

89 北漢山下(북한산하) ; 북한산 아래라는 뜻이다.

90 坊坊谷谷(방방곡곡) ; '坊坊曲曲'이 옳다. 한 군데도 빠짐이 없는 모든 곳을 말한다.

91 틈틈이 ; 틈마다의 뜻이다.

92 짬짬이 ; 짬이 나는 대로 그때그때의 뜻이다.

93 결결이 ; 어떤 일이 일어나는 그때마다, 또는 때때로의 뜻이다. '결'은 나무, 돌, 살갗 따위에서 조직의 굳고 무른 부분이 모여 일정하게 켜를 지으면서 짜인 바탕의 상태나 무늬를 말하는데, '결결이'는 '결마다'라는 뜻으로 쓰였다.

94 샌님 ; '생원님'의 준말이다. 얌전하고 고루한 사람을 놀림조로 이르는 말로도 쓰인다.

95 빗둑한 ; '비슷한'이 옳다. '비슷하다'는 '비슷하다'의 방언이다.

96 落鄉士夫(낙향사부) ; '落鄉(낙향)'과 '士大夫(사대부)'가 결합된 말이다. '落鄉(낙향)'은 시골로 거처를 옮기거나 이사함을 말한다. '사대부(士大夫)'는 사(士)와 대부(大夫)를 아울러 이르는 말이다. 문무 양반(文武兩班)을 일반 평민층에 상대하여 이르는 말이기도 하다. 벼슬이나 문벌이 높은 집안의 사람을 뜻하기도 한다. 사부(士夫)는 士大夫(사대부)의 준말이다.

97 宗家(종가) ; 족보로 보아 한 문중에서 맏이로만 이어 온 큰집을 말한다.

98 道令(도령)님 ; 통상 '도련님'이라 하며, 결혼하지 않은 시동생을 높여 이르거나 부르는 말이다. 도령은 총각을 대접하여 이르는 말이다. 한자를 빌려 '道令'으로 적기도 한다.

99 마나님 ; 나이가 많은 부인(婦人)을 높여 이르는 말이다.

100 벙거지 ; 여기서는 '모자'를 속되게 이르는 말로 쓰였다. 전립(戰笠), 전립(氈笠), 깔대기, 벙거지, 벙테기, 주전립(朱氈笠), 홍전립(紅氈笠) 등으로 불린다. '전립(戰笠)'은 조선 시대에, 무관이 쓰던 모자의 하나. 붉은 털로 둘레에 끈을 꼬아 두르고 상모(象毛), 옥로(玉鷺) 따위를 달아 장식하였으며, 안쪽은 남색의 운문대단으로 꾸몄다. '전립(氈笠)'은 조선 시대 병자호란 이후에, 무관이나 사대부가 쓰던, 돼지 털을 깔아 덮은 모자를 말한다.

101 감발 ; 발감개를 말한다. 버선이나 양말 대신 발에 감는 좁고 긴 무명천으로 주로 먼 길을 걷거나 막일을 할 때 쓴다. 혹은 발감개를 한 차림새를 뜻하기도 한다.

102 물꽉 ; '무르팍'이 옳다. '무릎'을 속되게 이르는 말이다.

103 再讀(재독) ; 이미 읽었던 것을 다시 읽는다는 뜻이다.

104 뇄습니다 ; 뇌다. 지나간 일이나 한 번 한 말을 여러 번 거듭 말하다.

105 [보정] 양반 백. 「말둑아—.」 ; 말둑이의 '쉬--'와 같은 기능으로 활용되고 있다.

106 팔도강산 다 도라 무른 메주 밟듯 하였는데 ; 관용적 표현이다. 여러 곳을 빠짐없이 골고루 돌아다님을 비유적으로 이르는 말이다. '팔도를 무른 메주 밟듯 한다.'는 속담을 원용한 것이다. 메주를 틀에 재울 때에 쉴새없이 부지런히 밟듯 한다는 뜻으로, 나라의 방방곡곡을 안 가는 곳 없이 부지런히 돌아다님을 비겨 이르는 말이다. 우리 가면극에는 민간화술의 한 수법인 속담을 원용하는 장면이 많다.

107 동은 여울이오 서는 구월이라 동여울 서구월 넘드러 북한산 하 ; 동쪽은 물살이 센 형세이고, 서쪽은 구월산이 있는 산세라는 뜻이다. 여기서는 험준한 강산을 넘나들었다는 말이다. 예로부터 동금강(東金剛)·남지리(南智

둘째 샌님도 안 계시고

종갓집 도령님도 안 계시고

마나님 혼자 계시기로

이 벙거지 쓴 채로

이 채찍 찬 채로

이 감발 한 채로[110]

두 무르팍을 꿇고

하고 하고 재독으로 냈습니다.」[111]

異) · 서구월(西九月) · 북묘향(北妙香)이라 하여 우리나라 4대 명산의 하나로 꼽혔다. '東金剛西九月北香山。南智異漢挐。莫非踐義之地。'라는 말이 있다. 임석재본에서는 '東은 여울이요 西는 九月이라 東 여울 西 九月 南 드리 北 香山'이라고 채록되었다.

108 동은 여울이오 서는 구월이라 동여울 서구월 넘드러 북한산 하 방방곡곡이 바위 틈틈이 모래 짬짬이 참나무 결결이 ; 대구와 이음동의어(異音同義語)의 반복에 의한 언어유희이다.

109 [보정] 마죽간에 들어가서 노새님을 끌어내다 등에 솔질 솰솰 하여 말둑이님 내가 타고 ~ 샌님 비슷한 놈도 없기로 ; 대구의 대사다. 노새를 '노새님'이라고 존칭을 붙이고, 이에 대구하여 '말둑이님'이라고 실현하고 있다. 이로써 '말둑이'는 격상되고, 양반은 '샌님 비슷한 놈'으로 전락하고 만다. 임석재본에는 '마죽간에 들어가 노새 원님을 끌어내다 등에 솔질 솰솰하여 말둑이님이 내가 타고'와 같이 채록되었다. 임석재본으로 보면 '노새원님'은, 노새에 '노생원', '원님' 등을 함께 조합한 희학적 표현을 보여주고 있다.

110 이 벙거지 쓴 채로 이 채찍 찬 채로 이 감발 한 채로 ; 대구와 유사의미반복에 의한 언어유희다.

111 [보정] 말둑이. 「예── 양반을 찾으려고 ~ 하고 하고 재독으로 냈습니다.」; 마나님과 사통(私通)하였음을 암시적으로 드러내고 있다. '바위 틈틈이 모래 짬짬이'와 같은 대구와, '이 벙거지 쓴 채로 이 채찍 찬 채로 이 감발 한 채로'와 같이 유사의미반복에 의한 언어유희를 원용함으로써 희극적 분위기를 보여주고 있다.

兩班伯. 「이놈뭐야.」

말둑이. 「하—[112] 이兩班엇지듯고 問安
　　　을들이고들이고 하니까 마나님이
　　　술 床을차리는대 壁藏[113]열고 목이
　　　길다황새瓶[114] 목이잘다[115]자라瓶
　　　에 江麴酒[116] 이강酒[117]를내여놋차
　　　鸚鵡盞[118]을마님[119]이親히드러　잔
　　　갓득술을부어 한잔두잔一二三
　　　盃[120]마신後에 안주를내여놋는대
　　　大양푼[121]에 갈비찜[122] 小양푼[123]에
　　　豬肉[124] 초고추[125]저린[126]김치 문어
　　　점복[127]다버리고　昨年八月에샌님
　　　宅에서登山갓다남아온[128]좃대갱
　　　이[129]하나줍듸다[130].」

양반 백. 「이놈 뭐야.」

말둑이. 「하— 이 양반 어찌 듣고
　　　문안을 드리고 드리고 하니까
　　　마나님이술 상을 차리는데
　　　벽장 열고
　　　목이 길다 황새병 목이 짧다 자
　　　라병에
　　　강국주 이강주를 내여 놓자
　　　앵무잔을 마님이 친히 들어
　　　잔 가득 술을 부어
　　　한잔 두잔 일이삼배 마신 후에
　　　안주를 내어놓는데
　　　대양푼에 갈비찜 소양푼에 저육
　　　초고추 저린 김치 문어 점복 다
　　　버리고
　　　작년 팔월에 샌님댁에서 등산 갔
　　　다 남아온
　　　좃대갱이 하나 줍다.[131]」[132]

---

112 하— ; 기쁘거나 슬플 때, 화가 나거나 걱정스럽거나 한탄스러울 때 가볍게 내는 소리다.

113 壁藏(벽장) ; '壁欌'이 옳다. 벽을 뚫어 작은 문을 내고 그 안에 물건을 넣어 두게 만든 장(欌)을 말한다. 벽다락이라고도 한다.

114 황새瓶(병) ; 황새의 목처럼 목이 긴 병을 말한다.

115 잘다 ; '짧다'가 옳다.

116 江麴酒(강국주) ; 홍국주(紅麴酒) 혹은 홍곡주(紅穀酒)인 듯하다. 홍국주(紅麴酒)는, 멥쌀로 밥을 지어 누룩가루를 섞고 뜬 다음에 더운 기운을 빼고 볕에 말린 누룩 - 홍국(紅麴) - 으로 만든 술이다. 어혈을 없애는 작용이 있어, 해산 후 오로(惡露)가 다 나오지 않고 배가 아픈 데와, 음식이 잘 소화되지 아니하고 뭉치어 생기는 병이나, 비위(脾胃)의 기능 장애로 인하여 가슴이 답답하고 트림을 하는 따위의 증상이나, 이질·타박상 따위에 쓴다. 홍곡주(紅穀酒)는 중국에서 나는, 붉은빛으로 물들인 쌀[홍곡(紅穀)]로 빚은 술이다. 홍소주가 있다. 이두현본에서는 '홍곡주'라고 채록되었다.

117 이강酒(주) ; 이강주(梨薑酒)를 말한다. 이강고(梨薑膏) 소주에 배즙·생강즙·꿀 등을 넣고 중탕한 술이다.

118 鸚鵡盞(앵무잔) ; 앵무배(鸚鵡杯)를 말한다. 자개를 가지고 앵무새의 부리 모양으로 만든 술잔이다.

兩班伯.「이놈뭐야.」

말둑이.「아─ 이兩班엇지듯소 登山갓다남아온魚頭一尾[133]이라고하면서 조긔대갱이[134]하나주시더라고 그리하엿는데.」

兩班伯·仲.「魚頭가一味라네.」

　　　　(하며 굿거리장단에마추어춤을춘다.)

양반 백.「이놈 뭐야.」

말둑이.「아─ 이 양반 어찌 듣소 등산 갔다 남아온 어두일미이라고 하면서 조기대갱이 하나 주시더라고 그리 하였는데.」

양반 백·중.「어두가 일미라네.」[135]

　　　　(하며 굿거리장단에 맞추어 춤을 춘다.)

---

119 마님 ; 지체가 높은 집안의 부인을 높여서 이르는 말이다. 상전(上典)을 높여 이르는 말로도 쓰인다.

120 一二三盃(일이삼배) ; 한잔, 두 잔, 석 잔을 말한다.

121 大(대)양푼 ; 큰 양푼을 말한다. 음식을 담거나 데우는 데에 쓰는 놋그릇이다. 그릇의 둘레가 낮고 둥글며, 아가리가 넓고 바닥이 평평하다. 작은 것은 보통 반병두리라고 한다. 양푼은 대가집에서 주로 쓰던 용기로 크기는 대·중·소로 되어 있다. 대양판(大洋板)이라고도 한다. '소의 밥통 고기'로 본 곳은 잘못이다.

122 갈비찜 ; 소나 돼지 따위의 갈비를 양념과 간을 하여 푹 찐 음식이다.

123 小(소)양푼 ; 자그마한 양푼을 말한다.

124 豬肉(저육) ; '제육'의 원말이다. 식용으로 하는 돼지의 고기를 말한다.

125 초고추 ; '볶은[炒] 고추'인 듯하다.

126 저린 ; '절인'이다.

127 점복 ; '전복(全鰒)'이 옳다. 전복과의 조개를 통틀어 이르는 말이다.

128 남아온 ; '남겨온'이 옳다.

129 좃대갱이 ; '좃대가리'의 방언이다. 남성의 성기를 비속하게 이르는 말이다.

130 줍듸다 ; '줍디다'다.

131 좃대갱이 하나 줍듸다 ; '조기 대가리'를 의도적으로 유사음 이의어인 '좃대갱이'라고 실현하고 있다. 이러한 언어유희로 인하여 희학적인 분위기가 연출된다.

132 [보정] 말둑이.「하─ 이 양반 어찌 듣고 ~ 좃대갱이 하나 줍듸다.」; 오청(誤聽)을 유도하고 있다. 소위 술사설 또는 안주 사설을 원용한 대목이다. 열거와 반복이 지배적이다. 엮음수심가(愁心歌)의 한 대목을 보면 다음과 같다. '술이익자 달이뜨고 달이뜨자 임이온다 목이길다고 황새병이며 목이말라 자라병이며 [중략] 풋고추 저리 김치 문어전복 곁질러너라 [중략] 앵무배에 뚜르르 한 잔 술을 가득부어 잡수시오 잡수시오'. '춘향전 완판 - 열녀춘향수절가'의 술안주와 술병 치레를 보면 더욱 다양한 모습을 보여준다. 이는 장르간 교섭현상의 대표적 양상이다.

133 魚頭一味(어두일미) ; 물고기는 대가리 쪽이 그 중 맛이 있다는 말이다.

134 조긔대갱이 ; '조기대가리'의 방언이다. 생선인 조기의 머리 부분을 비속하게 이르는 말이다.

135 [보정] 양반 백·중.「어두가 일미라네.」; 대화반응이 불림으로 활용되었다.

兩班伯. 「이놈말둑아――.」

말둑이. 「예――. 아이제미를부틀兩班

　　　　인지 좃반[136]인지 허리꺽거折半인

　　　　지 개대가리소반[137]인지 꾸레미[138]

　　　　廛[139]에 白礬[140]인지 말둑아꼴둑

　　　　아[141] 밧가운데췻둑아[142] 五六월밀

　　　　둑아[143] 잔대둑[144]에메둑아[145] 불어

　　　　진다리절둑아[146] 胡桃엿장사온데

　　　　한애비[147]찻둑 외이리찻소.」

양반 백. 「이놈 말둑아――.」

말둑이. 「예――.

　　　　아 이 제미를 붙을

　　　　양반인지 좃반인지 허리 꺾어 절

　　　　반인지

　　　　개대가리 소반인지 꾸레미 전에

　　　　백반인지

　　　　말둑아 꼴둑아

　　　　밭 가운데 췻둑아 오뉴월 밀둑아

　　　　잔대둑에 메둑아 불어진 다리 절

　　　　둑아

　　　　호도 엿장사 온데

　　　　할애비 찾듯 왜 이리 찾소.[148]」[149]

---

136 좃반 ; '조반(朝飯)'을 강세를 더하여 실현한 것이다. '좃반'은 '좃반'을 연상케 한다. 즉 '조반(朝飯)'을 비속하게
　　표현한 민간화술적인 언어유희다.

137 개대가리소반 ; 개다리소반(小盤)을 비속하게 말한 것이다.

138 꾸레미 ; '꾸러미'의 방언이다.

139 廛(전) ; 물건을 벌여 놓고 파는 가게를 말한다.

140 白礬(백반) ; 황산알루미늄과 황산칼륨의 복염인 칼륨명반을 이른다. 떫은맛이 나는 무색투명한 정팔면체의
　　결정으로, 물에 녹으며 수용액은 산성을 나타낸다. 매염제, 수렴제 따위로 쓴다.

141 꼴둑아 ; '꼴뚜기야'의 방언이다. '꼴뚜기'는 꼴뚜깃과의 귀꼴뚜기, 좀귀꼴뚜기, 잘룩귀꼴뚜기, 투구귀꼴뚜기를
　　통틀어 이르는 말이다. 망조어, 장어(鱆魚)라고도 한다. '꼴뚜기'는 속담 '어물전 망신은 꼴뚜기가 시키다'나 '장
　　마다 꼴뚜기'와 같이 상대방을 격하하는 뜻으로 말할 때에 등장한다.

142 췻둑아 ; '췻둑아'의 방언이다. '췻둑길'은 밭두둑에 난 길의 이북 방언이다.

143 밀둑아 ; '밀따기야'의 방언이다. 벌통에서 밀을 떼어 내는 일이다.

144 잔대둑 ; '잔대'는 초롱꽃과의 여러해살이풀이다. 산에 나는데, 뿌리는 희고 굵으며 줄기 높이 1m 정도이며, 어
　　린잎과 뿌리는 식용이다.

145 메둑아 ; '메뚜기야'의 방언이다.

146 절둑아 ; '절뚝아'의 방언이다. '절뚝'은 몸의 균형이 잡히지 아니하여 다리를 심하게 한 번 저는 모양이다.

147 한애비 ; '할애비'가 옳다. 할아비의 방언이다.

148 [보정] 호도 엿장사 온데 할애비 찾듯 왜 이리 찾소 ; 관용적 표현이다. '엿장사 놋쇠 사러 다니듯' 이리저리 쏘다
　　니는 모양을 비유적으로 이르는 말이다.

149 [보정] 말둑이. 「예――. 아 이 제미를 붙을~할애비 찾듯 왜 이리 찾소.」 ; 유사음과 동의어반복을 원용한 민간

兩班伯. 「너이놈　兩班을모시고단이면 새처[150]를定하는것이안이고 어듸로그리단이느냐.」

말둑이. (채직으로　도야지[151]울을가르키며) 「이마만큼터를잡아　참나무울장[152]을　드문드문꽂고　깃[153]을푹운푹운[154]이두고 門을하늘노내인집으로　벌서잡아노앗습니다.」

兩班伯. 「이놈　뭐야.」

양반 백. 「너 이놈 양반을 모시고 다니면 새처를 정하는 것이 아니고 어디로 그리 다니느냐.」

말둑이. (채찍으로 도야지 울을 가리키며)[155] 「이마만큼 터를 잡아 참나무 울장을 드문드문 꽂고 깃을 푹운푹운이 두고 문을 하늘로 내인 집[156]으로 벌써 잡아 놓았습니다.」

양반 백. 「이놈 뭐야.」

화술적 언어유희이다. 민간화술이다. 양반이라는 글자를 이용해 해학적 분위기를 돋우고 있다. 처음에는 '班'자를 매개로 삼아 좃반이라 하고 이를 다시 허리 꺾을 양반이라 하여 꺾일 '折'자를 써서 '折'반이라 하고 있다. 그리고 '-인지'를 써서 대수롭지 않음과 표현상으로 대구로 인한 리듬감이 나타난다. 자기를 자꾸 부르는 것에 대하여 답하는 뒷부분은 비슷한 이름을 나열로 재치와 해학을 느끼게 된다. 우선 꾸레미전에 백반이라 하여 시장바닥에 흔히 있는 것들, 쉽게 자주 부를 수 있는 것이라는 의미를 담고 있다. 이런 흔하디흔한 것이 '-둑'을 매개로 이것저것 부르다가 밭 가운데 있는 최뚝이, 잔디에 있는 메뚜기, 부러질 '折'자로 절뚝이 라고 한다. 이는 자기를 자주 찾는 것에 대한 답이며, 말장난인 동시에 부드러운 리듬감으로 즐거이 웃을 수 있는 분위기를 자아낸다.

150 새처 ; 사처 즉 점잖은 손님이 길을 가다가 묵음을 뜻한다. 또는 그 유숙하는 집을 말한다.

151 도야지 ; 돼지를 말한다.

152 울장 ; '우리'와 '담장'이 결합된 말이다. '우리'는 짐승을 가두어 기르는 곳이다. '담장'은 집이나 일정한 공간을 둘러막기 위하여 흙, 돌, 벽돌 따위로 쌓아 올린 것이다.

153 깃 ; 외양간, 마구간 등에 깔아주는 짚이나 풀을 말한다.

154 푹운푹운 ; 미상하다.

155 [보정] (채찍으로 도야지 울을 가리키며) ; 가면극 현장에서 가축 축사를 연상하게 하는 공간을 설정하는 행위이다. 이 지문은 연희자의 언급을 그대로 채록한 것이다. 실제로 현장에 '돼지우리'가 있는 것이 아니라 연기를 그렇게 하라는 뜻이다. 가면극에서 연극적 공간을 실현해 내는 기법적 특징을 말해주는 기사다. 임석재본에서는 '(채찍으로 동그랗게 공중에 금을 그으면서)'라고 채록되었다.

156 문을 하늘로 내인 집 ; 지붕이 없는 집이라는 말로, 돼지우리를 지칭하는 것이다.

말둑이. 「아 이兩班엇지듯소 子坐午
　向¹⁵⁷에터를잡고　欄干八字¹⁵⁸五聯
　閣¹⁵⁹에 入口字로집을짓되 琥珀주
　초¹⁶⁰에 珊瑚기동¹⁶¹에 翡翠椽木¹⁶²
　에 金波도리¹⁶³를걸어 入口字¹⁶⁴로
　푸러짓고 치어다보니天반자¹⁶⁵요
　내려다보니張板房¹⁶⁶이라 花紋
　席¹⁶⁷칫다펴고¹⁶⁸ 付壁書¹⁶⁹를바라
　보니 東便에부튼것이 淸白明正¹⁷⁰
　네글자가宛然¹⁷¹하고 西便을바라
　보니 百印堂中有泰和¹⁷²가宛然히
　붓터잇고 南便을바라보니 仁義禮
　智¹⁷³가分明하고 北便을바라보니
　孝悌忠義¹⁷⁴가뚜렷이붓텃스니 可
　謂 兩班의새처房이될만하고 文房
　諸具¹⁷⁵볼작시면 옹장봉장¹⁷⁶櫃¹⁷⁷
　두지¹⁷⁸ 자개函籠¹⁷⁹반다지¹⁸⁰ 샛별
　같은놋뇨강¹⁸¹을 놋대야¹⁸²밧처요긔
　조긔느러놋코 양칠簡竹¹⁸³자紋簡
　竹¹⁸⁴을 이리저리마춰놋코 씸벌¹⁸⁵
　같은칼담배¹⁸⁶를 저— 平壤東푸
　루¹⁸⁷ 船倉의 되지똥물에다축축이
　축여놋습니다.」

말둑이. 「아 이 양반 어찌 듣소
　자좌오향에 터를 잡고
　난간 팔자 오연각에 입구자로 집
　을 짓되
　호박주초에 산호 기동에 비취 연
　목에
　금파도리를 걸어
　입구자로 푸러짓고
　치어다보니 천반자요
　내려다보니 장판방이라
　화문석 칫다 펴고 부벽서를 바라
　보니
　동편에 붙은 것이
　청백명정 네 글자가 완연하고
　서편을 바라보니
　백인당중유태화가 완연히 붙어
　있고
　남편을 바라보니
　인의예지가 분명하고
　북편을 바라보니
　효제충의가 뚜렷이 붙었으니
　가위 양반의 새처방이 될 만하고
　문방제구 볼작시면

---

157 子坐午向(자좌오향) ; 북쪽[子方(자방)]을 등지고 남쪽[午方(오방)]을 향한다는 뜻이다. 즉 정남방을 향해 지은
　집을 말한다.
158 欄干八字(난간팔자) ; 난간을 두르고, 팔작지붕을 얹었다는 말이다. 난간과 처마 끝의 무게를 받치기 위하여
　기둥머리에 짜 맞추어 댄 팔자 모양의 나무쪽으로 즉 화려하게 지은 집을 말한다. '欄干八作'이 옳다. '난간(欄
　干/欄杆)'은 층계, 다리, 마루 따위의 가장자리에 일정한 높이로 막아 세우는 구조물이다. '난간포(欄干包)'는 난

간에 꾸민 처마 끝의 무게를 받치기 위하여 기둥머리에 짜 맞추어 댄 나무쪽인 공포(栱包)를 말한다. '팔자(八字)'는 한자(漢字)의 '팔(八)'이라는 글자의 모양이다. 효사정(孝思亭)은 조선 세종대에 공숙공(恭肅公) 노한(盧閈)이 지금의 노량진 한강변에 지은 정자였다. 현재의 효사정은 넓이 46.98㎡의 정면 3칸·측면 2칸 규모로, 온돌방 1칸을 들인 건물이다. 민도리집 구조의 5량 집이며 난간을 두르고, 팔작지붕을 얹었다.

159 五聯閣(오련각) ; '五樑閣(오량각)'이 옳다. 대들보를 다섯 줄로 놓아 넓이가 두 간통 되게 지은 집을 말한다. 오량집이라고도 한다. 여기서는 '오양간'을 염두에 둔 듯하다.

160 琥珀(호박)주초 ; 전각의 두리기둥 밑에 받치는 둥글게 다듬어 만든 주춧돌을 말한다. '주초'는 '주추'가 원말이다.

161 珊瑚(산호)기둥 ; 산호로 세운 기둥을 말한다. '산호기둥에 호박 주추다.'라 하는데, 호사스럽게 산다는 말이다.

162 翡翠椽木(비취연목) ; 비취로 된 서까래를 말한다.

163 金波(금파)도리 ; 금빛이 돋는 도리를 말한다. 도리는 기둥과 기둥 위에 건너 얹어 그 위에 서까래를 놓는 나무를 말한다.

164 입口字 ; '입구자집(-口字-)', 즉 ㅁ자집을 말한다.

165 天(천)반자 ; '반자'를 말한다. 방이나 마루의 천장을 평평하게 하는 시설물이다.

166 張板房(장판방) ; '장판방(壯版房)'이 옳다. 장판지로 바닥을 바른 방을 말한다. 장판지(壯版紙)는 방바닥을 바르는 데 쓰는 기름을 먹여 만든 마감용 종이다.

167 花紋席(화문석) ; 기직자리[草席]의 하나로, 온돌바닥을 장판을 하지 않고 흙바닥인 채로 쓸 경우 그 위에 까는 자리이다. 왕골로 겉을 하고 짚을 곁들여서 틀에 올려 한 눈 한 눈 엮어간다. 무늬를 놓아서 엮은 것이 '화문석'이요 강화 지방의 명산물이다. 이때 자리 눈은 깨끗해야 하므로 '청올치' - 칡 껍질로 만든 끈 - 로 매야 했다.

168 칫다펴고 ; 짜서 펴고. 여기서 '치다'는 돗자리, 멍석, 가마니 따위를 틀로 짜거나 손으로 엮거나 틀어서 만드는 행위를 이른다.

169 付壁書(부벽서) ; 종이 따위에 써서 벽에 붙이는 글이나 글씨를 말한다.

170 淸白明正(청백명정) ; 재물에 대한 욕심이 없이 곧고 깨끗하며 올바르게 밝힘을 뜻한다.

171 완연(宛然) ; 눈에 보이는 것처럼 아주 뚜렷함. 또는 모양이 서로 비슷함을 뜻한다.

172 百印堂中有泰和(백인당중유태화) ; '百忍堂中有泰和'이 옳다. 당나라 고종 때에 장공예(張公藝)가 인(忍)자 백 개를 써서 올렸다는 고사를 원용한 것이다. 백인(百忍)은 온갖 고난이 참고 이겨낸다는 뜻이다. 즉 많이 참는 집에 태평과 평화로움이 있다는 말이다. '구세동거 장공예(九歲同居 張公藝) 일화'로 다음과 같은 이야기가 있다. 옛날 성은 장가요 이름은 공예이다. 구대(九代)가 한 집에서 살았는데 혹자가 와서 말하기를 "3대도 한 집에서 살기가 어려운데 어떻게 9대를 한 집에서 살수가 있느냐?" 하고 묻자 공예는 필묵을 꺼내놓고 "참을 인(忍)자와 일백 백(百)자를 쓴다. 참아라. 넘어오는 간도 삭여서 넘겨라." 하는 말이다. 그래서 후에 사람들이 "백인당중 유태화(百忍堂中 有泰和)라. 백번 참는 집안에는 큰 화평이 있다." 고 한 것이다. 백인(百忍)이란 말이 여기서 비롯된 것이라 한다. 또 '서인자일백(書忍字一百)'은, 역시 장공예라는 사람이, 참을 인(忍)자를 백번이나 썼다는 고사에서 온 말로, 가정의 화목은 서로가 인내하는 데 있다는 말이다.

173 仁義禮智(인의예지) ; 유학에서, 사람이 마땅히 갖추어야 할 네 가지 성품, 곧 어질고, 의롭고, 예의 바르고, 지혜로움을 이른다.

174 孝悌忠義(효제충의) ; 부모께 효도하고, 형제간에 우애하며, 나아가 나라에 충성과 절의를 품는다는 뜻이다.

175 文房諸具(문방제구) ; 학용품과 사무용품 따위를 통틀어 이르는 말이다. 전통적으로는 보통 문방사우(文房四友)인 종이·붓·먹·벼루의 네 문방구이며, 문방사보(文房四寶)라고도 한다. 이후의 대사를 보면 여기서는 의미가 가재도구라는 뜻으로 전용되었다.

176 옹장봉장 ; '용장봉장(龍欌鳳欌)'이 옳다. 용(龍)이나 봉(鳳)을 그린 장을 말한다. 장(欌)은 자그마하게 만든 옷 넣는 가구다.

옹장 봉장 궤두지 자개함롱 반다지
샛별 같은 놋뇨강을 놋대야 받쳐
요기조기 늘어놓고
양칠간죽 자문간죽을
이리저리 맞춰 놓고
썹벌같은 칼담배[188]를
저— 평양 동푸루 선창의 돼지똥
물에다
축축이 축여 놨습니다.[189]」

---

177 櫃(궤) ; 궤짝으로 나무로 만든 네모진 상자를 말한다.

178 두지 ; '뒤주'의 방언이다. 뒤주는 곡식을 담아 두는 세간살이다.

179 자개函籠(함롱) ; 겉에 자개를 박아서 꾸며 놓은 자개함을 말한다. 함(函)은 옷이나 물건 따위를 넣을 수 있도록 네모지게 만든 통이다. 또는 혼인 때 신랑 쪽에서 채단(采緞)과 혼서지(婚書紙)를 넣어서 신부 쪽에 보내는 나무 상자를 말한다. 농(籠)은 버들채나 싸리채 따위로 함같이 만들어 종이로 바른 상자. 옷이나 물건을 넣어 두는 데 쓰인다. 또는 같은 크기의 궤를 이 층 또는 삼 층으로 포개어 놓도록 된 가구를 말한다. 장(欌)처럼 생겼으나, 네 기둥과 개판(蓋板)이 없다. '자개'는 금조개 껍데기를 썰어 낸 조각으로 빛깔이 아름다워 여러 가지 모양으로 잘게 썰어 가구를 장식하는 데 쓴다.

180 반다지 ; 앞의 위쪽 절반이 문짝으로 되어 아래로 젖혀 여닫게 된, 궤 모양의 가구를 말한다. 반닫이라고도 한다.

181 놋뇨강 ; '놋요강'이 옳다. 놋쇠로 만든 요강이다. 요강은 방에 두고 오줌을 누는 그릇이다. 놋쇠나 양은, 사기 따위로 작은 단지처럼 만든다. 한자를 빌려 '溺강, 溺釭, 溺江'으로 적기도 한다. '샛별같은 놋요강'은 반짝반짝 빛나게 닦아 놓은 놋요강을 두고 이른다. 누렇게 변한 놋그릇은 짚수세미나 짚 가마니로 닦으면 반짝반짝 빛난다. 근자에는 연탄재를 수세미에 묻혀 닦기도 하였다.

182 놋대야 ; 놋쇠로 만든 대야를 말한다. 대야는 물을 담아서 무엇을 씻을 때 쓰는 둥글넓적한 그릇이다.

183 양칠簡竹(간죽) ; '양칠간죽(洋漆竿竹)'이 옳다. 빨강·파랑·노랑의 빛깔로 알록지게 칠한 담배설대를 말한다.

184 자紋簡竹(문간죽) ; '자문간죽(自紋竿竹)'이 옳다. 자문죽(自紋竹)으로 만든 담뱃대를 말한다. 자문죽(自紋竹)은 아롱진 무늬가 있는 대나무로 흔히 담뱃대로 쓴다. 자점죽이라고도 한다.

185 썹벌 ; '썹털'인 듯하다. 임석재본에서는 '썹털'이라고 채록되었다.

186 칼담배 ; '살담배'가 옳다. 칼 따위로 썬 담배를 말한다.

187 [보정] 平壤東(평양동)푸루 ; '평양 동포루(東鋪樓)'가 옳다. 포루(鋪樓)는 화포를 장착하기 위한 건물이 아니고, 적이 볼 수 없게 치성 위에 군사들이 몸을 숨길 수 있도록 지은 집이다. 치성은 성벽을 돌출시켜 성벽에 접근하는 적을 공격할 수 있게 만든 시설이며, 치성 가운데 중요한 위치에는 포루를 세웠다. 화성에는 서포루(西鋪樓), 북포루(北鋪樓), 동북포루(東北鋪樓, 각건대), 동1포루(東1鋪樓), 동2포루(東2鋪樓) 등 5개의 포루가 있다. 『양파유고(陽坡遺稿)』에 '총수산에 이르러 유숙하면서[到蔥秀山留宿]'에 '7월 15일 일찍 출발하여 늦은 아침에 대동강변에 도착하였다. 큰비로 불어난 강물 때문에 건너기가 대단히 어려웠다. 중국 사신은 배가 준비되어 있지 않고 장막이 설치되어 있지 않았기 때문에 분노하여 차사원(差使員)인 광량첨사(廣梁僉使) 김희민(金希敏)을 붙잡아 들이게 하고 곤장 15대를 쳤다. 각 방면의 배를 부벽루 근방에 끌어올려 비로소 배를 띄워 <u>동포루</u> 아래

兩班伯. 「이놈 뭐야.」

말둑이. 「아— 이兩班엇지듯소 소털같
　　　　은칼담배를 꿀물에다축여놋다고
　　　　그리하얏습니다.」

兩班伯. 「꿀물에다축엿다네.」

　　　　(라고하며 아우들과같이 굿거리
　　　　장단에마추어 한참춤을춘다.)

　　　　(樂과舞가굿치자 兩班三兄弟
　　　　가 새처를定한다.)

兩班伯. 「여보게同生! 우리가本是兩班
　　　　이라 각급도한데[190] 글이나한首식
　　　　지여보세.」

양반 백. 「이놈 뭐야.」

말둑이. 「아— 이 양반 어찌 듣소
　　　　소털 같은 칼담배를 꿀물에다 축
　　　　여놨다고
　　　　그리 하였습니다.」[191]

양반 백. 「꿀물에다 축였다네.」[192]

　　　　(라고하며 아우들과 같이 굿
　　　　거리장단에 맞추어 한참 춤을
　　　　춘다.)

　　　　(악과 무가 그치자 양반 삼형제
　　　　가 새처를 정한다.)[193]

양반 백. 「여보게 동생! 우리가 본시 양반
　　　　이라[194] 각급도한데 글이나 한 수씩
　　　　지여보세.」

에 정박시켰다. 평양성에 들어가서 묵었다.'라고 하였다.

188 씹벌같은 칼담배 ; '씹털 같은 칼담배'인 듯하다. 채록 자료에 따라 '씹털', '소털' 등이 나타난다.

189 저— 평양 동포루 선창의 돼지똥물에다 축축이 축여 났습니다 ; '저기 평양 동포루(東砲樓) 아래에 있는 선창
의 돼지 똥물에다가 축축하게 축여놓았습니다.'라는 말로 양반들이 피우는 담배를 격하시키고 있다.

190 각급도한데 ; '갑갑하다'의 뜻이다.

191 [보정] 말둑이. 「아— 이 양반 어찌 듣소 소털 같은 칼담배를 꿀물에다 축여놨다고 그리 하였습니다.」 ; 앞의 대
사인 '씹벌같은 칼담배를 저— 평양 동푸루 선창의 돼지똥물에다 축축이 축여 났습니다.'에 대하여 댓구 형태로
받은 대사. 오청(誤聽)을 유도하고 있다. '똥물'을 '꿀물'이라고 바로 잡았지마는 담배를 꿀물에다 축이지는 않
기 때문에 역시 양반이 격하된다.

192 [보정] 양반 백. 「꿀물에다 축였다네.」 ; 대화 반응이 불림으로 활용되었다.

193 [보정] (악과 무가 그치자 양반 삼형제가 새처를 정한다.) ; 일정한 무대 장치가 없음을 보여주는 단적인 사례다.
양반 삼형제는 새처방에 든 양하거나 - 임석재본 - 일정한 자리에 앉기도 한다.

194 [보정] 우리가 본시 양반이라 ; 양반 역할을 하겠다는 지문성 대사다.

兩班仲. 「兄님 그것도조흔말슴이요 兄
님이먼저지으시요.」

兩班伯. 「그러면 同生이 韻字¹⁹⁵를하나
부르게.」

兩班仲. 「그리하오리다 산字영字외다.」

兩班伯. 「아― 그것 어렵다. 여보게同生
되고안되고 내가부를것이니 드러
보게.」

(詠)¹⁹⁶「울눅줄눅¹⁹⁷作大山하니 黃川
豊山¹⁹⁸에洞仙嶺¹⁹⁹이라.」

兩班仲. 「거 兄님잘지엿소.」(兄弟가같
이웃는다)

양반 중. 「형님 그것도 좋은 말씀이요
형님이 먼저 지으시오.」

양반 백. 「그러면 동생이 운자를 하나
부르게.」

양반 중. 「그리 하오리다 산자 영자 외
다.²⁰⁰」

양반 백. 「아― 그것 어렵다. 여보게 동
생 되고 안 되고 내가 부를 것이니
들어보게.」

(영) 「울눅 줄눅 작대산 하니
황천풍산에 동선령이라.」²⁰¹

양반 중. 「거 형님 잘 지었소.」

(형제가 같이 웃는다)²⁰²

---

195 韻字(운자) ; 한시의 운으로 다는 글자를 말한다.

196 詠(영) ; 영가(詠歌)인 듯하다. '영가(詠歌)'는 보통 창가(唱歌)를 말하며, 국악에서, 종교적인 노래의 하나.
'음·아·어·이·우'의 오음(五音)을 처음에는 길게, 나중에는 빠르게 가락을 붙여 반복하여 부르는 것으로, 조
선 후기부터 불리기 시작했다. 임석재본에서는 '(咏詩調로)'라고 채록하였다.

197 울룩 줄룩 ; 울룩불룩인 듯하다. 물체의 거죽이나 면이 고르지 않게 매우 높고 낮은 모양이다.

198 黃川豊山(황천풍산) ; 함경남도에 있는 지명이다. 1914년 군폐합(郡廢合) 때 갑산군(甲山郡) 웅이면(熊耳
面)·이인면(里仁面)·천남면(天南面)과 북청군(北靑郡) 안산면(安山面)으로 풍산군을 신설했다.

199 洞仙嶺(동선령) ;『신증동국여지승람』'황해도 봉산군 조'에, '동선(洞仙)'은 북쪽으로 15리에 있다고 하였고,
'동선관행성(洞仙關行城)' 쪽으로 15리 황주(黃州) 경계에 있으며 속칭 사인암성(舍仁嚴城)이라 하며 돌이 공
중에 우뚝 솟아 있어 적암(積巖)이라 이름하고, 사인암(舍人巖)이라고 부른다. 고갯길이 좁고 매우 비탈져 말과
같이 걸어갈 수가 없다. 영종(英宗) 22년에 성을 쌓아서 동쪽과 서쪽에 문(門)을 설치하였다. 성의 길이는 모두
1천 9백 70보다 라고 하였다.

200 산자 영자 외다 ; 산字와 영字를 운자로 하여 시를 지으라는 뜻이다. 원자료에 '산'자와 '영'자에 위첨자가 있다.

201「울눅 줄눅 작대산 하니 황천풍산에 동선령이라.」; 운자놀이의 하나다. 시짓기를 하나의 놀이 형태로 변형시
킨 것이다. 대체로 한시를 언어유희화한 것이 보통이다. 황천풍산에 있는 동선령의 성이 1천 9백 70보에 걸쳐
있는 형세를 두고 이른 것이다.

202 [보정] 이 대목에서는 '운자놀이'가 전개된다. '운자놀이'는 운자를 불러 한시를 짓는 방식을 빌어 놀이화한 것이다.

兩班伯. 「이번엔 同生[203]이한句 지여보게.」

兩班仲. 「兄님이韻字를부르시요.」

兩班伯. 「총字못字세.」

兩班仲. 「아 그 韻字僻字[204]로군. (조곰
　　　　생각다가) 兄님드러보시요.」

(詠) 「집세기[205]압총[206]은헌겁총[207]이요
　　　나막신[208]뒤측[209]에거말못[210]이라.」

말둑이. 「샌님[211] 저도 한首지을터니 韻
　　　　字를불너주시요.」

양반 백. 「이번엔 동생이 한구 지여보게.」

양반 중. 「형님이 운자를 부르시오.」

양반 백. 「총 자 못 자세.」

양반 중. 「아 그 운자 벽자로군.
　　　　　(조금 생각다가)
　　　　　형님 들어보시오.」

(영) 「집세기 압총은 헌겁총이요
　　　나막신 뒤측에 거말못이라.[212]」[213]

말둑이. 「샌님 저도 한 수 지을 터니 운
　　　　자를 불러주시오.」

---

203 同生(동생) ; ‘동생’이 옳다. ‘동생(同生)’은 함께 산다는 뜻이다. 같은 부모에게서 태어난 사이거나 일가친척
　　가운데 손아랫사람을 이르는 말이다. 혼인한 손아랫사람에게 이름 대신 부르는 말이다.

204 僻字(벽자) ; 흔히 쓰지 아니하는 야릇하고 까다로운 글자를 말한다.

205 집세기 ; 짚신을 말한다.

206 압총 ; ‘앞총’으로 짚신이나 미투리 따위의 앞쪽의 양편쪽으로 운두를 이루는 낱낱의 신울을 말한다.

207 헌겁총 ; ‘헝겊총’으로 헝겊신 즉 헝겊으로 신울을 돌려 만든 신을 말한다. 포화(布靴)라고도 한다.

208 나막신 ; 신의 하나. 나무를 파서 만든 것으로 앞뒤에 높은 굽이 있어 비가 오는 날이나 땅이 진 곳에서 신었다.
　　목극, 목리(木履), 목혜라고도 한다.

209 뒤측 ; ‘뒤축’이 옳다. 발뒤축으로 발 뒤쪽의 둥그런 부분 가운데 맨 뒤쪽의 두둑하게 나온 부분이다.

210 거말못 ; ‘거멀못’이 옳다. 나무 그릇 따위의 터지거나 벌어진 곳 또는 벌어질 염려가 있는 곳에 거멀장처럼
　　겹쳐서 박는 못이다. 양각정이라고도 한다. ‘거멀장’은 가구나 나무 그릇의 사개를 맞춘 모서리에 걸쳐 대는 쇳
　　조각을 말하며, 줄여서 거멀이라고도 한다.

211 샌님 ; 생원님의 준말이다. 얌전하고 고루한 사람을 놀림조로 이르는 말기도 하다.

212 집세기 압총은 헌겁총이요 나막신 뒤측에 거말못이라 ; 운자놀이에 의하여 탄생한 구절이다. 여기서 ‘총’자와
　　‘못’자는 한자어가 아니라 운자로 쓰일 수 없다. 놀이적 성향을 보여준다.

213 [보정] 이 대목도 ‘운자놀이’가 전개된다.

兩班伯. 「齋狗三年에能風月이라더니 네가兩班의宅에서 몃해를잇더니 奇特한말이다. (고개를끄덕끄덕하며) 그래라우리는두字式불넛지만 너는單字[214]로불너줄게 한字식이나달고지여보아라. 韻字는강字다.」

말둑이. 「아그韻字어렵습니다.」 (조곰생각하다가웅등이춤을추면서)

(唱) 「썩정바자구녕[215]에 개대강이요 헌바지구녕에 좃대강이라.」

兩班伯. 「아— 그놈 文章[216]이로구나 잘— 지엇다잘—지엇서.」 (담배대를 입에물고 고개를끄덕끄덕하며 仲弟를바라본다.)

兩班仲. 「아果然 그놈이큰文章이올시다.」

양반 백. 「재구삼년에 능풍월이라[217]더니 네가 양반의 댁에서 몇 해를 있더니 기특한 말이다.

　　(고개를 끄덕끄덕하며)

　그래라 우리는 두 자식 불렀지만 너는 단자로 불러 줄게 한 자씩이나 달고 지어보아라.

　운자는 강 자다.」

말둑이. 「아 그 운자 어렵습니다.」

　　(조금 생각하다가 엉덩이춤을 추면서)

(창) 「썩정 바자 구녕에 개대강이요 헌바지 구녕에 좃대강이라.[218]」

양반 백. 「아— 그놈 문장이로구나[219] 잘— 지었다 잘— 지었어.」

　　(담뱃대를 입에 물고 고개를 끄덕끄덕하며 중제를 바라본다.)[220]

양반 중. 「아 과연 그놈이 큰 문장이올시다.」[221]

---

214 單子(단자) ; '單字'가 옳다. 여기서는 한글자의 운(韻)이다.

215 썩정 바자 ; '삭정이 바자'를 말한다. '삭정이'는 산 나무에 붙은 채 말라 죽은 가지를 말한다. '바자'는 싸리나무 가지·대·갈대·수수깡 등으로 발처럼 엮거나 결은 물건이다.

216 文章(문장) ; 여기서는 문장가(文章家)라는 뜻이다.

217 재구삼년에 능풍월이라 ; 민간화술의 대표격으로 속담이다. 보통 '서당개 삼년에 풍월 읊는다'고 한다. 못 배운 사람이 배운 사람과 벗하다 보면 유식해진다는 뜻이다. 당구삼년폐풍월(堂狗三年吠風月).

218 썩정 바자 구녕에 개대강이요 헌바지 구녕에 좃대강이라 ; 삭정이로 두른 담장 틈으로 개가 머리를 내밀고, 헌 바지 구멍으로 성기가 드러난 형상을 '강' 운자를 넣어 지은 것이다. 양반탈이 운자를 내고 양반탈이 모욕을 당하는 형세가 되었다.

219 아— 그놈 문장이로구나 ; 말둑이를 보고 훌륭한 문장가라고 한 것이다. 상황적인 역설이다. 한시가 아닌 단순한 말장난을 잘 지었다고 함으로써 결국은 양반탈들이 어리석은 인물로 비쳐지게 된다.

兩班伯. (仲弟를보고)「그러면 이번에
　　는破字²²²를하나하여보잣구나.」

兩班仲.「그도조흐말슴이올시다.」

兩班伯.「주둥이는하얏코 몸덩이는알낙
　　달낙한字가 무슨字일가.」

兩班仲.「네 그것참僻字²²³ㄴ데요 거韻
　　考玉篇²²⁴에도업는字ㄴ데요. (조곰
　　생각하다가) 그것萆麻子²²⁵란字가
　　아님니까.」

양반 백. (중제를 보고)「그러면 이번에
　　는 파자를 하나 하여 보자꾸나.」

양반 중.「그도 좋은 말씀이올시다.」

양반 백.「주둥이는 하얗고 몸뚱이는 알
　　락달락한 자가 무슨 자일까.²²⁶」

양반 중.「네 그것 참 벽자인데요 거 운
　　고옥편에도 없는 자인데요.²²⁷
　　　　(조금 생각하다가)
　　그것 피마자란 자가 아닙니까.」²²⁸

---

220 (담뱃대를 입에 물고 고개를 끄덕끄덕하며 중제를 바라본다.) ; 말둑이가 잘 지었음에 동의를 구한다는 뜻이다.

221 兩班伯.「아— 그놈 文章이로구나 잘— 지엇다잘—지엇서.」(담배대를입에물고 고개를끄덕끄덕하며 仲弟를바라본다.) 양반 중.「아 과연 그놈이 큰 문장이올시다.」; 임석재본에서는 '生員＝아 그놈 문장文章이로구나. 운자韻字를 내자마자 지어내는구나. 자알 지였다'라고 채록되었다.

222 破字(파자) ; 한자의 자획을 나누거나 합하여 짜 맞추는 수수께끼, 혹은 술가의 점치는 법의 한가지로 한자를 풀어 보아서 좋고 언짢음을 알아내는 행위이며, 소위 성명철학에서 다반사로 쓰인다. 파자는 탁자(坼字)·해자(解字)라고도 한다. 또한 파자는 글자로써 표현할 수 있는 모든 표현 방법을 동원하여 즐기는 글자 놀이, 즉 일종의 수수께끼이며, 이미 춘추 전국 시대 이전부터 인기 있는 민속놀이였다.

223 벽자(僻字) ; 흔히 쓰지 아니하는 까다로운 글자를 말한다.

224 韻考玉篇(운고옥편) ; 운회옥편(韻會玉篇)인 듯하다. 운회옥편은 한문 글자의 운자(韻字)를 분류하여 놓은 사전을 말한다. 중국 송(宋) 황공소(黃公紹)가 지은 『고금운회(古今韻會)』를 수정, 편찬한 책이다. 조선 중종 때의 학자 최세진(崔世珍)이 편찬하여 1536년(중종 31) 왕명에 의하여 국비로 인간(印刊) 반포하였다. 『고금운회(古今韻會)』가 그 내용은 자세하나 해석이 너무 번잡하여 읽기에 번거로우므로 그 글자를 자형별(字形別)로 분류하여 음과 뜻은 붙이지 않고 운모(韻母)만을 붙인 체제로 수정·편찬하였다. 『사성통해(四聲通解)』의 보편(補篇)이다.

225 萆麻子(피마자) ; 대극과의 한해살이풀로 높이 2m정도이고, 잎은 손바닥 모양으로 크고, 초가을에 엷은 홍자색 꽃이 피며 열매는 삭과다. 어린잎은 식용으로 쓴다. 아주까리라고도 한다. 피마자는 열매의 알맹이로, 겉 무늬가 알록달록하다.

226 주둥이는 하얗고 몸뚱이는 알락달락한 자가 무슨 자일까 ; '주둥이는 하얗고 몸뚱이는 알락달락한'은 피마자의 모양새를 말하면서, 파자로 보면 훈(訓)에 해당한다. '字'는 글자를 뜻하면서 '子'의 뜻 즉 씨앗이나 사물의 이름에 붙는 접사로 쓰였다. 여기서는 파자가 아니라 수수께끼이다.

227 양반 중.「네 그것 참 벽자인데요 거 운고옥편에도 없는 자인데요 ; 이 대사를 보면 유식한 체하는 모습이지만, '운회옥편'을 운고 옥편이라 하여 무식이 드러난다. 다만 '韻考玉編'의 '考'자는 채록 과정에서 '會'와 혼동한 데에 기인한 것인 수도 있다.

228 네 그것 참 벽자인데요 거 운고옥편에도 없는 자인데요. (조금 생각하다가) 그것 피마자란 자가 아닙니까 ; 생원이 부른 글자가 옥편에도 없을 정도로 자주 쓰는 글자가 아니라서 아주 어렵다고 하면서 피마자란 답을 찾아낸다. '피마자'라고 답한 것은 열매의 모양과 색깔에서 유추한 것이다. 파자놀이와 수수께끼식 문답이 결합되었다.

兩班伯.「아— 거 同生이용세[229].」

兩班仲.「兄님 제가한字부르라우.」

兩班伯.「그것 그리하게.」

兩班仲.「논두덕[230]에 살피[231]집고섯는字
　　　가 무슨字요.」

兩班伯. (한참생각하다가)「아 그것은
　　　논임자란 字가안인가.」

兩班仲.「아 兄님 참 용하올시다.」
　　　 (이때 醉發이가 살작이入場하
　　　야 場內에한便구석에선다.)

兩班伯.「이놈 말둑아——.」

말둑이.「예——.」

양반 백.「아— 거 동생이 용세.」

양반 중.「형님 제가 한 자 부르라우.」[232]

양반 백.「그것 그리하게.」

양반 중.「논두덕에 살피 짚고 섰는 자
　　　가 무슨 자요.」[233]

양반 백. (한참 생각하다가)「아 그것은
　　　논임자란 자가 아닌가.」

양반 중.「아 형님 참 용하올시다.」
　　　 (이때 취발이가 살짝이 입장하
　　　여 장내에 한편 구석에 선다.)

양반 백.「이놈 말둑아——.」

말둑이.「예——.」

---

229 용세 ; 용하다. 재주가 뛰어나고 특이하다는 뜻이다.

230 논두럭 ; '논두렁'의 방언이다. 물이 괴도록 논가에 흙으로 둘러서 막은 두둑을 말한다.

231 [보정] 살피 ; 살포의 사투리이다. 살포는 논의 물꼬를 조절하는 데 쓰는 연장이다. 지역에 따라 살포갱이(경상남도 영산)·살피(경상북도)·논물광이(강원도 도계)·살보(전라남도)·삽가래(전라남도 보성)·손가래(경상북도)·살 보가래(전라남도 강진)로 불린다. 손바닥만 한 날에 비하여 자루는 길어서 2m에 이르는 것도 있다. 남부지방에서 는 대나무를 자루로 박아 쓰는 일이 많다. 날의 형태는 네모난 날 끝을 위로 두번 구부리고 괴통을 단 것, 깻잎 모양으로 앞이 뾰족하고 끝이 위로 두번 구부려져서 괴통이 달린 것 - 이를 오리살포라고도 한다 -, 말굽쇠형 따비처럼 직사각형의 몸채에 말굽쇠형의 날을 끼운 것, 괭이의 날처럼 위로 한번 구부리고 괴통을 단 것 - 날의 너비는 4.8cm, 길이는 12cm - 등 매우 다양하다. 이것은 논의 물꼬를 트거나 막을 때 쓰며, 논에 나갈 때 지팡이 대신 짚고 다니기도 한다. 무게는 700g 내외이다. 폭 12cm 길이 14cm 정도의 두툼한 쇳조각을 2m 정도의 자루에 붙인다. 노인들이 지팡이 대신에 논에 나갈 때 짚고 간다.
　　'두 땅의 경계선을 간단히 나타낸 표'로 보거나, '살피고'로 본 견해가 있는데, 잘못이다.

232 양반 중.「형님 제가 한 자 부르라우.」; 파자를 내겠다는 말이다. 여기서는 수수께끼 문제를 내겠다는 말이다.

233 논두덕에 살피 짚고 섰는 자가 무슨 자요 ; 위의 피마자와 마찬가지로 파자놀이와 수수께끼식 문답이 결합되 었다. '논두럭에 살피를 집고 서 있는 사람은 어떤 사람이요'라는 질문이다. 여기서 '살피'는 농기구의 하나다. 그리고 '자'는 '字'로 문제를 내고는 답은 '者'를 요구하는, 동음이의어를 활용한 수수께끼다.

兩班伯. 「나라돈[234] 노랑돈[235] 七分[236] 잘나
　　　먹은놈의 상통[237] 이 무루익은대초
　　　(棗)빗갓고 울눅줄눅매미잔등[238] 이
　　　같은놈이니 그놈을잡아드려라.」

말둑이. 「그놈이 심이無量[239] 이요 날냄
　　　이飛虎[240] 같으데 샌님의傳令[241] 이
　　　나잇스면 잡아올는지 그저는잡아
　　　올수가업슴니다.」

兩班伯. 「오— 그리하여라.」 (紙片[242] 에
　　　逮捕狀을써서말둑이에게준다.)

말둑이. (兩班이 주는 逮捕狀을받아가
　　　지고 醉發이에게로가서) 「當身잡
　　　히엿소.」

醉發. 「어데傳令잇나보자.」

양반 백. 「나랏돈 노랑돈 칠푼 잘라 먹
　　　은 놈의 상통이 무르익은 대초(棗)
　　　빗 같고 울룩줄룩 매미잔등이 같
　　　은 놈이니 그놈을 잡아들여라.」

말둑이. 「그놈이 힘이 무량이요 날냄이
　　　비호같은데 샌님의 전령이나 있으
　　　면 잡아올는지 그저는 잡아올 수
　　　가 없습니다.」

양반 백. 「오— 그리하여라.」
　　　　　(지편에 체포장을 써서 말둑이
　　　에게 준다.)

말둑이. (양반이 주는 체포장을 받아가
　　　지고 취발이에게로 가서) 「당신 잡
　　　히었소.」[243]

취발. 「어디 전령 있나 보자.」

---

234 나라돈 ; '나랏돈'이다. 국고금(國庫金)을 말한다.

235 노랑돈 ; 노란 빛깔의 엽전, 혹은 몹시 아끼는 돈을 말한다.

236 七分(칠분→칠푼) ; 매우 작고 보잘것없는 것을 비유적으로 이르는 말이다.

237 상통 ; '얼굴'을 속되게 이르는 말이다.

238 잔등 ; '등'의 방언이다.

239 無量(무량) ; 정도를 헤아릴 수 없을 만큼 많음을 이른다.

240 飛虎(비호) ; 나는 듯이 빠르게 달리는 범을 말한다. 여기서는 매우 용맹스럽고 날쌔다는 뜻이다.

241 傳令(전령) ; 명령이나 훈령, 고시 따위를 전하여 보냄을 말한다. 또는 그 명령이나 훈령, 고시를 말한다.

242 紙片(지편) ; 종이의 작은 조각을 말한다.

243 [보정] 당신 잡히었소 ; 직설적 언술이다. 소위 지문적 성향을 띤 대사다. 이와 같이 지문을 대사로 전향시키는
　　'돌발'이 가면극 공연공간을 더욱 신명나게 한다. 이 '돌발의 미학'은 '불합리의 합리'를 조장하는 서민적 정서에
　　기인한다.

말둑이. 「傳令업시올理잇소 자이것보
　　아.」(하며 逮捕狀을내여醉發에게
　　준다. 醉發은逮捕狀을바다본다음
　　말둑이에게잡혀온다. 말둑이는醉
　　發이를逮捕하여가지고와서 醉發
　　의웅등이를 兩班의面前에내민다.)

兩班伯. 「아 이놈아 이것이무슨냄새냐.」
　　(하며 고개를설넝설넝흔들며 얼굴
　　을집프린다.)

말둑이. 「이놈이避身하여다니기때문에
　　양취²⁴⁴를못하여서 그러케냄새가나
　　는모양이외다.」

兩班伯. 「그러면 이놈의목아지²⁴⁵를뽑아
　　밋구녕²⁴⁶에갓다 박아라.」

말둑이. 「전령 없이 올 리 있소 자 이것
　　보아.」²⁴⁷

　　　　(하며 체포장을 내어 취발에게
　　준다. 취발은 체포장을 받아본
　　다음 말둑이에게 잡혀온다. 말
　　둑이는 취발이를 체포하여 가
　　지고 와서 취발의 엉덩이를 양
　　반의 면전에 내민다.)

양반 백. 「아 이놈아 이것이 무슨 냄새냐.」
　　　　(하며 고개를 설렁설렁 흔들며
　　얼굴을 찌푸린다.)²⁴⁸

말둑이. 「이놈이 피신하여 다니기 때문
　　에 양취를 못하여서 그렇게 냄새
　　가 나는 모양이외다.」

양반 백. 「그러면 이놈의 모가지를 뽑아
　　밑구멍에 갖다 박아라.」

---

244 양취 ; '양치'가 옳다. 소금이나 치약으로 이를 닦고, 물로 입 안을 가셔 내는 일이다. 한자를 빌려 '養齒'로 적기
　　도 한다.

245 목아지 ; '모가지'를 속되게 이르는 말이다.

246 밋구녕 ; '밑구녕'이다. '밑구멍'의 방언이다.

247 [보정] 전령 없이 올 리 있소 자 이것 보아. ; '傳令'은 체포장으로서 소도구이다. 이 소도구는 실제로 등장하지
　　아니한다. '보이지는 않되 있는 것'이다. 현재는 실제 소도구를 활용하는 경우도 있다.

248 [보정] (하며 고개를 설렁설렁 흔들며 얼굴을 찌푸린다.) ; 얼굴을 찌푸리는 행위는 가면을 썼기 때문에 관중에
　　게 노출되지 않는다. 어떠한 장면을 둔 기사인지 알 수 없다. 연출법을 제시한 것으로만 추정된다.

말둑이. 「아 이놈의목쟁이[249]를뽑아다 밋
　　　구녕에다꽂는수가잇다면 내좃으로
　　　샌님의입술을때려드리겟슴니다.」

兩班伯. (怒하야담배대를내저으며큰목
　　　소리로)「이놈뭐야?」
　　　　　(이때 醉發은 고개를푹숙이고
　　　　　가만히업듸여잇다.)

말둑이. 「샌님! 그러케怒여워마시고 말
　　　슴드르시오. 金錢이면그만인데 何
　　　必이놈을잡아다죽이면무엇하오
　　　돈이나멋百兩내라고하여 우리끼
　　　리논아쓰도록합시다. 그러면 샌님
　　　도조코 나도돈兩[250]이나얻어쓰지
　　　안켓소. 그러니 샌님은못본 체하고
　　　가만히계시면 내가다處理하고갈
　　　것이니 그리알고계시오.」
　　　　　(兩班三兄弟와말둑이와醉發
　　　　　이가一齊히退場한다.)

말둑이. 「아 이놈의 목쟁이를 뽑아다 밑
　　　구멍에다 꽂는 수가 있다면 내 좃
　　　으로 샌님의 입술을 때려드리겠습
　　　니다.[251]」

양반 백. (노하여 담뱃대를 내저으며
　　　목소리로)「이놈 뭐야?」
　　　　　(이때 취발은 고개를 푹 숙이고
　　　　　가만히 엎드려 있다.)

말둑이. 「샌님! 그렇게 노여워 마시고
　　　말씀 들으시오. 금전이면 그만인데
　　　하필 이놈을 잡아다 죽이면 무엇
　　　하오. 돈이나 몇 백량 내라고 하여
　　　우리끼리 논아 쓰도록 합시다. 그
　　　러면 샌님도 좋고 나도 돈 양이나
　　　얻어 쓰지 않겠소. 그러니 샌님은
　　　못 본 체하고 가만히 계시면 내가
　　　다 처리하고 갈 것이니 그리 알고
　　　계시오.」[252]
　　　　　(양반 삼형제와 말둑이와 취발
　　　　　이가 일제히 퇴장한다.)

---

249 목쟁이 ; 목덜미를 이루고 있는 뼈를 말한다.

250 돈兩(양) ; 쉽사리 헤아릴 만큼 그다지 많지 아니한 돈을 말한다.

251 아 이놈의 목쟁이를 뽑아다 밑구멍에다 꽂는 수가 있다면 내 좃으로 샌님의 입술을 때려드리겠습니다. ; 불가
　　능하다는 뜻이다. 실행 불가능함을 비속어를 원용하여 표현하고 있다.

252 [보정] '샌님! 그렇게 노여워 마시고 말씀 들으시오. ~ 그러니 샌님은 못 본 체하고 가만히 계시면 내가 다 처리
　　하고 갈 것이니 그리 알고 계시오.」; 양반 백과 취발과 말둑이의 돈거래는 무엇인가. 앞 장면에서 소무와 취발
　　이 사이에 등장하는 돈과 같은 맥락에서 이해할 필요가 있다. 이에 대하여는 일반적으로 상업주의적 발상으로
　　보는 견해가 있는데, 보다 면밀한 검토가 필요하다. '지전(紙錢)' 풍속이 상업주의적 발상의 영향으로 패러디화
　　한 것으로 추정된다.

8. '제칠장 미얄무'의 복원

第七場 미얄舞

미얄은巫女·그의男便은절구匠이[1]로 오래간만에夫婦가반갑게만나 그동안서로그리워하든情懷를주고밧다가 嫉妬싸홈으로因하여 마츰내 永永離別을하고마는것인대 이場面은 前記各場面과는아모連絡이업는別個의것으로서 一種의餘興이다. 或은미얄의夫婦는酒幕主人으로서 醉發·老僧·墨僧等에게酒食을提供하야써 그들을放蕩의길로빠지게하엿기때문에 마츰내神罰을받게된것이라는說도잇으나 이는以上各場面과連絡식히랴는臆說인듯하다.

제칠장 미얄무[2]

미얄은 무녀[3].

그의 남편은 절구장이[4]로 오래간만에 부부가 반갑게 만나 그 동안 서로 그리워하던 정회를 주고받다가 질투 싸움[5]으로 인하여 마침내 영영이별을 하고 마는 것인데 이 장면은 전기 각 장면과는 아무 연락이 없는 별개의 것으로서 일종의 여흥[6]이다.

혹은 미얄의 부부[7]는 주막주인으로서 취발, 노승, 묵승 등에게 주식을 제공하여 그들을 방탕의 길로 빠지게 하였기 때문에 마침내 신벌을 받게 된 것이라는 설[8]도 있으나 이는 이상 각 장면과 연락시키려는 억설인 듯하다.

---

1 절구匠(장)이 ; 절구를 만드는 사람이다.

2 [보정] 정병호는, 이 장면에서, 미얄은 잦은굿거리장단에 맞추어 '엉덩이춤'을 추며, '발림춤'을 추기도 한다. 영감은 굿거리, 세마치, 중중몰이에 맞추어 '허튼춤', '발림춤'을 춘다. 삼개덜머리집과 남강노인은 '손춤'을 춘다고 한다. 그리고 잦은굿거리, 굿거리, 세마치, 중중몰이 등의 장단에 맞추어 엉덩이춤, 발림춤, 허튼춤 등을 춘다고 한다. 장단 가운데에 '세마치'는 활기찬 느낌, 꿋꿋한 느낌, 매우 흥겹고 씩씩한 느낌을 준다고 한다. 그리고 '허튼춤'은 일정한 틀과 순서가 없이 마음먹은 대로 자유롭게 표현하는 춤으로, 흥을 일으켜 춤에 몰입함으로써

황홀경에 도달하게 하고 신명을 얻게 하여 생명체에 새로운 활력을 주는 춤이라 할 수 있다고 한다. 이러한 점을 보면 이 장면은 홍겹고, 씩씩하며, 꿋꿋한 장단으로 활기찬 느낌을 조장하는 가운데에 황홀경에 도달하고 신명을 얻게 하여 활력을 주는 장면이라고 할 수 있다.

3 [보정] 미얄은 무녀 ; 미얄을 무녀라고 한 까닭은 다음 사설에 기인한다.

> 令監. 「그럼바로대지. 欄干이마에우먹눈 개발코에주개턱 머리칼은모즈러진비갓고 상통은먹푸는바가지갓고 한켠손엔붓채 들고 한켠손엔방울들고 키는석자세치되는할맘이올세.」
> 樂工. 「올치 그할맘이로군 마루넘어등넘어로 굿하러갑데.」
> 令監. 「에— 고놈의할맘 항상굿굿하로만단겨.」

그런데 '미얄'의 언어학적 의미가 규명되지 못한 상태이므로 무녀로 단정 지을 수는 없다. 설사 무당이라 하더라도 강신무가 아니라 세습무로 작은굿보다는 큰굿에 종사하는 무당이었을 것으로 추정한다. 여기서 큰굿이라 마을 단위로 행하여지는 굿을 두고 이른 말이다.

4 [보정] 그의 남편은 절구장이 ; '절구'는 곡식을 빻거나 찧는 데에 쓰는 용구로 농경사회에서는 필수적이다. 이러한 용구에 농경사회의 민속이 결부됨은 지극히 당연하다. 경상남도 지방에서는 정월의 첫 소날(上丑日, 상축일)에 절구질을 하면 집안의 소가 골이 아파서 죽거나 병이 생긴다고 하여 이를 삼간다고 한다. 또, 우리나라의 중부 이남에서는 보름날 새벽에 절굿공이를 가지고 집마당이나 밭에 가서 "디지기방아 찧자, 디지기방아 찧자." 하면서 찧고 다닌다. 이렇게 하면 굼벵이나 두더지·독벌레들이 없어진다고 생각한다. 전라남도 지방에서는 보름날 아침 절굿공이로 마당의 네 귀퉁이를 찧고 나서 땅이 얼마나 들어갔는가를 살핀다. 이때에 동쪽은 봄, 남쪽은 여름, 서쪽은 가을, 북쪽은 겨울로 여기고 땅이 많이 팬 쪽의 땅은 그 해에 물이 흔하고 그렇지 않은 곳에는 가뭄이 든다고 점을 친다. 전라남도 지방에서는 절구에 여신이 깃들어 있다고 믿었다. 보름날 아침에 절구 주위에 열두 달을 상징하는 열두 가지 음식에 콩·보리·조·팥·쌀 등의 곡식을 섞어 놓고 그 해의 흉풍을 점친다. 같은 날 오후에 이들을 살펴본다. 모양이 변하지 않은 그릇에 해당하는 날에는 가뭄이 들고, 틈이 벌어진 그릇의 달에는 물이 흔하리라고 한다. 그러나 벌어진 틈이 작으면 비가 내려도 흡족하지 않을 것으로 여긴다. 곡식의 대부분을 절구에 찧어 먹으므로 절구통의 여신은 영험하리라고 믿는 것이다. 이곳에서는 이를 "도구통 각시 영금 준다."고 말한다.

이러한 민속으로 볼 때에 미얄 장면의 '영감'은 농업사회와 긴밀한 연관이 있을 것으로 추측된다.

5 [보정] 질투 싸움 ; 여기서 '질투 싸움'이라고 하였는데, 이러한 기사는 송석하본에도 있지만 임석재본에는 이 기사가 없다. 이는 아마도 채록자의 자의적 해석이 첨부된 것으로 생각된다. 연희자의 진술이라고 볼만한 증거도 없다. 설사 연행자의 진술이라 하더라도 연출법을 제시한 것이라 봄이 옳다. 이 장면은 '미얄과 영감과 용산삼개 덜머리집에 의한 삼각관계'를 연극적 장치로 하는 장면이라고 보아야 한다. 기존 연구에 이 장면을 '처첩간의 갈등', 혹은 '난리 통에 겪는 서민의 애환'을 담은 장면으로 파악한 바는 표면적인 문맥만을 중시한 입장으로 재론의 여지가 있다. '승무'가 궁극의 듯이 권선징악에 있다고 한 점을 감안할 필요가 있다. 정현석의 『敎坊諸譜』의 '僧舞(승무)'에 보면 '한 마당의 잡희이다. 그러나 궁구하는 그 본뜻은 역시 권선징악의 뜻을 빗댄 것이다. 一場雜戲也 然究其本意亦寓勸懲之義'라고 하였다.

6 [보정] 일종의 여흥이다. ; '일종의 여흥'이라고 언급한 바는 채록과정에서 채록자의 의견이 개입된 것이다. '여흥'으로 마무리 한다는 것은 공연예술로서 가능한 일이 아니다. 우리 가면극에 '미얄춤'이 두루 보인다는 점만 보더라도 여흥일 수 없다. 일부 기사나 논의에서 '사자춤'을 삽입된 장면으로 보는 견해가 있다. 삽입되었다고 하더라도 단순 나열이나 열거 차원에서 삽입되었다기보다는 일정한 연계성을 확보하면서 추가되었다고 봄이 타당하다. 따라서 가면극문맥 전반적 차원에서 소위 '미얄춤'의 위상을 밝힐 필요가 있다.

7 [보정] 미얄의 부부 ; 미얄과 영감이 부부 관계인데, '무당'과 '절구장이'의 관계는 어떻게 되는가 하는 의문이 남는다. 이에 대한 심도 있는 연구가 필요하다.

8 [보정] 혹은 미얄의 부부는 주막주인으로서 취발, 노승, 묵승 등에게 주식을 제공하여 그들을 방탕의 길로 빠지게

(미얄은 검은빗갈의얽은[9]탈을 쓰고 右手에는붓채를들고 左手에는방울한雙을들고굿거리長短에맞추어 춤을추면서 짤場한다)

(미얄은 검은 빛깔의 얽은 탈을 쓰고 우수에는 부채를 들고 좌수에는 방울 한 쌍을 들고[10] 굿거리장단에 맞추어 춤을 추면서 등장한다)[11]

하였기 때문에 마침내 신벌을 받게 된 것이라는 설 ; 위 기사에는 이를 두고 억설이라 하였다. 이 같은 진술의 이면을 들여다보면 '취발, 노승, 묵승'과의 어떤 연관성을 짐작하게 하며, '신벌을 받게 된 것'이라는 진술에서도 어떤 '종교적 심성'이 작용하고 있는 장면이라는 추측을 낳게 한다.

9 얽은 ; 얽다. 얼굴에 우묵우묵한 마맛자국이 생기다. 혹은 물건의 거죽에 우묵우묵한 홈이 많이 나다.

10 [보정] 미얄은 검은 빛깔의 얽은 탈을 쓰고 우수에는 부채를 들고 좌수에는 방울 한 쌍을 들고 ; 바탕은 검은 색이고, 오목오목 들어간 점이 있는 탈이다. 여기서 '얽은'이라고 한 점으로 보아 천연두의 흔적을 가진 탈이라는 말이다. 재론의 여지가 있는 문제로는 부채와 방울을 들었다는 점 때문에 미얄을 무당으로 보려는 결정적 단서로 삼고 있다는 것이다.

11 [보정] 이 대목의 임석재본은 다음과 같다.
　　　　미얄, 令監, 龍山 삼개 덜머리집, 三人. (구꺼리 長短에 맞추어 춤추며 등장) (미얄은 검은面에 하얀 點點이 박힌 面相을 하고, 한 손에 부채를 들고 한 손에는 방울 하나를 들었다) (영감은 좀 險相스런 老人 面相에 異常한 冠을 썼다. 灰色빛 나는 웃옷을 입고 지팡이를 짚었다) (龍山 삼개 덜머리집은 小巫面과 비슷한 面相이다) (令監과 龍山 삼개 덜머리집은 한 편에 가서 있다.)
　오청본과 임석재본과의 가장 큰 차이는, 임석재본에서는 '미얄, 令監, 龍山 삼개 덜머리집, 三人'이 함께 등장한다는 것이고, 오청본에서는 미얄이 먼저 등장하고, 나중에야 영감과 덜머리집이 등장한다는 것이다. 임석재본에서는 이 장면이 열리면 세 인물이 함께 굿거리장단에 맞추어 춤을 추면서 등장하는 것이다. 이는 우리 가면극 공연 방식과 그에 의하여 실현되는 공연미학을 규명하는 데에 있어서 중요한 과제. 세 인물이 등장해 있게 되면 앞으로의 사건 전개가 이미 노출된다. 이렇게 노출되는 한에서는 사건 전개와 그 사건의 해결이 어떻게 되는가가 관건이 아니라는 것이다.

미얄. (樂工앞에와서)「에--에--에--
에--에--에--에--에--에--.」(하
고운다. 樂工 中한사람이 미얄에
게말을붓친다.)

樂工.「웬 할맘[12]임나.[13]」

미얄.「나도 웬할맘이더니[14] 덩덕궁하기
에[15] 굿만녁이고 한거리[16]놀고갈나
고 드러온할맘이올세.」

樂工.「그럼 한거리놀고갑게[17].」

미얄. (악공 앞에 와서)「에－에－에--
에--에--에--에--에--에--.」
(하고 운다. 악공 중 한 사람이
미얄에게 말을 부친다.)

악공.「웬 할맘인가요.」

미얄.「나도 웬 할맘이더니. 덩덕궁 하
기에 굿만 여기고 한 거리 놀고 가
려고 들어온 할맘이올세.」[18]

악공.「그럼 한 거리 놀고 갑게.」

---

12 할맘 ; 할머니의 방언이다.

13 할맘임나 ; '할맘임나'가 임석재본에는 '할맘입나'로 채록되었다. 이로 보면 '할맘입나'가 옳다. 여기서 '-ㅂ나'는
북한어로서, 예스러운 표현으로 쓰인다. 높임이 섞인 반말 정도로 수수하게 물어보는 뜻이 담긴 말이다.

14 이더니 ; 해라할 자리에 쓰여, 과거에 경험하여 새로이 알게 된 사실에 대해 묻는 말로, 예스러운 느낌을 준다.

15 덩덕궁 ; 북이나 장구를 두드릴 때 나는 흥겨운 소리다. '덩덕궁이장단'은 국악에서 널리 쓰이는 장단으로서 경기
도·충청도에서는 '덩덕궁이', 전라남도에서는 '떵떵이덜궁', 경상도에서는 '정적궁이'·'정자꿍이' 또는 '무정작궁
이', 함경도에서는 '정적기'라고 부른다. 덩덕궁이라는 말은 장구의 구음에서 나온 것이다. 3소박 넷이 모인 장단
으로 서양식 표기에 의하면 8분의 12박자가 된다. 보통 조금 빠른 자진몰이장단을 가리키나 경기도 남부와 충청
도의 무가에서 덩덕궁이는 느진자진몰이장단이며 선율은 육자배기토리이다. 또한, 경기도 남부 무무(巫舞)에서
덩덕궁이는 느진자진몰이장단이며 삼현육각으로는 「자진굿거리」를 연주한다. 충청도와 무무에서의 덩덕궁이도
느진자진몰이장단이며 삼현육각으로는 '자진살풀이'를 연주한다. 이 장단에 의한 음악은 경쾌하고 흥겨운 느낌
을 준다.

16 한거리 ; 여기서는 '한바탕'이라는 뜻이다. '거리'는 탈놀이, 꼭두각시놀이, 굿 따위에서, 장(場)을 세는 단위. 음
악, 연극 따위에서 단락, 과장, 마당을 이르는 말이다.

17 갑게 ; '가게'의 방언이다. '-게'는 하게할 자리에 쓰여, 손아래나 허물없는 사이에 무엇을 시키는 뜻을 나타내는
말이다. 원자료 그대로 현대어 표기에 활용하기로 한다.

18 [보정] 이 장면은 미얄이 '덩덕궁' 소리를 듣고 한거리 놀고 가려고 나타나서는 난리통에 헤어진 영감을 찾는다는
장면이다. 악공과 미얄이 서로 주고받으면서 전개되는데 이 같은 방식이 우리 가면극의 현장성을 말해주는 대
목이기도 하다. 따라서 악공은 악사의 역할과 더불어 배우의 역할도 함께 하게 된다. '덩덕궁' 소리가 난다는
것이 이 장면의 연극적 공간을 말해준다. '덩덕궁이장단'이 어울리는 경쾌하고 흥겨운 축제의 공간을 말해준다.

미얄. 「노든지마든지 허름한[19]令監[20]을 일코 令監을차저단기는할맘이니 令監을찻고야 안이놀겟습나.」

樂工. 「할맘난本鄕[21]은어디메와.[22]」

미얄. 「난本鄕은全羅道濟州[23]망막골이 올세[24].」

樂工. 「그러면 令監은엇재일엇습나.」

미얄. 「우리故鄕에 난리가나서 목숨을救 하랴고 서로[25]逃亡하엿더니 그後로 아즉까지 踪跡을알길이업습네.」

미얄. 「노든지 말든지 허름한 영감을 잃 고 영감을 찾아다니는 할맘이니 영감을 찾고야 아니 놀겠습나.」

악공. 「할맘 난 본향은 어디메와.」

미얄. 「난 본향은 전라도 제주 망막골이 올세.[26]」

악공. 「그러면 영감은 어찌 잃었습나.」

미얄. 「우리 고향에 난리가 나서 목숨을 구하려고 서로 도망하였더니 그 후로 아직까지 종적을 알 길이 없 습네.」

---

19 허름한 ; '좀 모자라거나 낡은 데가 있거나 값이 좀 싼 듯한'이라는 뜻이다. '귀중하지 아니하다' 혹은 '표준 정도 에 좀 미치지 못한 듯한'라는 뜻이다.

20 令監(영감) ; 영감은 나이든 부부 사이에서 아내가 그 남편을 이르거나 부르는 말이다. 또는 나이가 많아 중년 이 지난 남자를 대접하여 이르는 말이기도 하다. 또는 정삼품과 종이품의 벼슬아치를 이르던 말이다. 요즈음에 는 급수가 높은 공무원이나 지체가 높은 사람을 높여 이르는 말이다.

21 本鄕(본향) ; 본디의 고향을 말한다.

22 어디메와 ; 어디요. '-메'는 '-이며'의 방언이다. '-와'는 '-어요'의 방언이다. 원자료 그대로 현대어 표기에 활용 하기로 한다.

23 全羅道濟州(전라도제주) : 현재의 제주도는 조선시대에는 전라도 제주목(濟州牧)이었다.

24 이올세 ; '-ㄹ세'는 '이다'의 어간과, 받침 없는 용언의 어간과, 'ㄹ' 받침인 용언의 어간 또는 어미 '-으시-' 뒤에 붙어, 하게할 자리에 쓰여, 자기의 생각을 설명하는 데 쓰이는 말이다. 뒤에는 '그려'가 붙을 수 있다. 또는 하게 할 자리에 쓰여, 무엇을 새롭게 깨달았다는 감탄의 뜻을 나타내는 말이다. '오'는 겸양의 뜻이다.

25 서로 ; 여기서는 '서로 각각'이라는 뜻이다.

26 난 본향은 전라도 제주 망막골이올세 : 현재의 제주도는 조선시대에는 전라도 제주목(濟州牧)이었다. 『신증동 국여지승람』 '망막골'의 구체적인 소재지는 알 수 없다. '막막궁산(寞寞窮山)'을 차용하여 고요하고 쓸쓸한 깊은 산속이라는 뜻을 담으려는 민간화술적 표현으로 추정된다.

樂工.「그러면 슈監의貌色[27]을한번뎁소.」

미얄.「우리슈監의貌色은 馬모색[28]일세.」

樂工.「그러면 말색기[29]란말인가.」

미얄.「아니, 소모색[30]일세.」

樂工.「그러면 소색기[31]란말인가.」

미얄.「안니[32] 馬모색도안이고 소모색도안이올세. 우리슈監의모색은알아서무엇해 아모리바로꼭대인들여긔서 무슨所用잇습나.」

樂工.「모색을仔細히대이면 或차즐수잇슬지도몰으지.」

악공.「그러면 영감의 모색을 한번 댑소.」

미얄.「우리 영감의 모색은 마모색일세.」

악공.「그러면 말새끼란 말인가.」

미얄.「아니, 소모색일세.」

악공.「그러면 소새끼란 말인가.」[33]

미얄.「아니 마모색도 아니고 소모색도 아닐세. 우리 영감의 모색은 알아서 무엇해 아무리 바로 꼭 댄들 여기서 무슨 소용 있습나.」

악공.「모색을 자세히 대면 혹 찾을 수 있을지도 모르지.」

---

27 貌色(모색) ; 얼굴의 생김새나 차린 모습을 말한다. '본색'을 뜻하기도 한다.

28 馬(마)모색 ; 말의 모습이라는 뜻이다. 얼굴의 생김새나 차린 모습이 말을 닮았다는 말이다. 임석재본에는 '馬毛色'이라 채록되었다.

29 말색기 ; 말새끼로 망아지를 비속하게 표현한 말이다.

30 [보정] 소모색 ; 소의 모습이라는 뜻이다. 얼굴의 생김새나 차린 모습이 소를 닮았다는 말이다. 임석재본에서는 소털의 색이라는 뜻으로 '소毛色(모색)'이라 채록되었다.

31 소색기 ; 쇠새끼로 말을 잘 안 듣는 소를 속되게 이르는 말이다. 또 소와 같이 미련한 사람을 속되게 이르는 말이다.

32 안니 ; '아니'가 옳다.

33 [보정] 이 대목에서는, 마모색과 말새끼, 소모색과 소새끼를 연결한 유사음을 이용한 언어유희를 보여주고 있다. 앞에서 '馬貌色'이라 했으니, '소貌色' 또한 '牛貌色'으로 해야 할 것인데, 여기에서 '牛貌色'을 '소貌色'이라 한 것은, '소리'를 통해서 해학을 유발한 것이라고 생각된다. 그리고 망아지를 말새끼라 하고, 송아지를 소새끼라 하여 비속한 표현을 보이고 있다. 여기서 '모색'은 쌍관어(雙關語)로 '모습'이라는 뜻과 '털의 색'이라는 두 가지 뜻을 담고 있다.

미얄. (응둥이춤을추면서[34])「우리 슈監
　　의모색을대 모색을대 모색을대 모
　　색을꼭바로대면조곰凶한데. 欄干
　　이마[35]에주개턱[36] 웅케눈[37]에개발
　　코[38] 상통[39]은갓발은관녁[40]갓고 수
　　엄은다모즈러진[41]귀알[42]같고 상투[43]
　　는다가라먹은[44]망좃[45]갓고 키는석
　　자세치되는슈監이올세.」
樂工.「올치 고슈監 마루넘어등넘어로
　　망[46]쪼으러[47]갑데.」

미얄. (엉덩이춤을 추면서)
　　　「우리 영감의 모색을 대
　　　모색을 대 모색을 대
　　　모색을 똑바로 대면 조금 흉한데.
　　　난간이마에 주격턱[48]
　　　움펑눈에 개발코[49]
　　　상통은 가파른 과녁 같고[50]
　　　수염은 다 모지라진 귀알 같고[51]
　　　상투는 다 갈아먹은 망좃 같고[52]
　　　키는 석 자 세 치 되는[53]
　　　영감이올세.」[54] [55]
악공.「옳지 고 영감 마루 넘어 등 넘어
　　　로 망 쪼러 갑대.」

---

34 '응둥이춤을추면서' ; 임석재본에서는 '노래調로'라고 채록하였다.

35 欄干(난간)이마 ; 정수리가 넓고 툭 불거져 나온 이마를 말한다.

36 주개턱 ; 주격턱으로 주걱 모양으로 길고 끝이 밖으로 굽은 턱을 말한다. 또는 그런 턱을 가진 사람을 놀림조로 이르는 말이다.

37 웅케눈 ; '움펑눈'으로 움푹 들어간 눈을 말한다.

38 개발코 ; 너부죽하고 뭉툭하게 생긴 코를 비유적으로 이르는 말이다.

39 상통 ; 얼굴을 속되게 이르는 말이다.

40 관녁 ; 과녁으로 활이나 총 따위를 쏠 때 표적으로 만들어 놓은 물건을 말한다.

41 모즈러진 ; '모지라진'으로 물건의 끝이 닳아서 없어진 형상을 말한다.

42 귀알 ; '귀얄'로 풀이나 옻을 칠할 때에 쓰는 솔의 하나다. 주로 돼지털이나 말총을 넓적하게 묶어 만든다. 호추(糊箒)라고 한다. 풀비 대신 쓰기도 한다. 표구사는 대개 두드리기 · 문지르기 · 풀칠 · 세(細)풀칠 · 물 뿌리기 등의 용도에 맞는, 각기 다른 다섯 종류의 풀비를 필요로 하며, 그 종류마다 각기 두 자루씩 가진다고 한다.

43 상투 ; 예전에, 장가든 남자가 머리털을 끌어 올려 정수리 위에 틀어 감아 맨 것이다.

44 가라먹은 ; '갈아 먹은'은로 '닳아 없어진'의 뜻이다.

45 망좃 ; 맷돌의 위아래를 연결하는 볼록한 부분을 말한다. 보통 '중쇠'라고 한다.

46 망 ; '맷돌'의 방언이다. 곡식을 가는 데 쓰는 기구로 둥글넓적한 돌 두 짝을 포개고 윗돌 아가리에 갈 곡식을 넣으면서 손잡이를 돌려서 간다.

47 쪼으러 ; '뾰족한 끝으로 쳐서 찍으러'의 뜻이다.

미얄. 「에— 그놈에슈監 고리匠이[56]가
　　　죽어도버들가지를물고죽는다더니
　　　상게[57]망을쪼으러단여!」(하고한숨
　　　을쉰다)

미얄. 「에— 그놈에 영감 고리장이가 죽
　　　어도 버들가지를 물고 죽는다[58]더
　　　니 상게 망을 쪼러 다녀!」
　　　　　　　　(하고 한숨을 쉰다)[59]

---

48 난간이마에 주걱턱 ; 난간처럼 불거져 나온 이마에 주걱 모양 길고 끝이 밖으로 굽은 턱을 말한다.

49 움펑눈에 개발코 ; 움푹 들어간 눈에 너부죽하고 뭉툭하게 생긴 코를 말한다.

50 상통은 가파른 과녁 같고 ; '얼굴은 가파른 과녁 같고'라는 말이다.

51 수염은 다 모지라진 귀얄 같고 ; '수염은 다 닳아 없어진 솔 같고'라는 말이다.

52 상투는 다 갈아먹은 망좃 같고; 상투는 다 갈려 없어진 맷돌 중쇠 같고

53 키는 석 자 세 치 되는 ; 키는 석 자 세 치 되는. 매우 작은 키다.

54 [보정] 이 대목이 '응둥이춤을추면서'라고 한 점으로 보아 춤을 추면서 '노랫조로' 실현하였을 것으로 본다. 그래서 현대어 표기에서는 행간 배치를 달리 한다.

55 [보정] 이 대목은 미얄이 절구장이인 '허름한 영감'의 모습을 대는 대사이다. 언어유희와 비속한 표현으로 공연 현장의 축제적 분위를 조장하고 있다.

56 고리匠(장)이 ; 키버들로 고리짝이나 키 따위를 만들어 파는 일을 직업으로 하는 사람을 말한다.

57 상게 ; '아직'의 방언이다.

58 고리장이가 죽어도 버들가지를 물고 죽는다 ; 속담 '백정이 버들잎을 물고 죽는다.'와 같은 관용어다. 고리버들의 가지를 가지고 버들고리를 겹는 것을 업으로 하는 고리백정이 껍질 벗길 때 하던 버릇대로 입에 문 버들잎을 놓지 못하고 죽는다는 뜻으로, 죽는 경우를 당하여도 자기의 근본을 잊지 않는 경우에 비겨 이르는 말이다. 아울러 속담 '행담 짜는 이 죽을 때도 버들잎을 자갈 물고 죽는다.' 버들고리로 행담고리짝 짜는 사람은 죽을 때까지 버들껍질을 입으로 물어 벗기다가 죽는다는 데서 '사람은 어떤 조건에서도 자기의 본색을 감추지 못함.'을 비겨 이르는 말이다.

59 [보정] 이 대목이 '응둥이춤을추면서'라고 한 점으로 보아 춤을 추면서 노랫조로 실현하였을 것으로 본다면, 춤과 불림이 결합된 경우이다. 불림은 '역설적 하례'의 의미가 담겨 있는 것으로, 여기에서는 영감의 형상을 비속하게 표현하고 있다. 그리고 '우리 ～ 凶한데.'는 노래조로 실현하고, '欄干이마 ～ 세치되는'은 노래로 실현하고, '슈監이올세.'는 노래조로 실현한다. 임석재본에서는 이 대목이 '노래調로'라고 채록되었다. 이렇게, 노래와 노래조의 결합, 춤과 불림의 결합과 같은 양상은 미얄춤에서 지배적으로 나타난다. 여기에 언어유희와 비속한 표현이 질탕한 분위기를 조성하게 되는 것이다. 이는 미얄춤의 특징이기도 하며 우리 가면극 전개상의 주요한 원리이다.

樂工.「슈監을 한번불너봅소.」

미얄.「여긔업는 슈監을 불너본들무엇
　　　합나.」

樂工.「그래도 한번불러봐——.」

미얄.「슈監--.」

樂工.「너무짤바 못쓰겟습네.」

미얄.「슈——監—— 슈——監——
　　　슈——監——.」

樂工.「너무길어서 못쓰겟습네.」

미얄.「그러면 엇더케불으란말임나.」

樂工.「全羅道濟州망막골산다니 신아
　　　위청[60]으로 한번불너봅소.」

미얄. (응등이춤을추며 바른便손에든붓
　　　채를피엿다접엇다하면서 신아위청
　　　으로)

악공.「영감을 한번 불러 봅소.」

미얄.「여기 없는 영감을 불러본들 무엇
　　　하나요.」

악공.「그래도 한번 불러봐——.」

미얄.「영감--.」

악공.「너무 짧아 못 쓰겠습네.」

미얄.「영——감—— 영——감——
　　　영——감——.」

악공.「너무 길어서 못 쓰겠네.」

미얄.「그러면 어떻게 부르란 말인가요.」

악공.「전라도 제주 망막골 산다니 시나
　　　위청으로 한번 불러 봅소.」

미얄. (엉덩이춤을 추며 바른편 손에 든
　　　부채를 폈다 접었다 하면서[61] 시나
　　　위청으로)

---

60 신아위청 ; 시나위청으로, 시나위 대금의 중심 음인, 대금 여섯 구멍을 다 막고 내는 음이다. '청(淸,聽, 晴)'은
　거문고 제1현인 문현을 이르는 말이다. 또는 괘상청, 괘하청, 무현을 통틀어 이르는 말이다. 또는 양금의 오른쪽
　괘 왼쪽 첫째 줄 황종(黃鍾)의 입소리다. 또는 양금의 오른쪽 괘 왼쪽 둘째 줄 태주(太簇)의 입소리다. 또는 양
　금의 오른쪽 괘 왼쪽 셋째 줄 협종(夾鍾)의 입소리다.

61 [보정] 엉덩이춤을 추며 바른편 손에 든 부채를 폈다 접었다 하면서 ; 임석재본에서는 이 기사가 없다.

(唱) 「절절절절절시구 저저리 저절절시구. 持花者⁶²자절시구 어디를갓나어듸를갓나 우리令監어듸를갓나. 箕山潁水別乾坤⁶³에 巢父許由⁶⁴딸아갓나. 采石江明月夜⁶⁵에 李謫仙⁶⁶딸아갓나 赤壁江秋夜月⁶⁷에 蘇東坡⁶⁸딸아갓나. 우리令監을 찾으려고 一元山⁶⁹서하로자고 二江景⁷⁰서이틀자고 三扶助⁷¹서사흘자고 四法聖⁷²서나흘자고, 三國적⁷³劉玄德⁷⁴이 諸葛孔明⁷⁵차즈랴고 三顧草廬⁷⁶하든精誠. 萬古聖君⁷⁷周文王⁷⁸이 太公望⁷⁹을차즈랴고 渭水陽⁸⁰가든精誠. 楚漢적⁸¹項籍⁸²이가 范亞父⁸³를차즈랴고 祈高山⁸⁴가든精誠. 이精誠저精誠다부려서 江山千里를다단녀도 우리令監은못찾겟네. 우리令監만나면은 귀도대고코를대고 눈도대고입도대고. 春香이李道令을만나노듯이 업어도주고안아도보며 건건들어지게놀겟구만 어듸를가고나찻는줄왜몰으나.」

(창) 「절절절절 절시구 저저리저 절절시구.
지화자자 절시구⁸⁵
어디를 갔나 어디를 갔나
우리 영감 어디를 갔나.
기산영수별건곤에 소부 허유 따라갔나.
채석강명월야에 이적선 따라갔나.
적벽강추야월에 소동파 따라갔나.
우리 영감을 찾으려고
일 원산서 하루 자고
이 강경서 이틀 자고
삼 부조서 사흘 자고
사 법성서 나흘 자고,⁸⁶
삼국 적 유현덕이 제갈공명 찾으려고
삼고초려 하던 정성.
만고성군 주문왕이 태공망을 찾으려고
위수양 가던 정성.
초한 적 항적이가 범아부를 찾으려고
기고산 가던 정성.

---

62 持花者(지화자) ; 나라가 태평하고 국민이 평안한 시대에 부르는 노래다. 또는 그 노랫소리를 말한다. 흥을 돋우기 위하여 노래나 춤의 곡조에 맞추어 내는 소리다. 윷놀이에서 모를 치거나 활쏘기에서 과녁을 맞혔을 때, 잘한다는 뜻으로 외치는 소리다. 특이한 곡조로 '지화자'를 네 번 부른다.

63 箕山潁水別乾坤(기산영수별건곤) : 기산은 중국 하남성(河南省) 등봉현(登封縣) 동남쪽에 있는 산으로 요(堯)임금 때 소부(巢父)와 허유(許由)가 숨어 살던 곳이다. 일명 악령(嶽嶺)이라고도 한다. 영수는 역시 하남성 등봉현에 있는 강이다. '別乾坤(별건곤)'은 별다른 세계, 별천지(別天地)를 뜻한다.

64 巢父許由(소부허유) : 고대 중국의 전설상의 은자(隱者)인 소부와 허유를 말한다. 속세를 떠나서 산의 나무 위에서 살았기 때문에 생긴 이름이며, 요(堯)가 천하를 그에게 나라를 맡기고자 하였으나 이를 사양하고 받지 않았다. 허유(許由)가 영천에서 귀를 씻고 있는 것을 소를 몰고 온 소부(巢父)가 보고서 그러한 더러운 물은 소에게도 마시게 할 수 없다며 돌아갔다는 고사(故事)가 있다.

65 采石江明月夜(채석강명월야) ; 채석강의 달 밝은 밤. 중국 안휘성(安徽省)에 위치한 강으로, 당(唐)나라의 시인 이태백(李太白)이 놀다가 빠져 죽은 곳으로 유명하다. 동정호(洞庭湖)의 한 지류다. 이백(李白)이 채석강(采石江)에서 놀 때 술에 취하여 물에 비친 달을 잡으려고 강에 뛰어들어 빠져 죽었다고 한다.

66 李謫仙(이적선) ; 중국 당 나라 때 시인 이백(李白)을 말한다. 자 태백(太白)이며, 호 청련거사(青蓮居士), 주선옹(酒仙翁)이다. 시선(詩仙)으로 일컬어지는데 장안(長安)에 들어가 하지장(賀智章)을 만나자 하지장은 그의 글을 보고 탄(歎)하여 적선(謫仙)이라 하였다.

67 赤壁江秋夜月(적벽강추야월) ; 적벽강의 가을 밤. 적벽강은 중국 호북성 황강현에 있는 강으로 삼국시대 오나라의 장군인 주유가 제갈량의 도움을 받아 조조의 군대를 대파한 곳이다. 또한 송나라의 문인인 소식(蘇軾)이 뱃놀이를 하면서 「적벽부(赤壁賦)」를 지었던 곳이다.

68 蘇東坡(소동파) ; 중국 북송(北宋) 때의 문인이자 정치가인 소식(蘇軾)을 말한다. 자(字)는 자첨(子瞻)이며, 호(號)는 동파(東坡)다. 소선(蘇仙)이라고도 한다. 아버지 순(洵)과 아우 철(轍)과 더불어 '삼소(三蘇)'라고 불리며, 당송팔대가(唐宋八大家)의 한 사람이자 송나라를 대표하는 제일의 문인으로 문명을 날렸다. 대표적인 작품으로는 특히 「적벽부(赤壁賦)」가 유명하며, 서화(書畵)에도 능했다.

69 元山(원산) ; 현재 동해의 영흥만 안에 있는 항구 도시이다.

70 江景(강경) ; 부여는 현재 충청남도 논산시의 읍이다.

71 扶助(부조) ; '夫餘'의 잘못으로 추정된다. 부여는 현재 충청남도 부여군에 있는 읍이다.

72 法聖(법성) ; 현재 전라남도 영광군에 소재하는 포구다.

73 戰國[전국]적 ; 전국시대 중국 역사에서, 춘추 시대 다음의 기원전 403년부터 진나라가 중국을 통일한 기원전 221년까지 약 200년간의 과도기를 말한다. 여러 제후국이 패권을 다투었던 동란기로 '전국 칠웅'이라는 일곱 개의 제후국이 세력을 다투었으며, 제자백가와 같이 학문의 중흥기를 이루었고, 토지의 사유제와 함께 농사 기술의 발달 따위로 화폐가 유통되기도 하였다.

74 劉玄德(유현덕) ; 중국 삼국시대 촉한의 초대 황제다. 자는 현덕(玄德), 시호는 소열제(昭烈帝)이다. 삼국지(三國志)에서는 조위(曹魏)가 한(漢)을 계승한 정통 황조라고 보았으므로 유비를 황제로서 칭하지 않고 촉한(蜀漢) 선주(先主)라고 부른다. 진서(晉書) 열전에서 유비의 묘호를 열조(烈祖)라고 칭한 바가 있으나, 이것은 그의 정식 묘호가 아닌, 후세사가들이 추봉한 묘호이다.

75 諸葛孔明(제갈공명) ; 중국 삼국시대 촉한의 모신(謨臣)이다. 자는 공명(孔明)이며, 별호는 와룡(臥龍)·복룡(伏龍). 전란의 시대, 형주의 초야에서 지내던 중 제갈량의 나이 27세 때 유비(劉備)의 삼고초려로 세상에 나온 제갈량은 재략과 웅재로써 유비를 도와 촉한(蜀漢)을 건국하는 제업을 이루었다. 적벽에서 손권(孫權)과의 연합을 이끌어내 당대 최강의 제후인 조조(曹操)의 남하를 저지하였고 형양을 차지한 후 익천을 도모해 유비를 제위에 오르게 하였고 제갈량은 승상의 직에 올랐다. 그의 출사표는 후세 사람들이 이 글을 보고 울지 않으면 충신이 아니라고 평하는 명문으로 꼽히고 있다.

76 三顧草廬(삼고초려) ; 오두막을 세 번 찾아간다. 중국 촉한의 임금 유비가 제갈량의 초옥을 세 번 찾아가 간청하여 드디어 제갈량을 군사(軍師)로 맞아들인 일에서 유래한다. 제갈량의 '출사표'에 나오는 말이다. 삼국시절 유현덕(劉玄德)이 와룡강(臥龍江)에 숨어 사는 제갈공명을 불러내기 위해 세 번이나 그를 찾아가 있는 정성을 다해 보임으로써 마침내 공명의 마음을 감동시켜 그를 세상 밖으로 끌어낼 수 있었던 이야기에서 비롯된 말이다.

77 萬古聖君(만고성군) ; 길이 역사에 남을 어질고 덕이 뛰어난 임금을 말한다.

「엉—엉— 엉—엉—」(울다가 場
內의中央으로가서 굿거리長短에
맞추어춤을춘다.)

이 정성 저 정성 다 부려서
강산천리를 다 다녀도
우리 영감은 못 찾겠네.
우리 영감 만나면은
귀도 대고 코를 대고
눈도 대고 입도 대고.
춘향이 이도령을 만나 놀듯이
업어도 주고 안아도 보며
건건들어지게 놀겠구만
어디를 가고 나 찾는 줄 왜 모르나.」
「엉—엉— 엉—엉—」
　　(울다가 장내의 중앙으로 가
　　서 굿거리장단에 맞추어 춤을
　　춘다.)[87][88]

---

78 周文王(주문왕) ; 주(周)나라를 창건한 왕이다. 이름 창(昌). 계왕(季王)의 아들, 무왕의 아버지다, 어머니는 은
(殷)나라에서 온 태임(太任). 서백(西伯)이라고도 한다. 은나라에서 크게 덕을 베풀고 강국으로서 이름을 떨친
계(季)의 업을 계승하여, 점차 인근 적국들을 격파하였다. 만년에는 현상(賢相) 여상(呂尙, 太公望)의 도움을
받아 덕치(德治)에 힘썼다. 뒤에 은나라로부터 서방 제후의 패자(覇者)로서 서백의 칭호를 사용하도록 허락받
았다. 죽은 뒤 무왕이 은나라를 쓰러뜨리고 주나라를 창건하였으며, 그에게 문왕이라는 시호를 추존하였다. 뒤
에 유가(儒家)로부터 이상적인 성천자(聖天子)로서 숭앙을 받았으며, 문왕과 무왕의 덕을 기리는 다수의 시가
『시경(詩經)』에 수록되어 있다.

79 太公望(태공망) ; 주나라 초기의 현신(賢臣) 여상(呂尙)이다. 여상은 주나라 동해(東海) 사람이다. 본성(本姓)
은 강씨(姜氏)다. 그의 선조가 여(呂)에 봉해졌으므로 여상(呂尙)으로 칭해졌다. 자는 자아(子牙). 나이 칠순에
위수(渭水)에 낚시를 드리우며 때를 기다린 지 10여 년 만에 주나라 문왕(文王)을 만나 초빙된 다음, 문왕(文
王)의 스승이 되었으며, 문왕은 그가 조부인 태공(太公)이 항시 바라던 사람이라는 뜻에서 '태공망(太公望)'이
라고 했다. 병법의 이론에도 밝아서 문왕(文王)이 죽은 뒤에 무왕(武王)을 도와 목야(牧野)의 전투에서 은(殷)
나라 주(紂)왕의 군대를 물리치고 주(周)나라를 세우는데 큰 공을 세웠고, 후에는 제(齊) 땅을 영지로 받아 제
(齊)나라의 시조(始祖)가 되었다.

80 渭水陽(위수양) ; 강 이름이다. 중국 감숙성(甘肅省) 위원현(渭源縣)의 서북 조서산(鳥鼠山)에서 발원하여 섬
서성(陝西省)을 거쳐 낙수(洛水)와 합쳐 황하(黃河)로 흐른다. 이곳의 반계석(磻溪石)에서 강태공이 낚시하였
다고 한다.

81 楚漢(초한) ; 초나라와 한나라를 말한다.

82 項籍(항적) ; 진말(秦末)의 범인(梵人)이다. 초(楚)의 장수 항우(項羽)를 말한다. 이름은 적(籍). 숙부 양(梁)과
함께 기병(起兵)하여 진군(秦軍)을 쳐서 함양(咸陽)을 불사르고 진왕(秦王) 자영(子嬰)을 죽이고 자립하여 서

(이때 미얄의夫가 龍山麻浦덜머리집[89]을다리고登場하야 樂工들의앞으로 어슬넝어슬넝거러온다. 덜머리집은 미얄의夫를딸아入場하야 한편구석에가 만히선다. 미얄의夫는 엷은먹 빗갈의웃옷을입고 險相스러운 늙은이의탈을쓰고 異常스러운 冠을썻스며 그의妾인덜머리집은 얼굴빗갈이조곰힌 젊은女子의탈을썻다.)

(이때 미얄의 부가 용산 마포 덜머리집을 데리고 등장하여 악공들의 앞으로 어슬렁어슬렁 걸어온다.
덜머리집은 미얄의 부를 따라 입장하여 한편 구석에 가만히 선다.
미얄의 부는 엷은 먹 빛깔의 웃옷[90]을 입고 험상스러운 늙은이의 탈을 쓰고 이상스러운 관[91]을 썼으며 그의 첩인 덜머리집은 얼굴 빛깔이 조금 흰 젊은 여자의 탈을 썼다.)

초(西楚)의 패왕(覇王)이 되었다. 패공(沛公) 유방과 천하를 다투었으나 해하(垓下)의 싸움에서 패하고 오강(烏江)에 투신자살하였다.

83 范亞夫(범아부) ; 항우의 책사였던 범증(范增)을 말한다. 항우를 도와 패왕(覇王)이 되게 하였다. 기이한 계책을 좋아하여 나이 70에 항우의 모사가 되어 항우가 아부(亞父)라 불렀다. 항우의 모사인 범아부(范亞父)는 유방(劉邦)이 제왕이 되리라고 점치고 홍문(鴻門)의 잔치에서 옥결(玉玦)을 자주 들어 항우(項羽)에게 유방(劉邦)을 죽이도록 신호했으나 뜻을 이루지 못했고, 이일의 실패로 인한 화를 참지 못해서 등에 종기가 나서 죽었다.

84 祈高山(기고산) ; 범아부의 고향이다.

85 [보정] 절절절절 절씨구 저저리저 절절시구. 지화자자 절시구 ; '절씨구'를 시나위청에 맞추어 부르는 소리다. '얼씨구 절씨구'는 흥겨울 때에 장단을 맞추며 변화 있게 내는 소리다. '얼씨구'는 흥에 겨워서 떠들 때 가볍게 장단을 맞추며 내는 소리다. '얼씨구나 절씨구나'는 '얼씨구절씨구'를 강조하여 내는 소리다. '지화자'는 나라가 태평하고 국민이 평안한 시대에 부르는 노래이며, 또는 그 노랫소리. 또는 흥을 돋우기 위하여 노래나 춤의 곡조에 맞추어 내는 소리이기도 하며, 윷놀이에서 모를 치거나 활쏘기에서 과녁을 맞혔을 때, 잘한다는 뜻으로 외치는 소리로, '얼씨구절씨구 지화자 좋네. 얼씨구절씨구 지화자 좋다.'라는 식으로 실현된다.

뒤 대목에서 영감의 소리는 '절절절절시구 저저리절절시구 얼시구절시구 持花者절시구'다.

86 [보정] 원산서 하루 자고 이 강경서 이틀 자고 삼 부조서 사홀 자고 사 법성서 나홀 자고 ; 문맥상으로 보면 몇 날 며칠을 이곳저곳 찾아 헤맸다는 뜻으로, '숫자 놀이'를 원용한 대사다. '일'과 '하루', '이'와 '이틀', '삼'과 '사홀', '사'와 '나홀'을 결합시켰다. 이두현본에서는 '부조'가 '부여'로 되어 있다. 『조선의 민간오락』에는 다음과 같이 채록되었다.

우리집 령감을 찾으려고 一에 명월산에 一박하고 이에 강경(江景)에 二박하고 三에 부소(扶蘇)에 三박하고 四에 법성에 四박하고 三국시대 류현덕이 제갈공명(諸葛孔明)을 찾으려고 三顧초려(三顧草廬)한 정성

87 [보정] 「엉―엉― 엉―엉―」 (울다가 장내의 중앙으로 가서 굿거리장단에 맞추어 춤을 춘다.) ; 미얄이 춤추는 위

미얄夫. (樂工의앞으로와서) 「에─에에 에─에에.」(운다. 以下미얄夫를令 監으로 略稱함)[92]

樂工. (樂工中 한사람이 미얄夫를보 고)[93] 「웬 令監이와[94]?」(樂과舞는굿 친다)

令監. 「나도웬令監이더니 덩덩덩하기에 굿만여기고한거리놀나고 드러온令 監이올세.」

미얄부. (악공의 앞으로 와서) 「에─에 에 에─에에.」
　　　(운다. 이하 미얄부를 영감으로 약칭함)

악공. (악공 중 한 사람이 미얄부를 보 고) 「웬 영감이와?」
　　　(악과 무는 그친다)

영감. 「나도 웬 영감이더니. 덩덩덩하기 에 굿만 여기고 한거리 놀려고 들 어온 영감이올세.」

치가 나타나 있다. 이 대목이 임석재본에서는 '어엉 어엉. <구꺼리 長短에 춤 춘다>'라고 채록되었다.

88 [보정] 미얄이 시나위청으로 영감을 부르는 대목이다. 춤과 불림으로 실현된다. 이 대목은 '창'이라고 되어 있지만 '우리 영감은 못 찾겠네' 이후부터는 '노래조'와 '말'이 섞여서 실현된다. 판소리에서도 활용되는 소위 '사벽도四壁圖 사설', '쑥대머리' 등을 원용하면서 영감을 그리워하여 찾아다녔다는 대사인데, 이 대사 이후에 '굿거리장단'에 맞추어 춤을 춘다는 점으로 볼 때에 역시 '불림'적 성격이 강하다.

89 龍山麻浦(용산마포)덜머리집 ; '덜머리'는 마포구 양화도 동쪽 한강가에 돌출된 봉우리이다. '가을두'·'잠두령'· '용두봉'·'절두산'·'들머리'·'용산'이라고도 한다. 허강이 지은 '서호별곡'에 '덜머리'라는 지명이 나온다. '서호별곡'은 '서호', 즉 지금의 이태원 부근에서 배를 띄워 마포 어구까지 내려오는 동안의 한강의 풍경을 노래한 가사이다. 그 한 대목을 보면 다음과 같다.

　　　濟川 舟揖은 傅巖 殷說이오 宛轉 龍潭는 龍門 八折리오 十里 平蕪는 洛陽 天津이오 龍山 落帽臺는 孟嘉 陣跡이오 撲地 閭閻은 滕王 古郡이오 麻浦 牙檣은 淇苑 綠竹이오 瓮店 烟火는 虞氏 河濱이오 西江을 브라ᄒ니 林處士 西湖ㅣ오 덜머리 구버ᄒ니 蘇仙의 赤壁이론닷 -『한국역대가사문학집성』

90 엷은 먹 빛깔의 웃옷 ; 영감이 입은 의상은 '칠포 장삼'이다.

91 이상스러운 관 ; 이두현본에서는 '개가죽관(狗皮冠)'으로 채록되었다.

92 (운다. 以下미얄夫를令監으로 略稱함) ; 임석재본에는 이 기사가 없다.

93 [보정] (樂工中 한사람이 미얄夫를보고) ; 임석재본에는 이 기사가 없다. 앞의 장면이 반복되기에 생략한 것으로 생각된다.

94 이와 ; '이요'의 방언이다.

樂工.「놀나면 놀고갑게.」

슈監.「노든지마든지 허름한할맘을일헛
　　　스니 할맘을찻고야 아니놀겟습나.」

樂工.「난本鄕은어디메와.」

슈監.「全羅道濟州망막골이올세.」

樂工.「그러면 할맘은엇재일엇습나.」

슈監.「우리故鄕에날리가나서 各分[95]東
　　　西로逃亡하엿다가 일코말앗습네.」

樂工.「그러면 할맘의貌色을 한번댑게.」

슈監.「우리할맘의모색은 하도흉해서댈
　　　수업습네.」

樂工.「그래도 한번대봅게.」

슈監.「여긔서모색을댄들 무엇하겟습나.」

樂工.「世上일이란 그런것이안이야 모
　　　색을대면 차즐는지도알수업지.」

슈監.「그럼바로대지. 欄干이마에우먹눈
　　　개발코에주개턱 머리칼은모즈러진
　　　비갓고 상통은먹푸는바가지갓고 한
　　　켠[96]손엔붓채 들고 한켠손엔방울들
　　　고 키는석자세치되는할맘이올세.」

악공.「놀려면 놀고 갑게.」

영감.「노든지 말든지 허름한 할맘을 잃
　　　었으니 할맘을 찾고야 아니 놀겠
　　　습나.」

악공.「난 본향은 어디메와.」

영감.「전라도 제주 망막골이올세.」

악공.「그러면 할맘은 어찌 잃었습나.」

영감.「우리 고향에 난리가 나서 각분 동서
　　　로 도망하였다가 잃고 말았습네.」

악공.「그러면 할맘의 모색을 한번 댑게.」

영감.「우리 할맘의 모색은 하도 흉해서
　　　댈 수 업습네.」

악공.「그래도 한번 대 봅게.」

영감.「여기서 모색을 댄들 무엇 하겠나.」

악공.「세상일이란 그런 것이 아니야 모
　　　색을 대면 찾을는지도 알 수 없지.」

영감.「그럼 바로 대지.
　　　난간이마에 움펑눈
　　　개발코에 주걱턱
　　　머리칼은 모지라진 비 같고
　　　상통은 먹 푸는 바가지 같고
　　　한켠 손엔 부채 들고
　　　한켠 손엔 방울 들고
　　　키는 석 자 세 치 되는
　　　할맘이올세.」[97]

---

95 各分(각분) ; 물건 따위를 따로따로 나눔을 뜻한다. 여기서는 '각각'의 뜻이다.

96 한켠 ; '한편'의 잘못이다. '켠'은 '편'의 방언이기도 하다. 원자료 그대로 현대어 표기에 활용하기로 한다.

樂工. 「올치 그할맘이로군 마루넘어등넘
어로 굿하러갑데.」

슈監. 「에— 고놈의할맘 항상굿굿하로만
단겨.」

樂工. 「할맘을 한번불너봅소.」

슈監. 「업는할맘을 불너보면무엇합나.」

樂工. 「허 그럴것이안이야 엇잿던한번불
너봅게.」

슈監. 「무슨영문인지알수업스나 하라는
대로해보지. 할맘—.」

樂工. 「너무짤바못쓰겟습네.」

슈監. 「할——맘——.」

樂工. 「그것은 너무길어서못쓰겟습네.」

슈監. 「그러면엇더케불으란말임나.」

樂工. 「全羅道濟州망막골산다니 신아
위청으로불너봅소.」

슈監. (신아위청으로)

악공. 「옳지 그 할맘이로군 마루 너머 등
너머로 굿하러 가대요.」

영감. 「에— 고놈의 할맘. 항상 굿[98] 굿하
러만 다녀.」

악공. 「할맘을 한번 불러 봅소.」

영감. 「없는 할맘을 불러보면 무엇합나.」

악공. 「허 그럴 것이 아니야 어쨌든 한번
불러 봅게.」

영감. 「무슨 영문인지 알 수 없으나 하라
는 대로 해보지. 할맘—.」

악공. 「너무 짧아 못 쓰겠습네.」

영감. 「할——맘——.」

악공. 「그것은 너무 길어서 못 쓰겠습네.」

영감. 「그러면 어떻게 부르란 말입나.」

악공. 「전라도 제주 망막골 산다니 신아
위청으로 불러 봅소.」

영감. (신아위청으로)

---

97 [보정] 이 대목은 노랫조로 보고 행간을 정리하였다. 이 대목은 채록상에는 기사화되지 않았으나, 노랫조로 실현
하는 것이 일반적이다. 앞 대목과 동일한 방법으로 실현되었기에 채록과정에서 '(창)'이 생략되었을 것이다.

98 굿 ; 구태여, 굳이, 억지로 등의 뜻을 가지 옛말이다. 여기서는 '굳이'의 뜻이다.

唱. 「절절절절시구 저저리절절시구
얼시구절시구 持花者절시구. 어듸
를갓나 우리할맘어듸를갓나. 箕山
穎水別乾坤에 巢父許由딸아갓나.
采石江明月夜에 李謫仙딸아갓나
赤壁江秋夜月에 蘇東坡딸아갓나.
우리할맘찾으랴고 一元山二江景
三扶助四法聖 江山千里를다단겨
도 우리할맘은못찻겟네.」
　　（굿거리長短에마추어춤을추
　　며 미얄서잇는곳으로간다.）

창. 「절절절 절시구
저저리절 절시구
얼시구 절시구
지화자 절시구.[99]
어디를 갔나 우리 할맘 어디를 갔나.
기산영수별건곤에
소부 허유 따라갔나.
채석강명월야에
이적선 따라갔나
적벽강추야월에
소동파 따라갔나.
우리 할맘 찾으려고
일 원산 이 강경 삼 부조 사 법성
강산천리를 다 다녀도
[100]우리 할맘은 못 찾겠네.」[101]
　　（굿거리장단에 맞추어 춤을 추
　　며 미얄 서있는 곳으로 간다.）[102]

---

[99] 절절절 절시구 저저리절 절시구 얼시구 절시구 지화자 절시구 ; 앞에서 미얄의 소리는 '절절절절절시구 저저리
저절절시구. 持花者자절시구'로 차이가 있다.

[100] [보정] 이 대목에서 다음 대사가 미얄 대사에는 있는데, 영감 대사에는 없다.
　　　　삼국 적 유현덕이 제갈공명 찾으려고
　　　　삼고초려 하던 정성.
　　　　만고성군 주문왕이 태공망을 찾으려고
　　　　위수양 가든 정성.
　　　　초한 적 항적이가 범아부를 찾으려고
　　　　기고산 가던 정성.
　　　　이 정성 저 정성 다 부려서 강산천리를 다 다녀도
　　채록상 누락인지는 확인할 수 없다. 다만 다음의 임석재본의 채록을 통하여 유추할 수 있다.
　　　　令監 ; (신아위청으로) ══ 절절절 절시구 절절절 절시구 얼시구 절시구 지화자자 절시구 어디를 갔나.
　　　　어디를 갔나. 우리 할맘 어디를 갔나. 箕山穎水 別乾坤에 巢父許由 따러 갔나. 采石江 明月夜에
　　　　李謫仙 따러 갔나. 赤壁江 秋夜月에 蘇東坡 따러갔나. 우리 함멈 찾으랴고, 一元山 二江景 三부
　　　　조 四法聖 江山千里를 다 다녀도 우리 할맘은 못찾겠네. (구꺼리長短에 맞추어 춤춘다.)

미얄. (춤을추며 슬금슬금樂工앞으로거
　　러오면서 신아위청으로)

唱. 「절절절절시구 持花者자절시구.
　　보고지고보고지고 우리令監보고
　　지고 七年大旱王가믈[103]에 빗발같
　　이보고지고　九年洪水大洪水[104]에
　　해발같이보고지고. 우리令監 만나
　　면은 눈도대고코도대고입도대고뺨
　　도대고 硯滴[105]같은귀[106]를쥐고 신
　　작[107]같은혜를물고[108] 건드러지게[109]
　　놀겟구만 우리令監어듸가고 나찾
　　는줄몰으는가.」

　　(굿거리長短에마추어춤을춘다)

미얄. (춤을 추며 슬금슬금 악공 앞으로
　　걸어오면서 신아위청으로)

창. 　「절절절 절시구
　　지화자자 절시구.
　　보고지고 보고지고
　　우리 영감 보고지고
　　칠년 대한 왕가뭄에
　　빗발 같이 보고지고
　　구년 홍수 대홍수에
　　햇발 같이 보고지고.[110]
　　우리 영감 만나면은
　　눈도 대고 코도 대고
　　입도 대고 뺨도 대고

　　미얄 : (춤을 추며 令監 쪽으로 슬금슬금 온다.) (노래調로) ＝＝ 절절 절시고, 지화자자 절시고. 보고지고
　　보고지고, 우리 令監 보고지고. 大旱七年 王가물에 빗발같이 보고지고. 九年治水 大탕수에 햇발같
　　이 보고지고. 우리 令監 보잘시면 눈도 대고 코도 대고 입도 대고 귀도 대고, 硯滴같은 젖을 쥐고
　　신짝 같은 혀를 물고 거드러지게 놀겠구만. 어델 가고 날 찾을 줄 왜 모르나.

　　令監 : (춤을 추며 할맘 쪽으로 슬금슬금 간다.) (미얄이 하는 노래와 같은 노래를 한다. 但 「令監」을 「할
　　　맘」으로 함.)

　　　이 기사에 '(미얄이 하는 노래와 같은 노래를 한다. 但 「令監」을 「할멈」으로 함.)'라고 한 점으로 보아 동일한
　　대사를 미얄과 영감이 주고받는 방식으로 실현하고 있음을 알 수 있다.

　　　판소리에서도 활용되는 소위 '보고지고 타령'이 원용되었다.

101 [보정] 이 대목은 영감이 시나위청으로 미얄을 부르는 대사다. 춤과 불림으로 실현된다. 이 대목은 '창'이라고
　　되어 있지만 '우리 할맘은 못 찾겠네' 이후부터는 '노래'와 '말'이 섞여서 실현된다. 판소리에서도 활용되는 소위
　　'사벽도四壁圖 사설', '쑥대머리' 등을 원용하면서 미얄을 그리워하여 찾아다녔다는 대사인데, 이 대사 이후에
　　'굿거리장단'에 맞추어 춤을 춘다는 점으로 볼 때에 역시 '불림'적 성격이 강하다. 등장인물은 다르나, 장면의
　　반복이며, 대칭적 구조를 갖는다.

102 (굿거리장단에 맞추어 춤을 추며 미얄 서있는 곳으로 간다.) ; 미얄이 서 있는 곳으로 간다는 점으로 보아 미얄
　　은 퇴장하지 아니하고, 관객에 노출되어 있다는 점을 확인할 수 있다. 임석재본에서는 '(구꺼리長短에 맞추어
　　춤춘다.)'라고 채록되었다.

103 大旱七年王(대한칠년왕)가믈 ; '大旱七年'은 7년간의 큰 가뭄이라는 뜻이고, '王가물'은 큰 가뭄을 뜻한다. 즉
　　'大旱七年'과 '王가물'은 같은 의미다. 관용구화 되었다.

　　　'대한칠년(大旱七年)'은, 『회남자(淮南子)』에 의하면 탕(湯) 임금 시대에 7년 동안 가뭄이 들자 탕이 몸소 상
　　림(桑林)에서 기도를 드리자 그 기도에 반응하여 사해의 구름이 모여들어 천리에 걸쳐 비가 내렸다고 하는 고

연적 같은 귀[111]를 쥐고
신작 같은 혀를 물고[112]
건드러지게 놀겠구만
우리 영감 어디 가고
나 찾는 줄 모르는가.」[113]
　　　　(굿거리장단에 맞추어 춤을 춘다)

사에 연유한다. 여기서 '상림지도(桑林之禱)'라는 말이 생겼다. 은(殷) 나라 탕왕(湯王)이 7년의 큰 가뭄에 상림(桑林)에서 비 내리길 빌었다 해서 성인(聖人)이 백성을 근심함을 이르는 말이다. 자료에 따라서는 탕왕이 자신의 '머리털과 손톱'을 바쳤다고 한다.

　　　[참고] 시조(時調) - 어화 보완지고 그리던 님 보완지고 / 七年 大旱에 열 구름 빗발 본 듯 / 이 後에 다시 만나면 九年之水에 볏 뉘 본 흣듯여라. -『東國歌辭』

104 九年洪水大大洪水(구년홍수대대홍수) ; 9년 동안의 큰 홍수를 말한다. 우(禹)의 아버지 곤(鯀)은 제요(帝堯) 때에 황하(黃河)의 대홍수를 9년간이나 다스렸으나 치수의 업적을 올리지 못하고 마침내 죽음을 당하고 말았다. 이에 그의 아들 우가 치수에 전력하여 제순(帝舜) 때에 완전히 성공을 보았으므로 마침내 천자가 될 수 있었다는 고사에서 연원을 두고 있다. 여기에서 '구년치수(九年治水)'라는 성어가 생겼다. 관용구다. 임석재본에서는 '九年治水 大탕수'라고 채록되었다. '탕수'는 '큰 홍수'의 방언이다.

105 硯滴(연적) ; 벼루에 먹을 갈 때 쓰는, 물을 담아 두는 그릇이다. 보통은 도자기로 만들지만 쇠붙이나 옥, 돌 따위로도 만든다.

106 硯滴(연적)같은귀를쥐고 ; 뒤의 영감의 대사 '대접같은젓'으로 보아 '硯滴같은 젖'이 옳다. 관용적 표현이다. 연적과 같이 생긴 젖을 말한다. 연적이나 사발처럼 납작하게 올라붙은 젖을 연적젖(硯滴-) 혹은 사발젖이라고 한다.

107 신작 ; '신짝'이다.

108 신작같은헤를물고 ; 신짝 같은 혀를 물고. 관용구다. '신짝'은 신발의 한 짝, 혹은 '신'을 속되게 이르는 말이다.

109 건드러지게 ; 목소리나 맵시 따위가 아름다우며 멋들어지게 부드럽고 가늘다는 뜻이다.

110 [보정] 보고지고 보고지고 우리 영감 보고지고 칠년 대한 왕가뭄에 빗발 같이 보고지고 구년 홍수 대홍수에 햇발 같이 보고지고 ; 그리움을 담고 있다. 소위 '보고지고 타령'이라 하여 관용구화 되었다.

111 연적 같은 귀 ; '연적 같은 젖'이 옳다. 여기에는 원자료 그대로 활용한다.

112 눈도 대고 코도 대고 입도 대고 뺨도 대고 연적 같은 귀를 쥐고 신작 같은 혀를 물고 ; 상봉에 대한 기대감을 실감나게 표현한 관용구다.

113 [보정] 이 대목은 미얄의 소위 '보고지고타령'이다. 임석재본에는 다음이 더 채록되었다.

　　　<註. 上記 노래 代身 다음과 같은 것을 하기도 함.>
　　　(절절 절시고 지화자자 절시고. 거 누구가 날 찾나. 거 누구가 날 찾나. 날 찾일 이 없건마는 거 누구라 날 찾나. 臨塘水 風浪中에 沈娘子가 날 찾나. 瀟湘斑竹 물들이던 娥皇女英이 날찾나. 蟠桃會瑤池宴에 西王母가 날 찾나. 섬돌 위에 玉비녀가 꽂히였든 淑英娘子가 날 찾나. 李道令 一去後에 守節하든 春香이가 날 찾나. 거 누구라 날 찾나.)

令監. (미얄잇는곳으로 슬금슬금뒷거름질하여오면서신아위청으로)

唱. 「절절저저리저절시구 얼시구절시구 持花者절시구. 보고지고보고지고우리할맘보고지고 七年大旱王가믈에 빗발같이보고지고 九年洪水大洪水에햇발같이보고지고 우리할맘만나면는 코도대고눈도대고귀도대고입도대고 대접같은것[114]을 쥐고 신작같은 헤를빨며[115] 건드러지게놀겟구만 우리할맘어듸가고 나찾는줄몰으는가.」

(굿거리長短에마추어춤을춘다.)

미얄. (신아위청으로)

영감. (미얄 있는 곳으로 슬금슬금 뒷걸음질 하여 오면서 신아위청으로)

창. 「절절저저리 저절시구
얼시구 절시구 지화자 절시구.
보고지고 보고지고
우리 할맘 보고지고
칠년 대한 왕가뭄에
빗발 같이 보고지고
구년 홍수 대홍수에
햇발 같이 보고지고
우리 할맘 만나면은
코도 대고 눈도 대고
귀도 대고 입도 대고
대접 같은 젖을 쥐고
신짝 같은 혀를 빨며
건드러지게 놀겠구만
우리 할맘 어디 가고 나 찾는 줄 모르는가.」

(굿거리장단에 맞추어 춤을 춘다.)[116]

미얄. (신아위청으로)

---

114 앞 대목에서 영감 대목에는 '硯滴같은귀'라고 하였다.

115 신작같은 헤를빨며 ; 앞 대목에서 미얄은 '신작같은 헤를물고'라고 하였다.

116 [보정] 앞 대목에서의 미얄의 '보고지고타령'의 반복이다. 임석재본에서는 '令監= (춤을 추며 할맘 쪽으로 슬금슬금 간다.) (미얄이 하는 노래와 같은 노래를 한다. 但 「令監」을 「할멈」으로 함.)'라고 채록되었다. 이를 통하여 보면 '보고지고 타령'을 함께 부르는 방식으로 실현되었다고 볼 수 있다.

唱.「절절절저저리절절시구 얼시구절
　　시구持花者절시구 그누구가날찾
　　나그누구가날찾나. 날찾을사람업
　　건만은 그누가날찾나. 술잘먹는李
　　太白이 술먹자고날찾나. 商山四
　　皓[117]녯老人이 바둑두자고날찾나.
　　춤잘추는鶴두룸이[118] 춤을추자고
　　날찾나. 首陽山[119]伯夷叔齋[120] 採
　　薇[121]하자고날찾나.」
　　　　　(굿거리長短에 마추어춤을추
　　　　면서 令監앞으로슬금슬금나
　　　　온다.)
令監. (신아위청으로)

창.　「절절절저저리 절절시구
　　　얼시구 절시구 지화자 절시구
　　　그 누구가 날 찾나
　　　그 누구가 날 찾나.
　　　날 찾을 사람 없건마는
　　　그 누가 날 찾나.
　　　술 잘 먹는 이태백이
　　　술 먹자고 날 찾나.
　　　상산사호 옛 노인이
　　　바둑 두자고 날 찾나.
　　　춤 잘 추는 학두루미
　　　춤을 추자고 날 찾나.
　　　수양산 백이 숙제
　　　채미 하자고 날 찾나.」[122]
　　　　　(굿거리장단에 맞추어 춤을 추
　　　　면서 영감 앞으로 슬금슬금 나
　　　　온다.)
　　영감. (신아위청으로)

---

117 商山四皓(상산사호) ; 상산사호는 중국 진시황 대에 나라가 어지러움을 피해 섬서성(陝西省) 상산(商山) 산에
　　숨어 들어간 네 은사(隱士)를 말한다. 동원공(東園公), 기리계(綺里季), 하황공(夏黃公), 녹리선생(甪里先生)을
　　말하는 데 이들은 모두 눈썹과 수염이 희었기에 '皓'가 붙었다. 이들은 자주 그림의 주제로 떠올렸다. 또한 우리
　　연행문화에 흔히 원용되었다.

118 鶴두룸이 ; 학두루미로 '학'과 '두루미'가 결합된 말이다. 동의어 한자어와 우리말이 결합된 민간화술이다.

119 首陽山(수양산) ; 중국 산서성(山西省) 영제현(永濟縣) 남쪽에 있는 산 이름이다. 이곳에서 백이(伯夷)와 숙제
　　(叔齊)가 아사(餓死)했다고 한다. 또한 황해도 해주 시내에서 바로 동쪽 지점에 있는 산으로, 옛날 백이숙제(伯
　　夷叔齊)가 고사리를 캐먹다 굶어 죽었다는 산과 이름이 같아서, 조선 시대에 이 산을 소재로 하여 지어진 한시
　　중에 백이숙제(伯夷叔齊)와 관련된 작품이 많다.

120 伯夷叔齊(백이숙제) ; 중국 은(殷)나라 때의 처사(處士)인 형 백이(伯夷)와 아우 숙제(叔齊)는 모두 은나라 고
　　죽군(孤竹君)의 아들이다. 주(周) 무왕(武王)이 은을 치려고 하는 것을 말리다가 이를 듣지 않으므로 형제는
　　주나라의 녹 먹기를 부끄럽게 여기고 수양산(首陽山)에 들어가 고사리를 캐어 먹으며 숨어 살다가 채미가(采
　　薇歌)를 남기고 굶어 죽었다고 한다. 『맹자(孟子)』에 」백이(伯夷)와 숙제(叔齊)는 성인 중에서 청백한 분(夷弟

唱.「절절절저저리절절시구 얼시구절시
　　구持花者절시구. 할맘찾으리누가
　　잇나 할맘 할맘—[123] 내야[124] 내야.」
　　　　（라고唱하며 굿거리長短에마
　　　　추어춤을추면서 미얄의앞으로
　　　　나온다）

미얄. （令監을바라보더니 깜작놀나며）
　　「이게 누구야 令監이안인가 아모
　　리보아도令監일시分明쿠나. 至誠
　　이면感天이라더니[125] 이제야우리
　　令監을찾엇구나.」

唱.「반갑도다반갑도다 우리令監이반
　　갑도다. 조흘시고[126]조흘시고 持花
　　者조흘시고.」
　　　　（춤을 추면서 令監에게로매여
　　　　달닌다.）

창.　「절절절저저리 절절시구
　　　얼시구 절시구 지화자 절시구.
　　　할맘 찾을 이 누가 있나
　　　할맘 할맘— 나야 나야.」
　　　　（라고 창하며 굿거리장단에 맞
　　　　추어 춤를 추면서 미얄의 앞으
　　　　로 나온다）

미얄. （영감을 바라보더니 깜짝 놀라며）
　　「이게 누구야 영감이 아닌가 아무
　　리 보아도영감일시 분명쿠나. 지성
　　이면 감천이라더니 이제야 우리
　　영감을 찾았구나.」

창.　「반갑도다 반갑도다
　　　우리 영감이 반갑도다.
　　　좋을시고 좋을시고
　　　지화자 좋을시고.」[127]
　　　　（춤을 추면서 영감에게로 매달
　　　　린다.）

聖之淸者)'이라는 말이 있다.

121 採薇(채미) ; '고사리를 캔다'는 뜻으로 고사리로 연명하였다는 말이다. '首陽薇(수양미)'는 수양산 고사리로, 은(殷)나라의 충신 백이(伯夷)와 숙제(叔齊)가 수양산에서 고사리를 꺾어 먹었다는 데서 나온 말이다.

122 [보정] 이 대목에서 미얄과 영감이 상봉한다. 이 장면은 소위 '거누가날찾나'가 원용되었다. 수궁가에서도 활용된다.

123 — ; 장음표시다.

124 내야 ; '나야'가 옳다.

125 至誠(지성)이면感天(감천)이라더니 ; 지극(至極)한 정성(精誠)을 다하면 하늘도 감동(感動)한다는 뜻으로, 무엇이든 정성껏 하면 하늘도 움직여 좋은 결과를 맺는다는 뜻이다.

126 조흘시고 ; '좋을시고'다. '-을시고'는 'ㄹ'을 제외한 받침 있는 '-었-' 뒤에 붙어, 예스러운 표현으로, 감탄의 뜻을 나타내는 말이다.

127 [보정] 반갑도다 반갑도다 우리 영감이 반갑도다. 좋을시고 좋을시고 지화자 좋을시고 ; 노래조로 부르다가 춤을 춘다는 점을 보면 이 대목은 불림이다. 임석재본은 다음과 같이 영감과 미얄이 함께 부르는 것으로 채록되었다.
　　令監·미얄 : （서로 맞대 보고서 놀래고 반가운 목소리로 合聲) 거 누구가, 거 누구가. 아무리 보아도 우리

令監.「여보게할맘! 우리가 오래간만에天佑神助[128]로 이러케반갑게만낫스니 얼사안고 춤이나한번추어봅세.」

唱.「반갑고나반갑고나 얼너보세[129] 얼러보세.」

　　　(미얄夫婦가 서로끄러안고 굿거리長短에맛추어춤을　춘다. 이러케 한참춤을추다가 精神에異常이생기여　令監이땅에 넘어지면 미얄은令監에머리우으로붙어 기여넘어간다.)

미얄. (이러서며)「아이고허리야아이고 허리야 年滿七十에生男子하엿스니 이런慶事가 어대잇나.」

영감.「여보게 할맘! 우리가 오래간만에 천우신조로 이렇게 반갑게 만났으니 얼싸안고 춤이나 한번 추어봅세.」

창.　「반갑구나 반갑구나 어울러 보세 어울러 보세..」[130]

　　　(미얄 부부가 서로 끌어안고 굿거리장단에 맞추어 춤을 춘다. 이렇게 한참 춤을 추다가 정신에 이상이 생기어 영감이 땅에 넘어지면 미얄은 영감의 머리 위로부터 기여 넘어간다.)[131]

미얄. (일어서며)「아이고 허리야 아이고 허리야 연만 칠십에 생남자 하였으니[132] 이런 경사가 어디 있나.」

令監(할맘)일시 分明쿠나. 至誠이면 感天이라드니 이제야 우리 令監(할맘)을 찾었구나. (合唱) -- 반갑도다 반갑도다 우리 令監(할맘) 반갑도다. 좋을시고 좋을시고 지화자자 좋을시고. 얼러보세 얼러보세.

128 天佑神助(천우신조) ; 하늘이 돕고 신이 돕는다는 뜻이다.

129 [보정] 얼너보세 ; '어울러보세'다. 여기서는 '성교하다'를 비유적으로 이르는 말로 활용되었다. '어우르다'는 여럿을 모아 한 덩어리나 한판이 크게 되게 하다는 뜻이다. 또는 윷놀이에서 말 두 바리 이상을 한데 합친다는 뜻이다.

130 반갑구나 반갑구나 어울러 보세 어울러 보세 ; 합창이 불림으로 활용되었다. 여기서 '얼너보세 얼러보세'는 성행위를 비유적으로 유도하는 사설이다.

131 [보정] (미얄 부부가 서로 끌어안고 굿거리장단에 맞추어 춤을 춘다. 이렇게 한참 춤을 추다가 정신에 이상이 생기어 영감이 땅에 넘어지면 미얄은 영감의 머리 위로부터 기여 넘어간다.) ; 임석재본에서는 '(兩人은 서로 얼른다. 미얄은 令監의 前下部에 매여달려 매우 露骨的인 淫行動을 한다. 令監이 땅에 누우면 미얄은 令監의 머리 위로 기여 나간다.)'라고 채록되었다. 여기서는 '精神에異常이생기여'라고 하였고, 임석재본은 '露骨的인 淫行動'이라고 하였다. 뒤에서 영감의 여성성기 묘사 사설로 보아 '露骨的인 淫行動'으로 보아야 한다. 이 같은 성행위는 풍요제의의 모의 주술적 의미를 갖는다고 한다.

132 [보정] 아이고 허리야 아이고 허리야 연만 칠십에 생남자 하였으니 ; 뒤 대목에서 '어허 이년! 나를첫아들로망신 주엇지 이런天下에고약한년이잇나'라고 한 점으로 보아 '생남자'는 '득남(得男)' 즉 아들을 낳았음을 말한다. 그런데 임석재본에서는 '年晩 八十에 生男子 보았드니年晩 무리 공알이 시원하다'라고 채록되었다. '공알'이 '음핵'(陰核)을 일상적으로 이르는 말인 점으로 보아 '생남자'는 '아들을 낳았다'가 아니라 '남자를 상대하였다'로 봄이 옳다.

唱.「조흘시고조흘시고 아들보니조흘시고.」

　　（라고唱하면서춤을춘다.）

令監.（누은채로）「야아 조키는정조쿠나[133]. 그놈의곤이險하기도險하다 松林이左右로욱어지고 山高谷深[134]한데 물맑은湖水中에 구비구비섬뚝[135]이요 갈피갈피[136]유자[137]로다. 자— 여긔서우리故鄕[138]을갈나면 陸路로는三千里요 水路로는二千里니 에라배를타고 水路로갈거나. 배를타고오다가 風浪을만나 이곤에와서 딱붓텃스니 엇덧케떼여야 니러날것인가 이것떼는文書가잇서야지. 올타 이제야아랏다 내가한창少年적에 占치는法을배윗스니 어듸 니러날수잇슬는지 占이나한卦풀어볼가.」（주머니에서占筒[139]을끄내여 절넝흔들며 눈을깜고큰목소리로）

창.「좋을시고 좋을시고 아들 보니 좋을시고.」

　　（라고 창하면서 춤을 춘다.）[140]

영감.（누은 채로）

「야아 좋기는 정히 좋구나. 그놈의 곳이 험하기도 험하다 송림이 좌우로 우거지고 산고곡심한데 물 맑은 호수 중에 굽이굽이 섬뚝이요 갈피갈피 유자로다.[141] 자— 여기서 우리 고향을 가려면 육로로는 삼천리요 수로로는 이천 리니 에라 배를 타고 수로로 갈거나. 배를 타고 오다가 풍랑을 만나 이곳에 와서 딱 붙었으니 어떻게 떼어야 일어날 것인가 이것 떼는 문서가 있어야지. 옳다 이제야 알았다 내가 한창 소년 적에 점치는 법을 배웠으니 어디 일어날 수 있을는지 점이나 한 괘 풀어 볼가.」（주머니에서 점통을 꺼내어 절렁 흔들며 눈을 감고 큰 목소리로）

「祝曰天何言哉시며 地何言哉
리오만은 告之則應하시나니 感以
順通하소서[142] 미련한百姓이 배를
타고오다가 이곧에딱붓터노앗스니
伏乞[143]李淳風[144]藿郭先生[145]·諸
葛孔明先生[146]·程明道[147]程伊川
先生[148]·昭康節先生[149] 여러神
明[150]은 一時 回答하시와上卦[151]로
물비소서[152].」

    (라고朗朗하게읽은다 占卦[153]
를빼여본다)

「축왈

천하언재시며 지하언재리오만은
고지즉응하시나니 감이순통하소서.
미련한 백성이 배를 타고 오다가
이곳에 딱 붙어 놓았으니
복걸
이순풍곽곽선생·
제갈공명선생·
정명도정이천선생·
소강절선생[154]
여러 신명은
일시 회답하시와
상괘로 물비소서.」

    (라고 낭랑하게 읽은 다음 점괘
를 빼어본다.)

---

133 정조쿠나 ; 정 좋구나. 정히 좋구나. 매우 좋다는 뜻이다.

134 山高谷深(산고곡심) ; 산이 높고 골짜기가 깊다는 뜻이다.

135 섬뚝 ; 항만의 수역 앞에 쌓은 섬 모양의 방파제를 말한다. 임석재본에서는 '구비구비 동굴섬 피섬이요. 갈피갈피 유자로다.'라고 채록되었다.

136 갈피갈피 ; 겹치거나 포갠 물건의 하나하나의 사이를 말한다.

137 유자(柚子) ; 유자나무의 열매로, 노란색의 공 모양이다. 껍질이 울퉁불퉁하고 신 맛이 특징이다.

138 故鄕(고향) ; 임석재본에서는 '鳳山'이라고 채록되었다.

139 占筒(점통) ; 점구(占具)의 하나로 점쟁이가 점을 칠 때에 사용하는 제구다.

140 [보정] 이 대목에서 미얄과 영감이 상봉한다. 이 대목은 노래조와 춤으로 전개된다. 아울러 성적 행위도 동반되는 장면이다. 이 미얄과 영감의 행위는, 모의성행위로서 풍요와 다산을 기원하는 뜻을 담은 것으로 보고 있다.

141 [보정] 야아 좋기는 정히 좋구나. 그놈의 곳이 험하기도 험하다 송림이 좌우로 우거지고 산고곡심한데 물 맑은 호수 중에 굽이굽이 섬뚝이요 갈피갈피 유자로다 ; 여성 성기를 비유적으로 묘사한 것이다.

142 [보정] 祝曰天何言哉(축왈천하언재)시며 地何言哉(지하언재)리오만은 告之則應(고지즉응)하시나니 感以順通 (감이순통)하소서 ; '신께 고하노니 하늘이 어찌 말씀을 하시며 땅이 어찌 말씀을 하시리오마는 고하면 응하시나니 감응하시어 순통하게 하소서'의 뜻이다. 그런데 '天下言哉 地下言哉'로 채록된 경우가 있다. 여기서 '何', '下' 등으로 달리 채록되었다는 것을 통하여 의중을 새롭게 정리할 필요가 있다는 점을 지적한다. '何'는 '어찌'와 '무슨'이 가능하다.

『논어』양화편을 원용한 것이다. 그 내용을 보면 다음과 같다.

子曰 予欲無言 子貢曰 子如不言 則小子何述焉 子曰 天何言哉 四時行焉 百物生焉 天何言哉 공자께서
말씀하셨다. "나는 말을 하지 않으려고 한다." 자공이 말하였다. "선생님께서 만일 말씀하지 않으시면 저희들
이 어떻게 도를 전하겠습니까?" 공자께서 말씀하셨다. "하늘이 무슨 말씀을 하시는가? 사시가 운행되고 온갖
만물이 생장하는데, 하늘이 무슨 말씀을 하시는가?"

143 伏乞(복걸) ; 엎드려 빔을 뜻한다.

144 李淳風(이순풍) ; 중국 당나라의 방술가(方術家)다. '방술'은 신선의 술법을 닦는 사람, 즉 방사(方士)가 행하는
신선의 술법을 말한다.

145 霍郭先生(곽곽선생) ; 곽박(郭璞)선생을 말한다. 곽곽은 점복의 신령이자 눈병을 치료해주는 의료신을 말한다.
곽박 선생은 자가 경순(景純)이며 하동 문희(聞喜 = 현 산서 문희현)사람이다. 그는 박학 다식하고, 『이아(爾
雅)』,『산해경(山海經)』,『초사(楚辭)』등을 주석하였고, 점성술에도 뛰어났다. 경학(經學)과 역수(易數)에 능했
다고 하는 중국 동진(東晋)의 학자 곽박(郭璞)이 점복을 하는 사람들에 의해 신처럼 모셔지다가 곽곽으로 와음
이 된 듯하다. 곽곽 선생은 맹인(盲人)풀이의 대상신으로 안질(眼疾)환자들이 특히 신봉한다고 한다.

146 諸葛孔明先生(제갈공명선생) ; 제갈량(諸葛亮)을 말한다. 제갈량의 자(字)는 공명(孔明). 시호 충무(忠武)이며
낭야군 양도현(琅句郡 陽都縣：山東省 沂水縣) 출생으로 호족(豪族) 출신이었으나 어릴 때 아버지와 사별하
여 형주(荊州：湖北省)에서 숙부 제갈 현(諸葛玄)의 손에서 자랐다. 후한 말의 전란을 피하여 사관(仕官)하지
않았으나 명성이 높아 와룡선생(臥龍先生)이라 일컬어졌다. 위(魏)의 조조(曹操)에게 쫓겨 형주에 와 있던 유
비(劉備：玄德)로부터 '삼고초려(三顧草廬)'의 예로써 초빙되어 '천하삼분지계(天下三分之計)'를 진언(進言)하
고 '군신수어지교(君臣水魚之交)'를 맺었다. '전출사표(前出師表)'와 '후출사표(後出師表)'는 천고(千古)의 명
문으로 이것을 읽고 울지 않는 자는 사람이 아니라고까지 일컬어졌다.

147 程明道(정명도) ; 북송 유학자인 정호(鄭顥)를 말한다. 명도선생이라 불리었으며, 아우인 이(頤)와 함께 주렴
계(周濂溪)의 문인이다.

148 程伊川先生(정이천선생) ; 북송 유학자인 정이(程頤)를 말한다. 이천백(伊川伯)을 봉한 까닭에 이천선생이라
부른다. 처음으로 이기(理氣) 철학을 제창하였고, 유교 도덕에 철학적 기초를 세웠다.

149 邵康節先生(소강절선생) ; 송 유학자로 도교에도 능통하였으며, 왕안석(王安石)이 신법을 실시하기 전에 천진
(天津)의 다리 위에서 두견새 우는 소리를 듣고, 천하가 분주할 것을 예견하였다 한다.

150 神明(신명) ; 하늘과 땅의 신령을 말한다.

151 上卦(상괘) ; 두 패로 된 육효(六爻)에서 위의 패다. 가장 좋은 점괘(占卦)다.

152 물비소서 ; '물비소시(勿秘昭示)'가 옳다. '물비소시(勿秘昭示)'는 '숨김없이 밝히어 보라'는 뜻으로, 점쟁이가
외는 주문의 맨 끝에 부르는 말이다. '물비소서'는 '물비소시'와 '-하소서'가 결합된 민간화술적 표현이다.
이두현본에서는 '여러 신명은 일시 회답하시와 상괘(上卦)로 물비소서(勿秘昭示)'라고 채록되었다.

153 占卦(점괘) ; 점을 쳐서 나오는 패를 말한다.

154 이순풍곽곽선생 제갈공명선생 정명도정이천선생 소강절선생 ; 동일의미어구의 반복이다.

「하— 이 卦相[155]고약하다 犢聲之掛라 송아지가소리치고 니러나는卦로구나.」

「음—매—.」(하고 니러난다. 미얄을물그럼이 바라보더니)

「어허 이년! 나를첫아들로망신주엇지 이런天下에고약한년이잇나 이년에씹중방[156]을 껵거놋켓다. 웃중방[157]은웃툴듯툴[158]하니 본대머리[159]에 風簪[160]파주고 아레중방[161]은밋끌밋끌하니 골패장판[162]만들밧게업구나.」

(라고하며 미얄을때린다.)

「하— 이 패상 고약하다 독성지패라 송아지가 소리치고 일어나는 패로구나.」[163]

「음—매—.」

(하고 일어난다. 미얄을 물끄러미 바라보더니)[164]

「어허 이년! 나를 첫아들로 망신주었지 이런 천하에 고약한 년이 있나 이년에 씹중방을 꺾어놓겠다. 윗중방은 우툴두툴하니 번대머리에 풍잠 파주고 아랫중방은 미끌미끌하니 골패장판 만들 밖에 없구나.」

(라고 하며 미얄을 때린다.)[165]

---

155 卦象(괘상) ; 역괘(易卦)에서, 길흉을 나타내는 상(象)이다.

156 씹중방 ; '중방(中枋)'은 '중인방(中引枋)'의 준말로, 기둥과 기둥 사이, 또는 문이나 창의 아래나 위로 가로지르는 나무다. 문짝의 아래위 틀과 나란하게 놓는다. 또는 톱틀의 톱양과 탕개줄의 사이에 양쪽 마구리를 버티어 지른 막대기를 말한다. 여기 '씹중방'은 여성성기를 말한다.

157 웃중방 ; 윗중방(—中枋)으로, 상인방(上引枋)이다. 창이나 문틀 윗부분 벽의 하중을 받쳐 주는 부재. 창문 위 또는 벽의 상부에 가로질러 댄다. 상대어는 아랫중방이다. 여기서는 여성 성기의 윗부분을 이른다.

158 웃툴듯툴 ; '우툴두툴'이다. 물건의 거죽이나 바닥이 여기저기 굵게 부풀어 올라 고르지 못한 모양이다.

159 본대머리 ; '번대머리'다. '대머리'를 낮잡아 이르는 말이다.

160 風簪(풍잠) ; 망건의 당 앞쪽에 대는 갓을 고정시키기 위하여 망건(網巾) 앞쪽에 다는 장식품이다. 반달·원산(遠山) 모양으로 만들어 망건당 가운데 달아 갓모자가 풍잠에 걸려 바람이 불어도 갓이 뒤로 넘어가지 않게 하였다. 처음에는 실용적인 측면에서 이용하였으나 장식을 겸하게 되면서부터는 양반은 대모나 호박, 마노, 금패(錦貝)를 쓰고 일반 백성들은 주로 나무나 뼈, 쇠뿔로 만들어 사용하였다.

161 아레중방 ; '아랫 중방'이다. 하인방(下引枋)으로 벽의 아래쪽 기둥 사이에 가로지른 인방이다. 여기서는 여성 성기의 아랫부분을 이른다.

162 골패장판 ; '골패짝'은 납작하고 네모진 작은 나뭇조각 32개에 각각 흰 뼈를 붙이고, 여러 가지 수효의 구멍을 판 노름기구를 말한다.

163 「하— 이 패상 고약하다 독성지패라 송아지가 소리치고 일어나는 패로구나.」 ; 여기서 문맥상으로 보면 '독성지패(犢聲之卦)'는 '송아지가 소리를 치며 일어나는 패'라는 것이다. 설날에 짐승의 동작을 보아 점치는 방법도 있는데, 소가 일찍부터 기동(起動)하면 풍년이 들고, 송아지가 울어도 연사(年事)가 풍조(豊兆)이며, 까치가 울면 길조(吉兆)이고, 도깨비불이 일어도 길조(吉兆)이며, 까마귀가 울면 풍재(風災)와 병마(病魔)가 있고, 개가

미얄.「여보슈監! 설혹내가조곰잘못하
　　엿기로　오래간만에만나서　이러케
　　도사람을한부로[166] 친단말이요.」

슈監.「야이년 듯기시러 무슨잔말이야.」
　　　（미얄을때린다）

미얄.「자아 자아 때려죽여라 때려 죽
　　여라.」
　　　　（울면서영감에게매달녀 악을
　　　　스며 쥐여뜻는다）

슈監.「야 이것바라 이년이 도리혀나를
　　물어뜻는구나.」

미얄.（부드러운목소리로）「이봅소 슈
　　監! 우리가 이러케만날싸홈만 한다
　　고 이洞內사람들이 우리를내여쫏
　　겟답데.」

미얄.「여보 영감! 설혹 내가 조금 잘못
　　하였기로 오래간만에 만나서 이렇
　　게도 사람을 함부로 친단 말이요.」

영감.「야 이년 듣기 싫어 무슨 잔말이야.」
　　　（미얄을 때린다）

미얄.「자아 자아 때려 죽여라 때려 죽
　　여라.」
　　　　（울면서 영감에게 매달려 악을
　　　　쓰며 쥐어뜯는다.）

영감.「야 이것바라 이년이 도리어 나를
　　물어뜯는구나.」

미얄.（부드러운 목소리로）
　　「이보소 영감! 우리가 이렇게 맨
　　날 싸움만 한다고 이 동내 사람들
　　이 우리를 내쫓겠답데.」

짖으면 도둑이 많으며, 개보다 사람이 먼저 일어나면 한 해를 무료(無聊)하게 보내게 된다고 전한다고 한다.
그리고 『주역』 대축(大畜)조에, '송아지가 외양간에 있다. 크게 길할 것이다. 상(象)에 말하기를, 크게 길하다는
것은 기쁨이 있다는 말이다.'라고 하였다.

164 [보정] 이 대목은 미얄과 상봉하여 음행동 끝에 점괘를 보는 것이다.

165 [보정] 이년에 씹중방을 꺾어놓겠다. 윗중방은 우툴두툴하니 번대머리에 풍잠 파주고 아랫중방은 미끌미끌 하니
골패장판 만들 밖에 없구나 ; '이 년의 씹 가운데를 꺾어 놓겠다. 웃중방은 우툴두툴하니 번대머리에 풍잠을 해
주고 아랫중방은 미끌미끌하니 골패장 판을 만들 수밖에 없구나.'의 뜻이다. 성적 행위의 비속한 표현이다. 이러
한 점을 염두에 두면 이어서 미얄을 때린다는 행위 즉 '때린다'는 원래는 성적 행위였던 것이 그 의미가 변전된
것이 아닌가 추측된다.

166 한부로 ; '함부로'의 잘못이다.

令監.「흥 우리를내여쫒겟데? 우리를내
어쫒겟데? 그亦是조흔말이로구나.
나가라면나가지 欲去船에順風[167]
일다 하늘이 들장지[168]갓고 길이낙
지발[169]갓고 莫非王土이며 莫非王
臣이라 어대를간들못살겟나. 내여
쫒기전에 우리가먼저가잣구나. 그
러나저러나 너하고나하고 이洞內
를떠나면 이洞內엔人物동틔[170]난
다 너는저웃묵[171]에서고 내가아레
묵[172]에서면 이洞內의雜鬼[173]가
犯[174]치못하는줄 모르더냐.」

영감.「흥 우리를 내쫓겠대? 우리를 내쫓
겠대? 그 역시 좋은 말이로구나. 나
가라면 나가지 욕거선에 순풍일다.
하늘이 들장지 같고 길이 낙지발 같
고[175] 막비왕토이며 막비왕신이라[176]
어디를 간들 못 살겠나. 내쫓기 전
에 우리가 먼저 가자꾸나. 그러나저
러나 너하고 나하고 이 동내를 떠나
면 이 동내엔 인물 동티난다. 너는
저 윗목에 서고 내가 아랫목에 서면
이 동내의 잡귀가 범치 못하는 줄
모르더냐.[177]」

---

167 欲去船(욕거선)에順風(순풍) ; 배를 띄워 가고자 하니 바람이 순조롭다는 뜻이다. 임석재본에서는 '欲去船而
順風'라고 채록되었다.

168 들장지 ; 들어 올려서 매달아 놓게 된 방과 방 사이, 또는 방과 마루 사이에 칸을 막아 끼우는 문이다. 미닫이와
비슷하나 폭이 넓거나 높이가 높고 문지방이 낮다. 문짝의 윗울거미와 문틀의 윗문틀에 돌쩌귀를 달아 문짝을
달고, 이 문짝의 돌쩌귀 반대편을 들어서 서까래나 기타 건축 부재에 매단 들쇠[鐵, 擧金]에 얹어 열어놓는 방
법이다. 이렇게 열고 닫는 장지를 들장지 또는 들창이라고도 한다.

169 낙지발 ; 문어과의 하나다. 여덟 개의 발이 있고 거기에 수많은 빨판이 있다. 여기서는 길이 여러 갈래라는 뜻
이다.

170 [보정] 동틔 ; '동티'다. 땅, 돌, 나무 따위를 잘못 건드려 지신(地神)을 화나게 하여 재앙을 받는 일, 또는 그 재앙
을 말한다. 건드려서는 안 될 것을 공연히 건드려서 스스로 걱정이나 해를 입는 것, 또는 그 걱정이나 피해를
비유적으로 이르는 말이다.

171 웃묵 ; '윗목'이다. 온돌방에서, 아궁이로부터 먼 쪽이다. 불길이 잘 닿지 않아 아랫목보다 상대적으로 차가운
쪽이다. 또 위쪽의 길목이나 물목을 말한다.

172 아레묵 ; '아랫목'이다. 온돌방에서 아궁이 가까운 쪽의 방바닥을 말한다. 또 아래쪽의 길목이나 물목을 말한다.

173 雜鬼(잡귀) ; 잡스러운 모든 귀신을 말한다. 객신(客神), 잡귀신이라고도 한다.

174 犯(범) ; 들어가서는 안 되는 경계나 지역 따위를 넘어 들어감을 말한다.

175 하늘이 들장지 같고 길이 낙지발 같고 ; 하늘은 들장지처럼 막혀 있고 갈 길은 낙지발 같이 여러 길이라는 말
이다. 처지가 막막하고 살 길도 막막하다는 뜻이다. 시조에서 '窓(창) 내고쟈 창을 내고쟈 이 내 가슴에 창 내고
쟈 고모장지 셰살장지 들장지 열장지 암돌져귀 수돌져귀 배목걸새 크나큰 장도리로 둑닥 바가 이 내 가슴에
창 내고쟈 잇다감 하 답답할제면 여다져 볼가 하노라 『청구영언』'라고 노래하였다.

176 막비왕토(莫非王土)이며 막비왕신(莫非王臣)이라 ; 이 대목에서는 『시경』의 '북산(北山)'의 한 대목을 원용하
고 있다. 그를 살펴보면 다음과 같다.

미얄. 「그건그러치만 令監나하구離別한
    後에 어듸어듸를단기며¹⁷⁸ 어떠케
    지낫슴나.」

令監. 「그險한亂에 할맘하고離別한後
    로 나는여긔저긔단기면서온갓苦生
    다하엿네.」

미얄. 「그러고저러고 令監머리에쓴것은
    무엇임나.」

令監. 「내머리에쓴것에根本을 알고습단
    말임나.」

미얄. 「그럼 알고습고말고.」

미얄. 「그건 그렇지만 영감 나하고 이별
    한 후에 어디어디를 다니며 어떻
    게 지냈슴나.」

영감. 「그 험한 난에 할맘하고 이별한 후
    로 나는 여기저기 다니면서 온갖 고
    생 다 하였네.」

미얄. 「그러고저러고 영감 머리에 쓴 것
    은 무엇입나.」

영감. 「내 머리에 쓴 것의 근본을 알고
    싶다는 말입나.¹⁷⁹」

미얄. 「그럼 알고 싶고말고.」

　　　　저 北山에 올라 그 구기자를 딴다. 해해(偕偕)한 사자(士子) 조석으로 일에 쫓으니, 왕사(王事) 느슨히 할
수가 없어 내 부모를 근심케 한다. 부천(溥天)의 아래 왕토(王土) 아님은 없고, 솔토(率土)의 빈(濱) 왕신(王
臣) 아님은 없다. 대부 고르지 않아 나 일에 쫓아 홀로 수고한다. 陟彼北山 言采其杞 偕偕士子 朝夕從事
王事靡鹽 王事 憂我父母 溥天之下 莫非王土 率土之濱 莫非王臣 大夫不均 我從事獨賢
　　대부가 유왕(幽王)을 비난하는 시라고 한다. 행역에서 사람을 부리는 것이 공평하지가 못하다. 나 혼자 고생
하고, 그 때문에 부모를 봉양할 수도 없다는 내용이다. 보통은 '하늘 아래에 왕의 땅 아닌 곳이 없고, 세상 끝의
사람에 이르기까지 왕의 백성이 아닌 사람이 없다.'는 뜻으로 쓰인다. 여기서는 '왕의 신하라면 어디든 살 수
있다.'는 뜻을 담고 있다. 즉 저간의 사정은 내 잘못이 아니라는 뜻과, 이 땅의 주인이라는 뜻도 함께 담고 있는
쌍관어의 하나라고 볼 수 있다.

177 [보정] 너하고 나하고 이 동내를 떠나면 이 동내엔 인물 동티난다. 너는 저 윗목에 서고 내가 아랫목에 서면 이
　　동내의 잡귀가 범치 못하는 줄 모르더냐 ; 이 대목은 우리 가면극을 제의적인 성격을 갖는 것으로 규정하는
　　데에 가장 많이 언급된다. 소위 상당(上堂)신과 하당(下堂)신을 모신 동신(洞神)에서 그 사례가 흔히 발견된다.
　　여기서는 미얄이 상당신이고 영감이 하당신이 된다.

178 단기며 ; '단기다'는 '다니다'의 잘못이다. '단기다'는 '다니다'의 옛말이기도 하다.

179 내 머리에 쓴 것의 근본을 알고 싶다는 말임나 ; 내 머리에 쓴 것이 어떻게 해서 내 머리에 쓰게 되었는지 알고
　　싶다는 말인가.

슈監.「내머리에쓴것의來歷을 좀드러보
아라. 아랫녘[180]을當到하야 이곧저
곧단겨도 어듸해먹을것이잇서야지
땜匠이통을사서걸머지고단기다가
하로는山臺都監[181]을만낫더니 山
臺都監의말이 仁旺山[182]몰으는호
랑이가어듸잇스며 山臺都監몰으
는땜匠이[183]가어듸잇드냐 너도稅金
내어라하길네 稅金이얼마냐고무
른즉 稅金이하로에한돈[184]八分[185]
이라하기에 하―이稅金뻐건하고
나 벌기는하로에八分버는데 稅金
은하로에한돈八分이라면 한돈을
못태얏구나[186] 그런稅金나는못내겟
다하엿더니 山臺都監이달녀들어
싸홈을하야 衣冠破脫[187]을當하고
어듸머리에쓸것이 잇더냐 마츰내
땜통속을보니 개털가죽이잇두구
나 이놈을떡冠을지여쓰니 내가同
知[188]벼슬일다[189].」

슈監.「내 머리에 쓴 것의 내력을 좀 들어
보아라. 아랫녘을 당도하여 이곳저
곳 다녀도 어디 해먹을 것이 있어야
지 땜장이 통을 사서 걸머지고 다니
다가 하루는 산대도감을 만났더니
산대도감의 말이 인왕산 모르는 호
랑이가 어디 있으며[190] 산대도감 모
르는 땜장이가 어디 있더냐.[191] 너도
세금 내어라 하길래 세금이 얼마냐
고 물은즉 세금이 하루에 한 돈 팔
푼이라 하기에 하― 이 세금 뻐근하
구나. 벌기는 하루에 팔 푼 버는데
세금은 하루에 한 돈 팔분이라면 한
돈을 보태얐구나. 그런 세금 나는
못 내겠다 하였더니 산대도감이 달
려들어 싸움을 하여 의관파탈을 당
하고 어디 머리에 쓸 것이 있더냐.
마침내 땜통 속을 보니 개털가죽이
있더구나. 이놈을 떡 관을 지어 쓰
니 내가 동지 벼슬일다.[192]」

---

180 아랫녁 ; '아랫녘'이다. 서울을 기준으로 지방을 이른다. 대체로 남쪽에 있는 전라도, 경상도를 지칭한다.

181 山臺都監(산대도감) ; 나례도감(儺禮都監)과 같은 기능을 담당했던 관청의 하나다. 나례도감은 궁궐 안에서
악귀를 쫓아내기 위한 행사인 나례를 시행하기 위하여 임시로 설치하는 관청이다. 인조 때에 폐지되어 그 일을
관상감(觀象監)에서 맡았다. 소위 '산대' 행사를 주관하는 관청 명칭이 여기서는 관청의 주관자로 사용되고 있
다. 조선시대 나례도감의 주관자가 종이품 벼슬로서 '동지'가 붙는 벼슬아치가 맡았다.
'산대도감'이라는 용어는 『조선왕조실록』을 비롯하여 『滄洲先生遺稿』 '雜著', 『少陵先生文集』 '雜著' 등 몇
군데에서만 보인다. 그리고 산대도감과 나례도감의 개념과 기능에 대하여는 견해상의 편차를 보인다. 다음 기
사를 살펴보면 산대도감은 나례도감과 같은 기능을 담당하였던 임시기구의 하나였다.
　　[참고] 호조가 아뢰기를, 나례청(儺禮廳)의 잡상(雜像)인 주지광대(注之廣大) 등의 물품을, 우변 나례청은
이미 이전에 쓰던 것으로 수리해 만들었는데 좌변 나례청은 본조로 하여금 판출하도록 하였습니다. 본

청이 바야흐로 헌가(軒架)와 잡상을 수리하는 일로 공장(工匠)들을 불러 모았는데, 이른바 주지광대 등의 물품은 모두 지난해에 새로 만든 것들로서 지금 수리해 고치더라도 공역(工役)이 많이 들지는 않을 것입니다. -『조선왕조실록』 광해군 8년 병진

의금부가 아뢰기를, 예조가 등극 조사(登極詔使) 때 채붕(綵棚) 건조 문제에 대하여 비망기에 따라 본부로 공문을 보내왔습니다. 신들이 반복하여 의논한 결과 군기시와 함께 제반 사항을 상의하여 범위를 정한 후 재가를 받아 처리하려고 했는데, 군기시에서는 본부가 하는 대로 한다는 것입니다. 신들이, 호조가 간직하고 있는 채붕 의식을 상고해 보고 임오년 중국 사신이 왔을 때 산대도감(山臺都監) 하인(下人)을 찾아 물어보았더니, 채붕에 소요되는 하고많은 물품들은 그만두고라도 그 당시 도감의 하인으로 아직 남아 있는 사람이라곤 서리(書吏), 서원(書員), 사령(使令) 각 한 명씩뿐이었습니다. -『조선왕조실록』 광해군 12년 경신

이밖에 찬집청(撰集廳)·수정청(修正廳)·서적 별청(書籍別廳)·주사청(舟師廳)·수어청(守禦廳)·대장청(大將廳)·진휼청(賑恤廳)·나례청(儺禮廳)·장악 도감(掌樂都監) 등 임시로 설치한 아홉 아문은 조사가 왔다가 돌아갈 때까지를 기한으로 하여, 모두 정지하고 파하여 비용을 줄이는 일을 승전을 받들어 시행하는 것이 어떻겠습니까?" -『조선왕조실록』 광해군 12년 경신

침향산(沉香山)을 네거리에서 태워 없앨 것을 명하였으니, 이는 예조의 청을 따른 것이다. 광해 때 종묘에 고유하고 친히 제사하는 일이 있으면 미리 나례도감(儺禮都監)을 설치하고 헌가(獻架)와 잡상(雜像) 및 침향산을 만들어 한량없이 민력을 허비하는가 하면, 온 나라의 회자(戲子)가 미리 모여 있다가 환궁할 때가 되면 묘문 밖에서부터 서서히 전도하며 회자와 기생이 섞여 서서 요란하게 음악을 연주하고 온갖 묘기를 보였다. 이에 곳곳마다 어가를 멈추고 그것을 구경하기에 여념이 없었으므로 식자들이 한심하게 여기었다. 지금 반정하는 초기에 네거리에서 이를 태워 없앨 것을 명하였으므로 원근에서 듣고 보는 사람들이 모두 열복하였다. -『조선왕조실록』 인조 1년 계해

현재 각종 자료를 살펴보면 산대도감놀이, 산디도감, 산지도감, 산두놀이, 산디놀이, 산지놀이, 산대놀이, 산두나례도감, 나례도감, 딱딱이패, 산대극(山臺劇), 산대잡극(山臺雜劇), 산대도감극(山臺都監劇) 등으로 그 명칭이 혼재되어 있으며, 개념과 기능면에서도 서로 다르게 인지되고 있다.

'산디', '산지', '산두' 등의 명칭을 통하여 두 가지 추론이 가능하다. 하나는 우리말을 한자 '山臺'로 표기한 것이다. 그리고 다른 하나는 그 반대의 경우다. 다만 여기서는 전자일 가능성을 제기한다. 아울러 '別山臺'도 우리말을 한자로 표기한 것으로 추정할 뿐이다.

182 仁旺山(인왕산) ; 서울 서쪽, 종로구와 서대문구 사이에 있는 산이다.

183 땜匠(장)이 ; 금이 가거나 뚫어진 그릇을 때우는 일을 업으로 하는 사람을 말한다.

184 돈 ; 예전에, 엽전을 세던 단위다. 한 돈은 한 냥의 10분의 1이고 한 푼의 열 배이다. 또한 무게의 단위. 귀금속이나 한약재 따위의 무게를 잴 때 쓴다. 한 돈은 한 냥의 10분의 1, 한 푼의 열 배로 3.75g에 해당한다.

185 八分(팔푼) ; '푼'은 예전에, 엽전을 세던 단위. 한 푼은 돈 한 닢을 이른다. 참고로 '팔푼이(八--)'이는 생각이 어리석고 하는 짓이 야무지지 못한 사람을 낮잡아 이르는 말이다.

186 봇태얏구나 ; '보태았구나'다. '얏'은 '았'의 옛말이다.

187 衣冠破脫(의관파탈) ; '의관파탈(衣冠擺脫)'이다. 여기서는 의관을 모두 빼앗겼다는 뜻이다. '의관(衣冠)'는 남자의 웃옷과 갓이라는 뜻으로, 남자가 정식으로 갖추어 입는 옷차림을 이르는 말이다. '파탈(擺脫)'은 어떤 구속이나 예절로부터 벗어남을 뜻한다. 의관을 제대로 갖추지 못하였음을 이르는 말이다.

188 同知(동지) ; 동지중추부사(同知中樞府事)를 말한다. 조선 시대에, 중추부에 속한 종이품 벼슬이다. 동추(同樞)라고도 한다. '종이품(從二品)'은 조선 시대의 18 품계 가운데 넷째 등급이다. 종친(宗親)의 중의대부·정의대부·소의대부, 의빈(儀賓)의 자의대부·순의대부, 문무(文武)의 가정대부·가의대부·가선대부 등이 해당한다. 삼군부·돈녕부·의금부·경연·성균관·춘추관·중추부 등에 각각 약간 명을 두었다. 직함의 표시는 소속된 관청 이름 위에 동지를, 밑에 사를 붙여서 동지중추부사·동지삼군부사 등과 같이 썼다.

미얄. 「同知同知곰동지 님자가무슨벼
    슬을햇나. 에―에에.」(울다가)
唱. 「절절저저리절절시구 저놈의슈監의
    꼴을보게 ―百열두도리통양갓[193]
    玳瑁風簪[194]은어데두고 唐공단뒤
    막이[195]人毛網巾[196] 어대갓다내버
    리고 개가죽冠[197]이란윈말인가.」
    「그러나 슈監입은것무엇임나.」

미얄.「동지동지 곰동지[198] 임자가 무슨
    벼슬을 했나. 에―에에.」
      (울다가)
창. 「절절저저리 절절시구
    저놈의 영감의 꼴을 보게
    일백 열두 도리 통영갓
    대모풍잠은 어디 두고
    당공단 뒷막이
    인모망건 어디 갓다 내버리고
    개가죽관이란 웬 말인가.」[199]
    「그러나 영감 입은 것 무엇입나.」[200]

---

189 일다 ; '되다, 이루어지다'의 옛말이다.

190 인왕산 모르는 호랑이가 어디 있으며 ; 속담 '인왕산 모르는 호랑이가 있나'를 원용하였다. 자기를 모르는 사람이 없을 수 없음을 이르는 말이다. 또는 그 방면에 속하는 사람들이라면 누구나 잘 알고 있는 사실이라는 말이다.

191 산대도감 모르는 땜장이가 어디 있더냐 ; 땜장이와 산대도감이 어떤 관계인지 미상하다.

192 [보정] 마침내 땜통 속을 보니 개털가죽이 있더구나. 이놈을 떡 관을 지어 쓰니 내가 동지 벼슬일다 ; 개털 가죽으로 관을 지어서 쓰고는 동지 벼슬에 올랐다는 말이다. 동래야유에서는 양반이 옥색 바지저고리에 자주색 도포를 입고 개털 관을 쓰고 부채를 들고 나온다. 이를 개잘량이라고도 하는데, 이는 털이 붙어 있는 채로 무두질하여 다룬 개의 가죽을 말한다. 흔히 방석처럼 깔고 앉는 데에 쓴다고 한다. 한편 세금관계로 산대도감과 옥신각신 끝에 싸움이 나서 의관파탈을 당하여 개잘량으로 관을 지어서 쓰고는 동지 벼슬에 올랐다는 이 대목은 다분히 풍자적이다. '절구장이' 혹은 '땜장이'와 '동지(同知)벼슬'과의 큰 격차로 인하여 대립이 극단으로 치닫지 아니하기 때문에 해학에 더 가깝다.

   이러한 면에서 기존 연구에서 계층간의 대립상을 보여주는 것으로 파악하고 있는데 재론의 여지가 있다.

193 ―百(일백)열두도리통양갓 ; '도리'는 바구니, 중절모 따위와 같은 둥근 물건의 둘레를 말한다. '통영갓(統營-)' 은 경상남도 통영 지방에서 만든 갓이다. 또는 그런 양식으로 만든 갓이다. 품질이 좋고 테가 넓은 것이 특징이다. '일백열두도리'는 미상하다.

194 玳瑁風簪(대모풍잠) ; 바다거북 - 대모 - 의 등과 배를 싸고 있는 껍데기로 만든 망건의 당 앞쪽에 대는 장식품이다. '풍잠'은 쇠뿔, 대모, 금패 따위로 만들며 여기에 갓모자가 걸려서 바람이 불어도 뒤쪽으로 넘어가지 않는다. 풍잠은 망건(網巾)의 당 중앙에 꾸미는 지름 4㎝ 내외의 타원 또는 반달 모양의 장식물. 원산(遠山)이라고도 하며 갓을 고정시키는 구실을 한다. 관자(貫子)처럼 관품(官品)에 따른 규정은 없지만, 갓 밑으로 빛나는 풍잠은 착용자의 격(格)을 보여준다. 상층에서는 주로 대모(玳瑁)·호박(琥珀)·마노(瑪瑙)로 만든 것을 사용하였고, 일반에서는 골(骨)·각(角)을 사용하였다.

195 唐(당)공단뒤막이 ; 당공단 두루마기다. '공단(貢緞)'은 두껍고, 무늬는 없지만 윤기가 도는 비단으로 고급 비단에 속한다. '당공단'은 비단의 일종이다. '두루마기'는 우리나라 고유의 웃옷이다. 주로 외출할 때 입는다. 옷자락이 무릎까지 내려오며, 소매·무·섶·깃 따위로 이루어져 있다.

슈監. 「내입은것根本드러보아라 山臺都監을뚝²⁰¹떠나서 平安道寧邊妙香山을들어갓다 중을만나老丈님께人事하고 하로밤자든次에 어떠한입분女중이잇기로 客地에서옹색²⁰²도하고하기에 한번덥첫더니²⁰³ 중들이버리떼²⁰⁴같이달녀들어 無數凌辱²⁰⁵때리길네 갑작이逃亡하여나오면서 가지고나온 것이 이중의칠베長衫²⁰⁶일다.」

미알. 「에―에에」(울다가)

영감. 「내 입은 것 근본 들어 보아라. 산대도감을 뚝 떠나서 평안도 영변 묘향산을 들어갔다²⁰⁷ 중을 만나 노장님께 인사하고 하룻밤 자든 차에 어떠한 이쁜 여중이 있기로 객지에서 옹색도 하고 하기에 한번 덮쳤더니 중들이 벌떼 같이 달려들어 무수능욕 때리길래 갑자기 도망하여 나오면서 가지고 나온 것이 이 중의 칠베 장삼일다.」

미알. 「에―에에」

(울다가)

---

196 人毛網巾(인모망건) ; 사람의 머리털로 앞을 뜬 망건이다. '망건(網巾)'은 상투를 튼 사람이 머리카락을 걷어 올려 흘러내리지 아니하도록 머리에 두르는 그물처럼 생긴 물건이다. 보통 말총, 곱소리 또는 머리카락으로 만든다.

197 개가죽冠(관) ; 개의 가죽으로 만든 관을 말한다.

198 동지동지 곰동지 ; '곰'은 미련한 사람이라는 뜻으로 쓰인다. 여기서는 곰단지, 미련 곰단지 등과 같이 '미련한 동지(同知)'라는 뜻이다.

199 [보정] 이 대목은 영감이 '머리에 쓴 것의 내력'을 미알에게 알려주는 대사다. 머리에 쓴 것은 '개가죽 관'이다. 이 대목에서 여기서 '산대도감'과 싸움을 하였다는 기사는 연극사회학적 관점에서 심도 있는 논의가 이루어져 야 할 과제다.

200 「그러나 영감 입은 것 무엇입나.」 ; 임석재본에서는 '(말로) 그러나 저러나 슈監 입은 것 무엇입나.'로 채록되었다. '그러나 저러나'는 빠른 장면 전환을 유도하기 위한 것이다.

201 뚝 ; 아주 거침없이 따거나 떼는 모양을 말한다.

202 옹색 ; 여기서는 성적 욕구와 관련이 있다. '옹색하다'는 생활이 어렵다, 매우 비좁다, 활달하지 못하다, 옹졸하고 답답하다 등의 뜻이다.

203 덥첫더니 ; '덮쳤더니'다.

204 버리떼 ; '벌떼'다. 무리지어 몰려다니면서 못된 행동을 일삼는 사람들을 벌들의 떼에 비유한 말이다. 또는 몸가짐이 단정하지 못하고 행동이 사뭇 난잡하고 사나운 사람을 일컫는 말이다.

205 凌辱(능욕) ; 남을 업신여겨 욕보임을 말한다. 또는 여자를 강간하여 욕보임을 말한다.

206 칠베 長衫(장삼) ; 칠포(漆布) 장삼을 말한다. '칠포'는 옻칠을 한 헝겊이다.

207 산대도감을 뚝 떠나서 평안도 영변 묘향산을 들어갔다 ; 산대도감을 뚝 떠나서 평안도 영변 묘향산을 들어갔다. 여기서 '산대도감'은 관청 이름으로 사용되었다. 산대도감 벼슬아치임을 기정사실화하고 있다.

唱. 「절절절절절시구 해가떳다日光
緞[208] 달이떳다月光緞[209] 여름이면
夏節衣服 겨울이면冬節衣服 철철
이입혓더니 어대갓다내버리고 중의
長衫이란 원말이냐.」
　　「그건 그러코 슈監! 旣往나와살
적에는 얼굴이明紬자누메물가
루[210]갓더니 웨 이러케 얼굴이뼈적
뼈적[211]합나.」

창. 「절절절절 절시구
해가 떳다 일광단
달이 떳다 월광단[212]
여름이면 하절의복
겨울이면 동절의복
철철이 입혔더니
어디 갓다 내버리고
중의 장삼이란 웬 말이냐.」[213]
　　「그건 그렇고 영감![214] 기왕 나와
살적에는 얼굴이 명주자루 메밀가
루 갔더니 왜 이렇게 얼굴이 뼈적
뼈적합나.[215]」

---

208 日光緞(일광단) ; 해나 햇빛 무늬를 놓은 비단이다.

209 月光緞(월광단) ; 달무늬를 놓은 비단이다.

210 明紬(명주)자누메물가루 ; '明紬자루 메밀가루'다. 明紬[명주]자루는 명주실로 무늬 없이 짠 피륙으로 만든 자
루다. 메밀가루는 메밀의 열매를 찧어서 낸 가루다.

211 뼈적뼈적 ; 물기가 아주 적은 물건을 잇 따라 씹거나 빻는 소리이나 또는 그 모양이다.

212 해가 떳다 일광단 달이 떳다 월광단 ; '日光緞'과 '月光緞'은 비단의 일종이다. 여기에서는 '日光緞'과 '月光緞'
의 '日光'과 '月光'을 각각 '해가 떳다'·'달이 떳다'와 연관시킨 언어유희를 활용하고 있다. 관용구의 하나다.

213 해가 떳다 일광단 달이 떳다 월광단 여름이면 하절의복 겨울이면 동절의복 철철이 입혔더니 어디 갓다 내버리
고 중의 장삼이란 웬 말이냐; 이 대목은 관용구다. 사례는 아래와 같다.
　　　　　각식비단 버러스니 화려도 장홀시고 공단더단 슈단이며 궁쵸싱쵸 설한쵸며 금계계과 일류홍ᄒ니
　　　날도닷다 일광단과 일년명월 금쇼다ᄒ니 달이밝근 월광단과 츄운담담 영유유ᄒ니 보기죠흔 운문더단
　　　'한양풍물가(漢陽風物歌)'
　　　　　니가 살어쓸 제 부친의 〃복 썰너나 ᄒ리라 ᄒ고 츈추의복 상침겹것 ᄒ절의복 흔삼고의 박어지여
　　　다려노코 동절의복 소음두어 보의 ᄡ셔 농의 넛코 청목으로 갓슨 접어 갓스 달어 벽의 걸고 망건 ᄭ며
　　　당줄 달어 거러두고 -『한국방각본소설전집』'심청전'

214 [보정] 그건 그렇고 영감! ; 상황의 전환을 말해주는 대사다. '그건 그렇고'는 빠른 장면 전환을 유도하기 위한
것이다. 임석재본에서는 '(말로) 슈監!'으로 채록되었다.

215 얼굴이 명주자루 메밀가루 갔더니 왜 이렇게 얼굴이 뼈적뼈적합나. ; 얼굴이 명주 자루와 메밀가루처럼 곱더니
왜 이렇게 얼굴이 뼈적뼈적하게 말랐나.

슈監. 「웨 내얼굴이 엇덧탄말이냐. 돗토리[216]하고감자를먹어서 참나무살[217]이것다. 너오래간만에만낫스니 兒孩들말이나 좀무러보자. 처음난門烈이[218]그놈 엇더케자라남나.」

미얄. 「아— 그놈의말맙소.」(한숨을지운다)

슈監. 「웨 한슴을 쉼나. 엇더케 되엿서 어서말합세.」

미얄. 「아— 영감! 하도貧困하야 山으로나무하러갓다가 불상하게도 虎患[219]에갓다오.」

슈監. (깜작놀나며) 「에 뭐야? 인제는子息도죽이고 아모것도 볼것이업스니 너하고나하고는永永 헤여지그말자.」

미얄. 「여보슈監! 오래간만에만나서 엇재그런말을합나.」

영감. 「왜 내 얼굴이 어떻다는 말이냐. 도토리하고 감자를 먹어서 참나무살이 쪘다. 너 오래간만에 만났으니 아해들 말이나 좀 물어 보자.[220] 처음 난 무녀리 그놈 어떻게 자라 납나.」

미얄. 「아— 그놈의 말 맙소.」
       (한숨을 지운다)

영감. 「왜 한숨을 쉼나. 어떻게 되었어 어서 말합세.」

미얄. 「아— 영감! 하도 빈곤하여 산으로 나무하러 갔다가 불쌍하게도 호환에 갔다오.」

영감. (깜짝 놀라며) 「에 뭐야? 인제는 자식도 죽이고 아무것도 볼 것이 없으니 너하고 나하고는 영영 헤어지고 말자.」

미얄. 「여보 영감! 오래간만에 만나서 어찌 그런 말을 합나.」

---

216 돗토리 ; '도토리'다.

217 참나무살 ; 참나무 껍질처럼 거친 살을 말한다. '참나무'는 '상수리나무'다. '상수리나무'는 참나뭇과의 낙엽 교목이다. 상수리의 알맹이를 빻은 가루를 '상수리쌀'이라 한다. 상수리를 껍데기째 삶아서 겨울에 얼렸다가 봄에 녹은 것을 말려서 쓿은 뒤에 물을 쳐 가며 빻는다. 밥이나 떡, 묵 따위를 만든다. 상수리쌀에 붉은 팥을 갈아 넣어 지은 밥을 상수리밥이라 한다. 밥을 풀 때 꿀을 쳐서 그릇에 담는다. '참나무살'은 참나무 껍질처럼 얼굴이 거칠다는 뜻으로 추측된다.

218 門烈(문열)이 ; 무녀리를 말한다. 태로 나온 짐승의 맨 처음 나온 새끼를 말한다. 언행이 좀 모자라서 못난 사람을 비유하는 말이다. 여기서는 특별히 못났다기보다 제 새끼를 부르는 뜻일 것이다.

219 虎患(호환) ; 사람이나 가축이 호랑이에게 당하는 화(禍)를 말한다.

220 아해들 말이나 좀 물어 보자 ; 아이들이 어떻게 지내는지 소식이나 물어 본다는 말이다.

슈監.「듯기실타 子息도업는데 너와나
　　와살자미 조곰도업지안나.」

미얄.「헤여질나면 헤여집세.²²¹」

슈監.「헤여지는판에야 더볼것무엇잇나
　　네년의行跡²²²을 덥허둘것조곰도
　　업다. (左右를도라보면서) 여봅소
　　여러분! 내말드르시요 이년의所行
　　말좀드러보시시오 이년이슈監恭
　　敬을엇더케잘하는지 하로는압집
　　털풍네²²³며누리가 나드리²²⁴를왓다
　　고 떡을가지고왓는데 그떡을가지
　　고슈監앞에와서 이것하나잡수오
　　하면 내가먹고습허도 저를먹일것
　　인데 이년이그떡그릇을손에다쥐고
　　하는말이 슈監!압집털풍네 나드리
　　떡가저온것 먹겟습나안먹겟습나
　　안먹겟스면그만두지하고 저혼자먹
　　으니 나對答할사이어데잇슴나. 그
　　뿐이면차라리괴이찬치 冬至섣달
　　雪寒風에 房은찬데발길로이불을
　　툭차고 이마로봇장²²⁵을칵하고바
　　더서 코피가줄줄흘너가지고 뱃대
　　기를벗적벗적걸그면서 우리²²⁶요강
　　은파리한놈만들어가도 소리가윙윙
　　하는것인데 버리통같은보지²²⁷를벌
　　치고²²⁸ 오줌을쏼쏼누며 방구를탕
　　탕뀌니 압집에털풍이가 洑둥²²⁹이
　　터진다고 광이²³⁰하고가레²³¹를가지

영감.「듣기 싫다 자식도 없는데 너와
　　나와 살 재미 조금도 없지 않나.」

미얄.「헤어지려면 헤어집세.」

영감.「헤어지는 판에야 더 볼 것 무엇
　　있나 네 년의 행적을 덮어둘 것 조
　　금도 없다.

　　　　(좌우를 돌아보면서)

　　여봅소 여러분! 내 말 들으시오
　　이년의 소행 말 좀 들어보시오. 이
　　년이 영감 공경을 어떻게 잘 하는
　　지²³² 하루는 앞집 털풍네 며느리
　　가 나들이를 왔다고 떡을 가지고
　　왔는데 그 떡을 가지고 영감 앞에
　　와서 이것 하나 잡수오 하면 내가
　　먹고 싶어도 저를 먹일 것인데 이
　　년이 그 떡 그릇을 손에 다 쥐고
　　하는 말이 영감! 앞집 털풍네 나드
　　리 떡 가져온 것 먹겠습나 안 먹겠
　　습나 안 먹겠으면 그만 두지 하고
　　저 혼자 먹으니 나 대답할 사이 어
　　디 있습나. 그뿐이면 차라리 괜찮
　　지 동지섣달 설한풍²³³에 방은 찬
　　데 발길로 이불을 툭 차고 이마로
　　봇장을 칵하고 받아서 코피가 줄
　　줄 흘러가지고 배때기를 버석버석
　　긁으면서 우리 요강은 파리한 놈
　　만 들어가도 소리가 윙윙하는 것
　　인데 벌통 같은 보지를 벌치고²³⁴

고 왓스니 이런망신이어데 잇슴나.」

오줌을 쐴쐴 누며 방구를 탕탕 뀌니 앞집에 털풍이가 보동이 터진다고 괭이하고 가래를 가지고 왔으니 이런 망신이 어디 있습나.」[235]

---

221 혜여집세 ; '헤여집세'의 잘못이다.

222 行跡(행적) ; 나쁜 행실로 남긴 흔적을 말한다. 행위의 실적(實績)이나 자취, 혹은 평생 동안 한 일이나 업적이라는 뜻도 있다.

223 털풍네 ; 형상을 본 딴 별명인 듯하다. 미상하다.

224 나드리 ; '나들이'다.

225 봇장 ; 들보. 칸과 칸 사이의 두 기둥을 건너질러 도리와는 'ㄴ' 자 모양, 마룻대와는 '十' 자 모양을 이루는 나무를 말한다.

226 우리 ; 여기서는 생활 기물에 쓰였다. 말하는 이가 자기보다 높지 아니한 사람을 상대하여 어떤 대상이 자기와 친밀한 관계임을 나타낼 때 쓰는 말이다.

227 버리통같은보지 ; '벌통 같은 보지'다. 여성성기의 형상에 대한 관용적 표현이다.

228 벌치고 ; '벌리고'의 잘못이다. '벌치고'는 '벌리고'에 강세를 더한 민간화술로 생각된다.

229 洑[보]둥 ; '보동'이다. 논에 물을 대기 위한 수리 시설의 하나다. 둑을 쌓아 흐르는 냇물을 막고 그 물을 담아 두는 곳이다.

230 괭이 ; '괭이'다. 땅을 파거나 흙을 고르는 데 쓰는 농기구다.

231 가레 ; '가래'다. 흙을 파헤치거나 떠서 던지는 기구다.

232 이년이 영감 공경을 어떻게 잘 하는지 ; 반어적 표현이다. 잘 못한다는 뜻이다.

233 동지섣달 설한풍; 동짓달과 섣달의 눈바람이다. 매우 추운 때를 두고 이르는 말이다.

234 벌치고 ; '벌리고'의 잘못이다. '벌치고'는 '벌리고'에 강세를 더한 민간화술로 생각된다. 원자료 그대로 활용하였다.

235 [보정] 여봅소 여러분! 내 말 들으시오 ~ 이런 망신이 어디 있습나. ; 이 대목은 소위 '심술 타령'에 가깝다. 미얄의 여러 행동을 비속하고 과장되게 표현하고 있다. 예를 들어 '이마로 봇장을 콱 하고 받아서'는, 누워서 대들보를 받을 수 없다고 본다면 이는 가능하지 않다. 김일출본에서는 '배때기를 벅적벅적 긁으면서 일어 나다가 문중방에 코가 터져 이불에다 피칠을 하면서'라고 채록되었다.

미얄. (한便구석에가만히서잇는 龍山삼
  개덜머리집을가르치며) 이놈의슈
  監! 저러케고혼년을얻어두엇으니
  깨 나를미워라고흥만하지²³⁶ 離別
  하면같이離別하고 미워하면같이
  미워하지 어느년의보지는金테두
  리햇나.」(삼개덜머리집이 서잇는
  곳으로쪼차가서 와락달녀들며)
  「이년이년너하고나하고무슨원수
  가잇길네²³⁷ 저놈의슈監을환장²³⁸
  을식혓나 네년죽이고 내죽으면그
  만일다.」(덜머리집을 때린다)
덜머리집. 「아이고 사람살니우 사람살니
  우 사람살니우.」(운다)

미얄. (한 편 구석에 가만히 서 있는 용
  산 삼개 덜머리집²³⁹을 가리키며)
  이놈의 영감! 저렇게 고운 년을
  얻어 두었으니까 나를 미워 라고
  흥 만하지 이별하면 같이 이별하
  고 미워하면 같이 미워하지 어느
  년의 보지는 금테두리 했나.²⁴⁰」
  (삼개 덜머리집이 서 있는 곳으
  로 좇아 가서 와락 달려들며)
  「이년 이년 너하고 나하고 무슨
  원수가 있길래 저놈의 영감을 환
  장을 시켰나 네년 죽이고 내 죽으
  면 그만이다.」
  (덜머리집을 때린다)
덜머리집. 「아이고 사람 살려요 사람 살
  려요 사람 살려요.」
  (운다)²⁴¹

---

236 나를미워라고흥만하지 ; '나를 미워하여 흥만 보지'의 뜻이다.
237 원수가잇길네 ; '원수지다'가 보통이다.
238 환장(換腸) ; 마음이나 행동 따위가 비정상적인 상태로 달라짐을 이른다. 어떤 것에 지나치게 몰두하여 정신을 못 차리는 지경이 됨을 속되게 이르는 말이다.
239 용산 삼개 덜머리집 ; '삼개'는 지명으로 지금의 '마포(麻浦)'를 말한다. '덜머리'는 '떠꺼머리'라고도 하며, 장가나 시집갈 나이가 넘은 총각·처녀가 땋아 늘인 긴 머리를 말한다. 또는 그런 머리를 한 사람을 말한다. '떠꺼머리처녀'는 떠꺼머리를 한 처녀, 혹은 '노처녀'를 비유적으로 이르는 말이다. '-집'은 자기집안에서 출가한 손아래 여자가 시집 사람임을 이를 때 쓴다. 또는 남의 첩이나 기생첩을 이를 때 쓰는 말이다.
240 어느 년의 보지는 금테두리 했나 ; '누구는 특별한 사람인가. 사람은 모두가 똑같다'라는 뜻으로, 관용구다.
241 [보정] 덜머리집. 「아이고 사람 살려요 사람 살려요 사람 살려요.」(운다) ; 이 대사가 임석재본에는 없다. 송석하본, 이두현본에는 있다. 임석재본에서는 '鳳山탈춤 臺詞 後記'에 다음과 같이 '춤을 추지 않는 탈은 없으나, 말은 하는 탈과 안하는 것과 따로 있다. 말을 도무지 않는 탈은, 老丈, 첫목(但. 첫번 登場時만) 上佐, 小巫, 사당, 원숭이, 獅子, 셋째兩班, 덜머리집等이다.'라고 언급한 점을 중시한다면 용산삼개덜머리집은 대사가 없는 것으로 본다.

슈監. (미얄을 때리며)「너이년 龍山삼 개덜머리집이 무슨罪가잇다고때리 느냐 야이더러운년구린내난다.[242]」

미얄.「너는 젊은년에게빼앗어서 이같이나 를괄세[243]하니 이제는나도너같은놈 하고살기실타. 너하고나하고같이 번―세간이니 세간이나똑같이논아 가지고헤여지자. 어서논어내라. 어 서논어내라. 어서논어내라. 어어― 어 어어―어」(운다)

슈監.「자 그래라 논을나면논으자. 물이 충충[244]水畓[245]이며 사래찬밧[246]은 나가지고 鸚鵡같은[247]女종이며 날 매같은[248]男從을낭 색기껴서나가지 고 황소암소雌雄[249]껴서 색기까지 나가지고 곡식안되는노리마당[250] 모래밧대기[251]너가지고 숫쥐암쥐색 기껴서 새앙쥐[252]까지너가지고 네 년의색기 너다가져라.」

영감. (미얄을 때리며)「너 이년 용산 삼개 덜머리집이 무슨 죄가 있다 고 때리느냐 야 이 더러운 년 구린 내 난다.」

미얄.「너는 젊은 년에게 빠져서 이같이 나를 괄시하니 이제는 나도 너 같은 놈하고 살기 싫다. 너하고 나하고 같이 번―세간이니 세간이나 똑같 이 노나 가지고 헤어지자.[253] 어서 노나 내라. 어서 노나 내라. 어서 노 나 내라. 어어―어 어어―어」

    (운다)

영감.「자 그래라 논을 나면 노느자. 물 이 충충 수답이며 사래찬 밭은 나 가지고 앵무 같은 여종이며 날매 같은 남종을랑 새끼 껴서 나 가지 고 황소 암소 자웅 껴서 새끼까지 나 가지고 곡식 안 되는 노리마당 모래 밭뙈기 너 가지고 숫쥐 암쥐 새끼 껴서 새앙쥐까지 너 가지고 네년의 새끼 너 다 가져라.」

---

242 구린내난다 ; '구린내'는 똥이나 방귀 냄새와 같이 고약한 냄새다. '구린내가 나다'는 수상쩍어 의심스러운 생각 이 든다는 뜻이다.

243 괄세 ; '괄시(恝視)'의 잘못이다.

244 충충 ; 물이 가득한 모양이다.

245 水畓(수답) ; 바닥이 깊고 물을 대기에 편리한 기름진 논이다. 무논이라고도 한다.

246 사래찬밧 ; '사래 찬 밭'이다. 농사짓기 좋은 밭을 두고 이른다. '사래 차다'는 이랑이 곧고 길다는 뜻이다.

247 鸚鵡(앵무) 같은 ; 관용적 표현이다. '앵무새'는 사람처럼 말하는 새로 보통은 말 잘하는 사람을 비유하거나 흉내를 잘 낼 때에 쓴다.

미얄. 唱 「아이고서름이야 아이고서름이
　　　야 나무라도짝이잇고 나는새와즘
　　　생모도다 짝이잇건만 우리夫婦어
　　　이하여 헤여지단웬말이냐 헤여질
　　　나면헤어지자. (춤을추며) 얼시구
　　　절시구 持花者절시구. 물이충충水
　　　畓이며 사래찬밧도너가지고 鸚鵡
　　　같은女種과 날매같은男從도 색기
　　　껴서너가지고 황소암소雌雄껴서
　　　색기까지너가지고 곡식안되는노리
　　　마당 모래밧대기나를주고 숫쥐암
　　　쥐색기껴서 새앙쥐까지나를주고
　　　네년의색기너가지라니 이늙은할맘
　　　혼자도 버러먹기어려운데 색기까
　　　지나를주니 엇지하야산단말고.」

미얄.

창　「아이고 설움이야

　　　아이고 설움이야

　　　나무라도 짝이 있고

　　　나는 새와 짐승

　　　모두다 짝이 있건만

　　　우리 부부 어이하여

　　　헤어지단 웬 말이냐

　　　헤어지려면 헤어지자.

　　　　(춤을 추며)

　　　얼시구 절시구

　　　지화자 절시구.

　　　물이 충충 수답이며

　　　사래찬 밭도 너 가지고

　　　앵무 같은 여종[254]과

---

248 날매 같은 ; 관용적 표현이다. '날매'는 공중에서 날고 있는 매를 말한다.

249 황소암소雌雄(자웅) ; 황소와 암소와 암컷과 수컷이다. 동의어 반복이다.

250 노리마당 ; 임석재본에서는 '노류마당 곡석 안되는 곳은 너를 주고'라고 하였고, 오청본에서도 '곡식안되는노리
　　마당 모래밧대기너가지고'라고 한 점으로 보아 농사짓기 좋지 않은 땅인 듯하다.

251 모래밧대기 ; '모래밭뙤기'다. '모래밭'은 모래가 넓게 덮여 있는 곳, 혹은 흙에 모래가 많이 섞인 밭을 말한다.
　　여기서는 후자이다. '뙈기'는 경계를 지어 놓은 논밭의 구획, 혹은 일정하게 경계를 지은 논밭의 구획을 세는
　　단위를 말한다. 여기서는 모래가 많이 섞여 농사가 잘 안 되는 밭을 말한다.

252 새앙쥐 ; '생쥐'의 잘못이다. '사향(麝香)뒤쥐'를 말하기도 하는데, 여기서는 작은 쥐로 '생쥐'가 보통이다.

253 세간이나 똑같이 노나 가지고 헤어지자 ; '세간 가르기'다. 이혼한다는 뜻이다.

254 앵무 같은 여종 ; 앵무새같이 말 잘 듣고 예쁜 여자 아이 종이라는 말로, 관용적 표현이다. '앵무새'는 사람처럼
　　말하는 새로 보통은 말 잘하는 사람을 비유하거나 흉내를 잘 낼 때에 쓴다.

「어어— 어 어어— 어.」(운다)

황소 암소 자웅 껴서
새끼까지 너 가지고
곡식 안 되는 노리마당
모래 밭뙈기 나를 주고
숫쥐 암쥐 새끼 껴서
새앙쥐까지 나를 주고
네년의 새끼 너 가지라니
이 늙은 할맘 혼자도
벌어먹기 어려운데
새끼까지 나를 주니
어찌하여 산단 말고.」[255]
「어어— 어 어어— 어.」
(운다)[256]

---

255 [보정] 이 대목에서 영감 대사를 보면, 좋은 것은 영감 가지고, 나쁜 것은 미얄을 준다는 내용이다. 동일의 어구 반복이다.

256 [보정] 이 대목은 영감의 대사를 미얄이 그대로 받아서 춤을 추면서 노래로 실현되고 있다. 이러한 방식은 비극적 정조를 경쾌하고 유쾌한 희극적 정조로 이완시키는 기능을 발휘한다.

令監.「그럼 조곰더갈나주마.」

미얄.「令監! 그럼 내가처음시집올때 우리夫婦和合하야 壽命長壽하라고 百집을둘레돌아 깨진그릇모아다가 불니고또불니여 萬端精力[257] 다들이어 맨드러준놋요강은 나를줍소 나를줍소.」

令監.「앗다 그년慾心만네 그래라. 博川뒤지돈三萬兩 별銀[258]세개나가지고 용장봉장[259]귀두지 자개函籠반다지[260] 샛별같은놋뇨강[261] 대야[262] 밧처나가지고 竹杖芒鞋헌집석[263], 만경淸風[264]삿붓채[265] 입살[266]빠진고리짝[267] 굴둑덥흔헌삿갓 모도다 너를주고 독기날은내가지고 독기자루너가저라.」

영감.「그럼 조금 더 갈라 주마.」

미얄.「영감! 그럼 내가 처음 시집올 때 우리 부부 화합하여 수명장수 하라고 백 집을 둘레돌아[268] 깨진 그릇 모아다가[269] 불리고 또 불리어 만단정력 다 들이어 만들어준 놋요강은 나를 줍소 나를 줍소.」

영감.「앗다 그년 욕심 많네. 그래라. 박천 뒤주 돈 삼만 양 별은 세 개 나 가지고 용장 봉장 귀두지 자개 함롱 반다지 샛별 같은 놋요강 대야 받쳐 나 가지고 죽장망혜 헌 짚석, 만경 청풍 삿부채 입살 빠진 고리짝 굴뚝 덮은 헌 삿갓 모도 다 너를 주고 도끼날은 나 가지고 도끼자루 너 가져라.[270]」

---

257 萬端精力(만단정성) ; '萬端精誠'의 잘못이다. '만단'은 수없이 많은 갈래나 토막으로 얼크러진 일의 실마리, 혹은 여러 가지나 온갖 등의 뜻이다. 여기서는 후자의 뜻이다. 임석재본에서는 '一萬 精誠'으로 채록되었다.

258 별銀(은) ; 별은(別銀), 즉 황금(黃金)을 말한다.

259 용장봉장 ; 용장(龍欌)과 봉장(鳳欌)이다. 용의 모양을 새긴 옷장과 봉황의 모양을 새겨 꾸민 옷장을 말한다.

260 자개函籠(함농)반다지 ; '자개 함롱 반닫이'다. 자개를 박아 꾸민 장롱이다. '자개'는 금조개 껍데기를 썰어 낸 조각이다. 빛깔이 아름다워 여러 가지 모양으로 잘게 썰어 가구를 장식하는 데 쓴다. '반(半)닫이'는 앞의 위쪽 절반이 문짝으로 되어 아래로 젖혀 여닫게 된, 궤 모양의 가구를 말한다.

261 샛별같은놋뇨강 ; '샛별 같은 놋요강'이다. 잘 닦아서 반짝반짝 빛나는 놋요강을 말한다. 관용적 표현이다. '놋요강'은 놋쇠로 만든 요강이다. '요강'은 방에 두고 오줌을 누는 그릇으로 놋쇠나 양은, 사기 따위로 작은 단지처럼 만든다.

262 대야 ; 물을 담아서 얼굴이나 손발 따위를 씻을 때 쓰는 둥글넓적한 그릇이다.

263 집석 ; '짚석'이다. '짚자리'의 방언이다. '짚자리'는 짚으로 엮어 만든 자리로, 초석(草席)이라고도 한다. 여기서는 문맥상 '짚신'이라 하여야 한다. 임석재본에서는 '竹杖芒鞋 헌 집세기'라고 채록되었다.

264 만경淸風(청풍) ; '만경(萬頃)'은 백만 이랑이라는 뜻으로, 지면이나 수면이 아주 넓음 이르는 말이다. '청풍(淸風)'은 부드럽고 맑은 바람이다. '만경창파(萬頃蒼波)'를 원용한 것이다.

265 삿붓채 ; '삿부채'다. 갈대 따위를 쪼개어 결어 만든 부채다. 보잘것없는 부채를 말한다.

미얄. (춤을 추면서)

唱.「이놈의令監慾心보게 이놈의令監
慾心보게 博川뒤지돈三萬兩 별
銀세개너가지고 용장봉장귀두지
자개함농반다지 샛별같은놋뇨강
대야밧처너가지고 竹杖芒鞋헌집
석 만경淸風삿부채 입살빠진고리
짝 굴둑덥흔헌삿갓 독기자룬나를
주고 독기날은너가즈니. 날업는독
기자루 가진들무엇하리 아마도冬
至섯달雪寒風에 어러죽는수밧게
업구나.」

「令監! 이러케여러색기를다리고
나혼자몸뎅이로 엇지살난말임나.
좀더줍소.」

미얄. (춤을 추면서)

창.「이놈의 영감 욕심 보게
이놈의 영감 욕심 보게
박천 뒤주 돈[271] 삼만 양
별은 세 개 너 가지고
용장 봉장 귀두지
자개 함롱 반다지
샛별 같은 놋요강
대야 받쳐 너 가지고
죽장망혜 헌 짚신
만경 청풍 삿부채[272]
입살 빠진 고리짝
굴뚝 덮은 헌 삿갓
도끼 자룬 나를 주고
도끼날은 너 가지니.
날 없는 도끼 자루
가진들 무엇 하리
아마도 동지섣달 설한풍에

---

266 입살 ; '이빨'이 옳다.

267 입살빠진고리짝 ; '이빨 빠진 고리짝'이다. 헐어서 못쓰게 된 고리짝을 말한다. '고리짝'은 고리버들의 가지나 대오리 따위로 엮어서 상자같이 만든 물건으로 주로 옷을 넣어 두는 데 쓴다. 임석재본에서는 '이빨 빠진 고리짝'이라고 채록되었다.

268 내가 처음 시집을 때 우리 부부 화합하여 수명장수 하라고 백 집을 둘레돌아 ; '백 집을 둘레돌아'는 '여러 집을 돌고 돌아'의 뜻으로 관용적 표현이다. 민속에 '백집밥(百--)'은 음력 정월 대보름날에 행하는 풍속의 하나다. 그 해의 액운을 막고 복을 받기 위하여 여러 집의 오곡밥을 얻어먹는다. 또 봄을 타거나 병으로 야윈 아이들이 절구를 타고 개와 함께 이 밥을 먹으면 병이 낫는다고 한다. 백가반(百家飯)이라고도 한다. 임석재본에서는 '百을 돌고 돌아'라고 채록되었다. 여기서 문맥으로 볼 때에 '백 집을 돌고 도는 행위'는 부부화합이나, 수명장수와 같은 축수의 의미를 갖는 민속일 것으로 추정된다.

269 깨진 그릇 모아다가 ; 민속학적으로 '깨진 그릇을 모으는 행위'가 무엇인지 규명할 과제다.

270 도끼날은 나 가지고 도끼 자루 너 가져라 ; 긴요한 것 - 도끼날 - 은 내가 가지고 긴요치 않은 것 - 도끼 자루 - 은 너 가지라는 말이다.

얼어 죽는 수밖에 없구나.」

「영감! 이렇게 여러 새끼를 데리
고 나 혼자 몸뚱이로 어찌 살란 말
인가. 좀 더 줍소.」[273][274]

---

271 박천 뒤주 돈 ; 박천 뒤주에 넣어 둔 돈으로, 귀하게 여기고 깊이 간직하였던 돈을 뜻한다. 박천 뒤주에 넣어
둔 돈으로, 귀하게 여기고 깊이 간직하였던 돈을 뜻한다. '博川[박천] 뒤지'는 박천반닫이(博川———)를 말한다.
평안북도 박천지방에서 제작된 반닫이다. 표준 치수는 높이 60~80㎝, 앞 너비 55~90㎝, 옆 너비 37~45㎝. 문
판이 하나로 앞면 상단(上端)에서 위아래로 열게 되어 있으며, 의류뿐만 아니라 귀중품 또는 제기(祭器)같이
무거운 것을 넣도록 매우 튼튼한 목재를 사용하였다. 박천반닫이의 특징은 검정 무쇠판에 날카로운 징으로 구
멍을 뚫어 문양을 정교하게 투각(透刻)하여 경첩(돌쩌귀처럼 쓰는 장식) 내지 귀장식 등의 장식을 하였는데 이
를 속칭 '쑹쑹이 반닫이'라고도 부른다. 이러한 투각문양을 살리기 위해 목질을 나타내지 않게 하도록 어두운
흑칠(黑漆)을 하였으며, 결이 적은 피나무·호두나무를 사용하였다. 투각에 나타난 문양들은 자연적인 당초문
(唐草文)을 편이화하여 기하학적 표현을 하였는데, 매우 현대감각에 가까운 장식적 우수성을 보여주고 있다.
그리고 큰 달형 들쇠 하나가 전면 하단 중앙에 하나 부착되어 있고, 이것보다 작은 같은 모양의 들쇠가 문짝
상단 좌우에 하나씩 달려 손잡이 기능을 하고 있다.
　'박천'은 평안북도에 있는 읍이다. 박천선의 종점이며 박천평야의 중심지이다. 박천군의 군청 소재지이다.
　뒤지 → 뒤주 ; 나무로 만든 곡식을 담는 궤(櫃). 통나무로 만들거나 널빤지를 짜서 만든다. 통나무로 만드는
것은 밑동과 머리에 따로 널빤지를 대어 막고, 머리 부분의 한쪽을 열도록 문짝을 달아 낟알을 넣거나 퍼낸다.
널빤지를 짜서 만드는 뒤주는 네 기둥을 세우고 벽과 바닥을 널빤지로 마감하여 공간을 형성하고 머리에 천판
(天板 : 천장을 이루는 널)을 설치한다. 천판은 두 짝으로 만들어 뒤편의 것은 붙박이로 하고 앞쪽으로 여닫는
다. 여닫는 데는 쇠장석을 달아 자물쇠를 채운다. 또 네모반듯한 상자를 여러 개 만들어 차곡차곡 쌓고 그 위에
이엉을 덮어 만든 것도 있다. 이 밖에 네 기둥을 세우는 뒤주의 서너 배 크기로 만들어, 기둥의 앞면에 따로
기둥을 세워 문벽선을 삼고, 그 문벽선에 물홈을 파고 널빤지를 드린 것도 있다. 이런 거대한 뒤주는 동화사(桐
華寺)의 요사채 등에서 볼 수 있다. 이러한 유형의 것을 한층 더 크게, 곳간 만하게 만들어 마당 한쪽에 세우고
지붕을 이어 비바람을 가리게 하거나, 집의 한 끝에 따로 한 칸을 설치하고 정면에 빈지 드린 문얼굴을 만들어
완성하기도 한다. 이것도 곡식을 수장하는 시설이라는 점에서 넓은 의미의 뒤주라고 할 수 있다. 넓은 의미의
뒤주로는 버드나무 굵은 것이나 가는 싸리나무, 대나무오리를 써서 큰 독과 같은 형태로 엮은 것도 있다. 여기
에 서까래를 걸고 이엉을 이어 초가처럼 꾸민다. 밑동 한쪽에는 네모난 창을 내고 문을 달아두었다가 필요할
때 열어 낟알이 쏟아져 나오게 한다.

272 만경 청풍 삿부채 ; 시원한 바람을 일으키는 보잘것없는 부채라는 말로, 반어적 의미를 담은 관용구다.

273 [보정] 「영감! 이렇게 여러 새끼를 데리고 나 혼자 몸뚱이로 어찌 살란 말인가. 좀 더 줍소.」 ; 이 대사는 행을
바꾸어 채록되었다. 그 이유는 앞의 대사가 춤과 노래로 실현되기 때문에 대사가 끝나도 일정한 춤이 지속되었
을 것으로 본다. 현대어표기에도 행을 바꾸었다.

274 [보정] 이 대목도 앞 대목과 동일하게 영감의 대사를 영감이 그대로 받아서 춤을 추면서 노래로 실현되고 있다.
이러한 방식은 비극적 정조를 경쾌하고 유쾌한 희극적 정조로 이완시키는 기능을 발휘한다. 이렇게 반복적으로
실현되고, 대칭적 구조를 갖게 된다.

令監. 「너 그것가지고나가면 똑굶어죽기조홀나.」

미얄. 「이봅소令監! 엇지그런野俗한말을합나 어서더갈나줍소.」

令監. 「야이년慾心보게 똑같이갈너줍소 좀더줍소 어서더갈나줍소. 예이년아귀숭숭스러우니[275] 다—짓물으고[276]말겟다. 땅땅[277]짓몰아라[278] 땅땅짓몰아라.」(굿거리 長短에맛추어 짓모는춤을춘다)

미얄. 「이봅소令監!令監! 연의건다짓몰아도 祠堂[279]을랑짓모지맙소 祠堂동티[280]나면엇지하오.」

令監. 「홍 祠堂동틔? 동틔나면나라지.」(如前히짓모다가 갑작이잡버진다. 죽은듯이가만히누어잇다. 이는祠堂을부시다가 神罰[281]을받어猝倒하는것이다.)

영감. 「너 그것 가지고 나가면 똑 굶어 죽기 좋을라.」

미얄. 「이 보소 영감! 어찌 그런 야속한 말을 하나 어서 더 갈라 줍소.」

영감. 「야 이년 욕심 보게 똑같이 갈라 주소 좀 더 주소 어서 더 갈라 줍소. 예 이년 아 귀숭숭스러우니 다 — 짓무르고 말겠다. 땅땅 짓몰아라 땅땅 짓몰아라.」

　　(굿거리장단에 맞추어 짓모는 춤을 춘다)

미얄. 「이 보소 영감! 영감! 연의건 다 짓몰아도 사당을랑 짓모지 마소 사당 동티나면 어찌하오.」

영감. 「홍 사당 동티? 동티나면 나라지.」[282]

　　(여전히 짓모다가 갑작이 자빠진다.

　　죽은 듯이 가만히 누워 있다. 이는 사당을 부시다가 신벌을 받아 졸도 하는 것이다.)[283]

---

275 귀숭숭스러우니 ; '뒤숭숭스럽다'인 듯하다. 느낌이나 마음이 어수선하고 불안한 데가 있다는 말이다. 임석재본에서는 '예 이년 다 귀숭숭시러우니'라고 채록되었다.

276 짓물으고 ; '짓무르고'다. '짓물다'는 '짓무르다'의 방언이다. 여기서는 '짓몰고'가 옳다.

277 땅땅 ; 위세를 부리며 기세 좋게 으르대는 모양이다.

278 짓몰아라 ; '마구 몰다'라는 뜻의 방언이다. 기를 펴지 못하도록 몹시 구박하거나 나무란다는 뜻이다.

279 祠堂(사당) ; 조상의 신주(神主)를 모셔 놓은 집이다.

280 동티 ; 땅, 돌, 나무 따위를 잘못 건드려 지신(地神)을 화나게 하여 재앙을 받는 일, 또는 그 재앙, 혹은 건드려서는 안 될 것을 공연히 건드려서 스스로 걱정이나 해를 입거나 또는 그 걱정이나 피해를 비유적으로 이르는 말이다.

미얄. (손벽치며 춤을 추면서)

唱. 「잘되엿다 잘되엿다 이놈의슈監잘
되엿다. 祠堂짓모지말나해도 내말
안듯고짓모더니 祠堂동틔로너죽
엇구나.　洞內坊內[284]키크고코큰總
角! 우리슈監내다뭇고 나하고둘이
사라봅세.」 (슈監의 눈을 어루만
즈며)

　　「이놈의슈監 벌서눈깔을가마귀
가 파먹엇구나.」

미얄. (손뼉 치며 춤을 추면서)

창.　「잘 되었다 잘 되었다
이놈의 영감 잘 되었다.[285]
사당 짓모지 말라 해도
내 말 안 듣고 짓모더니
사당 동티로 너 죽었구나.
동내 방내 키 크고 코 큰 총각[286]!
우리 영감 내다묻고
나하고 둘이 살아봅세.」
　　(영감의 눈을 어루만지며)
「이놈의 영감 벌써 눈깔을 까마
귀가 파먹었구나.[287]」

---

281 神罰(신벌) ; 신이내리는 벌을 말한다.

282 [보정] 이 대목에서 '사당 동티'운운 하는 대사는 우리 가면극의 제의적 특성을 드러낸다고 보는 입장이 일반적
이다.

283 [보정] (여전히 짓모다가 갑작이 자빠진다. 죽은 듯이 가만히 누워 있다. 이는 사당을 부시다가 신벌을 받아 졸도
하는 것이다.) ; 여기서 '이는 사당을 부시다가 신벌을 받아 졸도 하는 것'이라 함은 채록자의 자의적 해석일
것이다. 임석재본에서는 '(如前히 짓모다가 갑자기 넘어져 죽은 듯이 가만히 있다.)'라고 채록되었다. 이두현수정
본에는 '영감 : 흥! 사당(祠堂) 동티나면 나라지 (여전히 짓모는 춤을 추다가 갑자기 쓸어져 죽는다)'라고 채록되었
다. 김일출본에서도 '령감 《사당 없으면 나막신짝 놓고 하지 내 성미 알지! 꽝꽝 부셔라. 망고리 나간다. 개밥궁
나간다. 맨재'독 진꽈라 사당두 진꽈라》 사당을 부시다가 령감이 죽어 넘어진다.'로 채록되었다. 뒤에서 영감은
'거짓 죽었다'며 살아나게 된다. 이렇게 죽었다 살아나는 설정이 어떤 의미인지 미상하다. 연구할 대상이다.

284 洞內坊內(동내방내) ; '동네방네(洞—坊—)'다.

285 잘 되었다 잘 되었다 이놈의 영감 잘 되었다 ; 반어적 표현의 관용구다.

286 코 큰 총각 ; 여기서 '코'는 남성 성기를 비유한다. 관용구다.

287 까마귀가 파먹었구나 ; 죽었다는 말이다. 사체를 지상이나 나무 위, 암반 등과 같은 자연상태에 유기하여 비바
람을 맞아 부패되게 하여 자연적으로 소멸시키는 풍장(風葬) 풍속에서 연유한다. 나무 위나 암반 위에 사체를
놓아두면 까마귀가 와서 사체를 파먹기에 멀리서 활을 쏘아 까마귀를 쫓았다. '弔[조]'는 '弓'과 'ㅣ'이 결합된
문자로 화살을 쏜다는 뜻이다.

영감. (큰목소리로) 「아야!!」

미얄. 「죽은놈의슈監도 말하나.」

슈監. 「가짓죽엇스니 말하지. (벌덕니러나서 미얄을때리며) 너이년 뭣이엇재? 키크고 코큰총각 나하고삽세?」

미얄. (울면서) 「이놈의슈監 나슬타더니[288] 외날때리나. 아이고 사람죽는다.」

영감. 「야이년 무슨잔말이냐.」

　　　(하며 미얄을때린다. 미얄은매를 맛다가 氣絶하야 죽는다. 죽은미얄을하참[289]드려보더니)

　　　「야 이년! 정말죽지안엇나. 성깔[290]도急하기도하다.」

영감. (큰 목소리로) 「아야!!」

미얄. 「죽은 놈의 영감도 말 하나.」

영감. 「거짓 죽었으니 말 하지.[291]

　　　(벌떡 일어나서 미얄을 때리며) 너 이년 뭣이 어째? 키 크고 코 큰 총각 나하고 삽세?」

미얄. (울면서) 「이놈의 영감 나 슳다더니 왜 날 때리나. 아이고, 사람 죽는다.」

영감. 「야 이년 무슨 잔말이냐.」

　　　(하며 미얄을 때린다. 미얄은 매를 맞다가 기절하여 죽는다. 죽은 미얄을 한참 들여다보더니)

　　　「야 이년! 정말 죽지 않았나. 성깔도 급하기도 하다.[292]」

---

288 슬타더니 ; '싫다더니'다. '슳다'는 '싫다'의 방언이다.

289 하참 ; '한참'의 잘못이다.

290 성깔(性-) ; 거친 성질을 부리는 버릇이나 태도, 또는 그 성질을 말한다.

291 [보정] 거짓 죽었으니 말 하지 ; '거짓 죽음'의 의미가 무엇인지 미상하다.

292 성깔도 급하기도 하다 ; 성질이 급하다는 뜻의 관용구다.

唱.「아이고 아이고 불상하고 可憐해라
이러케도갑작이 죽단말이웬말이
냐. 神農氏嘗百草하야 모든病을
고치랴고[293] 元氣不足症에는 六味
八味十全大補湯[294] 脾胃虛弱엔蔘
朮湯[295] 酒滯에는對金飮子[296] 炎
症엔陶氏導痰湯[297] 黃疸鼓脹엔溫
白元[298] 大醉難醒엔石葛湯 瘧疾
에는不二飮 蛔虫에는建理湯[299] 小
便不通엔禹功散[300] 大便不通엔六
神丸[301] 淋疾에는五淋散[302] 泄瀉
에는胃笭湯[303] 頭痛에는二陳湯[304]
口吐엔伏令半夏湯[305] 感氣에는敗
毒散[306] 關隔에는消滯丸[307] 口疳
에는甘吉湯[308] 丹毒엔犀角消毒
飮[309] 房事後엔雙和湯[310] 霍亂에
는香薷散[311] 이러한靈藥[312]들이 世
上에갓득하건만 藥 한帖[313]못써보
고 갑작이도죽엇스니 이런氣막힐
때가 어듸또잇단말가.」

(한便구석에서잇든 龍山삼개
덜머리집은 살작場外로나가랴
고한다. 슈監이달녀가서 덜머
리집을끄러안고戲弄하며退場
한다.)

창.「아이고 아이고 불쌍하고 가련해라
이렇게도 갑자기 죽단 말이 웬 말
이냐.

신농씨 상백초하야 모든 병을 고
치려고[314]

원기 부족증에는 육미팔미십전대
보탕.

비위 허약엔 삼목탕.

주체에는 대금음자.

염증엔 도씨도담탕.

황달 고창엔 온백원.

대취 난성엔 석갈탕.

학질에는 불이음.

회충에는 건리탕.[315]

소변 불통엔 우공산.

대편 불통엔 육신환

임질에는 오림산.

설사에는 위령탕.

두통에는 이진탕.

구토엔 복령반하탕.

감기에는 패독산.

관격에는 소체환.

구감에는 감길탕.

단독엔 서각소독음.

방사 후엔 쌍화탕.

곽난에는 향유산.

이러한 영약들이 세상에 가득 하

건만 약 한 첩 못 써보고 갑자기도 죽었으니 이런 기막힐 때가 어디 또 있단 말인가.」

(한 편 구석에 서 있던 용산 삼 개 덜머리집은 살짝 장외로 나 가려고 한다. 영감이 달려가서 덜머리집을 끌어안고 희롱하며 퇴장한다.)

---

293 神農氏嘗百草(신농씨상백초)하야 모든 病(병)을 고치랴고 ; 신농씨가 여러가지 풀을 맛보아 모든 병을 고치려 고. 염제씨(炎帝氏)라고도 하는 신농씨가 일찍이 백 가지 풀을 맛보아 거의 죽게 된 수십 명을 구하였다고 한 다. 신농씨는 상고시대(上古時代) 중국제왕(中國帝王)의 이름이다. 농사짓는 법을 처음으로 가르쳤으므로 신 웅씨(神農氏)라고 하고, 화덕(火德)으로 다스리었으므로 염제(炎帝)라고도 하며, 제약법(製藥法)과 역(易)의 64효(爻)를 만들었다고 한다. 복희씨 뒤를 이어 다스렸는데, 백성에게 쟁기와 비슷한 따비를 만들어 농사짓는 법을 가르쳤다. 백초(百草)를 맛보아서 의약을 만들고, 설시(設市)하여 상거래(商去來) 매매법을 이루었다고 한다. 인신우수(人身牛首)였다고 한다.

294 元氣不足症(원기부족증)에는 六味八味十全大補湯(육미팔미십전대보탕) ; 기혈부족(氣血不足)으로 몸이 허 약하고 기운이 없으며 때로 기침을 하고 땀을 흘리며 식욕이 없고 소화가 안 되는 데 '六味八味十全大補湯(육 미팔미십전대보탕)'을 쓴다. 철부족성 빈혈, 앓고 난 후, 만성소모성 질병, 만성소화기 질병 등에 쓸 수 있다.

295 脾胃虛弱(비위허약)엔蔘朮湯(삼출탕) ; 비위(脾胃)가 허약하여 음식을 먹은 후에 몹시 노곤하고 명치 밑이 답 답하며 몸이 무거운 데 '삼출탕(蔘朮湯)'을 쓴다. 임석재본에서는 '脾胃虛弱엔 蔘求湯'으로 채록되었다. '求'는 '朮'의 잘못이다.

296 酒滯(주체)에는對金飮子(대금음자) ; 酒滯(주체)는 술을 마셔서 생기는 체증을 말한다. 주적(酒積)은 술에 상 해서 생긴 적을 말한다. 얼굴이 누르면서 컴컴하며 배가 불러 오르고 때로 토하거나 배가 아프면서 설사를 한 다. 적을 삭이는 방법으로 대금음자(對金飮子)에 갈근, 적복령, 사인, 신곡을 더 넣어 쓰거나 주적환(酒積丸; 오매육, 황련, 반하곡, 지실, 사인, 목향, 행인, 파두상)을 쓴다.

297 炎症(염증)엔陶氏導痰湯(도씨도담탕) ; 도씨도담탕(陶氏導痰湯)은 중풍(中風) 때 담(痰)이 성하여 말을 더듬 고 어지럼증이 나는 데, 담음(痰飮)으로 구역이 나면서 가래가 많고 기침을 하며 열이 나고 뒷등이 시리며 식욕 이 없는 데, 눈앞이 아찔하며 의식을 잃고 경련을 일으키는 데 쓴다. 담(痰)이 심(心)을 장애하여 정신이 혼미하 고 가슴이 답답하며 귀가 잘 안 들리고 눈이 잘 보이지 않는 데, 속이 답답하고 메스꺼우며 소화가 안 되는 데 쓴다. 위의 약을 한 첩으로 하여 물에 달여 잠잘 무렵에 죽력과 생강즙을 약간 타서 먹는다.

298 黃疸鼓脹(황달고창)엔溫白元(온백원) ; 온백원(溫白元)은 적취(積聚), 징가(癥瘕), 현벽(痃癖), 황달(黃疸), 고 창(鼓脹), 복수(腹水), 부종(浮腫), 임증(淋證), 흉통(胸痛), 모든 풍병(風病) 등에 쓴다.

299 [보정] 蛔虫(회충)에는建理湯(건리탕) ; 건리탕(建理湯)은 비위(脾胃)가 허랭(虛冷)하거나 적취(積聚)가 생겨 가 슴으로 치밀고 배가 몹시 아픈 데 쓴다. 만성위염, 위무력증 등 때에 쓸 수 있다. 보통 회충에는 쓰이지 않는다.

300 小便不通(소변불통)엔禹功散(우공산) ; 우공산(禹功散)은 한산(寒疝)으로 고환(睾丸)이 커지고 굳으며 차면 서 땅기고 아픈 데 쓴다. 원기(元氣)가 손상되지 않은 환자에게 쓴다. 위의 약을 가루 내어 한번에 8G씩 생강 달인 물에 타서 먹는다. 소변이 잘 나가지 않는 데도 쓴다.

301 大便不通(대변불통)엔六神丸(육신환) ; 육신환(六神丸)은 습열(濕熱)로 배가 아프며 음식 먹기를 싫어하고 피
　와 곱이 섞인 대변을 보는 이질에 쓴다.

302 淋疾(임질)에는五淋散(오림산) ; 오림산(五淋散)은 오림(五淋)에 쓴다. 특히 소변이 잘 나가지 않거나 방울방
　울 떨어지며 요도가 아프고 아랫배가 무직하며 때로 몸에 열감이 있는 데 쓴다. 급성방광염, 요도염 등에 쓸
　수 있다. 특히 소장 및 방광 열(熱)로 소변이 잘 나가지 않고 배뇨 때 요도에 작열감이 있거나 아프며 누렇거나
　벌건 소변이 나가는 데 쓴다.

303 泄瀉(설사)에는胃苓湯(위령탕) ; 위령탕(胃苓湯)은 비위(脾胃)에 습(濕)이 성하여 소변량이 줄며 배가 끓고
　설사가 나면서 아프고 식욕이 없고 음식이 소화되지 않는 데 쓴다. 급성 및 만성 대장염 때에 쓸 수 있다.

304 頭痛(두통)에는二陳湯(이진탕) ; 이진탕(二陳湯)은 담음(痰飮)으로 가슴과 명치 밑이 그득하고 불어나며 기침
　을 하고 가래가 많으며 메스껍고 때로 토하며 어지럽고 가슴이 두근거리는 데 쓴다. 급성 및 만성 위염, 위하수,
　급성 및 만성 기관지염, 자율신경실조증, 임신오조 등에 쓸 수 있다.

305 口吐(구토)엔伏令半夏湯(복령반하탕) ; 복령반하탕(茯苓半夏湯)은 담음(痰飮)으로 명치 밑이 그득하고 메스
　꺼우며 소화가 잘 안 되고 때로 위에서 물소리가 나며 몸이 무거운 등 증상이 있는 데, 만성위염, 위무력증, 오조
　(惡阻) 등에 쓸 수 있다. 위의 약을 한 첩으로 하여 물에 달여 하루 2번에 나누어 먹는다. 담음으로 명치 밑이
　더부룩하고 소화가 잘 안 되며 식욕이 없고 구역질을 하거나 토하며 온몸이 무겁고 머리가 아픈 등 증상이 있는
　데 쓴다.

306 感氣(감기)에는敗毒散(패독산) ; 패독산(敗毒散)은 풍한(風寒)으로 열(熱)이 나며 목덜미가 뻣뻣하고 머리와
　온몸이 아프며 코가 막히고 기침이 나며 가래가 있는 데 쓴다. 감기, 유행성 감기에 쓰며 급성기관지염, 폐렴
　초기, 급성대장염, 일련의 급성화농성 질병 등에 쓸 수 있다. 위의 약을 한 첩으로 하여 물에 달여 먹는다. 패독
　산(敗毒散)에 인삼을 더 넣은 것을 인삼패독산(人蔘敗毒散)이라고 한다.

307 關隔(관격)에는消滯丸(소체환) ; 소체환(消滯丸)은 음식에 체하여 명치 밑이 그득하고 아프며 배가 불어나고
　끓는 데 쓴다. 부종(浮腫), 창만(脹滿), 적취(積聚) 등에도 쓴다.

308 口疳(구감)에는甘吉湯(감길탕) ; 감길탕(甘桔湯)은 풍한(風寒)으로 목안이 붓고 아프며 말소리가 낮거나 목쉰
　소리가 나는 데 쓴다. 급성인후염, 편도선염 등에 쓸 수 있다. 여성탕(如聖湯)이라고도 한다. 풍열(風熱)로 목안
　이 붓고 아프며 목쉰 소리가 나는 데 쓴다. '甘吉湯'은 '甘桔湯'이 옳다.

309 丹毒(단독)엔犀角消毒飮(서각소독음) ; 서각소독음(犀角消毒飮)은 단독(丹毒)과 두드러기에 쓴다. 위의 약을
　한 첩으로 하여 물에 달여 서각즙을 타서 먹는다. 두진(痘疹) 때 발진이 잘 나오지 않거나 발진이 다 나왔어도
　열이 내리지 않는 데 쓴다.

310 房事後(방사후)엔雙和湯(쌍화탕) ; 쌍화탕(雙和湯)은 사물탕(四物湯)과 황기건중탕(黃芪建中湯)을 합한 것이
　다. 허로손상(虛勞損傷)으로 기혈(氣血)이 허(虛)해진 데, 힘든 일을 한 후나 중병을 앓은 후에, 온몸이 노곤하
　고 몹시 피로감을 느끼며 어지럼증이 나고 가슴이 두근거리며 절로 땀이 나는 데, 허약한 사람이 감기에 자주
　걸리는 데 쓴다. 피로회복약으로 많이 쓰인다.

311 霍亂(곽난)에는香薷散(향유산) ; 향유산(香薷散)은 더위를 먹었거나 곽란(霍亂)으로 토하고 설사하면서 배가
　아프고 가슴이 답답하며 힘줄이 뒤틀리고 팔다리가 싸늘한 데 쓴다. 위의 약을 한 첩으로 하여 술을 조금 섞은
　물에 달여 차게 하여 먹는다. 또는 가루를 내어 연밀에 섞어서 엿처럼 만들어 술로 먹는다.

312 靈藥(영약) ; 영묘한 효험이 있는 신령스러운 약을 말한다.

313 帖(첩) ; 약봉지에 싼 약의 뭉치를 세는 단위이다.

314 [보정] 신농씨 상백초하야 모든 병을 고치려고 ; 이하는 판소리 수궁가나 변강쇠가에서 활용되고 있는 소위 '약
　성가'가 원용되었다. 동일의미어구의 반복으로 전개되는 이 '약성가'는 '무병장수'를 기원하는 상징적 의미를 담
　은 것으로 봄이 일반적이다. 주술적 기능을 갖는 노래는 대체로 동일의미어구의 반복이다.

(이때에 南江老人[316]이 登場한다. 南江老人은미얄의 媤父[317]로서 白鬚가흐날니는[318] 紅顔白髮의탈[319]을 쓰고 長鼓를메고 천천히들어와서 미얄의죽은것을보며 長鼓를땅에놋는다.)

南江老人. 「이것들이 짜―하더니[320] 쌈이난게로구나.(미얄을한참바라보고)아―이것이죽지안엇나. 불상하구도可憐하구나 제令監離別멫해에 외롭게지내다가 아―매를 맞아죽어? 하도불상하니 넉이나풀어줄박에없다.」(범벅궁調[321]로長鼓치며 고개를左右로내두르면서)

(이때에 남강노인이 등장한다. 남강노인은 미얄의 시부로서 백수가 흐날리는[322] 홍안백발의 탈[323]을 쓰고 장고를 메고 천천히 들어와서 미얄의 죽은 것을 보며 장고를 땅에 놓는다.)

남강노인. 「이것들이 짜― 하더니 싸움이 난 게로구나.

(미얄을 한참 바라보고)

아― 이것이 죽지 않았나. 불상하구도 가련하구나. 제 영감 이별 몇 해에 외롭게 지내다가 아― 매를 맞아 죽어? 하도 불상하니 넋이나 풀어줄 밖에 없다.」

(범벅궁조로 장고 치며 고개를 좌우로 내두르면서)

---

315 [보정] 회충에는 건리탕 ; 회충에는 사군자(使君子)이나 이중탕(理中湯) 등을 쓴다.

316 南江老人(남강노인) : 남극노인(南極老人)을 말한다. 남극노인은 남극성(南極星)의 화신(化身)이다. 예로부터 남극노인, 즉 노인성이 인간의 수명을 관장한다고 믿었기 때문에 왕이 노인성을 향해 제사를 올리는 풍습이 있었다. 또한 노인성이 보이는 해에는 나라가 평안해진다고 믿었다. 고시조에 안민영이 지은 '洛城西北 三溪洞天에 水澄淸而山秀麗흔듸 翼然有亭에 伊誰在矣오 國太公之偃息이시리 비느니 南極老人 北斗星君으로 享壽萬年 흐오소셔'가 있다.
   김일출본에서는 '제 11 과장 남극 로인'으로 채록되어 독립된 장면으로 되어있다. 이렇게 본다면 이 '남강노인'의 등장은 미얄 장면과의 연관성 문제는 연구 과제다.

317 媤父(시부) ; 시아버지를 말한다.

318 흐날니는 ; '흩날리는'의 잘못이다. 보통 '흐날리다'를 쓰기도 한다.

319 紅顔白髮(홍안백발)의탈 ; 얼굴은 붉고 머리털은 흰 탈을 말한다.

320 짜―하더니 ; '짜하다'는 퍼진 소문이 왁자하다는 뜻이다.

321 범벅궁調(조) ; 범벅타령인 듯하다.

322 흐날리니 ; '흩날리니'의 잘못이다. 보통 '흐날리다'를 쓰기도 한다. 원자료를 그대로 활용한다.

323 백수가 흐날리는 홍안백발의 탈 ; 흰 수염과 붉은 얼굴과 흰 머리털로 된 가면이다. 임석재본에서는 '(登場. 흰 수염 늘어뜨린 白面의 老人이라. 杖鼓를 매고 천천히 들어온다.)'라고 채록되었다.

唱. 「名山大川³²⁴이後山神靈³²⁵! 불상
한이人生을 極樂世界³²⁶가게하소.
넉은넉盤³²⁷에담고 魂은魂盤³²⁸에
담아 榮華峰³²⁹으로가옵소서.」(춤
을춘다. 巫女로써 盛大한굿을하는
일도잇다.)

창. 「명산대천이 후산신령!
불상한 이 인생을
극락세계 가게 하소.
넋은 넋반에 담고
혼은 혼반에 담아
영화봉으로 가옵소서.」³³⁰
(춤을 춘다. 무녀로써 성대한 굿
을 하는 일도 있다.)³³¹

---

324 名山大川(명산대천) ; 이름난 산과 큰 내를 말한다.

325 後山神靈(후산신령) ; 묏자리나 집터, 도읍터 따위의 뒤쪽에 있는 산에 모셔 섬기는 신이다. '후산'은 묏자리나 집터, 도읍터 따위의 뒤쪽에 있는 산을 말한다. 임석재본에서는 '後土神靈'이라고 채록되었다. '후토'는 토지를 맡아 다스린다는 신이다.

326 極樂世界(극락세계) ; 더없이 안락해서 아무 걱정이 없는 경우나 처지나 그런 장소를 말한다. 아미타불이 살고 있는 정토(淨土)로, 괴로움이 없으며 지극히 안락하고 자유로운 세상이다. 인간 세계에서 서쪽으로 10만억 불토(佛土)를 지난 곳에 있다.

327 넋반 ; 넋을 담는 데 쓴다고 하는 작은 상을 말한다.

328 魂盤(혼반) ; 혼을 담는다는 소반을 말한다. 임석재본에서는 '鬼반'이라고 채록되었다.

329 榮華峰(영화봉) ; '영화(榮華)'는 귀하게 되어 몸이 세상에 드러나고 이름이 빛난다는 뜻이다. 영화봉은 관념적 명칭이다. 임석재본에는 '榮華<註. 蓮花>峰'라고 채록되었다. '연화봉'은 불교적 관점의 명칭이다.

330 [보정] 창. 「명산대천이 후산신령! 불상한 이 인생을 극락세계 가게 하소. 넋은 넋반에 담고 혼은 혼반에 담아 영화봉으로 가옵소서.」 ; 이 대목은 죽은 미얄의 넋풀이를 위하여 남강노인이 부르는 노래다. 그 주요내용은 극낙왕생을 기원한다. 따라서 미얄의 넋풀이도 넋풀이이지만 가면극 현장에 '극낙왕생'을 축수하는 의미도 함께 가지고 있는 것으로 보아야 한다.
임석재본에서는 '名山 大川 後土神靈 불상한 이 人生을 極樂世界 가게 하소. 넋에 넋은 넋반에 담고 鬼에 鬼는 鬼반에 담아 榮華<註. 蓮花>峰으로 가옵소서. (춤을 춘다)…… 아이덜아 일어나거라, 南窓 東窓 다 밝았다 ………'라고 채록되었다. 이두현수정본에서는 '기왕 죽었으니 죽은 혼이라도 좋은 곳 극락세계로 가라고 무당 불러 굿이나 하여 줄 수밖에 없다……'라고 채록되었다. 그리고 이 대목이 김일출본에는 다음과 같이 채록되었다.
남극 로인이 등장하여 넋드리 세 마디한다.
≪넋의 넋은 넋반에 담고 혼(魂)에 혼은 혼반에 담아 류진장포 열두매끼 아주 꽤 묵은 후에 영자군아 발 맞춰라. 등롱군(燈籠軍)아 불 밝혀라. 너흘너흘 저기 저산 북망산이 분명쿠나≫ 노래를 마치고 장구를 치면서 ≪아이들아 일어들 나거라. 남창 동창이 다 밝아 온다. 어서들 일어 나거라≫ 하고 퇴장한다.

331 [보정] (춤을 춘다. 무녀로써 성대한 굿을 하는 일도 있다.) ; 무당에 의한 굿이 반드시 행하여진 것은 아니라는 기사다. 이는 우리 가면극의 이념적 배경을 연구하는 데에 염두에 두어야 할 기사다. 최근 마당극 형태의 연행 문화에서 종국에 흔히 무당이 등장하는 것을 볼 수 있다. 가면극의 연행층이 무당과 결합되면서 일어난 현상으로 생각된다. 현상이야 어떻든 가면극의 이념과 굿의 이념은 동일한 것이 아니며, 상반된 것이다. 임석재본의 후기에서도 '12. 이 演技를 始作할 때, 먼저, 이 노리의 中興者인 安草木의 功을 爲하고 또 그가 無後하므로

「兒孩들아 니러나거라 東窓南窓다밝엇다.」

(라고 큰 목소리로唱하고退場한다. 미얄도니러나서살작退場한다.)

(以上으로써 劇은全部끝을 막는다[332]. 그러고卽席에서 탈·衣裳等諸道를불에살아버리는대 그것이全燒[333]할때까지 出演者一同이장작불앞에모여서서 衝天[334]하는 火光[335]을向하야數업시절을한다.)

「아해들아 일어나거라 동창 남창다 밝았다.[336]」

(라고 큰 목소리로 창하고 퇴장한다.[337] 미얄도 일어나서 살짝 퇴장한다.[338])

(이상으로써 극은 전부 끝을 막는다.

그리고 즉석에서 탈·의상 등 제도를 불에 살라버리는데 그것이 전소할 때까지 출연자 일동이 장작불 앞에 모여서서 충천하는 화광을 향하야 수없이 절을 한다.)[339]

이를 慰靈하는 意味로 演技者一同은 탈을 쓰고 樂器를 들고 一齊히 巫歌를 부르며 굿을 한다. 그러나 이 굿을 每年 每演技때마다 하는 것은 아니다.'라고 하였다.

332 막는다 ; '맺는다'가 옳다.

333 全燒(전소) ; 남김없이 다 타 버림을 말한다.

334 衝天(충천) ; 하늘을 찌를 듯이 공중으로 높이 솟아오름을 말한다.

335 火光(화광) ; 불빛을 말한다.

336 [보정] 아해들아 일어나거라 동창 남창다 밝았다 ; 남구만의 시조 '동창이 밝았느냐'가 원용되었다.

337 [보정] 큰 목소리로 창하고 퇴장한다 ; '큰 목소리로 창'을 한다는 점으로 보아 대미를 장식하는 대목이다.

338 [보정] 미얄도 일어나서 살짝 퇴장한다 ; 이러한 기사는 가면극의 개방성을 말해준다.

339 [보정] 즉석에서 탈·의상 등 제도를 불에 살라버리는데 그것이 전소할 때까지 출연자 일동이 장작불 앞에 모여서서 충천하는 화광을 향하야 수없이 절을 한다 ; 가면극을 끝맺는 의식에 해당하는 대목이다. 소위 이를 뒤풀이라고 한다. 한편 탈이 목탈을 사용하였을 때에는 탈과 의상을 비롯하여 제도구를 태워버리지 않았을 것으로 추정된다. 여기 가면극에서 가면을 태우는 의식은 '소지(燒紙)의식'의 영향이다. 탈이 신격(神格)으로 인식되는 한에는 불태워질 수 있는 대상이 아니었다. 그러던 것이 탈에 대한 신성성 인식의 퇴조로 불살라버리기에 이른 것으로 보인다. 앞풀이에 해당하는 탈고사도 배우들만의 비공개 의식이었던 것이 공개되어버린 사례 중의 하나다.

참고문헌 및 자료

□ **자료**

『가곡원류』

『경도잡지』

『교방제보(教坊諸譜)』

『校註 歌曲後集』; 농가월령가(農家月令歌)

『논어』

『동국세시기』

『속유괴록(續幽怪錄)』

『송남잡지』

『사기』

『시경』

『신증동국여지승람』

『악학궤범』

『열양세시기』

『용재총화』

『조선왕조실록』

『증보신구잡가』

『진서예술전(晉書藝術傳)』

『청구영언』

『한국가창대계』

『한국속담집』, 한국민속학회 편.

'봉산 탈춤 영상 자료', 1979년 여름 덕수궁 실황, 문예진흥원.

□ **문헌**

강용권, 「수영야유극」, 『국어국문학』 27호, 국어국문학회, 1964.

강이천, 「중암고」, 임형택 편역 ; 『이조시대 서사시』, 창작과 비평사, 1992.

강한영 교주역, 『신재효 판소리사설집』, 민중서관, 1971.

김달진 역해, 『당시전서』, 민음사, 1987.

김선풍·리룡득 편저, 『속담이야기』, 국학자료원, 1993.

김열규, 「현실 문맥속의 탈춤」, 『진단학보』 39, 진단학회, 1975.

_____, 「굿과 탈춤」, 『한국연극』 통권 7호, 1976.

_____, 『한국신화와 무속연구』, 일조각, 1987 중판.

_____, 『한국민속과 문학연구』, 일조각, 1991 중판.

_____, 『한국문학사』, 탐구당, 1994.

김용옥, 『아름다움과 추함』, 통나무, 1987.

김우탁, 『한국전통연극과 그 고유무대』, 개문사, 1978.

김인환, 『문학과 문학사상』, 열화당, 1979.

김일출, 『조선민속 탈놀이 연구』, 과학원출판사, 1958.

김재철, 『조선연극사』, 조선어문학회, 1933.

김태곤, 『한국무속연구』, 집문당, 1982.

김찬자, 「어릿광대 연구-프랑스의 아를르캥을 중심으로」, 『동화와 번역』, 건국대학교 중원인문
　　　　연구소, 2001.

김학성, 「제19회 도남 국문학상 수상자 발표문-국문학도의 나아갈 길을 생각하며」, 도남학회,
　　　　2001.

류종목, 「민요에 나타난 육담의 의식과 세계관」, 『한국육담의 세계관』, 국학자료원, 1997.

리차드 쉐크너 저·김익두 역, 『민족 연극학』, 신아, 1993.

미르세아 엘리아데 저·이은봉 역, 『종교형태론』, 형설출판사, 1985 삼판.

박영주, 「판소리 사설 치례 연구」, 성균관대학교 박사학위논문, 1991.

박진태, 『한국가면극연구』, 새문사, 1985.

사진실, 『한국연극사연구』, 태학사, 1997.

_____, 『공연문화의 전통』, 태학사, 2002.

서대석, 「탈춤의 기원」, 『한국문학사의 쟁점』, 집문당, 1986.

서연호, 「한국의 민속극과 근대극」, 『문학의 지평』, 고려대학교 출판부, 1984.

_____, 『황해도 탈놀이』, 열화당, 1988.

서연호, 『야유 오광대탈놀이』, 열화당, 1989.

_____, 『꼭두각시놀이』, 열화당, 1990.

_____, 『서낭굿탈놀이』, 열화당, 1991.

_____, 『한국전승연희의 원리와 방법』, 집문당, 1997.

_____, 「봉산탈춤 오청채록원본의 연구」, 고려대학교 민족문화연구원, 2002.

_____, 『한국연극사』, 도서출판 연극과 인간, 2003.

서종문, 「가면극의 주제」, 『한국문학사의 쟁점』, 집문당, 1987 재판.

성현 저·남만성 역, 『용재총화』, 대양서적, 1973.

손태도, 『광대의 가창문화』, 집문당, 2003.

송재선, 『상말속담사전』, 동문선, 1993.

수레쉬 아와스티 지음, 허동성 옮김, 『인도연극의 전통과 미학』, 동양공연예술연구소, 1997.

신선희, 『한국 고대극장의 역사』, 열화당, 2006.

신유승, 『측자 파자』, 시간과공간사, 1993.

심우성, 『한국의 민속극』, 창작과 비평사, 1975.

_____, 『남사당패연구』, 동문선, 1989.

_____, 『탈』, 대원사, 1994.

심재완, 『역대시조전서』, 세종문화사, 1972.

여석기, 「산대가면극의 화르스적 특성」, 『한국 문학의 해학』, 국제문화재단, 1970.

유종목, 「한국 민속 가면극 대사의 표현법 연구」, 동아대학교 석사학위논문, 1974.

이경식, 『셰익스피어 연구』, 서울대학교 출판부, 2005.

이두현, 「한국연극의 기원에 대한 몇 가지 고찰」, 『예술원논문집』 4, 예술원, 1965.

_____, 『한국가면극』, 일지사, 1979.

_____, 「한국연극사」, 『한국문화사대계』 8, 고려대학교 민족문화연구소, 1979 중판.

이상일, 『충격과 창조』, 창원사, 1975.

_____, 『한국인의 굿과 놀이』, 문음사, 1981.

이혜구, 『한국음악연구』, 국민음악연구사, 1957.

이혜화, 『용 사상과 한국고전 문학』, 깊은 샘, 1993.

이훈상, 「조선후기의 향리집단과 탈춤의 연행」, 『역사속의 민중과 민속』, 이론과 실천사, 1990.

이훈종, 『민족생활어사전』, 한길사, 1992.

임석재, 「봉산 탈춤 대사 후기」, 『국어국문학』 18호, 국어국문학회, 1957.

임재해, 『꼭두각시놀음의 이해』, 홍성사, 1981.

_____, 「설과 보름 민속의 대립적 성격과 유기적 상관성」, 『가면극 세시풍속 산육속』, 교문

사, 1990.

자크 뒤부아 저, 용경식 옮김, 『일반 수사학』, 한길사, 1989.

장덕순 외, 『구비문학개설』, 일조각

장-미셸 살망 지음, 은위영 옮김, 『사탄과 약혼한 마녀』, 시공사, 1996.

장정룡, 『강릉관노가면극연구』, 집문당, 1989.

전경욱, 「가면극 연구사」, 『한국학보』 40, 일지사, 1985.

_____, 『춘향전의 사설형성원리』, 고려대학교 민족문화연구소, 1990.

_____, 『한국가면극 그 역사와 원리』, 열화당, 1998.

전신재, 「양주별산대놀이의 생명원리」, 성균관대학교 석사학위논문, 1980.

_____, 「판소리의 연극성에 관한 연구」, 성균관대학교 박사학위논문, 1988.

_____, 「거사고」, 『역사 속의 민중과 민속』, 이론과 실천사, 1990.

정노식, 『조선창극사』, 조선일보사, 1940.

정병호, 『한국의 민속춤』, 삼성출판사, 1991.

정상박, 「고성오광대 대사 후기」, 『국어국문학』 22호, 국어국문학회, 1960.

_____, 『오광대와 들놀음 연구』, 집문당, 1990.

조동일, 「농악대의 양반광대를 통해 본 연극사의 몇 가지 문제」, 『동산신태식박사송수기념논총』, 1969.

_____, 『탈춤의 역사와 원리』, 홍성사, 1979.

_____, 『카타르시스 라사 신명풀이』, 지식산업사, 1997.

조동일 외, 『판소리의 이해』, 창작과 비평사, 1978.

조만호, 『전통희곡의 제식적 미학』, 태학사, 1985.

_____, 「탈춤 자료 '읽기'에 대한 반성적 제안(Ⅰ)」, 상명대학교, 1998

_____, 「탈춤 자료 '읽기'에 대한 반성적 제안」, 『역사민속학』 9호, 한국역사민속학회, 1999.

_____, 「탈춤 연행원리의 연구사적 검토」, 『비교연극학』 창간호, 비교연극학회, 2000.

_____, 「탈춤 연행 원리의 한 국면 ; 불림」, 『한국연극학의 위상』, 태학사, 2002.

_____, 「봉산탈춤 자료 분석 연구」, 『반교어문연구』 16집, 반교어문학회, 2004.

_____, 「봉산탈춤 1936년 사리원 공연 채록자료 연구」, 『반교어문연구』 24집, 반교어문학회, 2008.

_____, 「어릿광대론」, 『도남학보』 24집, 도남학회, 2012.

_____, 「한국가면극의 창조적 복원 연구」, 『반교어문연구』 26집, 반교어문학회, 2009.

_____, 「한국가면극의 창조적 복원 연구 Ⅱ -'제삼장' '사당무'를 중심으로-」, 『영주어문』 21집, 영주어문학회, 2011.

조만호, 「한국가면극의 창조적 복원 연구 Ⅲ -오청 채록본의 '미얄마당'을 중심으로-」, 『영주어문』 25집, 영주어문학회, 2013.

_____, 「한국가면극의 창조적 복원 연구 Ⅳ -'오청본 양반무'를 중심으로-」, 『영주어문』 26집, 영주어문학회, 2014.

조윤제, 「춘향전이본고 1」, 『진단학보』 Vol.11, 진단학회, 1939.

채희완, 「가면극의 민중적 미의식 연구를 위한 예비적 고찰」, 서울대학교 석사학위논문, 1977.

천재동, 「동래야유연구」, 『서낭당』 4집, 한국민속근연구회, 1973.

최상수, 『산대·성황신제가면극의 연구』, 성문각, 1988 재판.

_____, 『해서가면극의 연구』, 정동출판사, 1983.

최운식, 「서사작품에 나타난 '신발'의 성격과 의미」, 『한국고소설연구』, 보고사, 1995.

_____, 「판소리와 판소리계 소설의 형성 및 선후 관계」, 『한국고소설연구』, 보고사, 1995.

최정여, 「산대도감극 성립의 제문제」, 『한국학논집』 1, 계명대학교 한국학연구소, 1973.

최진원, 「판소리 사설의 표현특징」, 『한국고전시가의 형상성』, 성균관대학교 대동문화연구원, 1996 증보판.

최진원, 『국문학과 자연』, 성균관대학교 대동문화연구소, 1977.

한 효, 『조선연극사 개요』, 국립출판사, 1956.

허 규, 「우리극의 원형질」, 『민족극과 전통예술』, 문학세계사, 1991.

현용준, 『제주도신화』, 서문당, 1976.

Finnegan, Ruth H, *Oral Traditions and the Verbal Arts: A Guide to Research Practices*. London: Routledge. 1992.

Michel Corvin, 문시연 옮김, 『희극읽기 Lire la comédie』, 문음사, 1998.

山口昌男, 「道化の民俗學(五)」, 『文學』 vol 37, 岩波書店, 1969.

가와타케시게토시 저, 이응수 역, 『일본연극사』, 청우, 2001.

케네스 멕고완·윌리암 멜리츠 공저, 정원지 역, 『세계연극사 -불멸의 무대』, 중앙대학교 출판국, 1976.

브로케·힐디 지음, 전준택·홍창수 옮김, 『연극의 역사』, 연극과 인간, 2005.

빠트리스 파비스 지음, 신현숙·윤학로 옮김, 『연극학 사전』, 현대미학사, 1999.

W. J. 페피셀로, T. A. 그린, 『수수께끼의 언어』, 강원대학교 출판부, 1993.

조셉 캠벨·빌 모이어스 저, 이윤기 옮김, 『신화의 힘』, 고려원, 1992.

조지프 캠벨 저, 이진구 옮김, 『원시신화- 신의가면 Ⅰ』, 까치글방, 2003.

❑ 가면극 자료 목록

양주별산대놀이

1930년, 조종순 구술, 김지연 필사(서울대학교 소장본-경성제국대 학조선문학연구소 조사).

1957년, 홍갑표 보관 후 조동일 소장, 『탈춤의 역사와 원리』(조동일, 홍성사).

1958년, 김성대 소장, 이보라 정리, 『현대문학』 46·47·48·49·50·54호.

1958년, 박준섭·김성태 구술, 이두현 채록, 『한국가면극』.

1964년, 임석재·이두현 채록, 문화재관리국 '주요무형문화재지정자료'.

1965년, 최상수 채록, 한국예술총람 자료편.

1966년, 임석재 채록, 『협동』 49·50호.

1969년, 이두현 채록, 『한국가면극』, 문화재관리국.

1975년, 김성대 기록, 심우성 정리, 『한국의 민속극』, 창작과 비평사.

송파산대놀이

1975년, 허호영 구술 채록, 『한국의 민속극』.

봉산가면극

1936년 8월 31일, 오청, 구자균 필사본.

1940년, 송석하 채록, 『문장』 2 통권 6·7.

1956년, 김경석 등 구술, 임석재 채록, 『국어국문학』 18호, 국어국문학회.

1965년, 김진옥·민천식 구술, 이두현 채록, 『한국가면극』.

1965년, '김유경류 봉산탈춤', 김유경류봉산탈춤보존회 편.

1965년, 김일출 채록본-'《봉산 탈놀이》대본', 『조선민속탈놀이 연구』.

1967년, 최상수 채록, 『해서가면연구』, 대성문화사.

강령탈춤

1957년, 최승원 등 구술, 임석재 채록, 『현대문학』 29호.

1967년, 최상수 채록, 『해서가면연구』, 대성문화사.

1970년, 이두현·이기洙 채록, 『연극평론』 3호.

야유(野遊·冶遊)

수영야유

1961년, 최한복 채록, 정상박 자료, 오광대와 들놀음 연구, '冶遊劇本'(정상박, 『오광대와 들놀음 연구』, 집문당)-원수록 ; 유인본(1961년 이전) 후, 『항도부산』 제7호, 1969.

1964년, 강룡권 채록, 『국어국문학』 제27호, 국어국문학회.

1965년, 최상수 채록, '한국예술총람 자료편', 예술원.

1970년, 정시덕·태명준 구술, 이두현 채록, 『한국의 가면극』.

_____, 부산대 전통예술연구회 채록, 『한국의 민속극』.

동래야유

1957년, 최상수 채록, 『민속학보』 2호.

1960년, 송석하 채록, 『한국민속고』, 일신사.

1960년, 박덕업 등 구술, 천재동 채록, 『한국의 민속극』.

오광대

1960년, (五廣大興遊順序及諉談) 정상박 자료, 『오광대와 들놀음 연구』, 집문당.

통영오광대

1963년, 최상수 채록, 『경상남도지』 하.

1966년, 이민기 채록, 『국어국문학』 제22호, 국어국문학회.

1969년, 이두현 채록, 『한국가면극』, 문화재관리국.

고성오광대

1963년, 최상수 채록, 『경상남도지』 하.

1966년, 정상박 채록, 『국어국문학』 22호.

1969년, 이두현 채록, 『한국가면극』, 문화재관리국.

조만호

1995년 성균관대학교 문학박사, 학위논문 「탈춤사설연구」.

논문 및 저서
『전통희곡의 제식적 미학』(태학사), 「봉산탈춤 1936년 사리원 공연 채록자료 연구」(반교어문학회),
「한국가면극의 창조적 복원 연구」(반교어문학회), 「봄맞이 행사 '춘첩자'와 관련한 '세화'와 '연화'의
한 양상 연구」(영주어문학회), 『중국경극의상』(민속원) 외 다수.

경력
극단 '나루' 연출, 천안시 문화선양위원회 위원, 충청남도 무대지원사업 심의 위원, 반교어문학회
회장, 현재 극단 '씨어터 백' 대표, 상명대학교 예술대학 연극학과 교수

연출 작품
귄터 아이히 '꿈', 노르베르또 아빌라 '하킴의 이야기'
페터 바이스 '탑', 귄터 아이히 '자베트 엘리자베트(원제 자베트)' 외 다수.

한국가면극, 창조적 복원을 향하여
봉산가면극 오청본

2015년 8월 31일 초판 1쇄 펴냄

지은이 조만호
펴낸이 김흥국
펴낸곳 도서출판 보고사

책임편집 이유나
표지디자인 이준기

등록 1990년 12월 13일 제6-0429호
주소 경기도 파주시 회동길 337-15 보고사 2층
전화 031-955-9797(대표)
　　　02-922-5120~1(편집), 02-922-2246(영업)
팩스 02-922-6990
메일 kanapub3@naver.com / bogosabooks@naver.com
http://www.bogosabooks.co.kr

ISBN 979-11-5516-444-0 94680
　　　979-11-5516-443-3 (세트)
ⓒ 조만호, 2015

정가 18,000원